Theorien der Erwachsenenbildung
Ein Handbuch

Bernd Dewe
Günter Frank
Wolfgang Huge

W0045110

Max Hueber Verlag

Anschriften der Autoren:
Priv. Doz. Dr. Bernd Dewe, Unter den Linden 35, 4900 Herford
Dr. Günter Frank, Uhlandstraße 13, 4500 Osnabrück
Dr. Wolfgang Huge, Am Göslings Sieg 14, 4515 Bad Essen 1

Wissenschaftlicher Beirat:
Professor Dr. Dieter Görs
Professor Dr. Kurt R. Müller

Anschriften der Reihen-Herausgeber:
Professor Dr. Karlheinz A. Geißler, Schlechinger Weg 13, 8000 München 80
Dr. Bernd Weidenmann, Titurelstraße 7, 8000 München 81

Lektorat: Dr. Angela Jurinek

CIP-Kurztitelaufnahme der Deutschen Bibliothek

Dewe, Bernd:
Theorien der Erwachsenenbildung: e. Handbuch /
Bernd Dewe; Günter Frank; Wolfgang Huge. –
1. Aufl. – München [i. e. Ismaning]: Hueber, 1988
(Erwachsenenbildung und Gesellschaft)
ISBN 3-19-006945-X
NE: Frank, Günter:; Huge, Wolfgang:

1. Auflage
© 1988 Max Hueber Verlag · München
Satz: Typo Dreitausend · München
Druck: Ludwig Auer · Donauwörth
Printed in Germany
ISBN 3-19-006945-X

Inhalt

Vorwort

Erwachsenenbildung als Wissenschaft ist relativ jung. Als wissenschaftliche Disziplin steht sie noch vor kaum lösbaren Gegensätzen:
- An vielen Universitäten gibt es Lehrstühle für Erwachsenenbildung, aber der Pädagogik traut man, im Gegensatz zu anderen Sozialwissenschaften, wie Wirtschaftswissenschaft, Psychologie, Soziologie u.a., kaum Wissenschaftlichkeit zu. Infolgedessen ringt sie ständig um ihr Selbstverständnis.
- Inzwischen sind viele Ansätze von Theorien „auf dem Markt", die sich oft widersprechen, so daß sich die Praktiker gelegentlich abwenden und eine Theoriefeindlichkeit entwickeln, auf die sie noch stolz sind.
- Es wird behauptet, Bilden und Erziehen könne man nicht lernen, vor allem nicht aus Theorien; dennoch, wenn Kursleiter, Dozenten oder Planungsbehörden in Nöten und Konflikten sind, suchen sie Beratung bei denen, die (Erwachsenen-)Pädagogik wissenschaftlich betreiben, und erhoffen sich von ihnen, daß diese aus einer gewissen objektiven Distanz heraus helfen können.

Solche Widersprüche könnten vermehrt aufgezählt werden. Sie werfen Fragen auf:
- Was geschieht im pädagogischen Vollzug der Erwachsenenbildung?
- Wonach orientiert und wie begründet der „nicht-theoretisch" Handelnde sein Verhalten?
- Worin unterscheidet sich seine Handlungsbegründung von einer möglichen wissenschaftlichen Argumentation?
- Welche Dimensionen zeichnen wissenschaftlich-pädagogische Fragestellungen aus?
- In welchem normativen Verhältnis stehen erwachsenenpädagogische Theorien zum erwachsenenpädagogischen Handeln?

In diesem Buch wird der Versuch unternommen, die Theoriegeschichte der Erwachsenenbildung, wie sie sich in den letzten 20 Jahren vollzogen hat, zu rekonstruieren und deren „disziplinäre Matrix" kritisch zu analysieren. Zweifellos verlief die Entwicklung der Erwachsenenbildung als Wissenschaft in den letzten 20 Jahren hektisch. So war der erwachsenenpädagogische Wissenschaftsbetrieb nicht selten überlastet durch gesellschaftliche Ausbildungsanforderungen ebenso wie durch diffuse Erwartungen der Bildungspraxis. Zudem waren die Nachhol- und Lernaufgaben der Erwachsenenbildung besonders groß: Das traditionelle und in sich konsistente Konzept der geisteswissenschaftlichen Erwachsenenbildung in Deutschland erwies sich in den 60er Jahren als unzulänglich hinsichtlich einer Bewältigung politischer und gesellschaftlicher Aufgabenstellungen. In der Folge öffnete sich die wissenschaftliche Erwachsenenbildung sozialwissenschaftlichen Erkenntniszugängen: „Gleichsam überschwemmt mit vielen, vielfältigen und konträren Ansätzen und Ergebnissen geriet (die Erwachsenenbildung; d.V.) in ihrem wissenschaftlichen Selbstbewußtsein ins Schleudern und verlor Konzentration und Zusammenhang in strukturierenden, durchgehenden Problemen ebenso wie in Fragen konkreter Institutionen und Handlungsvollzüge." (Thiersch 1985, S. 482) Die aktuelle Problematik der „kognitiven Identität" (Hornstein 1985) der wissenschaftlichen Erwachsenenbildung, die sich u.a. darin bemerkbar macht, daß sie im schnellen Wechsel ihrer von außen kommenden Paradigmen offensichtlich so etwas wie eine eigene Identität bzw. Kontinuität in Fragestellungen und Begrifflichkeiten kaum entwickelt hat, „... hängt zweifellos damit zusammen, daß unter dem Anspruch des Praxisbezugs theoretische Diskussionen häufig einer Praxis zu folgen und gerecht zu werden versuchen, die ihrerseits sich nicht nur rasch wandelt, sondern vor allem unter anderen institutionellen, administrativen und politischen Zwängen steht." (ders. S. 472) Die erwachsenenpädagogische Theoriebildung verfolgt in der Regel theoretische Ansprüche gegenüber einer Praxis, die stets etwas anderes tut, und zwar deshalb, weil sie unter ganz anderen Bedingungen und Zwängen steht als das Handlungssystem der Wissenschaftler. So existiert in der theoretischen Diskussion der Erwachsenenbildung seit ihrer erfahrungswissenschaftlichen Neuorientierung in den 60er Jahren das sogenannte Theorie-Praxis-Problem, doch muß die Frage aufgeworfen werden, ob die dauerhafte Rede von der Praxisrelevanz der Theorie nicht auch darauf hinweist, daß die Erwachsenenbildung in Westdeutschland im Spannungsfeld von Universität und Praxisbereichen eine angemessene Institutionalisierungsform für die Produktion und Vermittlung „... von starken Theorien und wirksamem Wissen ..." (Herrmann 1982, S. 75) noch nicht gefunden hat.

„Und so schwankt sie denn häufig genug zwischen politischem Übereifer und Marginalität; der bildungspolitischen Auseinandersetzung liefert sie viel Vokabular und wenig Argumente, die Wissenschaftsfeindlichkeit, die sie Praktikern und Politikern ankreidet, pflegt sie intern selbst als alltagssprachlich verbrämte Wissenschaft vom Hörensagen und als heruntergekommenen Subjektivismus zu bezeichnen, der seine Begriffslosigkeit hinter den Redensarten von ‚Betroffenheit' und ‚Authentizität' zu verbergen trachtet. Der unsichere Status ... in der Gegenwart ist nicht nur ein theoretisches oder politisches Problem, sondern vor allem das Ergebnis mangelhafter Selbstreflexion ... und Selbstkritik" (ebd.). So scheint es wichtig zu sein, zu einem Zeitpunkt, an dem sich die Erwachsenenbildung als wissenschaftliche Disziplin im engeren Sinne zu etablieren und zu behaupten sucht, den Blick nicht nur rückwärts auf die Rekonstruktion theoretischer Bemühungen in den letzten 20 Jahren zu richten, sondern ebenso sehr aktuell die Fähigkeit zur Selbstreflexion zu fördern, nicht zuletzt um zu verhindern, daß die Erwachsenenbildung als Disziplin entweder auf der Bahn der verschiedenen Spielarten des Positivismus und Szientismus oder aber in den Armen eines theorielosen, gleichsam nach Daumenregeln verfahrenden Praktizismus landet.

Die hier beabsichtigte Rekonstruktion der Theorien der Erwachsenenbildung kann nicht versuchen, die Gesamtheit der Vorgänge in den bisherigen Auseinandersetzungen zu einer umfassenden und historisch weit zurückreichenden Fragestellung vollständig und lückenlos zusammenzufassen. Dies würde das Anliegen einer übersichtlichen Rekonstruktion der Theorien, die sich als Einführung in diesen Problembereich versteht, sprengen. Es liegt nicht in der Absicht des vorliegenden Buches, ein intensives wissenschaftliches Studium der Primärliteratur überflüssig zu machen; nur eine differenzierte Beschäftigung mit den Originalquellen kann letztlich die Grundlage eines vertieften Verständnisses der Geschichte und Traditionen der theoretischen Auseinandersetzung um die Erwachsenenbildung entwickeln. Somit verstehen wir unser Buch als den Versuch, einen ersten Überblick zu geben, die wissenschaftlichen Diskussionen um die Theorie der Erwachsenenbildung mit ihren globalen Verlaufstendenzen kritisch nachzuzeichnen, ohne dabei eine detaillierte Beschreibung der innerwissenschaftlichen Auseinandersetzungen stets mitliefern zu können. Damit verbindet sich das Bestreben der Autoren, einen möglichst umfangreichen Einblick in die Diskussionen zur Theoriekonstitution und -weiterentwicklung zu vermitteln. Um diesen Einblick authentischer und zugleich diskussionsfähiger zu gestalten, haben wir prominente Vertreter der Theorieansätze gebeten, unsere Darstellung jeweils kritisch zu kommentieren und auf ihre Entwicklungsfähigkeit hin zu prüfen. Wir möchten an dieser Stelle den Kolleginnen und Kollegen für ihre Kooperationsbereitschaft herzlich danken.

Und noch eines: Die verschiedenen Beiträge zum Problemkreis „Theorien der Erwachsenenbildung", die ihrerseits durchaus auf unterschiedliche Denktraditionen und Bezugstheorien zurückgreifen, verfügen in der Regel über einen mannigfaltigen Wortschatz an wissenschaftlicher Begriffsbildung, wobei die Wahl des sprachlichen Vokabulars in der Regel an der jeweiligen Bezugstheorie der einzelnen Beiträge ausgerichtet ist. Das Resultat dieses Tatbestands stellt (leider) den an der Theoriediskussion zur Erwachsenenbildung interessierten Leser vor das Erfordernis, sich durch einen begrifflichen Apparat fachlicher Kontroversen hindurchzuarbeiten. Zwar haben wir uns bei der Gestaltung des Textes darum bemüht, den Sprachgebrauch der einzelnen Ansätze soweit wie möglich zu vereinheitlichen und zu vereinfachen; dies war jedoch nur soweit möglich, als sich wissenschaftliche Ausdrücke vermeiden ließen, ohne damit den spezifischen Charakter der jeweiligen

Theorieperspektiven zu verfälschen. Trotz all dieser Bemühungen bleibt die Lektüre dieses Buches sicherlich anspruchsvoll. Angesichts der Tatsache, daß das abgehandelte Thema selbst einen hohen Komplexitätsgrad umfaßt, verbietet sich eine Reduktion auf Flachheiten und billige Allgemeinplätze. Damit, so ist unsere Überzeugung, wäre dem Leser und der Erwachsenenbildung nicht gedient.

Wir widmen dieses Buch Enno Schmitz (1939 – 1986), der viel zu früh gestorben ist. Diskussionen mit ihm haben uns zu der Einsicht geführt, jenseits technizistischer Verkürzung Erwachsenenbildung sozialwissenschaftlich zu betrachten. Sein kritisches Urteil über den hier vorgelegten Versuch konnte er nicht mehr geltend machen.

Bernd Dewe, Günter Frank, Wolfgang Huge

Einleitung

Wenn wir ein Buch über das Thema *„Theorien der Erwachsenenbildung"* vorlegen, so unterstellt der Titel, daß die *Wissenschaft von der Erwachsenenbildung* inzwischen so weit fortgeschritten sei, daß man von verschiedenen miteinander konkurrierenden Theorien bzw. Theorieansätzen zur Erwachsenenpädagogik ernsthaft sprechen könne.

Ob und inwieweit diese Voraussetzung hier überhaupt erfüllt ist, ist die Frage.

Unstrittig ist zunächst einmal, daß in der Vergangenheit unterschiedliche Versuche gemacht worden sind, eine „Theorie der Erwachsenenbildung" wissenschaftlich zu begründen. Der 1968 von Ritters herausgegebene Sammelband „Theorien der Erwachsenenbildung" sowie das von Pöggeler und Wolterhoff zusammengestellte „Handbuch der Erwachsenenbildung (Band 8): Neue Theorien der Erwachsenenbildung" (1981) dokumentieren einen Teil dieser Bemühungen. Bemerkenswert ist jedoch, daß eine umfassende und systematische Darstellung sowohl der gegenwärtigen Theoriebildung als auch der Theoriegeschichte der Erwachsenenbildung bislang aussteht. In jüngerer Zeit mehren sich nun solche Beiträge zur Diskussion um die Erwachsenenbildung, die sich kritisch mit den bislang üblichen „Gepflogenheiten" der wissenschaftlichen Reflexion auseinandersetzen (Weymann 1980; Kürzdörfer 1981; Karl/Siebert 1981; Mader 1984).

Die erwähnten Arbeiten offenbaren, daß in der wissenschaftlichen Auseinandersetzung keineswegs eindeutig geklärt ist, was unter „Theorien" der Erwachsenenbildung zu verstehen ist und was nicht. Daher beschäftigen wir uns in diesem Buch auch mit der Frage nach den *wissenschaftlichen Voraussetzungen und Bedingungen,* die einzelne Ansätze und Konzeptionen erfüllen müssen, um als „Theorien" gelten zu können.

Dies scheint insbesondere dann notwendig zu sein, wenn sich ein Thema, wie das der „Theorien der Erwachsenenbildung" augenblicklich wissenschaftsinterner Hochkonjunktur erfreut (vgl. Mader 1981; Scheibe 1983; Mader 1984; Schlutz/Siebert 1984; Siebert 1985).

Dieses Buch versteht sich weniger als ein Beitrag zur *Neu*entwicklung bzw. *Fort*führung sozialwissenschaftlicher Theorieperspektiven in der Erwachsenenbildung, vielmehr als ein Versuch zur *Rekonstruktion* der zur Zeit in der Diskussion befindlichen theoretischen Konzepte und Ansätze.

Die Anziehungskraft, die sozialwissenschaftliche Ansätze und Positionen in der Theoriediskussion der Erwachsenenbildung der vergangenen 15 bis 20 Jahre ausübten, scheint nicht zuletzt daraus zu resultieren, daß weder die Gewinne noch die Verluste des sozialwissenschaftlichen Theoriezugriffs auf erwachsenenpädagogische Problemkonstellationen explizit gemacht und präsent gehalten wurden. Hinzu kommt, daß die Auseinandersetzung in der Theoriedebatte bis in die jüngste Vergangenheit hinein auf einer generalisierenden, häufig wissenschaftstheoretischen Ebene erfolgte, die die Argumentation in und gegenüber einzelnen erwachsenenbildungstypischen Problemstellungen weitgehend unberührt ließ.

Diese Kritik jedoch kann und sollte unserer Meinung nach nicht dazu verführen, die im Vorfeld *notwendige* wissenschaftstheoretische Diskussion zu umgehen oder kurzschlüssig aufzuheben zugunsten unmittelbar unterrichts- bzw. interventionsbezogener Handlungs- und Didaktikempfehlungen. Konkrete Fragen nach der Planung und Ausgestaltung erwachsenengerechter Bildungsveranstaltungen können unserer Meinung nach *erst dann* an in der Diskussion befindliche Theorieansätze getragen und gestellt werden, *wenn* im vornhinein deren Selbstverständnis explizit gemacht und kritisch hinterfragt worden ist. Wir werden deshalb im folgenden der häufig vorgetragenen Forderung, die Theorie der Erwachsenenbildung sei konstitutiv von der didaktischen Problemstellung her zu entwickeln (vgl. bereits Raapke 1970), nicht folgen, da wir die Gefahr sehen, daß sich bei einer solchen Sicht- und Vorgehensweise die – in der Literatur zur Theorie der Erwachsenenbildung häufig zu beobachtende – Tendenz der Verkürzung des Bedeutungshorizontes von Didaktik auf bloße Unterrichtstechnologie einstellt. Demgegenüber ist unsere Vorgehensweise gekennzeichnet von der Absicht der *theorieimmanenten Rekonstruktion und Reflexion* der zur Zeit in der Diskussion befindlichen Ansätze, wobei wir von deren jeweils *eigenen* sozioökonomischen, sozialstrukturellen und/oder sozialpsychologischen *Bedingungen* und Konsequenzen ausgehen. Die genannte Forderung scheint uns folglich erst in einem *zweiten Schritt* sinnvoll zu sein, wenn es darum geht, die didaktischen und unterrichtspraktischen Implikate und Folgerungen der in Rede stehenden, nunmehr aus der Perspektive der Erwachsenenbildung rekonstruierten Ansätze zu prüfen.

Auf dem Hintergrund wissenschaftstheoretischer Überlegungen zu den Voraussetzungen und Bedingungen von „Theorie" sowie zu deren begriffslogischer Abgrenzung zur „Wissenschaft" sollen vielmehr Fragen angegangen werden, die sich in der folgenden Auflistung zusammenfassen lassen:

- Warum gibt es nicht *die* Theorie der Erwachsenenbildung?
- Welcher *Entwicklungsstand* kann den Erwachsenenbildungstheorien zuerkannt werden?
- Welche *Traditionen* lassen sich im Bereich der Theoriebildung zur Erwachsenenpädagogik ausmachen?
- Inwieweit kann von Theorien der Erwachsenenbildung ein *pragmatischer Nutzen* für die praktische Bildungsarbeit ausgehen?

Im Rahmen der inhaltlichen Rekonstruktion der neun zur Zeit relevantesten Ansätze in der Theoriendiskussion ordnen wir bipolar system- und verhaltenstheoretischen sowie kultur- und sozialisationstheoretischen Konzeptualisierungen zu. Des weiteren teilen wir – bei aller Differenz und unterschiedlicher Schwerpunktsetzung – die dargelegten Theorieansätze in zwei grundlegend verschiedene Blöcke ein, die auf sehr folgenreiche Art und Weise den Bedeutungsgehalt von Qualifikation(slernen) und rollenförmigem Verhalten einerseits und den von Bildung und eher subjektbezogenem intentionalem Handeln andererseits thematisieren. Man kann den Eindruck gewinnen, daß

– die eher qualifikationsorientierten Theorieansätze in der Regel auf durch gesellschaftliche Anforderungen entwickelte Verhaltensmodifikationen abzielen und dabei eine aus sozialstruktureller Perspektive gewonnene und auf Rollenverhalten verkürzte Vorstellung von Subjektivität der Lernenden zur Grundlage haben;

– hingegen die eher bildungsorientierten Konzeptionen auf die selbstreflexive Erweiterung von Handlungsmöglichkeiten des Lernenden im praktischen Leben abzielen wollen und in der Regel die Subjektivität der Adressaten zum Brennpunkt ihrer Argumentation machen, wobei sie allerdings dazu tendieren, einer kulturalistischen Interpretation von Systembedingungen Vorschub zu leisten.

Diese theoretischen Positionen, die im Spannungsfeld von subjektivem Sinn und kollektivem Zwang angesiedelt sind, gilt es also zu rekonstruieren und auf ihre Brauchbarkeit für eine Gegenstandsbestimmung der Erwachsenenbildung hin zu untersuchen.

1. Erwachsenenbildung zwischen Lebenspraxis und Wissenschaft

1.1 Was hat Erwachsenenbildung mit Wissenschaft und Theorie zu tun?

Wir sprechen mitunter mit einer Selbstverständlichkeit von Theorien der Erwachsenenbildung, als ob wir stillschweigend unterstellen könnten, daß ein Fundus an Theorieansätzen oder sogar paradigmatischen Orientierungen vorliegen würde. Doch der Schein trügt: Weder gibt es spezifische „Schulen" oder Denkmodelle einer Theorie der Erwachsenenbildung, noch sind sich die Wissenschaftler und Forscher darüber einig, was der Gegenstand der Erwachsenenbildung und ihrer Wissenschaft ist. Erscheint es angesichts dieser Umstände nicht zweifelhaft, von „Theorien der Erwachsenenbildung" zu reden und diesem Thema ein Buch zu widmen? Ein derartiges Anliegen erfordert wohl zuerst eine definitorische Klärung solcher Begriffe wie „Wissenschaft", „Theorie", „Paradigma" etc.

Eine erste Unterscheidung, die hier zu treffen ist, bezieht sich auf die Begriffe (von) „Wissenschaft" und „Theorie", genauer auf ihr Verhältnis. „Wissenschaft" kann allgemein als ein soziales Arrangement definiert werden, in dem einzelne Personen (Wissenschaftler) darum bemüht sind, die Kenntnisse (Wissen) um objektiv bestehende Zusammenhänge in Natur und in Gesellschaft zu sammeln, zu systematisieren und zu erweitern. Dieses Wissen wird in Begriffen, Aussagen, Gesetzen und Theorien zusammengefaßt, die ihrerseits den Gegenstand der wissenschaftlichen Tätigkeit abgeben. „Wissenschaft" kann daher auch als organisierter Prozeß der geistigen Durchdringung von natürlichen und/oder sozialen Wirklichkeiten angesehen werden. Das Ziel von Wissenschaft besteht in einer möglichst realitätsadäquaten Beschreibung und Strukturerfassung eines näher bestimmten Problemfeldes. Im Falle der Erwachsenenbildung bezieht sich dieses Wissen entweder auf konkrete Gegenstände, wie z.B. Lernprozesse von Volkshochschulteilnehmern, oder es bezieht sich auf das wissenschaftliche Handeln selbst (Wissenschaftstheorien).

Der Wissenschaftsbetrieb ist dabei an folgende Mindestvoraussetzungen gebunden:

- *Einen definierten Gegenstandsbereich.* Im wissenschaftlichen Denken werden Teilprobleme aus der Gesamtmenge möglicher Probleme ausgeschieden, ihre Fragwürdigkeit als Problem umschrieben und auf ihre kausale, phänomenale und finale Funktionalität hin befragt.
- *Definierbare Methoden der Erkenntnisgewinnung.* Wissenschaftliches Denken ist methodisches Denken. Mit welchen wissenschaftlich-methodischen Spielregeln über welche Problembereiche gültige

Aussagen gemacht werden können, ist ein Ergebnis des Konsens unter Wissenschaftlern. Wissenschaftliche Aussagen müssen intersubjektiv überprüfbar sein.

- *Wissenschaftliche Aussagen werden zusammengefaßt in einem Aussagesystem, in einer Theorie.* Eine Theorie ist ein System von intersubjektiv überprüfbaren, methodisch gewonnenen und in einem konsistenten Zusammenhang formulierten Aussagen über einen definierten Sachbereich.

Die gesellschaftliche *Institutionalisierung* des Prozesses der Produktion, Kritik und Verwerfung von Theorien kann als Wissenschaft bezeichnet werden. Das soziale Handlungsfeld des Wissenschaftlers ist nicht der Alltag, sondern die Gemeinschaft der Wissenschaftler (scientific community), in der nach den Regeln des sinnauslegenden Diskurses, der rationalen Argumentation Theorien über den Gegenstand der Forschung entwickelt und geprüft werden.

Mit Kuhn gehen wir davon aus, daß man erst dann von „Wissenschaft" sprechen kann, wenn es gelungen ist, ein „Paradigma" zu entwickeln. Der Begriff des Paradigma hat eine doppelte Bedeutung: „Einerseits steht er für die ganze Konstellation von Meinungen, Werten und Techniken usw., die von den Mitgliedern einer gegebenen Gemeinschaft geteilt werden. Andererseits bezeichnet er ein Element in dieser Konstellation, die konkreten Problemlösungen, die, als Modelle oder Beispiele gebraucht, explizite Regeln als eine Basis für die Lösung der übrigen Probleme der ‚normalen Wissenschaft' ersetzen können." (Kuhn 1972, S. 287)

Ergänzend können wir hinzufügen, daß ein Paradigma ein hohes Maß an Binnen- und Außenlegitimität aufweisen muß.

Dieser Sachverhalt gilt klassischerweise allerdings nur für die *angewandten Wissenschaften* (die sogenannten Professionen) wie etwa die Jurisprudenz oder die Medizin. D.h., daß *handlungsbezogene Sozialwissenschaften* wie die Erwachsenenbildung, die demgegenüber ihre zu lösenden Handlungsprobleme *außerhalb* einer spezifischen Form wissenschaftlicher Institutionalisierung haben, sich nicht selbstverständlich nach dem Muster gesellschaftlich anerkannter Professionen samt ihrer jeweiligen Forschungsdisziplin entwickeln können. Der Maßstab zur Beurteilung ihrer Entwicklung besteht darin, inwieweit sie lebensweltlich adäquates Problembearbeitungswissen für die praktischen Handlungsprobleme produzieren (vgl. hierzu Schütz/Luckmann 1984). Doch für beide Wissenschaftstypen gilt, daß die Regeln des wissenschaftlichen Diskurses für die Beteiligten der wissenschaftlichen Gemeinschaft verbindlich sind bzw. von ihnen als gerechtfertigt respektiert werden (Binnenlegitimität) und von der Öffentlichkeit außerhalb der scientific community, dem „laienhaften" Publikum als besondere Form der Wahrheitsfindung anerkannt werden (Außenlegitimität). Da diese Legitimität sich nur auf ein abgrenzbares Gebiet

(Gegenstand der Wissenschaft) bezieht, kann sie nur aufrecht erhalten werden, wenn die Wissenschaft diese Grenzen nicht permanent überschreitet bzw. wenn sie nicht überzogene Erwartungen hinsichtlich ihres Lösungspotentials gegenüber gesellschaftlichen Problemen weckt. „Jede Wissenschaft erfordert insofern eine Binnen- und eine Außenlegitimität. Die Binnenlegitimität bezieht sich auf Wertvorstellungen, die sowohl den Objektbereich einer Wissenschaft betreffen als auch ihre Methoden, und läßt die Fragestellungen von Wissenschaftlern als gerechtfertigt erscheinen, die solche Wissenschaft betreiben. Die Außenlegitimität hingegen bezieht sich auf Wertvorstellungen, die jenen eine wissenschaftliche Tätigkeit gerechtfertigt erscheinen lassen, die diese weder in ihrer Vorgehensweise noch in ihren vorhersehbaren Ergebnissen überblicken können. Die Chance für eine autonome Wissenschaft beruht insofern auf dem Aufbau und der gegenseitigen Vermittlung von institutionalisierten Wertvorstellungen für die Rechtfertigung einer Wissenschaft nach innen gegenüber denjenigen, die sie betreiben, wie nach außen gegenüber denjenigen, die sie alimentieren und ihre Folgen hinzunehmen bereit sind." (Lepsius 1973, S. 106)
Zur Verdeutlichung das Beispiel „Medizin". Die starre und in den letzten Jahren wenig veränderte Ordnung des Studiums demonstriert, daß sowohl die durch das Studium vermittelten Werte, Einstellungen und Techniken als auch die Kernpunkte des wissenschaftlichen Wissens relativ klar definiert sind. Die starke Binnenlegitimität der Wissenschaft kommt bei den die wissenschaftlichen Regeln professionell anwendenden Ärzten ideell in der Entwicklung einer Berufsethik und organisatorisch in der Existenz eines mit Sanktionsgewalt ausgestatteten Berufsverbandes zum Ausdruck. Das hohe soziale Ansehen der Medizin und die Tatsache, daß sie von der Öffentlichkeit als die Institution, die die Gesundheit als zentralen gesellschaftlichen Wert herstellen kann, anerkannt wird, belegen das hohe Maß ihrer Außenlegitimität.
Wenn nun die dargelegten Kriterien von Wissenschaftlichkeit auf die Erwachsenenbildung bezogen werden, entstehen gewisse Zweifel, ob wir es hier mit einer Wissenschaft zu tun haben. Den Bemühungen um die Etablierung einer wissenschaftlichen Disziplin „Erwachsenenbildung" ist es bisher nicht gelungen, ein Paradigma zu entwickeln, das weithin anerkannt wäre. Die die Erwachsenenbildung wissenschaftlich Betreibenden bilden keine wissenschaftliche Gemeinschaft (als analytische Einheit), die die Bestimmung der Probleme, das Ausgrenzen der Gegenstände, das Strukturieren der Erkenntniswege und die Rechtfertigung der theoretischen Problemlösungen regelt.

„Die Wissenschaft fühlt ..., daß in ihren Theorien ein willkürliches Element steckt, aber sie setzt dennoch ihre Studien fort in dem Vertrauen, daß sie auf diese Weise mehr und mehr von den Schlacken der Subjektivität gereinigt wird;

die Praxis dagegen braucht etwas, worauf sie gehen kann, für sie ist es kein Trost zu wissen, daß sie auf dem Pfad der objektiven Wahrheit sich befindet – sie braucht die aktuelle Wahrheit, oder, wenn sie keine Gewißheit erreichen kann, so braucht sie zumindest eine hohe Wahrscheinlichkeit, d. h. sie muß wissen, daß wenn auch einige ihrer Unternehmungen fehlschlagen mögen, doch die große Masse derselben gelingen wird. Daher kann die Hypothese, welche den Zwecken der Theoriebildung entspricht, für die Lebenstechnik (art) völlig wertlos sein. Nach einer gewissen Zeit des Fortschritts kommt freilich die Wissenschaft auf solideren Grund. Und sie ist nun zu der Überlegung berechtigt: dieser Grund hat lange Zeit ohne Anzeichen des Nachgebens standgehalten; es steht zu hoffen, daß er so noch längere Zeit standhalten wird. Diese Überlegung jedoch liegt ganz außerhalb des Zweckes der Wissenschaft. Sie darf ihre Prozedur nicht im mindesten modifizieren; sie ist extra-szientifisch. Für die Praxis dagegen ist diese Überlegung von vitaler Wichtigkeit, sie ändert die ganze Situation."

Peirce 1967, S. 58

Wie überhaupt in den Erziehungswissenschaften besitzen die wissenschaftlichen Vorgehensweisen auch in der Erwachsenenbildung einen geringen Grad der Verbindlichkeit und unterliegen kaum einem Konsens der beteiligten Forscher. Der vorparadigmatische Zustand der Wissenschaft der Erwachsenenbildung kommt u.a. darin zum Ausdruck, daß sie dazu neigt, ihre Theorieperspektiven und Untersuchungsobjekte mehr oder weniger unreflektiert auszudehnen und die Möglichkeiten der Wissenschaft bezüglich der Lösung praktischer Probleme zu überschätzen. Binnen- und Außenlegitimität sind relativ schwach entwickelt: Die Wissenschaftler sind sich nur in geringem Maße darüber einig, wie vorzugehen sei, was als legitime Angelegenheit der Analyse anzusehen sei und was nicht. Die Öffentlichkeit außerhalb der wissenschaftlichen Gemeinschaft zeigt zudem wenig Neigung, letzteren ein gewisses Monopol der Bearbeitung erwachsenenpädagogischer Probleme zuzuerkennen (was sie allerdings nicht daran hindert, überzogene Erwartungen an die Wissenschaft hinsichtlich der Lösung allgemeiner sozialer Probleme zu stellen).

Das Besondere der humanwissenschaftlichen Theorien, dazu gehören die Sozial- und Erziehungswissenschaften, besteht darin, daß ihre systematischen und logischen Aussagen immer eingebunden sind in Prozesse des Verstehens von Handlungen, die stets von Motiven, Absichten und Bedeutungen („Sinn") begleitet sind. Das von humanwissenschaftlichen Theorien produzierte Wissen ist daher immer auch ein gedeutetes, reflektiertes Wissen.

Demgegenüber arbeiten Theorien der Naturwissenschaften im wesentlichen nach dem Modell kausaler Erklärungen von Prozessen, von Ursachen und Wirkungen, da sie es mit der Analyse „blinder", ohne Bedeutungen ablaufender Naturprozesse zu tun haben. Während es in den Naturwissenschaften üblich ist, daß die Forschung und Theoriebildung in der Regel zum Aufbau allgemeingültiger und von allen Mitgliedern der Wissenschaftsdisziplin geteilter Aussagesysteme, Grundgesetze (Axiome) und Hypothesen führen, so ist dies im Bereich der Humanwissenschaften anders. Diese Unterschiedlichkeit zwischen Natur- und Humanwissenschaft entspringt aus der Nichtvergleichbarkeit ihrer inhaltlichen Gegenstände. Im Gegensatz zur naturwissenschaftlichen Forschung und Theoriebildung, die sich mit objektiv faßbaren, konstanten empirischen Zusammenhängen beschäftigen (z.B. die physikalischen Gesetze des freien Falls), hat es die geistes- und sozialwissenschaftliche Theoriebildung mit Phänomenen und Fragestellungen zu tun, die einen historisch-sozialen Charakter haben. Was das zugrunde gelegte Verständnis von „Theorie" anbelangt, ist davon auszugehen, daß Theorien eben als Heuristiken auf der gleichen Stufe wie die Elemente des Alltagswissens angewendet werden und nicht im technischen Sinn als lizensierte Basis der Ableitung oder der Autorisierung von Schlüssen.

Die Eigentümlichkeit von sozialen Phänomenen und Handlungskontexten besteht darin, daß sie sich nicht auf bloße, quasi naturhafte konstante, gesetzmäßige Wirkungszusammenhänge zwischen einzelnen Ausgangsfaktoren reduzieren lassen, sondern über eine Komponente verfügen, die man in der Philosophie und in der Soziologie als *„Sinn"* bezeichnet. Soziale Phänomene (d.h. genauer zwischenmenschliche Handlungszusammenhänge) sind bestimmt durch individuelle Bedürfnisse, Erwartungen, Absichten und Einschätzungen, die ihrerseits wiederum ein Ergebnis der subjektiven Lebenserfahrung in der Alltagspraxis sind.

Subjektive Alltagserfahrungen haben nun aber ebenso wie sämtliche soziale Handlungssphären sowohl einen individuell-biographischen als auch einen sozial-historischen Horizont. Anders ausgedrückt: Lebenspraxis findet nicht irgendwo statt, sondern in einem sozialen Gesamtzusammenhang. Individuell-biographische Lebenserfahrung und in Abhängigkeit davon Bedürfnisse, Erwartungen, Absichten und Einschätzungen, sind bestimmt durch gesellschaftliche Rahmenbedingungen, innerhalb derer sich das individuelle Alltagsleben vollzieht. Diese gesellschaftlichen Rahmenbedingungen, die dem Menschen als Arbeitsbedingungen, politische Herrschaftsverhältnisse, Möglichkeiten der privaten Lebensgestaltung usw., aber auch in Form von spezifischen Bildungs- und Lernchancen entgegentreten, sind das Resultat menschlichen Handelns (der dem Individuum vorausgegangenen Generationen) und damit in geschichtlicher Perspektive auch wieder veränderbar. Theorien, die sich zu sozialen Handlungszusammenhängen bzw. Handlungsfeldern äußern, beziehen sich auf einen inhaltlichen Gegenstand, der in einem permanenten Entwicklungs- und Veränderungsfluß befangen ist. Da sich die empirische Grundlage solcher Theorien, die soziale Praxis als Inhalt des jeweiligen Handlungsfeldes nun in geschichtlicher Perspektive laufend verändert, müssen auch die

Theorien dieses Gegenstandsbereiches so verfaßt sein, daß sie diese Veränderungen einzubeziehen in der Lage sind.

Von einer solchen Vermittlung individuell-biographischer und sozial-historischer Aspekte in ihrem Handlungsfeld ist die Wissenschaft der Erwachsenenbildung, wie noch zu zeigen sein wird, ein gutes Stück entfernt.

1.2   Warum gibt es nicht *die* Erwachsenenbildungstheorie?

Die Erwachsenenbildung ist ebenso wie die Pädagogik seit ihrer „realistischen Wende" hin zu einer „Erziehungswissenschaft" eine angewandte, handlungsbezogene Wissenschaft. D.h., ihre Theorien haben sich letztendlich nicht nur an den Standards der Logik von Forschung, von Erkenntnisfortschritt zu bewähren, sondern an den Anforderungen der erwachsenenpädagogischen Praxis. Die Lösung theoretischer Probleme dient der Bearbeitung praktischer, im konkreten Handlungszusammenhang der Erwachsenenbildung sich stellender Fragen. Vielfach wird verkannt, daß handlungsbezogene Disziplinen, wie eben die Erwachsenenpädagogik, die ihre zu lösenden Handlungsprobleme *außerhalb* einer spezifischen Form wissenschaftlicher Institutionalisierung haben, sich nicht selbstverständlich nach dem Muster anerkannter Forschungsprinzipien entwickeln können. Der Maßstab ihrer Beurteilung muß darin gesehen werden, inwieweit sie lebensweltlich adäquate Lösungen für die praktischen Handlungsprobleme in ihrem Aktionsfeld produzieren.

Andererseits läßt sich der Gegenstand der Erwachsenenbildungstheorie – erwachsenenpädagogisches Handeln – nicht klar definieren und eindeutig abgrenzen. Das Handlungsfeld von Erwachsenenbildung ist gemessen etwa an dem der Schulpädagogik relativ wenig gesellschaftlich ausdifferenziert, d.h. es bildet nicht in dem Maße einen klar umgrenzten sozialen Handlungsbereich, als daß es zur alleinigen Domäne *einer* Theorie gemacht werden könnte.

In der Praxis, z.B. in der Volkshochschule, ist die Erwachsenenbildung lebendig und flexibel. Als wissenschaftliche Disziplin sieht sie sich indes in einer „Nachhut-Situation". Während die Untersuchung anderer Bildungsbereiche (z.B. Primar-und Sekundarstufe) schon eine bedeutende wissenschaftliche Tradition aufweist, steckt die Wissenschaft von der Fort- und Weiterbildung Erwachsener noch in ihren Anfängen. Ihre Einsichten und Erkenntnisse berühren trotz lebhafter Diskussion nur einzelne Aspekte (vgl. Schmitz/Tietgens 1984). Ziehen wir zur weiteren Verdeutlichung noch einmal das Beispiel der Medizin heran, so läßt sich sagen, daß jeder erzieht, aber nicht jeder einen Kranken behandelt; jeder hat mehr oder weniger genaue Vorstellungen von Bildung, aber nicht jeder weiß in gleichem Maße über Medizin Bescheid. Handeln und Wissen des Arztes lassen sich unschwer von denen des

Laien abheben, während die Grenze zwischen Laien- und Expertenhandeln und -wissen bei Bildung und Erziehung durchlässig ist. Dies gilt in verschärftem Maße für die Erwachsenenbildung, deren Handlungsfeld im Vergleich zur Schule wenig institutionalisiert ist. Die mangelnde Eindeutigkeit der Identität des Gegenstandes führt konsequenterweise dazu, daß wissenschaftliche Ansätze zu einer Erwachsenenbildungstheorie keine ihnen eigene Methoden hervorgebracht haben. So beschränken sie sich darauf, methodische Prinzipien anderer Disziplinen zu übernehmen. Von einer Einheit von Gegenstand, Methode und Theorie kann nicht ausgegangen werden.

„Es gibt heute keine ‚Theorie' der Erwachsenenbildung, sondern nur mehr oder weniger vorläufige Erklärungen von Einzelproblemen, mit denen man sich ihrer Aktualität halber beschäftigte, wie z.B. Lernmotivation, Didaktik, Gruppeninteraktion oder Bildungsurlaub. Solche Erklärungen wurden pragmatisch gewonnen, indem man für das Verständnis der einzelnen sich stellenden Fragen jene Daten, Begriffe und Hypothesen zu Hilfe nahm, die die Soziologie, Psychologie, oder die mit der Schule befaßte Erziehungswissenschaft jeweils bereit hielten. Wenn man beschreiben will, welcher Charakter die Erwachsenenbildung als eine wissenschaftliche Disziplin in diesem Entwicklungsprozeß angenommen hat, so ließe sie sich am ehesten als eine *angewandte, handlungsbezogene Sozialwissenschaft bezeichnen.*
Die theoretischen Fragen und die Methoden der Erwachsenenbildung sind bislang kaum beantwortet bzw. noch wenig standardisiert, was aus der erst kurzen Geschichte dieser *Teildisziplin* verständlich ist und erklärbar macht, warum sich Vertreter der genannten Position häufig mit dem Anspruch der Ausschließlichkeit entgegentreten. Doch diese Debatten der Theorien zeigen nur die eine Seite der Erwachsenenbildung als erziehungswissenschaftlicher Bereich, deren andere Seite die Praxis ist, die nicht nur unter laufendem Handlungsdruck steht, sondern durch ihre zunehmende Einbindung in soziale Probleme immer neue Fragen aufwirft.
Darum ist Erwachsenenbildung als Beruf und die Ausbildung hierfür auch nur partiell originär wissenschaftliche Aufgabe mit der darin allerdings gebotenen Chance, *durch das theoretische Verstehen intellektuelle Distanz zu Handlungszwängen und damit neue Handlungsspielräume zu gewinnen.* In ihrem anderen Teil muß die Ausbildung auch Praxis, d.h. Erfahren ihrer Handlungszwänge und deren Bewältigung durch pädagogische Arbeit sein. Die Integration dieser beiden Elemente ist für die *Erwachsenenbildung als Teildisziplin* das zentrale Problem universitärer Ausbildung wie sie auf der anderen Seite nach einer Theorie für ihren Gegenstand suchen muß.“

Schmitz 1980, S. 17

Die Offenheit und Unbestimmtheit des Gegenstandes möglicher Theorien der Erwachsenenbildung verweisen zugleich auf theoretische Probleme und praktische Fragen der Erwachsenenbildung. Hier sei nur auf die unterschiedlichen Organisationen und ihr jeweilig unterschiedliches Bildungsangebot sowie auf die höchst inhomogene soziale Struktur ihrer Teilnehmer hingewiesen. Diese erfordern vom Ansatz her dif-

ferierende Konzepte und Methoden. In einer Zusammenschau der viel-
fältigen Felder von Erwachsenenbildung: berufsbezogene Fortbildung,
Veranstaltungen für Eltern, Seniorenbildung, Rehabilitation oder
Sprachkurse für Ausländer etc. wird deutlich, wie intransparent und
unterschiedlich der praktische Gegenstandsbereich einer Theorie der
Erwachsenenbildung aussieht.

Wenn wir bisher der Erwachsenenbildungstheorie einen vorparadig-
matischen Charakter zugeschrieben haben, so ist dies nur möglich
gewesen auf dem Hintergrund eines Begriffs von „reiner Wissenschaft"
im Sinne der klassischen Forschungsdisziplinen, wie z.B. der Medizin.
Demgegenüber soll im folgenden die *Besonderheit* der Wissenschaft
„Erwachsenenbildung" diskutiert werden, die darin begründet ist, daß
sie sich als Teildisziplin der Pädagogik (und somit als Handlungswissenschaft) wissenstheoretisch nicht allein über die Bestimmung des
Gegenstandes oder der Theorie, sondern vor allem durch das *Theorie-
Praxis-Verhältnis* begründen läßt. Das Selbstverständnis der Pädagogik
als Handlungswissenschaft ist auch in der Phase ihrer vorwiegenden
Orientierung am neopositivistischen Wissenschaftsideal nicht gänzlich
verloren gegangen. In der Tradition bildet die Frage nach dem Verhältnis von Theorie und Praxis ein Hauptproblem der Reflexion. „Die Frage
des Zusammenhangs von Theorie und Praxis läßt sich ... konkreter formulieren als Frage nach den Verbindungsmöglichkeiten wissenschaftlichen und alltagsweltlichen Wissens." (Niessen 1979, S. 331)

Der Pädagogik und namentlich der Erwachsenenpädagogik, der, im
Gegensatz zu den übrigen Human- bzw. Sozialwissenschaften (Psychologie, Soziologie, Ökonomie etc.), eine bestimmte Praxis immer schon
vorgängig ist, stellt sich das Problem der Herstellung ihrer theoretischen „Identität" als Konkretisierung dessen, was bereits Wilhelm Flitner (1921) als „Zwischenwelt" bezeichnet hat. Pädadogik als eine „Zwischenwelt", im Spektrum von alltäglichem Erfahrungshorizont und
dem Erfahrungszusammenhang der Wissenschaft angesiedelt, läßt sich
als eine *„Vermittlungswissenschaft"* begreifen. Mit Oelkers teilen wir die
Ansicht, daß „Vermittlung allgemein das Offerieren von theoretischen
und praktischen Hilfen zur besseren Bewältigung und angemessenen
Bewahrung bezeichnet und dieses als pädagogischer Prozeß zur Gewinnung von Qualitäten zu besserem Umgang in und mit Theorie und Praxis bestimmt" werden kann. „Zwischen Theorie und Praxis im Erzie-
hungsfeld bzw. genauer, zwischen der Theorie von Theorie, Praxis und
Vermittlung und der Wirklichkeit von Erziehung und Erziehungswissenschaft (ist) eine Differenz anzunehmen, die theoretisch nicht über-
brückbar ist, sondern ein praktisches Verhältnis darstellt, auf das die
Pädagogik als praktische Wissenschaft von der Erziehung für die Erziehung angemessen reagieren muß." (Oelkers 1976, S. 132)

Thematisieren wir im folgenden das Verhältnis von Theorie und Praxis,
so geht es dabei um das Problem, inwieweit Erwachsenenbildungstheo-

rien als Lerngegenstand oder als Reflexionsinstrument für eigene Praxiserfahrung zu verstehen sind. „(Es gibt) keinen prinzipiellen Gegensatz zwischen Theorie und Praxis, sondern allenfalls schlechte Wissenschaft, die dem Praktiker nicht nützt, und schlechte Praxis, die wissenschaftlich nicht begründet werden kann". (Dietrich 1983, S. 13) Betrachtet man das Verhältnis von Theorie und Praxis unter ganz allgemeinen Aspekten, so stellt sich zunächst die Frage nach der grundsätzlichen *Bedeutung von Theorie für die Praxis.*

Weitere Fragen, die sich im Anschluß daran ergeben, sind eher wissenschaftlicher als pragmatischer Natur: Was sind die methodischen Voraussetzungen, die Beiträge zur Erwachsenenbildung erfüllen müssen, um als „Theorien" eingestuft werden zu können? Auf welche „Praxis" der Erwachsenenbildung beziehen sich die theoretischen Ausführungen?

Daß damit nicht etwa einer abstrakten „Haarspalterei" das Wort geredet werden soll, sei im folgenden verdeutlicht. Geht man einmal davon aus, daß Theorien nicht um ihrer selbst willen aufgestellt werden, sondern von praktischem „Nutzen" sein sollen, kann man allgemein sagen: Die „Theorien" der Erwachsenenbildung erfüllen die Aufgabe, dem „Praktiker" Hinweise zu geben, die für den konkreten Bildungsprozeß von Bedeutung sind. Mit diesem Satz ist jedoch alles und nichts ausgesagt, da keine Kriterien geliefert werden, was nützlich und was unnützlich ist. Eine Bestimmung der „Nützlichkeit" von Theorie setzt zumindest die Kenntnis voraus, um wessen „Praxis" es geht. Bezogen auf die Erwachsenenbildung ist damit gemeint, daß zunächst einmal die verschiedenen Praxisebenen dieses Bildungsbereichs zu benennen sind, die ein Interesse an „Theorie" entwickeln können. Als solche Praxisebenen können hier die unterschiedlichen „Welten" der an diesem Bildungsbereich beteiligten Personen aufgeführt werden: der Teilnehmer, der Referent bzw. Dozent, der Vertreter einer Erwachsenenbildungsinstitution, der Bildungsplaner und schließlich der Wissenschaftler, der sich mit Erwachsenenbildung beschäftigt. Alle diese Gruppen können ein ihrem Status entsprechendes Interesse an „Theorie" entwickeln, jeweils bezogen auf ihre spezifische Situation.

Der *Teilnehmer,* so können wir vermuten, hat dann ein zumindest indirektes Interesse an Erwachsenenbildungstheorie, wenn es um eine an seinen Bedürfnissen orientierte Gestaltung des Erwachsenenlernens geht, sei es auf didaktisch-konzeptioneller Ebene, sei es auf inhaltlicher Ebene.

Der *Dozent* dürfte demgegenüber eher daran interessiert sein, von seiten der theoretischen Grundlagenforschung und Konzeptionsbildung Hinweise zu bekommen, die es ihm ermöglichen, seine Vorstellungen erwachsenengerecht „an den Mann/die Frau zu bringen", d.h. mit anderen Worten: Sein „praktisches" Interesse richtet sich auf die Produktion von „Handlungsrezepten", mit Hilfe derer er sich in seiner praktischen Lehrtätigkeit sicherer fühlen kann.

Dem *Vertreter einer Erwachsenenbildungsinstitution* geht es da schon anders, da er als „Hauptamtlicher Mitarbeiter" einen Überblick über seinen „Fachbereich" haben sollte. Für ihn sind vor allem solche Informationen von Nutzen, die in komprimierter Form Aufschluß geben über Entwicklungen, Diskussionen und „Modelle" innerhalb seines Arbeitsbereichs, wobei der Bezug zu den jeweiligen Institutionen, die er vertritt (Volkshochschule, betriebliche Weiterbildung, gewerkschaftliche oder konfessionelle Erwachsenenbildung, Fortbildung in Handwerk, Industrie- und Handelskammern etc.) durchaus als zentrales Bedeutungskriterium der Informationen angesehen werden kann.

Gänzlich anders ergeht es dem *Bildungsplaner,* der unter bildungspolitischen wie nachfrageorientierten Gesichtspunkten über Ausbau, Finanzierung und gesetzliche Rahmenbedingungen der Erwachsenenbildung nachzudenken hat. Für ihn dürften solche theoriegeleiteten Arbeiten zur Erwachsenenbildung von Interesse sein, die Aufschluß über den gesellschaftlichen Bedarf an beruflicher wie allgemeiner Weiterbildung geben, also Arbeiten, die ihm eine gesicherte Grundlage der Entscheidung bieten.

Schließlich bleibt der *Wissenschaftler,* der sich an der Diskussion um die Theorie der Erwachsenenbildung selbst beteiligt. Für ihn geht es weniger um eine praxisbezogene, d.h. auf den konkreten Erwachsenenbildungsprozeß bezogene Bedeutung der Theorie, sondern um eine Verbesserung des Reflexionsstandes. Für den Wissenschaftler sind Beiträge theoretischer Art zur Erwachsenenbildung dann von „praktischer" Bedeutung, wenn sie auf abstrakt-konzeptioneller Ebene innerhalb der Wissenschaftlergemeinschaft einen Fortschritt bringen.
Die praktischen Nutzungsmöglichkeiten einer Theorie lassen sich folglich nur adressaten- und verwendungsbezogen diskutieren. Mit Hilfe derselben Theorie können Ergebnisse produziert werden, die für verschiedene Abnehmer von sehr unterschiedlichem praktischen Informations- und Nutzungswert sein können.
So wird wohl auf anschauliche Weise klar, daß es voneinander abweichende Erwartungen gibt, mit denen sich die Theorien der Erwachsenenbildung auch auseinanderzusetzen haben.

Im Anschluß an Karl/Siebert (1981) läßt sich ein Katalog an Voraussetzungen aufstellen, die jene Arbeiten zu erfüllen haben, die dem Anspruch eines Beitrages zur „Theorie der Erwachsenenbildung" gerecht werden wollen:
– Die Aussagen einer Theorie der Erwachsenenbildung müssen auf die empirisch vorfindbaren Strukturen des sich geschichtlich entwikkelten Erwachsenenbildungsbereichs anzuwenden sein, wobei die

einzelnen Aussagen bzw. Erklärungsversuche des jeweiligen theoretischen Ansatzes einen *intern logischen* und *systematischen Zusammenhang* erkennen lassen müssen. Die Aussagen sollten darüber hinaus möglichst *präzise formuliert* und *unmißverständlich* sein. Allgemeine Feststellungen wie „Erwachsene lernen anders als Kinder" oder „Erwachsenenbildung ist ein Teil des Gesellschaftssystems", die sogesehen zwar durchaus richtig sind, aber viel zu abstrakt und „nichtssagend" bleiben, sollten ohne näheres Eingehen auf diese bloßen Behauptungen möglichst aus der Theoriediskussion ausgespart bleiben.

– Die Aussagen einer Theorie der Erwachsenenbildung sollten sich auf die *konkrete Bildungspraxis* beziehen, d.h. sie sollten einer wissenschaftlich begründeten Anleitung des pädagogischen Geschehens in der Erwachsenenbildung dienen; dabei erschöpft sich der Beitrag einer Erwachsenenbildungstheorie jedoch nicht in der Formulierung pragmatischer Handlungsanweisungen, sondern dehnt sich auch auf die Thematisierung versäumter Alternativen und realer Utopien bzw. Gegenmodelle zur etablierten Erwachsenenbildung aus. Somit geht es der Theorie der Erwachsenenbildung nicht allein um die nachträgliche Bewertung bzw. Bestätigung des bereits Bestehenden, sondern auch um die perspektivische Entwicklung von etwas „Neuem".

– Eine „Theorie der Erwachsenenbildung" muß Auskunft über ihre *grundsätzliche Problemstellung* sowie über ihre *Zielstellung* geben. In diesem Zusammenhang bedarf es einer *Begründung* des jeweiligen Erklärungsansatzes auf der Ebene der kategorischen Begriffsbildung. Theoretische Beiträge zur Erwachsenenbildungsdiskussion sollten nicht wahllos auf „außerpädagogische" Bezugstheorien soziologischer, ökonomischer und psychologischer Herkunft zurückgreifen, ohne herauszuarbeiten, warum eben diese Bezugstheorien für die Erwachsenenbildungspraxis bzw. Erwachsenenbildungstheorie von Bedeutung sind.

– Beiträge zur „Theorie der Erwachsenenbildung" sollten ihren eigenen Konstitutionskontext, d.h. den jeweiligen geschichtlichen „Zeitgeist" sowie die *real-historischen gesellschaftlichen Rahmenbedingungen,* in die wissenschaftliche Reflexion mit einbeziehen.

Dieser Katalog von einzelnen, relativ abstrakten Kriterien beschreibt nicht nur die anspruchsvollen Voraussetzungen, die sich für Beiträge zur „Theorie der Erwachsenenbildung" stellen, sondern führt auch zu der weitergehenden Frage, ob es unter Einbezug dieser Kriterien überhaupt möglich ist, eine umfassende und in sich widerspruchsfreie Theorie der Erwachsenenbildung zu erstellen. Diese Frage zu beantworten fällt nicht leicht. Sofern man sie auf den derzeitigen „status quo" der Erwachsenenbildungstheorie bezieht, kann eindeutig festgestellt werden, daß es *die* „Theorie der Erwachsenenbildung" nicht gibt.

Der Stand der Diskussion ist durch die Vielzahl theoretischer Zugänge und Ansätze zur Erwachsenenbildung gekennzeichnet, die bestenfalls als Theorie-Versatzstücke bezeichnet werden können.
Eine theoretische Gesamtschau zur Erwachsenenbildung, die über eine wissenschaftliche Analyse einzelner Teilfragen ihres Gegenstandsbereiches hinausgelangt, ist so derzeit nicht in Sicht.
Sie ist auch angesichts der Unüberschaubarkeit ihres praktischen Handlungsfeldes sowie angesichts der Bedingungen sowie der unterschiedlichen Interessen an einer theoretischen Reflexion zur Erwachsenenbildung auf absehbare Zeit nicht zu erwarten.

**1.3   Theorien sind Wissenspläne der Wissenschaftler – sollten es auch Handlungspläne für Praktiker sein?
Erwachsenenbildung als Vermittlungswissenschaft**

Eine Theorie der Erwachsenenbildung kann nach unserem Verständnis keine konkreten Handlungsanweisungen und Regelanwendungen im Sinne von Rezepten für die private und berufliche Lebenspraxis anbieten. Aus folgendem Grunde: Folgt man der wissenschaftstheoretischen Grundposition Max Webers: „Eine empirische Wissenschaft vermag niemanden zu lehren, was er *soll*, sondern nur, was er kann, und – unter Umständen – was er will" (Weber 1973, S. 151), dann scheidet für die praktische Anwendung theoretischer Aussagen und Konzepte eine unvermittelte Übernahme nicht begründeter Regeln für die erwachsenenpädagogische Praxis aus. Eine in diesem Sinne „technische Verwendung" theoretischer Einsichten und Ergebnisse würde bedeuten, daß lebenspraktisch handelnde Subjekte ihre Entscheidungsregeln für praktische Probleme blind aus wissenschaftlichen Theorien bezögen bzw. daß Dozenten im pädagogischen Geschehen der Erwachsenenbildung Handlungsstrategien unmittelbar aus theoretischen Aussagen über den Gegenstand der Erwachsenenbildung ableiten könnten. Dies wäre jedoch gleichbedeutend mit dem Verzicht auf sinnhaftes Handeln.

Aus der Perspektive dieses spezifischen Unterschieds zwischen Lebenspraxis und pädagogischer Praxis einerseits und erziehungs- und sozialwissenschaftlicher Theorie andererseits hat letztere die Funktion, innerhalb der Lebenspraxis auftauchende Handlungsprobleme in ihrer strukturellen Bedingtheit zu erklären und die so gewonnenen Einsichten, die den lebenspraktisch Handelnden u.a. aufgrund der sie involvierenden Sachzwänge teilweise unbekannt bzw. latent bleiben, an die Lebenspraxis zu vermitteln. Es muß u.E. grundsätzlich gegenüber diesem Anspruch ein Zweifel gehegt werden, wenn in nahezu beliebiger Art und Weise Theorieprogramme aus Psychologie, Soziologie, Ökonomie usw. integriert werden sollen. Hiermit verbindet sich letztlich die Gefahr, theoretische Reflexionen über die Praxis der Erwachsenenbil-

dung zu einer reinen Rezeptologie für das unterrichtliche Handlungs-
geschehen verkommen zu lassen, das Nachdenken über erwachsenenpädagogisches Handeln auf eine bloße Anwendung von x-beliebigen
Standards zu reduzieren. Wissenschaftliche Theorie über Erwachsenenbildung in unserem Sinne kann jedoch mehr: Handlungsprobleme
der erwachsenenpädagogischen Praxis stellvertretend für eben diese
deuten bzw. reflektieren.

Das heißt, daß sie generelle Beweggründe und Handlungsdefizite der
erwachsenenpädagogischen Praxis bewußtmachen kann, indem sie der
bestehenden pädagogischen Praxis in sehr vorsichtiger und überlegter
Weise Deutungs- und Handlungsalternativen aufzeigt. Konkreter: Der
Unterschied zwischen einer wissenschaftlich-theoretischen Durchdringung des Erwachsenenbildungsgeschehens *und* dem erfahrungsgelei-
teten berufspraktischen Verständnis des pädagogischen Mitarbeiters ist
keineswegs einer, der sich auf die prinzipielle Fähigkeit einer realitäts-
angemesseneren Erkenntnis von Wissenschaftlern gegenüber Nicht-
Wissenschaftlern bezieht. Dieser Unterschied hat also mit „falscher"
bzw. „richtiger" Vorgehensweise im Sinne eines besseren Wissens
nichts zu tun. Die theoretische Reflexion sozialer und pädagogischer
Sachverhalte unterscheidet sich nämlich nicht prinzipiell von den Verfahren der Realitätswahrnehmung und -durchdringung des Alltagswissens von Teilnehmern und des praktisch-pädagogischen Wissens von
Dozenten der Erwachsenenbildung. Denn erwachsenenpädagogische
Theorie kann im sozialtechnologischen Sinne kein Problemlösungswis-
sen für lebens- und berufspraktische Problemsituationen und Krisen
bereitstellen. Dies würde voraussetzen, daß soziales Handeln – als
absichtsvolles, motiviertes Verhalten (z.B. eine Eheschließung) – verkürzt werden könnte auf ein gleichsam *technisches* Problem (etwa Part-
nerfindung per Computer via Übereinstimmung von Augenfarbe oder
gleichen Urlaubsinteressen), wobei eben die subjektiv-sinnhafte
Bedeutung einer Handlung verkannt würde. Prinzipiell enthält jegliche
erziehungs- und sozialwissenschaftliche Theorie kraft des Umstandes,
daß die Sozialwissenschaften im allgemeinen und die Pädagogik im
besonderen zur Auslegung der in der gesellschaftlichen Wirklichkeit
vorhandenen Sinn- und Handlungsstrukturen beitragen, somit stets ein
Element an Deutungswissen.

Auch erwachsenenpädagogische Konzepte, Ergebnisse und Theorien
haben daher nie ausschließlich den Wert von „richtigen Erklärungen"
für soziale Sachverhalte, sondern setzen immer auch ein „Verstehen"
von lebenspraktischer und unterrichtlicher Realität voraus. In diesem
Sinne sind sie nicht als ein „objektiv neues" bzw. „richtiges" Wissen zu
verstehen, welches im Sinne naturwissenschaftlicher Erkenntnisse
konkrete Handlungsformen der Alltagspraxis möglicherweise als sachlich falsch oder richtig definieren könnte. Sozialwissenschaftliche und

pädagogische Theorien können stets nur unter Bezug auf das vorgängige lebens- und berufspraktische Wissen ihrer Adressaten gewonnen werden. Somit liegt – generell betrachtet – ihr praktischer Wert in einer durch theoretische Systematisierung und Differenzierung möglichen Aufklärung des berufs- und lebenspraktischen Erfahrungswissens und -handelns.

Im Gegensatz zu den Naturwissenschaften (für die Meß- und Prüftechniken der empirischen Forschung mit Erfolg entwickelt wurden) kann beim Gegenstandsbereich der Sozialwissenschaften und der Pädagogik vermutet werden, daß ein Nicht-Wissenschaftler über den Gegenstandsbereich (etwa die erwachsenenpädagogische Handlungssituation) ein informiertes, in sich schlüssiges, wenn auch differenzierungsfähiges Interpretationsmuster besitzt – soweit sich der entsprechende Gegenstandsbereich mit seiner eigenen Lebenspraxis zumindest teilweise deckt.

Lebenspraxis und wissenschaftliche Theorien sind somit zwei verschiedene Felder des Handelns mit jeweils unterschiedlichen Handlungszielen und Wissensstrukturen: Praxis ist das Feld praktischen Handelns mit dem Ziel der Lebensbewältigung, für die die in lebenspraktischen Wissensbeständen systematisch gefaßten Erfahrungen eingesetzt und entsprechend neu auftretender Handlungsprobleme revidiert werden. Wissenschaftliche Theorie bezeichnet andererseits das Feld forschenden Handelns, das dem Ziel verpflichtet ist, objektivierte Aussagen über die Realität zu treffen.
Wissenschaft und Lebenspraxis sind somit Ausdruck unterschiedlicher Interpretationen der gesellschaftlichen Wirklichkeit: So ist eine erziehungs- bzw. sozialwissenschaftliche Theorie, auch wenn sie stärker formalisiert ist und mit weitreichenden Verfahren der Erkenntnisgewinnung ein mit alltäglichen Beobachtungen nicht erreichbares Wissen produziert, bei der Gewinnung und Revision dieses systematisierten Wissens stets auf das lebenspraktische Wissen rückverwiesen.
Daraus ergibt sich zum einen die forschungs-methodologische Konsequenz, daß sich soziale Realität wissenschaftlich nur über ein Verstehen der beobachtbares Handeln anleitenden und die gesellschaftlichen Strukturen interpretativ repräsentierenden Alltagswissensbestände erschließt. Diese methodologische Frage, die in der Diskussion über die „qualitative Sozialforschung" aufgearbeitet wird, ist für die Analyse von Bildungsprozessen mit Erwachsenen jedoch nur von mittelbarem Interesse. Zentral hierfür ist die sich daraus ergebende, weitere Frage nach der Logik der umgekehrt gerichteten Vermittlungsprozesse von erziehungs- und sozialwissenschaftlichen Theorien in berufs- und lebenspraktisches Wissen. Unter der These der prinzipiellen Analogie beider Wissensstrukturen kann eine solche Logik auf jeden Fall nicht dem naturwissenschaftlichen Modell nachgeformt werden, in dem die

wissenschaftliche Erkenntnis stets die richtigere Erkenntnis über die Realität der Naturwelt ist. Wenn Sozialwelt und die in ihr von Handlungssubjekten organisierten Interaktionen in Interpretationssystemen von Alltagswissen begrifflich gefaßt sind, dann kann wissenschaftliches Wissen diese alltäglichen Interpretationen grundsätzlich nicht ersetzen oder als „nicht richtig" entlarven, weil sonst der absurde Fall einträte, daß das Handlungsfeld des Alltags zugunsten des Handlungsfeldes der Wissenschaft/wissenschaftlichen Theorie aufgelöst würde. Daher kann die Logik des Vermittlungsprozesses nur an den Unterschieden in der Rationalität wissenschaftlichen und alltäglichen Wissens ansetzen. Und diese Rationalitätskriterien erlauben wissenschaftlichen Erkenntnisprozessen einen anderen Zugang zum Verständnis der sozialen Realität als es im Alltagswissen und -handeln möglich ist. Wissenschaftliche Aussagesysteme beinhalten zum Teil Erfahrungen, die dem lebenspraktischen Wissen verschlossen bleiben, weil es nicht vom permanenten Handlungsdruck entlastet ist, wie etwa der im Handlungsfeld der Wissenschaft Tätige. Wenn es daher für Alltagshandelnde von Nutzen ist, sich auf wissenschaftliche Interpretationen zu stützen, so nicht weil diese für praktisches Handeln als Anleitungen unmittelbar zu übernehmen sind, sondern weil sie alternative Deutungsschemata anbieten, auf deren Folie sich lebenspraktische Probleme in einem anderen Licht darstellen und möglicherweise vernünftiger interpretieren lassen. Ein Beispiel: Sozialisationstheorien haben für Eltern etwa nicht den Zweck, daß diese daraus ein richtigeres Erziehungsverhalten erlernen, sondern daß sie aus der Sicht wissenschaftlicher Aussagesysteme ihre eigenen Handlungsprobleme besser deuten können als möglicherweise mittels der im Familienalltag eingeschliffenen Vorstellungen und Wertorientierungen. Sozialwissenschaftlich und pädagogisch begründetes Wissen vermittelt sich in alltags- und berufspraktischem Wissen also nicht nach dem Muster eines Lernens von Regeln, sondern in Form einer Aufklärung alltäglicher Deutungsmuster, d.h. einer Explikation von Sinnstrukturen praktischen Handelns, denn der fundamentale Beitrag der Theorie liegt darin, sinnvolle Deutungen für Probleme des Alltags zu finden, dem Menschen bei seiner Orientierung in der Welt behilflich zu sein (vgl. Luckmann 1973, S. 150).

Zusammenfassend läßt sich feststellen, daß für die Sozialwissenschaften und die Pädagogik erkenntnislogisch ein gleitender Übergang von lebens- und berufspraktischen Erfahrungen zu wissenschaftlich gesicherten Theorien angenommen werden muß.

Doch lassen sich auch Differenzen feststellen. Versuchen wir deshalb, uns die Unterschiede zwischen dem Brauchbarkeitsgehalt von Theorien der Erwachsenenbildung und den Kompetenzen von Teilnehmern und Dozenten vor Augen zu führen: Jenseits eher nebensächlichen Differenzen, auf die wir noch zu sprechen kommen, ist zwischen der alltagspraktischen und beruflichen Kompetenz des Teilnehmers und des Dozenten – als Praktiker – *und* den „Produzenten" wissenschaftlicher Theorien ein *grundlegender Unterschied* in der Einstellung und Perspektive auszumachen. Das, was für jede Erwachsenenbildungs-Praxis unproblematisch ist und auch sein muß, wird für den Theoretiker im oben beschriebenen Sinne notwendigerweise zum Problem. Der Gegensatz von Lebenspraxis und Wissenschaft ist ein Gegensatz der Einstellungen, nicht notwendig ein Gegensatz der Inhalte, denn: unsere Lebenspraxis ist heute auch von wissenschaftlichen Ergebnissen mit geprägt.

Was für den Dozenten der Erwachsenenbildung im pragmatisch-orientierten täglichen Umgang mit den Teilnehmern als durchaus gelungene bzw. zu gelingende Kommunikation, d.h. Verstehen und Verständigung, vergleichsweise unproblematisch vollzogen und erlebt wird, wird – wie schon angedeutet – erst in der handlungsentlastenden wissenschaftlichen Einstellung bzw. Perspektive zum Problem, d.h. zum Gegenstand der theoretisch-rekonstruktiven Durchdringung.

Die wissenschaftlich-theoretische Reflexion gerinnt somit letztlich zur ‚umständlichen' Herstellung von Verstehen. Die Notwendigkeit dieser Art theoretischer Reflexion erwachsenenpädagogischer Praxis, die auf den ersten Blick nun keineswegs einsichtig ist, liegt darin begründet, daß die Kompetenzen der Beteiligten an erwachsenenpädagogischer Interaktion in für Teilnehmer und Dozenten je spezifischer Hinsicht *unvollständig* ausgeprägt sind, durch theoretische Deutungen aber kompensiert und aufgeklärt werden können.

Warum ist nun die Handlungskompetenz des Teilnehmers von Erwachsenenbildung als „unvollständig ausgeprägt" zu betrachten? Die unvollständig ausgeprägte subjektive Handlungskompetenz ist beim Teilnehmer der Erwachsenenbildung zunächst durch den Umstand bedingt, in der alltäglichen Lebenspraxis häufig unter Zeitdruck handeln und nicht immer vollständig reflektierte Handlungen ausführen und sich mit dem Umgang von Alltagsroutinen vertraut machen zu müssen. Des weiteren dadurch – und dies ist für Erwachsenenbildungsprozesse konstitutiv –, daß der Teilnehmer durch das subjektive Verwobensein mit möglichen lebens- und berufspraktischen Krisensituationen, die in der Regel als sein Motiv für die Teilnahme an Erwachsenenbildung gelten können, nicht ungetrübt seine eigene Reflexionskompetenz entfalten kann und in der Folge von seiner Teilnahme an der Erwachsenenbildung Begründungen für lebenspraktische Handlungsentscheidungen erwartet.

Es ist davon auszugehen, daß die Subjekte in ihrem praktischen Leben ständig unter Deutungszwang stehen, jedoch die Explikation der latenten Sinnstrukturen ihrer im Alltagshandeln vollzogenen Handlungsakte und sie begleitenden Deutungen zumeist durch den bestehenden Handlungsdruck und den damit einhergehenden Zwang zu Situations-

erhaltungspraktiken nicht realisiert werden kann. Der Dozent der
Erwachsenenbildung müßte bei dieser Ausgangslage nun befähigt sein,
pädagogisch derart zu handeln, daß er sich auf die Problemstellungen
und Bildungsinteressen der Teilnehmer bezieht, mit der professionellen Intention, deren Entscheidungs- bzw. Orientierungsdefizite für
lebenspraktisches Handeln zumindest langfristig bewußt zu machen,
ohne die Autonomie ihrer Lebenspraxis etwa durch Infantilisierungs-
maßnahmen bzw. Handlungsanweisungen, die auf eine Art von Verhal-
tenssteuerung hinauslaufen, zu verletzen.

Mit anderen Worten ist die Struktur seines professionellen pädagogischen Handelns im Prinzip zu kennzeichnen als widersprüchliche Einheit von Theorieanwendung *und* Befähigung, den jeweils mit der Person
des Teilnehmers verbundenen ‚Einzelfall‘ zu verstehen. Der Erwerb dieser professionellen pädagogischen Befähigung muß einerseits (Theorieanwendung) im Sinne der Aneignung eines wissenschaftlichen
Berufswissens etwa von EDV-Techniken, Fremdsprachen, Erkenntnissen aus Psychologie, Soziologie etc. erfolgen und andererseits (Fallverstehen) im Sinne der sukzessiven Ansammlung eines beruflich-
praktischen Erfahrungsschatzes bzw. einer Kunstlehre. In der Bildungspraxis, d.h. im konkreten interaktiven Unterrichtsgeschehen, müßte
nun der pädagogische Mitarbeiter den genannten Widerspruch zwischen wissenschaftlichem Berufswissen (Theorieanwendung) und
beruflichem Fallverstehen aufrechterhalten können, um den Erwartungen des Teilnehmers angemessen begegnen zu können. Der Dozent ist
nun aber in der Regel, ähnlich wie der Teilnehmer, wenn auch anders
verursacht, in seiner Handlungskompetenz, d.h. in eben dieser erwähnten professionellen Kompetenz ebenfalls beengt. Die derzeitigen Aus-
bildungsvoraussetzungen von nebenamtlichen und hauptamtlichen
Dozenten mitgedacht, sowie die institutionellen Engagements und die
pädagogische Handlungssituation in der Erwachsenenbildung vorausgesetzt, neigt der Dozent dazu, den genannten Widerspruch zwischen
wissenschaftlichem Berufswissen und Fallverstehen jeweils einseitig
aufzulösen, so daß entweder der unterrichtlichen Interaktion der
Erwachsenenbildung durch die vereinseitigende Hervorhebung des
wissenschaftlichen Anteils eine falsche, weil lebenspraktisch unangemessene Verwissenschaftlichung droht oder aber dadurch, daß jedwedes wissenschaftliche Konzept bzw. wissenschaftliche Arbeit in der
Erwachsenenbildung generell in Frage gezogen wird – häufig in Reaktion auf den zuerst genannten Fehler. In der Folge gerät die Erwachsenenbildung häufig zu einem Versammlungsort des puren Erfahrungs-
austausches, wo zudem nicht-kontrollierbare, weil theoretisch nicht
reflexiv thematisierte Beziehungsprobleme etwa zwischen Dozenten
und Teilnehmern entstehen können (Erwachsenenbildung als heimliche Therapie).
Einer Theorie der Erwachsenenbildung kommt zentral die Bedeutung

zu, die durch die Lebensbewältigung des Teilnehmers verursachte Perspektivenverengung, aber auch durch beruflichen Handlungszwang und ungünstige institutionelle Voraussetzungen bedingten begrenzten Handlungsmöglichkeiten des Dozenten, durch extensive Handlungssinnauslegung aufzuklären und die Kompetenzen des Teilnehmers wie die des pädagogischen Mitarbeiters zu erweitern.

Um den Unterschied zwischen dem Praktiker und dem wissenschaftlichen Theoretiker auf den Begriff zu bringen, läßt sich feststellen, daß der erstere im pädagogischen Geschehen der Erwachsenenbildung sozusagen eine *praktisch-interaktive Einstellung* verkörpert, wohingegen zweiterer im Zusammenhang seiner Wissenschaftlergruppe bzw. Wissenschaftlergemeinschaft eher eine von Handlungszwang befreite *diskursive Einstellung* (Habermas 1983) verkörpert, für die als Basisbedingungen gelten:

– das Motiv der kooperativen Verständigungsbereitschaft sowie
– die Maxime, Ereignissen, Personen und Aussagen gegenüber einen prinzipiellen Existenzvorbehalt anzumelden, d.h. dem Geschehen gegenüber, so plausibel es auf den ersten Blick auch erscheinen mag, grundsätzlich Zweifel zu hegen.

In diesem Sinne ist Theoriebildung als Diskurs begreifbar, da es um ein theoretisches Begreifen der Erwachsenenbildung unter handlungsentlastenden Voraussetzungen geht.

Aus den Darlegungen und Beispielen folgt, daß die Strukturen erwachsenenpädagogischen Handelns wie der sozialen Wirklichkeit generell verfehlt wären, wollte man sie aus allgemeinen Meta-Theorien ableiten. Als ebenso verfehlt muß jedoch der umgekehrte Weg angesehen werden, sie ausschließlich aus den Interpretationsleistungen der Handelnden (Dozenten und Teilnehmer) erschließen zu wollen, wie dies etwa die alltagsorientierten Konzepte für sich reklamieren.

„Theorie" sozialer Handlungsprozesse im allgemeinen und erwachsenenpädagogischer im engeren Sinne kann also nicht mit einer methodischen Verengung des gesellschaftlichen Erfahrungsraumes gewonnen werden, in deren Folge der Status des Objektiven nur noch jenen Erfahrungen zuerkannt wird, die sich als subjekt- und situationsabhängige „Tatsachen" darstellen lassen. Am Ende würden logischerweise alle darüber hinausgehenden Erfahrungsgehalte, wie etwa lebensgeschichtliche Krisen, in Begründungsnot geratene lebenspraktische Entscheidungen, moralische Gefühle etc., ins Subjektive bzw. Private abgedrängt und erschienen als vorwissenschaftlich und irrelevant.

Die Produktion von „Theorie" erwachsenenpädagogischen Handelns ist nun aber verwiesen auf die Notwendigkeit, auf Basis eines erweiterten Erfahrungsbegriffes die gängige Unterscheidung des Wissenschaftlichen vom Vorwissenschaftlichen aufzusprengen: Mit der hier entwikkelten Vorstellung von Theorie schwingt zweifelsfrei eine Auffassung von wissenschaftlichem Erkenntnisfortschritt in bezug auf pädagogi-

sches Handeln mit, welche davon ausgeht, daß dieser im Zusammenhang pädagogischen Handelns nicht etwa nach dem Modell einer
Anhäufung von gegenständlichen Entdeckungen (vgl. etwa die Ergebnisse der Lerntheorie, der Verhaltenstheorie etc.), sondern nach einem
Modell der schrittweisen Übersetzung bzw. Aufdeckung von Hand-
lungs- und Sinnstrukturen alltags- und berufspraktischen Handelns im
unterrichtlichen Geschehen interpretierbar ist. Diese Auffassung
schließt ein, daß die wesentliche Funktion wissenschaftlicher Theoriebildung in der Aufdeckung der objektiven Sinnstrukturen praktisch
empirisch vorfindbarer Handlungen in Erwachsenenbildungsprozessen besteht und entsprechend ihre praktische Funktion in der Rückver-
mittlung ihrer so vorgenommenen Aufdeckungs- und Rekonstruktions-
leistungen in eben diese erwachsenenpädagogische Praxis zu sehen ist.

Versucht man, diesen Gedankengang zusammenzufassen, so wird man
sagen müssen, daß eine theoretische Begründung des erwachsenenpädagogischen Handelns, die nicht – wie zumeist – auf einem eher willkürlich zusammengewürfelten Raster unterschiedlicher theoretischer
Orientierungen beruht, sondern in dem hier beschriebenen Sinne von
einem geschlossenen rekonstruktiven Ansatz ausgeht, sich auf ein
dem Gegenstand erwachsenenpädagogischen Handelns angemessenes
hermeneutisches Vorgehen stützt. Mit diesen beiden Voraussetzungen
ist sie in die Lage versetzt, Theorie und Praxis so miteinander zu verbinden, daß sowohl die Analyse des Gegenstandes mit einer seiner
internen Struktur angemessenen Methode als auch die Umsetzung des
theoretischen Wissens in praktisches Handeln qua Berufspraxis als Aufklärung erfolgt. Damit wird die unangemessene Gegenüberstellung
eines bloß distanzierenden theoretisch-abstrakten Wissens und eines
damit nicht vermittelten und deshalb auch nicht reflektierten Routine-
wissens des Praktikers vermieden. Ein wichtiges Spezifikum wissenschaftlicher Tätigkeiten besteht eben darin, daß Wissenschaftler im
Rahmen ihrer Arbeit keinem unmittelbaren Handlungszwang unterliegen, d.h. im gesellschaftlichen Alltag nicht unter Zeitdruck handeln
müssen.

Während der Erwachsenenpädagoge in seiner praktischen Bildungsarbeit ständig der Anforderung ausgesetzt ist, „hier und nun" entscheiden zu müssen (wie beispielsweise ein Volkshochschulkurs in didaktischer Hinsicht zu gestalten ist bzw. welches Lehrverhalten er „an den
Tage zu legen" hat), kann der Wissenschaftler in der Regel unter einem
wesentlich geringeren momentanen Entscheidungsdruck handeln.
Wissenschaftler müssen sich nicht in einem so starken Maß wie
Alltagspraktiker auf bewährte Handlungsmuster verlassen, haben
mehr Zeit, um Entscheidungen über ihren jeweiligen Arbeitsgegen-
stand zu finden, was letztlich auch als Ursache dafür angesehen werden
kann, daß wissenschaftliche Betrachtungen und Einschätzungen zu

einem konkreten Problemfeld wie dem der Erwachsenenbildung durch ein höheres Maß an *Reflexivität* ausgezeichnet sind als die Handlungspläne der in diesem Problemfeld quasi routinemäßig handelnden „Praktiker".

Ein Beispiel mag diesen Sachverhalt verdeutlichen. Ein Kursleiter in der Erwachsenenbildung mag aus subjektiv „gutem Grund" in seiner praktischen Bildungsarbeit darum bemüht sein, eine möglichst lockere und demokratische Form der Unterrichtsführung zu wählen; wir unterstellen in diesem Beispiel, daß er seine Unterrichtsführung mit negativen Erfahrungen aus seiner eigenen Schulzeit und Bildungsgeschichte durchaus zu begründen in der Lage ist.

Die Einstellung unserer Beispielperson zum Lernen, unter Umständen auch ihre Motivation zur nebenamtlichen Berufstätigkeit in einer Erwachsenenbildungseinrichtung kann dabei als ein Resultat individuell-biographischer Erfahrungen mit dem Bildungssystem (Schule, berufliche Ausbildung, Hochschule etc.) aufgefaßt werden.

Wir können davon ausgehen, daß unser Kursleiter seine Gestaltungsform des unmittelbaren Lehr-/Lern-Geschehens subjektiv für richtig, vernünftig und aus eigenen Alltagserfahrungen begründbar ansieht.

Für unseren Kursleiter ist es daher in gewisser Hinsicht selbstverständlich, seine Unterrichtsgestaltung so und nicht anders anzulegen. Diese Selbstverständlichkeit ist dabei Ausdruck seines gesamten „Lebensgefühls" und Bildungsverständnisses, welches wiederum auf subjektiv für richtig befundenen Einschätzungen und Urteilen basiert.

Wissenschaftliche Analysen zum Lehr-/Lern-Geschehen in der Erwachsenenbildung sind im Gegensatz zu dem oben skizzierten Verständnis des Praktikers nicht an subjektiven Einschätzungen und Urteilen ausgerichtet, sondern versuchen die *objektiven* Handlungsstrukturen zwischen Dozenten und Teilnehmern zu rekonstruieren und zu entschlüsseln. Sie untersuchen die Voraussetzungen und Bedingungen, unter denen sich die subjektiven Deutungen und Handlungspläne der Berufspraktiker (Kursleiter) als tragfähig oder als kurzschlüssig erweisen.

Dabei steht nicht die Bestätigung und Widerlegung von einzelnen Einschätzungen und Interpretationen des Berufspraktikers, sondern die *reflexive Durchdringung* des pädagogischen Gesamtgeschehens in der Erwachsenenbildung im Vordergrund.

Was ist nun damit gemeint? Unser Kursleiter, so nehmen wir einmal an, arbeitet auf dem Feld der politischen Erwachsenenbildung (Volkshochschule) und bietet Veranstaltungen zu den Themen „Gegenöffentlichkeit und Gegenkultur in der BRD", „Jugendkulturen – subversive Bewegungen", „Stichwort: Neue Medien" usw. an. Kurse, die in der Regel von einem Teilnehmerkreis besucht werden, der, ebenso wie unser Kursleiter, ein kritisches Gesellschaftsverständnis mitbringt.

Es kann uns nicht erstaunen, wenn unser Kursleiter nun in seiner

Erwachsenenbildungspraxis die Erfahrung macht, daß seine Form der Unterrichtsgestaltung und sein Unterrichtsstil „ankommen".
Dies mag bei unserer Beispielperson zu der (subjektiv offensichtlich berechtigten) Auffassung führen, eine lockere und diskussionsfreundliche Gestaltung des Lernens sei die angemessenste Form der Unterrichtsführung in der Erwachsenenbildung.
Inwieweit sich eine derartige Auffassung jedoch tatsächlich verallgemeinern läßt und etwa auf den Sprachunterricht an der Volkshochschule oder auf berufliche Fortbildungsmaßnahmen der Industrie- und Handelskammer bezogen werden kann, entzieht sich dem Erfahrungshorizont unseres Kursleiters, da (so können wir einmal annehmen) seine Praxiserfahrung auf die politische Bildung in der Volkshochschularbeit beschränkt ist. Sofern sich nun Wissenschaftler Gedanken machen über das Problem einer „erwachsenengerechten" Planung, Gestaltung und Durchführung von Bildungsmaßnahmen, sind sie ihrerseits daran interessiert, differenzierte Ergebnisse und Aussagen zum Gesamtbereich der Erwachsenenbildung vorzulegen, einem Bildungsbereich, der die unterschiedlichsten Lernformen, Institutionen und Zielgruppen umfaßt. Wie gesagt, geht es dabei *nicht* um eine Bestätigung oder Widerlegung der subjektiven Einschätzungen von „Praktikern" (wollte die Wissenschaft dies, so müßte sie sich in letzter Konsequenz anmaßen, den „Praktiker" belehren zu können, auch wenn letzterer dafür gar keinen Anlaß sieht!), sondern um eine dem gesamten Handlungsfeld „Erwachsenenbildung" angemessene Reflexion des Lehr-/Lern-Geschehens.

Die Wissenschaft der Erwachsenenbildung ist darum bemüht, die unterschiedlichen Handlungsbereiche des Praxisfeldes unter dem Aspekt ihrer Gegensätzlichkeit und ihrer Einheit begrifflich zu durchdringen und einer systematisch-theoretischen Reflexion zuzuführen, um typische Handlungsprobleme der allgemeinen Handlungssituation „Erwachsenenbildung" durchsichtig zu machen.
Dabei vollziehen sich die Prozesse der wissenschaftlichen Durchdringung und Reflexion der Erwachsenenbildung im sozialen Arrangement des „Elfenbeinturms" von Universitäten und anderen (Forschungs-)Einrichtungen, die im Normalfall nur einen mittelbaren Zugang zur Erwachsenenbildung, d.h. zum konkreten Handlungsfeld des Praktikers haben.
Hier gelten auch nicht mehr die Anforderungen der unmittelbaren Bildungspraxis (etwa Handeln unter Zeitdruck und momentanem Entscheidungszwang), sondern die der „Wissenschaftsgemeinschaft". Die Ergebnisse der wissenschaftlichen Auseinandersetzung um die Erwachsenenbildung, gewonnen unter den spezifischen Bedingungen von Forschungsarbeit (kooperative Verständigung, Austausch von Argumenten und Gegenargumenten, Abwägen von widersprüchlichen

Aussagen etc.), schlagen sich letztlich in den verschiedenen theoretischen Zugängen und Ansätzen nieder.

Mit anderen Worten: „Praxis ist gezwungen zu handeln und neigt deshalb dazu, Wirklichkeit als Gegebenheit zu nehmen. Theorie erschließt dagegen deren Möglichkeitshorizont." (Senzky 1981, S. 156).

1.4 Statements aus der laufenden „Theoriedebatte": Schlaglichter oder Irrlichter? Eine Einstimmung

Wir hatten schon an früherer Stelle darauf aufmerksam gemacht, daß in bisherigen Versuchen einer ‚Theorie der Erwachsenenbildung' die unterschiedlichsten methodischen und theoretischen Zugänge gewählt worden sind, ohne daß dies zum Aufbau von grundlegenden theoretischen Orientierungen geführt hätte. Die folgenden Ausführungen sollen nun exemplarisch zeigen, daß und in welcher Form sich die Theoriedebatte innerhalb der Erwachsenenbildung von außerdisziplinären zeitkulturellen Ereignissen und Diskussionen hat inspirieren lassen.

Uns geht es dabei darum, einen Eindruck von der Vielfalt der Herangehensmöglichkeiten an die Theoriebildung zu geben, insbesondere weil dies auf die zentrale Schwäche der Erwachsenenbildungstheorien, ihren Eklektizismus (im Sinne einer relativ wahllosen Übertragung disziplin-fremder Theorien auf die Erwachsenenbildung), hinweist.

Der bisweilen auffällige Stückwerkcharakter der Erwachsenenbildungstheorien (bzw. Theorieansätze), das bloße Aneinanderreihen verschiedener theoretischer Perspektiven unterschiedlicher Herkunft (Bildungsökonomie, Lerntheorie, Verhaltenstheorie, Sozialisationstheorie usw.) hat seine Ursache keineswegs ausschließlich in den subjektiven Motiven und unterschiedlichen wissenschaftstheoretischen Standpunkten der Beteiligten, sondern in dem nicht-paradigmatischen Charakter der Erwachsenenbildungstheorieansätze selbst. Dieses läßt sich an einigen neueren Systematisierungsversuchen zur erwachsenenpädagogischen Theoriebildung deutlich ablesen.

Im folgenden soll die Entwicklung und der Stand der „Theoriedebatte" in seiner für eine junge akademische Teildisziplin typischen (und vielleicht sogar auch notwendigen) Disparatheit schlaglichtartig beleuchtet werden. Dies nicht etwa in der Absicht, gleichsam besserwisserisch den Zeigefinger der Kritik auf Uneindeutigkeiten und Unklarheiten zu legen, sondern vielmehr um dem Leser ein Problembewußtsein von dem Prozeß der Theoriebildung selbst zu verschaffen. Zu diesem Zweck werden wir einige in den letzten Jahren typische Begründungs- und Klassifizierungsversuche von ‚Theorien der Erwachsenenbildung' darstellen bzw. knapp skizzieren. Können diese Typologien auch keine Aussage über inhaltliche Dimensionen der einzelnen Ansätze machen, so illustrieren sie doch die Vielfalt innerhalb der Theoriediskussion zur Erwachsenenpädagogik. Darüber hinaus machen sie die tendenzielle Willkürlichkeit aller Unterscheidungsversuche deutlich. Die folgenden Beiträge sind bewußt kontrastierend ausgesucht und erheben keinen Anspruch auf Vollständigkeit.

Wir verstehen sie teils als Schlaglichter, teils als Irrlichter, die einen Eindruck geben sollen von der Spannbreite und dem Spektrum der Auseinandersetzungen.

H. Siebert

Als früher Versuch einer Systematisierung von Erklärungsversuchen bzw. von Begründungsansätzen von Erwachsenenbildung kann ein Vorschlag von *Siebert* gelten.

Er selber bezeichnet sein Ansinnen als den Versuch einer „Klassifizierung und Typologisierung von Konzeptionen", weist aber gleichzeitig darauf hin, daß ein solcher Versuch mit spezifischen Grenzen und Gefahren behaftet ist:

1. Schon die Einteilung und Abgrenzung von Konzeptionen ist durch den Standpunkt des Betrachters bedingt und von daher selektiv. Es besteht die Gefahr, daß die sich in das Schema und die Darstellungslogik nicht einfügenden Ansätze unterschlagen werden. So wird der Leser auch bei uns sicherlich einige ihm wichtig erscheinende Ansätze vermissen.

2. Die verschiedenen Konzeptionen schließen sich nicht alle gegenseitig aus, sondern überlappen, ergänzen und modifizieren sich zum Teil. Eingedenk dieser Tatsache ist zu berücksichtigen, daß eine Typologisierung theoretischer Erklärungsmuster grundsätzlich der Gefahr einer zu starken Vereinfachung und Überpointierung ausgesetzt ist.

3. Mitarbeiter und Autoren der Erwachsenenbildung können deshalb nur in wenigen Fällen eindeutig und vollständig mit einem bestimmten Ansatz identifiziert werden. Es geht einer Abgrenzung von Theorieperspektiven bzw. Typologisierung von Konzeptionen nicht um „Köpfe" der Erwachsenenbildungsszene, sondern um allgemeine Denkmuster (vgl. Siebert 1977, S. 33).

Auf dem Hintergrund derartiger Überlegungen differenziert Siebert (1975a) folgende Ansätze:

- die idealistisch-anthropologische Konzeption (er bezeichnet sie an anderer Stelle auch als „personalistische" Konzeption; vgl. Siebert 1977),
- die pragmatisch-marktorientierte Konzeption,
- die sozialliberal-reformerische Konzeption,
- die polit-ökonomische Konzeption,
- die neomarxistische Konzeption,
- (neuerdings) die „grüne" oder auch ökologische Konzeption (vgl. Siebert 1985; Siebert/Michelsen 1983).

G. Dahm u.a.

An Sieberts Systematisierungsversuch kritisieren *Dahm u.a.* (1980) das immament von ihm vertretene Argument des Methodenpluralismus und der Angewiesenheit der Theoriebildung auf ihre Nachbardisziplinen und halten dagegen, daß dieses nicht als Ausrede gelten kann für das Versäumnis, die allgemeinen sozialwissenschaftlichen Paradigmen auf ihre Angemessenheit für den Objektbereich Erwachsenenbildung zu überprüfen. Doch sollte nicht unerwähnt bleiben, daß gerade die hinter dem Vorschlag von Dahm u.a. stehende Auffassung, es ließe sich relativ umstandslos aus sozialwissenschaftlichen Theorien und Untersuchungen ein „Rezeptwissen" für pädagogische Praxis ableiten, als äußerst bedenklich zu betrachten ist. Wie häufig und leichtfertig dieser Anspruch auch immer wieder erhoben wird, die Sozialwissenschaften dürfen u.E. auch gegenüber der Pädagogik nicht in die Lage geraten, eine solche sozialtechnologische Zulieferfunktion erfüllen zu müssen. Im Anschluß an Sieberts Systematisierungsvorschlag unterscheiden *Dahm u.a.* auf der Basis der paradigmatischen Struktur der Sozialwissenschaften im Theoriebildungsprozeß folgende theoretische Ansätze:

- *Empirisch-analytischer Ansatz:*
  ohne den theoretischen Rahmen einer Theorie der Gesellschaft, verbunden mit einem reformpolitischen Anspruch.
- *Ansätze basierend auf der „Kritischen Theorie":*
  im Sinne ideologiekritischer Ansätze oder aber in der Ausprägung handlungstheoretischer Versionen im Kontext organisationssoziologischer Argumentationen.
- *Historisch-materialistische bzw. politökonomische Ansätze:*
  basierend auf einer materialistischen Theorie der Gesellschaft; diese Ansätze sind noch einmal zu unterscheiden in analytisch-rekonstruktive sowie stärker „normative" Ansätze.
- *Hermeneutische Ansätze:*
  wobei im Mittelpunkt die Erschließung des Sinns von sozialem Handeln im allgemeinen und von pädagogischem im konkreten steht; hier lebt die alte Tradition der Erwachsenenbildung und Historiographie fort.
- *Symbolisch-interaktionistische, „situative" Ansätze:*
  die die Erwachsenenbildung als einen interpretativen Handlungsprozeß begreifen.

W. Mader

Ebenfalls in Auseinandersetzung mit Siebert stellt sich *Mader* die Frage, was nun über die Typologisierung von Theorieansätzen, wie sie Siebert vorgelegt hat, und über die Beschreibung des allgemeinen Verhältnisses der Bezugswissenschaften zur Erwachsenenbildung hinaus getan werden könne? Er versucht, eine Entwicklung zu skizzieren, „in der sich unter dem

Druck beschreibbarer gesellschaftlicher Probleme theoretische Ansätze *eines* Gegenstandsbereiches der Erwachsenenbildung allmählich
zu paradigmatischen Orientierungskomplexen auch für *andere*
Bereiche der Erwachsenenbildung entwickeln, und so eine der entscheidenden Voraussetzungen für Paradigmen einer Wissenschaft von der
Erwachsenenbildung geschaffen wird" (Mader 1984).

Die Entstehung gemeinsamer Probleme und paradigmatischer Strukturen kann Mader zufolge in drei Einflußrichtungen aufgeteilt werden:
„Der erste Zufluß kommt aus der Rezeption und Umwandlung arbeitsmarktorientierter Konzepte in die allgemeine Diskussion um Erwachsenenbildung. Paradigmatische Strukturen deuten sich an in der
Durchsetzung *integrativer* Sichtweisen von bisher getrennt behandelten Qualifizierungsdimensionen. Der zweite Zufluß kommt aus der
Rezeption lernorientierter Konzepte und ihrer Umwandlung. Paradigmatische Strukturen deuten sich an in der Durchsetzung tiefenstruktu-
reller, *ganzheitlicher* Sichtweisen von bisher eher instrumentell gesehe-
nen Lernvorgängen. Der dritte Zufluß kommt aus der Rezeption der
Legitimitätsdiskussion auf dem Hintergrund sozialpolitischer Probleme und staatstheoretischer Reflexionen in der Erwachsenenbildung. Paradigmatische Strukturen deuten sich an in der Suche nach
reflexiven Prozessen und Strukturen der Erwachsenenbildung im
Unterschied zu nur funktionalen Einbindungen." (ebd.)

I. Wirth

Hingegen macht Ingeborg *Wirth* (1976) geltend, daß die besondere Problematik von Theorien der Erwachsenenbildung darin liege, daß das
Handlungsfeld der Erwachsenenbildung als Forschungsgegenstand
sowohl einer Erforschung der personellen und interpersonellen Prozesse im Bildungsgeschehen selbst bedarf, als auch der Erkundung der
gesellschaftlichen Genese in ihrer sozial-historischen Bedingtheit.
Daher komme es darauf an, die interaktiven Prozesse der Erwachsenenbildung in ihrer sozio-genetischen Einordnung zu begreifen: „Hinzu
kommt die Schwierigkeit, daß die Theorie der Erwachsenenbildung
auch den Vorgriff auf Zukunft wagen muß, d.h. sie muß sich als
antizipatorische oder prospektive Theorie entwerfen. Um die Perspektive ihrer eigenen Weiterentwicklung eröffnen zu können, bedarf sie
jedoch einer immer auch prognostischen Theorie der industriellen,
demokratischen Gesellschaft, die ihrerseits vor äußerst komplexen und
komplizierten Problemen steht und kaum – vorausschauend zumindest
nur auf kurze Sicht – zu leisten ist." (Wirth 1976, S. 211)

J. H. Knoll

J. H. Knoll (1968) unterstreicht die Zugehörigkeit der Wissenschaft von
der Erwachsenenbildung zur Erziehungswissenschaft und folgert aus
der Extensität ihres Gegenstandsbereiches wie aus ihrer von der Schul-

pädagogik wesentlich abweichenden Problematik ihre Etablierung als *eigenständige Subdisziplin.* Als legitimer Gegenstandsbereich der Erziehungswissenschaft müsse die Theorie der Erwachsenenbildung mit dem Dilemma der bildungstheoretischen Problematik – so schon Hans-Hermann Groothoff (1968) – und mit den wissenschaftstheoretischen Auseinandersetzungen der Erziehungswissenschaft fertig werden. Als Handlungswissenschaft habe sie aber auch psychologische, soziologische und politikwissenschaftliche Ergebnisse zu integrieren. Im Rahmen einer „offenen Gesellschaft" müsse die Theorie der Erwachsenenbildung zudem „eine Theorie ihrer Entwicklung und damit Moment eben dieser Entwicklung sein", wobei es nicht nur um die Ausbildung von Pragmatismen gehen dürfe, sondern zugleich um eine Reflexion auf Sinn- und Begründungszusammenhänge (Groothoff 1968).

H. Raapke
Raapke (1970) wiederum fragt danach, was die Entwicklung einer speziellen Erwachsenenbildungstheorie im Hinblick auf die bildungs- und gesellschaftspolitische Entwicklung des Erwachsenenbildungsbereichs bewirken wird bzw. sollte. Er befürwortet grundsätzlich die Etablierung einer speziellen Theorie der Erwachsenenbildung, befürchtet allerdings eine Isolierung des Erwachsenenbildungsbereichs in bildungspolitischer Hinsicht. Theorie der Erwachsenenbildung solle daher wesentlich als eine didaktische konzipiert werden. Die zunehmende Sanktionierung der Erwachsenenbildung durch wesentliche Teile der Öffentlichkeit verlange zugleich den wissenschaftlichen Ausweis ihrer Berechtigung, der vornehmlich durch didaktische Reflexionen ihrer Praxis geleistet werden könne. Die Stellung der Erwachsenenbildungstheorie als Teildisziplin der Erziehungswissenschaft wird auch von ihm unbefragt bejaht.

G. Doerry
Doerry (1973) hingegen spricht der erwachsenenpädagogischen Theoriebildung mehrere gleichberechtigte Funktionen zu: Während er die forschungsstrategische sowie die bildungs- und berufspolitische Funktion einer Erwachsenenbildungstheorie wissenschaftlich für weitgehend unbestritten hält, scheinen sich – wie er meint – angesichts der gesellschaftspolitischen Funktion der Erwachsenenbildungstheorie die theoretischen Geister zu scheiden. Doerry grenzt sich gegenüber sog. „restriktiven" (Klein/Weick) wie „permissiven" (Tietgens) Theorieansätzen ab. ‚Theorie' wird von ihm als Zusammenfassung einer größeren Anzahl von Forschungsergebnissen begriffen, die Resultat empirischer, phänomenologischer wie hermeneutischer Forschungsanstrengungen sein können. Auch er ist der Meinung, daß der Gegenstandsbereich der Erwachsenenbildung nur interdisziplinär durch systematische Anleihen bei angrenzenden Wissenschaften abgedeckt werden könne.

E. Klein/E. Weick

Der Theorieansatz von *Klein/Weick (1974)* versteht sich nun ganz
unzweifelhaft als „Umriß" einer emanzipativen Erwachsenenbildungstheorie, da „Emanzipation" ihnen als „konstitutive Qualität einer Theorie der Erwachsenenbildung" gilt. Damit ist impliziert, daß einer
Erwachsenenbildungstheorie mit emanzipativem Anspruch eine Kritische Theorie der Gesellschaft, die die Konkretion des erwachsenenpädagogischen Gegenstandsbereiches erst ermöglichen soll, vorgeord-
net sein müsse. Sie hätte sich thematisch auf die „in Abhängigkeit und
Unmündigkeit gehaltenen Lohnabhängigen als Produzenten des
gesellschaftlichen Reichtums" zu konzentrieren. Der Wissenschaftssta-
tus der Erwachsenenbildung wird in dieser Sichtweise wesentlich durch
die ihr übergeordnete marxistische Gesellschaftstheorie bestimmt. Sie
hat „paradigmatisch" mit den Kategorien der Kritik der Politischen Ökonomie und der Psychoanalyse zu arbeiten, um an der durch die allgemeinen Gesetze der kapitalistischen Produktion zu definierenden
Bewußtseinsstruktur der Lohnabhängigen theoretisch wie methodisch
ansetzen zu können.

W. Markert

Wie Klein/Weick fordert auch *Markert (1973)* eine Orientierung eman-
zipatorisch gerichteter Theoriebildung an der Analyse der objektiven
Bedingungen erwachsenenpädagogischer Qualifikationsprozesse im
System des „organisierten Kapitalismus". Erst die politische Ökonomie
des Ausbildungssektors könne die gesellschaftliche Funktion der
Weiterbildungsinstitutionen erklären und den kategorialen Rahmen
zur Analyse der klassenmäßig zu differenzierenden Bewußtseinsformen, die Gegenstand pädagogischer Arbeit sind, abgeben. Als
Bestandteil der Gegenstandsbestimmung fordert Markert die ideologiekritische Analyse bisheriger Theorieentwürfe.

V. Lühr/A. Schuller

Lühr und Schuller (1977) gehen in der Tradition der verstehenden Sozialwissenschaft bzw. der soziologischen Handlungstheorie der Frage nach,
inwieweit der Erwachsenenbildung die Funktion zukommt, den Teilnehmern „sinnstiftende" Orientierungen und den gesellschaftlichen
Institutionen legitimatorische Interpretationen an die Hand zu geben.
Da jedes Handeln – so die theoretische Annahme der Autoren – mit
einer Interpretation des sozialen Bedingungsfeldes einhergehe, sei die
Erwachsenenbildung in der Lage, die – schon von Habermas konstatierten – Sinn- und Legitimationsprobleme der spätbürgerlichen Gesellschaft zu bearbeiten. „Erwachsenenbildung ist in ihrer gesellschaftlichen Funktion verschleiernde Aufklärung. Sie ist eben nicht eine auf-
klärerische, sondern eine sinnstiftende Bewegung. Nicht Wahrheit ist
ihr Ziel und damit die Möglichkeit der Selbstkritik und des Aushaltens

von Widersprüchen, sondern die Wiederherstellung einer harmonischen und klaren, gütigen, gerechten und gemütlichen Ordnung, die heile Welt." (Lühr/Schuller, S. 224)

K. A. Geißler/J. Kade

Geißler/Kade (1982) wiederum plädieren für ein theoretisches Verständnis von Erwachsenenbildung, das sich in keinerlei Hinsicht einem bildungsexternen funktionalen Interesse unterordnen dürfe – weder arbeitsmarktorientierten oder sozialpolitisch ausgerichteten Abstimmungsversuchen von „Angebot und Bedarf" an Erwachsenenbildung noch solchen Bemühungen, die die Erwachsenenbildung als strategisches Instrument vor den Karren einer „Emanzipationsbewegung" spannen wollen. Erwachsenenbildung sollte sich ihrer Meinung nach vielmehr – sowohl auf theoretischer wie auch auf praktischer Ebene – mehr oder weniger voraussetzungslos mit der menschlichen Subjektivität beschäftigen und „ihren systematischen Ausgangspunkt im Individuum" nehmen.

Aus dieser Sichtweise heraus identifizieren Geißler/Kade eine „Theorie der Erwachsenenbildung" mit einer Theorie des sich bildenden individuellen Handlungssubjekts.

Damit kommt der „Theorie der Erwachsenenbildung" letztlich die Funktion zu, die Voraussetzungen und Bedingungen zu reflektieren und zusammenzufassen, unter denen das Handlungsfeld „Erwachsenenbildung" auf die Logik individuell-subjektiver Entfaltung bezogen existiert.

R. Brödel

Brödel (1983) spricht sich für den Versuch einer „Theorie sozialökonomischer Erwachsenenbildung" aus, der an der Umwälzung der konkreten Arbeits- und Lebensbedingungen des Individuums ansetzt und der Bedeutung der Arbeitstätigkeit als der zentralen Existenzbedingung und Existenzgrundlage des erwachsenen Menschen in der modernen Gesellschaft gerecht wird. In Absetzung von ausschließlich arbeitsmarktorientierten, bildungsökonomisch motivierten Reflexionsbemühungen fordert Brödel eine Theorie der Erwachsenenbildung, die die Bedeutung des sozialen Wandels nicht allein unter dem Aspekt einer marktrationalen Berufsbezogenheit (z.B. Aufstiegsmöglichkeiten, Qualifikationserhalt etc.) von Erwachsenenbildung thematisiert, sondern auch die vielschichtigen lebensweltlichen Auswirkungen des sozialen Wandels im Hinblick auf veränderte Chancen und Möglichkeiten der Entfaltung einer subjektiven Identität des Teilnehmers als Gegenstand der Erwachsenenbildung konzeptionell berücksichtigt. Dabei sieht es Brödel als Aufgabe der Erwachsenenbildungstheorie an, eine „forschungsmethodisch und empirisch rückgekoppelte Interpretation gesellschaftlichen Wandels durch Erwachsenenbildung" zu erschließen, die ihrerseits auf einer reflexiven Durchdringung des „Interdependenzverhältnisses von Erwachsenenbildung und gesellschaftlichem Umfeld" basiert.

Bleibt anzumerken, daß neben der Grundsatzfrage, ob die vielfältigen Bemühungen und Anstrengungen im „Theoriebildungsprozeß" nun auf eine *Theorie der Erwachsenenpädagogik* oder vielmehr auf eine *sozialwissenschaftliche Theorie der Weiterbildung* (vgl. etwa Dahm u.a. 1980) hinauszulaufen haben, u.E. die aktuelle Theoriediskussion deutlicher zu unterscheiden hätte zwischen Begründungen, Zielen und Funktionen von institutionalisierter Erwachsenenbildung und Erwachsenenbildungsprozessen.

Auf jede weitere Beschäftigung mit den eben skizzierten Positionen möchten wir verzichten, da diese sicherlich deutlich genug illustrieren, in welcher Spannbreite und mit welch unterschiedlichen Positionen eine wissenschaftliche Grundlegung von Erwachsenenbildung derzeit versucht wird.

1.5 Drei grundlegende zeitkulturell bedingte Sichtweisen im Theoriebildungsprozeß der Erwachsenenbildung

Im folgenden wollen wir die drei zentralen zeitkulturell bedingten Sichtweisen auf die Erwachsenenbildung darstellen. Diese Perspektiven haben in je unterschiedlicher Weise die wissenschaftliche Auseinandersetzung mit erwachsenenpädagogischen Problemen nachhaltig beeinflußt, sie legen zugleich Zeugnis ab für:
- die Veränderbarkeit der Auffassung von Wissenschaft und wissenschaftlichem Handeln,
- den Wandel des Gegenstandes Erwachsenenbildung und damit der Gegenstandsbedeutungen,
- die Modifikation des Theorie-Praxis-Problems in der Bildungsdiskussion der letzten 30 Jahre.

Diese *erkenntnisleitenden Orientierungen* des Theoriebildungsprozesses sind folglich nicht gleichzusetzen mit den Theorieansätzen selbst. Die drei im folgenden vorgestellten, die konkreten Erwachsenenbildungstheorien erst initiierenden Sichtweisen lassen sich unterscheiden in:
- die personale (seit der Jahrhundertwende bis in die 50er Jahre),
- die markt- und institutionsbezogene (seit den 60er Jahren)
- und die lebensweltbezogene (seit Mitte der 70er Jahre) Perspektive.

1.5.1 Die personale Sichtweise

Die personenzentrierte Sichtweise ist verankert in einer um die Jahrhundertwende entstandenen, in der Weimarer Republik und in den ersten Jahren nach dem Zweiten Weltkrieg in Teilen noch existierenden

Zeitkultur. Sie läßt sich als Legitimation einer bis zur Institutionalisierung der Erwachsenenbildung vorherrschenden, an besondere Bil-
dungsgelegenheiten gebundenen und auf den einzelnen abzielenden
Erwachsenenbildung verstehen, die noch stark mit der Lebenspraxis
des Teilnehmers verbunden war. Sie ist zugleich gesättigt mit den Vorstellungen eines Zeitgeistes, der – um die Jahrhundertwende, nach dem
Ersten und abgeschwächt nach dem Zweiten Weltkrieg – kulturpessimi-
stische Töne anschlug, über den Zerfall der Werte klagte, die nur noch
durch Bildung der Innerlichkeit zu bewahren seien und der – unter dem
Einfluß der Lebensphilosophie Diltheys – die Lebenswirklichkeit als
Grundlage aller Bildung und Wissenschaft betonte.
Die Hinwendung zum „eigentlichen" Leben und das damit einhergehende Interesse am Lebensnahen und Überschaubaren sind seit jeher
an Phasen sozialkultureller und sozialökonomischer Krisenhaftigkeit,
an zeitgeistige Strömungen vermehrter Zivilisationskritik und an
Erschütterungen der Ideologie des Fortschrittsoptimismus gebunden.
Die moderne Wissenschaft, wie auch ihre geschichtsphilosophischen
und geisteswissenschaftlichen Vorläufer, haben wiederholt gesellschaftliche Wandlungsprozesse reflektiert, die durch Zivilisationsmüdigkeit, den Katzenjammer ‚großer' Reform- und Revolutionshoff-
nungen, die Rückbesinnung auf die Privatheit und Individualität
gekennzeichnet waren. „Bezaubern (kann) nur etwas Unbestreitbares,
das diesseits aller Ideologien, diesseits von Gott und Staat, von Natur
und Geschichte zu fassen (ist), aus dem vielleicht die Ideologien aufsteigen, von dem sie aber ebenso gewiß wieder verschlungen werden:
das Leben." (Plessner 1975, S. 5)
Bis in die 50er und 60er Jahre dominierten die in der geisteswissenschaftlichen Erziehungswissenschaft verankerten Ansätze. Sie halten
am neuhumanistischen Begriff von Bildung im Sinne von Entfaltung
der Persönlichkeit fest. Dies ist nur möglich, wenn der sich bildende einzelne als Subjekt, als Verkörperung kultureller Wertideen verstanden
wird, dessen Subjektivität die jeweils vorgegebenen Verhaltensnormen
transzendiert. Sein Handeln im Bildungsprozeß entwickelt sich aus den
sich in konkreten historischen Formationen äußernden kulturellen
Horizonten der jeweiligen Epoche.
Diese geisteswissenschaftlich-idealistischen Theorieansätze greifen
dabei auf eine Tradition der Erwachsenenbildung zurück, die Anfang
des Jahrhunderts und zur Zeit der Weimarer Republik unter dem Stichwort der „neuen Richtung" bekannt geworden ist (vgl. Henningsen
1960).
Wie die „neue Richtung" legte die Erwachsenenbildung der Nachkriegsgeschichte in ihrer ersten Phase (dies gilt sowohl für die Praxis der
Erwachsenenbildung als auch für ihre Theorie) ihr Hauptaugenmerk
auf eine neuhumanistische, individuumbezogene Persönlichkeitsbil-
dung, die zum Ziel haben sollte, den Menschen vor dem drohenden

Untergang in der Vermassung der Industriegesellschaft zu bewahren und auf dem Wege der Erwachsenenbildung die geistig-kulturellen Werte des Bürgertums in einer sich etablierenden Massengesellschaft weiterzugeben. Weymann beschreibt den Anspruch der „neuen Richtung" durchaus treffend, wenn er in einer kurzen Rückbesinnung auf die historischen Ansatzpunkte der Erwachsenenbildung in der BRD folgende Beschreibung gibt: „Ziel der ‚neuen Richtung‘ ist die Vervollkommnung des Individuums aufgrund der Entfaltung seiner natürlichen Anlagen. Es geht um die Verinnerlichung kultureller Werte als individuelles Bildungserlebnis. Da die Arbeitswelt als zerstörerisch angesehen wird, sowohl für das einzelne Individuum als auch für die ganze Nation aufgrund der sozialen Spaltung, die sie hervorruft, muß die Welt der Arbeit vergeistigt werden. Wenn es gelingt, dem Arbeiter eine neue, innere Souveränität gegenüber seiner alltäglichen, abstumpfenden Tätigkeit zu vermitteln, so hilft das, die schweren individuellen und sozialen Konflikte abzubauen." (Weymann 1977, S. 25) Wie schon oben angedeutet, war dieses geisteswissenschaftlich-humanistische Selbstverständnis der Erwachsenenbildung nicht nur für die Praxis, sondern auch für deren theoretische Reflexion weitgehend verbindlich, was darauf zurückgeführt werden kann, daß es in dieser Phase kaum eine Arbeitsteilung zwischen Theoretiker und Praktiker gab, d.h. die Theoretiker waren mit den Praktikern personell identisch. Die theoretischen Reflexionsbemühungen zur Erwachsenenbildung beschränkten sich in dieser Phase auf eine Erörterung des Wesens sowie des pädagogisch „Eigentlichen" des Bildungsprozesses.

Das neuhumanistische und geisteswissenschaftliche Ideengut, welches dieser Phase der Erwachsenenbildungstheorie zugrunde lag, äußerte sich in dem zentralen Stellenwert von *Begrifflichkeiten* wie „Entfaltung der Person", „Mündigkeit des Bürgers" und „Aufklärung des Menschen". Das individuelle Subjekt wurde in dieser Zeit als Verkörperung kultureller Wertideen verstanden und Bildung als das Medium angesehen, welches die „Enkulturation" (Einübung in eine kulturelle Lebensform) der Person sicherstellen sollte. Es ist jedoch darauf hinzuweisen, daß die geisteswissenschaftlich-idealistische Theorie unter Kultur die bildungshumanistische Kultur des Bürgertums verstand.

Die *Schwäche* des geisteswissenschaftlichen Theorieansatzes liegt vor allem darin, daß er die Theorie letztlich in der Praxis begründet, wobei Praxis nicht als sozialer Handlungsprozeß, sondern als Verkörperung von Wertideen verstanden wird. Das Problem, wie Erwachsenenbildung zustande kommt und welche Fragen in diesem Prozeß sich die Theorie stellt, wird an die idealistisch verstandene Praxis erzieherischen Handelns zurückverwiesen. Man könnte daher von einer „Praxistheorie" sprechen. Sie konnte vor der sozialwissenschaftlichen Wende der Erwachsenenbildungstheorie noch einmal die Autonomie der Pädagogik begründen, um den Preis der gesellschaftlichen Bedeutungslosigkeit der traditionellen Erwachsenenbildung. Als ihr letztes größeres Dokument gilt das „Gutachten des deutschen Ausschusses für das Erziehungs- und Bildungswesen" von 1960: Zur Situation und Aufgabe der deutschen Erwachsenenbildung.

1.5.2 Die markt- und institutionenbezogene Sichtweise

Die markt- und institutionenbezogene Sichtweise ging in der sogenannten *„realistischen Wende"* der Erwachsenenbildung auf. In den 60er Jahren erfolgte eine Umorientierung der Erwachsenenbildung von einer wesentlich humanistisch geprägten Bildungstradition hin zu einer am leistungsorientierten Qualifikationsbegriff begründeten Bildungsarbeit. Der traditionelle pädagogische Missionsgedanke des liberalen Bürgertums, dem „unwissenden Volk" durch die Vermittlung zweckfreier humanistischer Bildung die Möglichkeit zu individueller und freier Persönlichkeitsentfaltung zu eröffnen, unterlag nun einer Hinwendung zu zweckbestimmter, berufsbezogener Bildungsarbeit, die die Teilnehmer in einer rasch sich wandelnden Berufs- und Arbeitswelt zu effizientem Handeln befähigen soll. Erwachsenenbildung sollte nun den Anforderungen der Arbeitswelt entsprechen und die objektiven Bildungsbedürfnisse berücksichtigen.

Die in den 60er Jahren einsetzende Expansion der Erwachsenenbildung wurde begründet aus politischen und wirtschaftlichen Entwicklungstendenzen der spätkapitalistischen industriellen Gesellschaft. Die steigende Technisierung und Komplexität des Produktionsprozesses schienen dabei einherzugehen mit einer Veränderung der Berufstätigkeit, einem Wandel der Berufsrollen und einer Spezialisierung der Berufsqualifikationen inklusive einer allgemeinen Tendenz zur Höherqualifikation gesellschaftlicher Arbeit. Infolge der Ausdifferenzierung spezieller Funktionen in den Strukturen der Arbeitsteilung schien es durchaus notwendig, Lernprozesse auf das jeweils spezifische Arbeitsfeld zu beziehen und andererseits die Vermittlung allgemeinen Problemlösungswissens, das zur Bewältigung künftig veränderter Arbeitssituationen unabdingbar sei, sicherzustellen. Bei gleichzeitig diskontinuierlichem technologischem Wandel übersteigen vermeintlich diese Anforderungen an Lernprozesse die Möglichkeit, die erforderlichen Qualifikationen durch direkte Erfahrungen am Arbeitsplatz und im Arbeitsprozeß zu erwerben. Künftige Entwicklungen seien für den einzelnen nicht mehr überschaubar – so die These – und es bedürfe einer Anleitung und Einführung in neue Arbeitsbereiche, die über das traditionelle „learning on the job" hinausginge. Erwachsenenbildung als eigenständiger, aus dem Arbeitsprozeß ausgegliederter organisierter Lernprozeß wurde im Rahmen der „realistischen Wende" aus einer solchen wirtschafts- und systemorientierten Sichtweise heraus begründet.

Mit wachsender praktischer bzw. wirtschaftlicher Bedeutung wurde Erwachsenenbildung zunehmend zum Gegenstand sozialwissenschaftlichen Interesses. Begründungen für die Expansion der Erwachsenenbildung, Analysen ihrer Funktion und Stellung im Wirkungszusammenhang von Beschäftigungs- und Weiterbildungssystem waren vor allem für die Definition von Lernzielen, die Festlegung von Curriculuminhalten und die bildungspolitische Beurteilung evtl. planerischer und notwendiger arbeitsmarktpolitischer Maßnahmen von grundlegender Bedeutung. Diese arbeitsmarktorientierte Begründung von Erwachsenenbildung als berufliche Weiterbildung wirkte jedoch nicht nur fördernd auf die Expansion und Institutionalisierung des Angebots der Erwachsenenbildung. Zugleich eröffnete sich damit auch eine neue „demokratische" Legitimation von Erwachsenenbildung. Mit bildungsökonomischen und systemwissenschaftlichen Perspektiven erhielt die Erwachsenenbildung die Chance eines neuen Zugangs zu den Arbeitern als der von den Bildungsprivilegien am weitestgehenden ausgeschlossenen Gruppe von Adressaten (um die sich die Erwachsenenbildung traditionell immer schon bemüht, die sie aber nur selten erreicht hatte). Die Hoffnung auf einen neuen Zugang zur Arbeiterschaft über das Vehikel der beruflichen Bildung fand sich in den Schlagworten einer Parallelität von „Industrialisierung und Demokratisierung" oder der „Einheit von Qualifikation und Emanzipation" wieder. So betrachtet schien eine als berufliche Weiterbildung verstandene Erwachsenenbildung auch einem politischen Interesse zu dienen, sollte sie doch zur nachträglichen Herstellung einer individuellen „Chancengleichheit" in der kapitalistischen Industriegesellschaft beitragen.

Diese Umorientierung der Erwachsenenbildung kann am „Strukturplan für das Bildungswesen" von 1970 (Deutscher Bildungsrat) nachvollzogen werden. Auf dieses Dokument wird im zweiten Kapitel des Buches noch näher eingegangen werden. Diese zweite Phase, die realistische Wende der Erziehungswissenschaft und ihre Orientierung an den Sozialwissenschaften sowie an deren empirisch-analytischem Theorieverständnis in den 60er Jahren, resultierte weniger aus innerwissenschaftlichen Diskussionen und der Einsicht in die theoretische Begrenztheit der geisteswissenschaftlichen Tradition, sondern eher aus Problemen der Veränderung des sozialen Umfeldes der Erziehungswissenschaft bzw. der Erwachsenenbildung. Mit der Reform des Bildungswesens und der Institutionalsierung der Erwachsenenbildung als quartärem Bildungsbereich stiegen die Anforderungen der Gesellschaft an die Erwachsenenbildung bezüglich der Bereitstellung bildungspolitisch verwertbarer Wissensbestände rapide an. Diesen Ansprüchen konnte natürlich die alte Pädagogik in keiner Weise gerecht werden. Hatte diese sich – in idealistisch verkürzter Weise – auf die theoretische Durchdringung der Struktur, der inneren Logik von Erwachsenenbildung konzentriert, so mußte die „realistische"Bildungstheorie, da die Funktion der Bildung für die Reproduktion und Veränderung der Gesellschaft hoch eingeschätzt wurde, zeigen, welche Funktionen das Erwachsenenbildungssystem übernimmt und welche Veränderungen der Bildungsbereitschaft jenseits der überholten Begabungstheorien wissenschaftlich erforschbar sind. Für dieses Programm boten sich die Sozialwissenschaften (inklusive Psychologie) an. Die realistische Wende hat auch bezüglich der oben genannten Probleme Erkenntnisfortschritte erzielt, hinter die nicht mehr zurückgegangen werden kann.

Nicht mehr von Bildung war die Rede, sondern von Lernen für bestimmte Zwecke und Qualifikationen, ein Prozeß, der scheinbar leichter soziologisch erklärbar und bildungspolitisch steuerbar war – etwa durch Curricula. Dem so gefaßten Lernbegriff liegt ein Begriff von Verhalten zugrunde, der die Sinnhaftigkeit menschlichen Handelns zugunsten eines Modells von Handlung abschneidet, das nach technischen Regeln ausgerichtet und demgemäß leichter manipulierbar ist. Das Subjekt dieses Verhaltens wird dementsprechend gefaßt als Träger von bestimmten Rollen, als bloße Objektivation von sozialen Strukturen. Die realistische Wende stellt sich so auch als technologische Wende des Theorieverständnisses dar. Die sich daraus ergebende Problematik gilt aber nicht nur für die Erwachsenenbildung, sondern für die Erziehungswissenschaft überhaupt: „Mit der Transformation der Pädagogik in eine (sozialwissenschaftlich orientierte) Erziehungswissenschaft scheint letzterer die Pädagogik abhanden gekommen zu sein; sie lehrt nicht mehr „pädagogisches Sehen und Denken", ist nicht mehr reflexion engagée vom Standpunkt der pädagogischen Verantwortung aus; sie spricht eine Sprache, die sie in der Öffentlichkeit, unter den Laien, Eltern, allen Nicht-Profis, „sprachlos" macht – und deshalb hat sie in des Wortes doppelter Bedeutung auch „nichts mehr zu sagen" (Herrmann u.a. 1983, S. 443).

Die Frage nach der Konstitution des Gegenstandes wurde kurzschlüssig mit der gesellschaftlichen und politischen Funktion der Erwachsenenbildung beantwortet. Dies führte soweit, daß Theorietypen der Erwachsenenbildung mit Parteienkonstellationen von Bundesregierungen identifiziert wurden. Die aus verschiedenen Traditionen übernommenen soziologischen und bildungsökonomischen Theorieversatzstücke dienten weniger der Erhellung des in der Erwachsenenbildung stattfindenden Geschehens, sondern mehr der sozialtechnologischen Gestaltung und Planung der Erwachsenenbildung. Der Verwissenschaftlichung der Bildungspolitik und -praxis entsprach die Politisierung und Funktionalisierung der Wissenschaft.

Hatte die geisteswissenschaftliche Erwachsenenbildungstheorie eine Begründung von Erwachsenenbildung entwickelt, die einen gegenüber der Funktion blinden und demgemäß idealistischen Begriff der Struktur (als Praxis, gleichsam als „Innenseite") der Bildung aufwies, so hat die sozialwissenschaftliche Konzeption der realistischen Wende einen gegenüber der Struktur blinden und dementsprechend technologisch verkürzten Begriff der Funktion von Erwachsenenbildung konstruiert.

1.5.3 Die lebensweltbezogene Sichtweise

Zur gegenwärtigen Phase der Erwachsenenbildungstheorie läßt sich behaupten: die Erwachsenenbildung ist auf der Suche nach dem Teilnehmer; in der Praxis der Theorie stehen das *lernende Subjekt* und *die soziale Interaktion* im Lerngeschehen im Mittelpunkt. Ihr Gegenstand, die Bildung, wird nicht als gegeben gesetzt, nicht aus der Natur des Menschen, aus Wertideen oder den Anforderungen der Gesellschaft abgeleitet, sondern durch das Handeln des Subjekts gesetzt. Man kann sagen, daß die heutigen Theorieansätze die zentralen Annahmen der geisteswissenschaftlichen Pädagogik und ihrer Begriffe wie Bildung, Handlung, Subjekt handlungstheoretisch umzuformulieren versuchen, während die weiterhin bedenkenswerten Ergebnisse der sozialwissenschaftlichen Erwachsenenbildungstheorie in den Hintergrund geraten. Die gegenwärtige dritte Phase der Erwachsenenbildung läßt sich als sogenannte „Alltagswende" verstehen, die Bildung wie auch Erwachsenenbildung weniger in den Zusammenhang objektiv gegebener gesellschaftlicher Anforderungen an die Handlungs- bzw. Arbeitsfähigkeit des Menschen stellt, sondern die spezifische Bedeutung von Bildungsprozessen für die Bewältigung von alltäglichen, lebenspraktischen Problemen des Subjekts in den Vordergrund rückt.
Die Hinweise der Erwachsenenbildungstheorieversuche zum Alltag des Teilnehmers lassen sich zeitdiagnostisch im Zusammenhang mit der von der Zeitkultur und den Sozialwissenschaften konstatierten Krise der Gesellschaft als Bedrohung und „Kolonialisierung" ihrer lebensweltlichen Grundlagen durch die wachsenden Imperative des politischen und ökonomischen Systems deuten (vgl. Habermas 1981b). Mit der pädagogischen Orientierung an lebensweltlichen Handlungszusammenhängen und der Alltagserfahrung der „Lernenden", kurz: mit der „Alltagswende in der Pädagogik" (so etwa Thiersch 1978; Lenzen 1980; Kaiser 1981) ist Wissenschaft als Instanz einer objektivierten Lernzielbestimmung zunehmend in Mißkredit geraten. In der aktuellen Erwachsenenbildungsdiskussion über praktische Bildungsstrategien und hierfür geeignete theoretische Konzeptionen wird diese Entwicklung an dem Bemühen deutlich, Bildungsprozesse neuerdings primär am biographisch erworbenen Alltagswissen der Teilnehmer auszurichten. Dementsprechend verlieren bislang favorisierte Praktiken und/oder theoretische Konzeptionen an Gewicht, die sich
- entweder bildungsökonomisch am „technischen Wandel" und folglich an den (vermeintlichen) Qualifikationsanforderungen des Arbeitsmarktes

- oder polit-ökonomisch an den objektiven gesellschaftlichen Strukturgesetzmäßigkeiten
- oder lerntheoretisch an der Persönlichkeitsstruktur der Adressaten
- oder gruppendynamisch an der internen Struktur von Teilnehmergruppen
- oder aber in der Tradition der Curriculumentwicklung an der Struktur des zu vermittelnden Wissens zwecks Standardisierung und Systematisierung der „Lerninhalte" („Baukastensystem") orientieren.

Erwachsenenbildungsprozesse, die als institutionell abgesicherte Lösungen von Handlungsproblemen verliefen, schlossen tendenziell die Erfahrungswelt ihrer Adressaten als eine eigenständige Quelle von Erkenntnis und Rationalität aus und ließen im Prinzip nur die mit analytischen Verfahren greifbaren Bedingungsfaktoren organisierten Erwachsenenlernens zu. Die Konsequenz war, daß die Adressaten in zunehmendem Maße einer Fremdbestimmung durch pädagogische Experten unterworfen waren. Erwachsenenbildung hat hier den Charakter einer belehrenden und intervenierenden Instanz angenommen, deren Regeln freiwillig zu folgen nur für diejenigen Adressatengruppen rational ist, die die kulturellen Muster teilen oder sich daraus (vermeintlicherweise) positive Gratifikationen versprechen (vgl. Schmitz 1980). Mit dem zumindest partiellen Scheitern der hier erwähnten Orientierungen und den auf ihnen ruhenden institutionellen Praktiken sowie der Kritik an der zunehmenden Verwissenschaftlichung von Erwachsenenbildung,

- der darin implizierten Entwertung lebensweltlichen Wissens,
- der Tendenz zur Vernichtung mittlerer Kompetenzen im Alltagsleben,
- der Be- bzw. Verplanung von Biographien und
- der daraus resultierenden Infantilisierung von Erwachsenen durch Unterrichtstechnologien und Lernkontrolle

wird mit dem Anspruch auf „Alltagsorientierung" demgegenüber eine Wissensform thematisiert, die im Unterschied zum Sonderwissen der Experten nicht Wissen und Handeln trennt, sondern Wissen im Handeln ist. Lebensweltliches Wissen stellt also eine Form von Wissen dar, das erstens Laienwissen ist, d.h. nicht innerhalb wissenschaftlicher bzw. quasi-wissenschaftlicher Professionen tradiert und weiterentwikkelt wird; das zweitens eine Relevanzstruktur besitzt, die auf eine bestimmte milieubedingte bzw. subkulturell bestimmbare Gruppe bezogen ist; das drittens innerhalb dieses Milieus weitergegeben wird, sich ihnen gegenüber aber auch verselbständigen kann und das viertens als Know-how bzw. als Orientierungs- und Rechtfertigungswissen in den lebensweltlichen Praxiszusammenhang eingelassen bleibt.

Im Gegensatz zur instrumentellen Vernunft der Zweckrationalität und zur hieraus resultierenden Verwechslung von „praktisch" mit

„technisch", die sich in der technologischen Didaktik eingebürgert
haben, soll es im Rahmen alltagsorientierter Erwachsenenbildung
nicht um das Machbare und rezeptmäßig Vertretbare gehen, sondern
um „praktische Fragen" aus dem lebensweltlichen Zusammenhang der
Adressaten sowie um eine Rekonstruktion von Orientierungen alltäglichen pädagogischen Handelns, z.B. der Erkundung implizierter Erzie-
hungstheorien der Erwachsenenbildung. Damit wird einer Vorstellung
von Bildung eine Absage erteilt, die die Weiterentwicklung der Erwachsenenbildung an irgendwelchen technologischen, quantitativen, curri-
cularen oder didaktischen Details messen will. Auf der Ebene von
grundlegenden theoretischen Strömungen innerhalb der westdeutschen Diskussion um Erwachsenenbildung kann man so nach einer
systemisch-bildungsökonomisch, bedarfsanalytisch ausgerichteten
„Arbeitsmarktorientierung" und einer daraus konsequent entwickelten verhaltenstheoretischen „Lernorientierung" nun seit einiger Zeit
(genauer: seit den späten 70er Jahren) eine „lebensweltbezogene
Orientierung" als dominierend ausmachen.
Im Anschluß an Mader kann man diese „Alltagswende" in der Erwachsenenbildung als Ausdruck eines gewandelten Selbstverständnisses
begreifen, welches den lernenden Erwachsenen mit seinen konkreten
Lebensbedingungen zunehmend in den Mittelpunkt der theoretischen
Analyse stellt. „Der erwachsene Teilnehmer ist als jemand anzusehen,
der in eigener Sache kompetent ist." (Mader 1980, S. 311)
Infolge der Alltagswende begreift sich die Erwachsenenbildung nun
nicht mehr primär wissensbezogen, sondern problembezogen, von den
lebensweltlichen Problemlagen ihrer Adressaten ausgehend. Erwachsenenbildung ist zwar auch hier wissensvermittelnd, dieses Wissen ist
aber nicht mehr als eine abstrakte Qualifikation, die man erwerben und
beliebig verwenden kann, zu verstehen, sondern es handelt sich um
jenes Wissen, das sich zu individueller Bewältigung jeweiliger Alltagsprobleme eignet. Ausgehend von dieser sich immer breiter durchset-
zenden Erkenntnis scheint mit der an Alltagsproblemen ausgerichteten Erwachsenenbildung sich die Hoffnung zu verbinden, durch die
Wende zur alltäglichen Lebenswelt und zum Alltagsleben endlich den
sicheren Boden einer subjektorientierten Bildung zum Ausgangspunkt
theoretischer Klärungen zu machen. Interessant an dieser Entwicklung
scheint zu sein, daß – solange sich die Erwachsenenbildung selbst nicht
infrage gestellt hatte – der Bezug zum Alltag und zur Lebenspraxis der
Teilnehmer für sie praktisch folgenlos blieb.
War seit der realistischen Wende in der Erwachsenenbildung nur
vom *Lernen* die Rede, als ob die Menschen ohne Intentionen und Ziele
vorgegebene Lerninhalte wie Reize bloß reaktiv verarbeiten, so wird
heute nur von *Bildung* gesprochen, als ob ihr keine eigenen und fremden Zwecke und Interessen zugrunde lägen. Damals wurde der
lernende Erwachsene als bloßer Rollenträger angesehen, der sich für

bestimmte Rollensegmente qualifiziert, ohne seine Subjektivität und Individualität zu berücksichtigen. Ging die markt- und institutionenbezogene Perspektive von einem Verhaltensbegriff aus, nach dem das Handeln bloße Resultante der sozialen Strukturen sei, ohne die Sinnhaftigkeit als konstituierendes Moment des Handelns zu begreifen, so vergißt die gegenwärtige lebensweltliche Sichtweise mit ihrem emphatischen *Subjektbegriff* (bezogen auf Teilnehmer), daß Handeln nicht nur intentional, sondern auch hinter dem Rücken der Beteiligten abläuft. Ein Anknüpfen an die hermeneutischen Perspektiven erscheint nur sinnvoll auf der Grundlage der seit der realistischen Wende vollzogenen Kritik an dieser Tradition. Bei allen begründeten Vorbehalten an der ‚Versozialwissenschaftlichung' der Diskurse über Erwachsenenbildung lassen sich deren grundlegende Einsichten in den Funktionszusammenhang von Erwachsenenbildung nicht leugnen.

Dem lebensweltlichen Gegenstandsbewußtsein droht eine kulturalistische Verödung, die die sozialen Strukturen, die die Lebenswelt des Teilnehmers übergreifen und durchdringen, immer mehr aus den Augen verliert und die Lebenswelt nur noch als Kultur, als durch kulturelle bedeutungsvolle Handlungszusammenhänge gebildet begreift. Angesichts des z. Zt. zur Mode verkommenen ‚Lebenswelttheorems', das erstaunlicherweise auch von jenen vertreten wird, die gestern noch Systemtheorien (oder was darunter verstanden wurde) auf die Erwachsenenbildung anzuwenden versuchten, ist es an der Zeit, an die „harten" sozialen Realitäten zu erinnern und für die Zukunft eine neue Sichtweise zu entwerfen, jenseits aller Moden, die irrigerweise zu Paradigmen verklärt werden. Eine solche, zugleich Funktion und Struktur der Erwachsenenbildung behandelnde, sich an den früheren Sichtweisen abarbeitende und voreilige Synthesen vermeidende Perspektive, hat sich die Aufgabe zu stellen, den Begriff eines *subjektiv und sinnhaft handelnden Lernenden* zu entwickeln. Ein Lernender, der zugleich Verhaltenszwängen unterliegt, der – theoretisch gesehen – Subjekt ist und zugleich nach bestimmten vorgegebenen Rollennormen handelt, der sich bildet im Sinne der aktiven und deutenden Verarbeitung der Realität und des Bildungsprozesses und der gleichzeitig für bestimmte Zwecke und Interessen lernt. Es geht um ein Gegenstandsbewußtsein von Erwachsenenbildung, das die Handlungsprozesse in der Erwachsenenbildung versteht und ihre Voraussetzungen und Folgen als soziale Strukturen berücksichtigt. Wir wollen nun im Zusammenhang einer Darstellung und kritischen Diskussion der gegenwärtig vorliegenden Theorieperspektiven auch die Frage beantworten, inwieweit in den Ansätzen die angesprochene Verklammerung des „verstehenden Nachvollzuges" von Handlungsprozessen in der Erwachsenenbildung mit einer analytischen Klärung der in ihnen wirkenden sozialen Strukturen bereits konkret eingelöst ist.

NORMATIVE VORSTELLUNGEN VON ERWACHSENENBILDUNG

aus personaler Sichtweise	aus markt- und institutionenbezogener Sichtweise	aus lebensweltbezogener Sichtweise
– Lernen als Selbsthilfe	– für eine Gesamtschule für Erwachsene	– Lernen als Hilfe zur Selbsthilfe
– die Eigenständigkeit der Erwachsenenbildung ist zu wahren	– die Erwachsenenbildung soll in das Weiterbildungssystem fest integriert werden	– gegen die Verschulung der Erwachsenenbildung
– für berufliche Bildung im Interesse der Wahrung der Menschlichkeit	– positive Einschätzung des Weiterbildungssyndroms	– Erwachsenenbildung als Zielgruppenarbeit
– gegen ein öffentliches Trägersystem und für informelle spontane Bildungsarbeit	– Bildung für die Demokratisierung der Arbeitswelt	– gegen die Infantilisierung von Erwachsenen durch Unterrichtstechnologien und Lernkontrolle
– zur Bewältigung der hochtechnisierten Gesellschaft sind sittliche Kräfte erforderlich	– für berufliche Bildung im Rahmen eines öffentlich organisierten Weiterbildungssystems, der Prozeß gesellschaftlicher Arbeit wird zum zentralen Schlüsselbegriff der beruflichen Weiterbildung	– hohe Selbstbestimmung im Blick auf die Ziele des Lernens
– Erwachsenenbildung sowohl für die Gesellschaft insgesamt wie für aktive Minderheiten	– berufliche Weiterbildung soll vor allem die Lohnabhängigen zu Trägern der Gesellschaftsveränderung befähigen	– für aktive Lernformen und hohen Erfahrungsbezug
(„Bildung in Einsamkeit und Freiheit")	(„Lernen in Freiheit")	(„Freiheit zum Lernen")

1.6 Bildung und Qualifikation – zwei strittige Topoi im Theorievergleich

Seit der Relativierung geisteswissenschaftlich-hermeneutischer Theorietraditionen in der „realistischen Wende" zu einer auf erfahrungswissenschaftlicher Grundlage basierenden Erziehungswissenschaft haben alle Ansätze einer Theorie der Erwachsenenbildung mit dem Problem umzugehen, ob sie sich auf *bildungs*theoretischer oder in Abgrenzung dazu auf *qualifikations*theoretischer Grundlage konstituieren und begründen. Stand die Erwachsenenbildung vor der „realistischen Wende" in der Nähe einer geisteswissenschaftlich orientierten Pädagogik, die noch auf dem Niveau eines reinen Reflexionswissens verharrte (was u.a. eine idealistische bis mystifizierende Betrachtung des Gegenstandsbereiches Erwachsenenbildung zur Folge hatte), wurde der diesem pädagogischen Selbstverständnis entsprechende neu-humanistische Bildungsbegriff in Folge der „realistischen Wende" gleichsam objektiviert und zum Gegenstand empirisch-erfahrungswissenschaftlicher Betrachtung gemacht. Dies führte auch dazu, daß sich das neu entwickelnde Verständnis von Bildung (im Sinne von Qualifikation) nach den sozialen Bedingtheiten von Lernfähigkeiten und nach der sozio-ökonomischen Verwertbarkeit von „Qualifikationen" zu definieren hatte.

Schon bei oberflächlicher Betrachtung der Ansätze zur Theorie der Erwachsenenbildung (der letzten 15 bis 20 Jahre) zeigt sich, daß der Qualifikations- wie auch der Bildungsbegriff in der ein oder anderen Weise als zentrale Kategorie unterstellt ist. Qualifikation, so scheint die Theoriediskussion zu belegen, gilt dabei weitgehend als Bestandteil einer wissenschaftlichen Kunstsprache und erscheint frei von jeglicher umgangssprachlicher Nebenbedeutung. In der Folge der erfahrungswissenschaftlichen Grundlegung von Erwachsenenbildung dehnte sich der Benutzerkreis des Qualifikationsbegriffs über Bildungsökonomen, Bildungsplaner und -verwalter, Arbeitsmarkttheoretiker und Personalplaner bis in die pädagogisch, psychologisch und soziologisch orientierte Erwachsenenbildung aus. Es scheint, als gehöre der Qualifikationsbegriff zu jenen, die gleichsam systemneutral zu handhaben seien. In Ost und West bezeichnet *Qualifikation* gleichermaßen Befähigung, Eignung, Ausbildung. Qualifizieren heißt folglich: jemanden zu etwas befähigen, ausbilden, weiterbilden, seine Befähigung erhöhen, seine berufliche Leistungsfähigkeit steigern usw. Dies alles sind aus der Perspektive gesellschaftlicher Anforderungen an den einzelnen nur Beschreibungen dessen, was er zu tun hat bzw. was mit ihm getan werden soll.

Der ins Auge springende Qualitätsunterschied des Qualifikationsbegriffs zu dem der *Bildung* ist, daß im Bildungsbegriff das einzelne handelnde Subjekt zur Gesellschaft in eine wie immer geartete Beziehung gesetzt wird, und zwar in einer Art und Weise, die mit seiner eigenen Lebenspraxis und seinen sinnhaften Entwürfen von Wirklichkeit zu tun hat. Dieser Sachverhalt wird im Qualifikationsbegriff eher ausgeblendet. Im Zusammenhang mit der Rede von „zu erwerbenden Qualifikationen" interessieren in theoretischen Entwürfen zur Erwachsenenbildung die Lernenden häufig primär als Träger von Qualifikationsbündeln, die für die Erfüllung einer bestimmten Arbeitsfunktion erforderlich sind.

Am Qualifikationsbegriff ist zu problematisieren, inwieweit er kritisch bzw. reflexiv gehandhabt werden kann. So bedarf die Vorstellung von einer gesellschafts- bzw. systemneutralen „Qualifikation" sicherlich einer besonderen Legitimation. Bei einer derartigen Verwendung des Qualifikationsbegriffs besteht die Gefahr, daß das Subjekt und seine Biographie im je spezifischen Verhältnis zur Gesellschaft ausgeblendet werden.

„Qualifikation" steht so in der Gefahr, als Planungs- und Herrschaftsbegriff zu fungieren, der bereits begrifflich konstituiert, daß die Mehrheit in ihrer Arbeit sich nach den von der Minderheit gesteuerten technischen Produktionsapparaten und der von ihr ausgeformten und strukturierten Arbeitsteilung zu orientieren habe und daß die menschliche Arbeit sich auch weiterhin nach den Bedürfnissen der Technologie zu richten hat. In unkritischer Lesart schließt die Verwendung des Qualifikationsbegriffs (und im weiteren jede Art von Qualifikationsplanung) bereits begrifflich eine aktive Mitbestimmung, gar ein Mitwirken der Betroffenen an der Gestaltung ihrer Lern- und Arbeitswelt im Prinzip aus. Qualifikationsplanung zementiert in dieser Hinsicht die Unterschiede zwischen den Wissenden und den Unwissenden.

Doch legt die Theoriedebatte auch ein reflektiertes Verständnis des Qualifikationsbegriffs nahe. Er könnte, so gesehen, sowohl die Seite des Bildungsprozesses, der sich in der Qualifikation materialisiert hat, enthalten wie auch das Moment der beruflichen Autonomie, insofern die Verwendung von Qualifikation immer auch eine Möglichkeit darstellt, subjektive Identität und materielle Lebensgrundlage zu gewinnen und zu erhalten. Schließlich wäre in einem reflexiven Qualifikationsbegriff auch die Seite der Verweigerung gegenüber Herrschaftsansprüchen thematisierbar. Beim Durchmustern der Theorieansätze wäre nach Vorstellungen von Qualifikation und Qualifikationsforschung zu fragen, die den Zusammenhang zwischen dem Prozeß der Qualifizierung und den Bedingungen der Handlungssituation selbst zu bestimmen vermögen. In diesem Sinne ist einer verbreiteten Neigung, Qualifikationen als dinghafte Größen zu behandeln, im Kontext einer zu entwickelnden theoretischen Perspektive der Erwachsenenbildung entgegenzuarbeiten. Vielmehr wären Qualifikationen im Gesamtspektrum der Auseinandersetzung des Menschen mit der Natur und der Gesellschaft zu betrachten. Auch für diese Lesart gibt es in den noch darzustellenden Theorien erste Hinweise. Für eine theoretische Grundlage ist nicht nur die unmittelbare Herstellung des Arbeitsvermögens, sondern die Konstitution des Reproduktionsvermögens ein vordringliches Problem der Qualifikationsforschung und Qualifikationsvermittlung.

Qualifikationen scheinen zunächst einmal Verstärker zweckrationalen Handelns zu sein, ähnlich wie Technologien und Organisationen, die eine Steigerung der Effizienz von Arbeit prinzipiell ermöglichen. Der in den meisten Ansätzen vorherrschende Qualifikationsbegriff muß sich bescheinigen lassen, insofern reduktionistisch verwendet zu werden, als er individuelle Fähigkeiten und Kenntnisse nur als spezialisierte Ausschnitte aus naturwissenschaftlichen und technischen Regelsystemen verstehbar macht, nicht aber insofern, als er Elemente sozialer Handlungsmuster und deren symbolische Interpretationen, die konstitutiv sein können für die kollektive Identität von Arbeitsgruppen, Berufsverbänden, Betriebsbelegschaften, Peer-groups und subkulturellen Vereinigungen, beschreibt. In seiner reduktionistischen Manier läßt sich das Qualifikationsproblem zwar umstandslos verkoppeln mit Theorien des ökonomischen Wachstums. Jedoch ist der Preis dafür hoch: Individuelles Lernen und die Horizonterweiterung des einzelnen lassen sich lediglich in ihrer auf eine Warenform (einschließlich der damit implizierten individuellen Attribuierbarkeit von Fähigkeiten und Leistungen im Sinne einer spezialisierten technischen Berufskompetenz) verkürzten gesellschaftlichen Funktion erfassen. Damit werden allerdings nur die durch eine Kommerzialisierung von Sozialbeziehungen gerade auch auf Lernprozesse und ihre Folgen einwirkenden Vermarktungstendenzen (weniger hingegen die Grenzen und Widersprüche dieser Tendenzen) ins Licht der theoretischen Auseinandersetzung gerückt. Wir denken hier u.a. etwa an die Rückwirkungen von technischem Verfügungswissen auf normative Orientierungen, an problematische Legitimierungsversuche staatlicher und betrieblicher Herrschaft. Im theoretischen Gegenzug wird aber auch in der Diskussion daran erinnert, daß die Erwachsenenbildung mit der einseitigen theoretischen Hervorhebung von Ausbildung im Sinne von Berufsqualifikationen, ihrem Bildungsanspruch nicht mehr gerecht zu werden droht. So wird kritisch darauf hingewiesen, daß mit dem Einzug des Qualifikationsbegriffs schwerwiegende Konsequenzen verbunden waren. So habe sich der Bildungsbegriff verdünnt zu anwendungsbezogenem Wissen, das der Lösung zukünftig zu bewältigender Handlungsprobleme dienen sollte. Aus dem Bildungsprozeß sei eine geregelte Prozedur des Wissenserwerbs geworden. Nicht mehr, woran jemand sich bilde, stehe in Rede, sondern die Frage, wie man das notwendige Wissen erwirbt, sei in den Vordergrund der theoretischen Bemühungen getreten. Das hier gemeinte Wissen aber trage instrumentellen Charakter und würde gleichsam als Stoff vermittelt und auch angeeignet. Damit unterläge es, wie die Waren des täglichen Gebrauchs, aber unmittelbar wechselnden Theoriemoden. Auch wird auf die Tendenz aufmerksam gemacht, daß der Bildungsgegenstand, an dem es sich abzuarbeiten gälte, allzu häufig in der Praxis nach dem vorhandenen Theorieangebot didaktisiert, curricularisiert und letztlich finalisiert wird. Die Folge sei, daß – unter dem Diktat der Theorie-Praxis-Priorität – allzu leicht aus dem Zusammenhang sozialwissenschaftlicher Forschung und Theoriebildung herausgeschnittene Elemente vermittelt und unverbunden unter dem Gesichtspunkt ihrer kurzfristigen Brauchbarkeit in den Fundus des praxisbezogenen Wissens eingegliedert würden. Das so erworbene Wissen wäre aber ein standardisiertes. Weil die Unterrichtsplaner einen Überblick behalten müßten, zwängen sie aus strukturellen Gründen den Lernenden auch noch den Rhythmus und die Abfolge der Lernabschnitte auf. Diese Art einer Erwachsenenbildung führe zur Verschulung und in der Tendenz zu einer Infantilisierung der Teilnehmer. Die Konsequenz sei, daß alles Wissen unter dem Qualifikationsangebot daran gemessen würde, ob es dem Fortkommen diene. Das instrumentelle Wissen würde selber noch einmal instrumentalisiert. So komme es letztlich zur doppelten Instrumentalisierung der Bildungsgegenstände, mit denen Erwachsenenbildung zu tun habe.

Bildung wird in diesem Zusammenhang als ein Prozeß bestimmt, der in der Auseinandersetzung mit einem Gegenstand, in der Identifikation mit und in der Abgrenzung von diesem, die Möglichkeit der Entfaltung einer persönlichen Kompetenz einschließt, die die Voraussetzung zu selbstbewußtem, autonomem Handeln wäre. Daß die deutsche Universität dies einst leistete, war ihr Stolz. Die besonders in neueren Theorieansätzen versuchte Wiederbelebung des Bildungsbegriffs mag auf den ersten Blick anachronistisch bis zynisch anmuten oder am Ende selber für elitär gelten. Doch läßt sich schon bei oberflächlicher Betrachtung das in diesem Zusammenhang ins Feld geführte Argument nicht ohne weiteres entkräften, daß ohne einen emphatischen Begriff von Bildung nicht zu messen sei, was mögliche Theorien der Erwachsenenbildung neben rekonstruktiven Elementen an normativen aufzuweisen hätten. Folglich betonen bildungstheoretisch inspirierte Theorieansätze, daß solche Bildung ihre unwiederbringlichen gesellschaftlichen Voraussetzungen gewiß hatte, die mit der modernen Gesellschaft fragwürdig, wenn nicht brüchig geworden sind; doch daß dieser Umstand keineswegs ihren Begriff als Denkfigur entwerte, an der sich zu bewähren habe, was als angemessene Gegenstandsbeschreibung und -erfassung im Falle der Erwachsenenbildung gelten könne.

Als Basis eines sich wie auch immer unterscheidenden bildungstheoretischen Theorieansatzes der Erwachsenenbildung kann die Thematisierung des *Verhältnisses von Bildungsinhalten und beruflicher/alltäglicher Lebenspraxis* angesehen werden. Erinnert wird daran, daß in der idealistischen Pädagogik die Entwicklung des Selbstbewußtseins als Ziel von Erziehungsprozessen herausgestellt wurde und heutige bildungstheoretische Ansätze zu bedenken hätten, daß sich Selbstbewußtsein nur in der Konfrontation mit den Gegebenheiten der gesellschaftlichen Wirklichkeit finden könne. So gesehen beruht Bildung auf der Distanz zur Welt, die zum Gegenstand der Erkenntnis wird; Bildung kann so nur bedeuten, „... über Erkenntnis Leben als Inbegriff aller Spannungen in das Bewußtsein zu nehmen" (Heydorn 1967). Durch einen derart in Erwachsenenbildungsprozessen gewonnenen „Begriff" von der gesellschaftlichen und privaten Wirklichkeit in ihrer Widersprüchlichkeit könne die Spannung zur konkreten Erfahrung aufrechterhalten werden, die erst eine humane Korrektur der Gesellschaft ermögliche: „Über die bewußte Erfassung, durch sein Ertragen erst im Bewußtsein gewinnt der Widerspruch seine humane Potenz" (ebd.). Die vorhandenen *bildungstheoretischen Ansätze* legen nun Zeugnis davon ab, daß es auch von einer solchen Vorstellung *mindestens zwei Abweichungen* gibt, die in ihr selbst angelegt sind.

1. Die erste Abweichung besteht in einem Verständnis von Erwachsenenbildung, das sich durch eine Bezugslosigkeit zur praktisch-gesellschaftlichen Nutzanwendung auszeichnet. Hier muß daran erinnert werden, daß vor allem im Rahmen humanistischer Bildungstraditionen sich die Gehalte von Bildung derart weit von der gesellschaftlichen Realität entfernen, daß aktuell die Verbindung zwischen Bildungsinhalt und subjektiver Wirklichkeit herzustellen dem einzelnen Lernenden sehr schwer fällt. Damit muß nun nicht gesagt werden, daß dies prinzipiell nicht möglich ist, sondern nur, daß der Zugang erschwert wird (und auch früher für den durchschnittlichen Bürger nicht möglich war). Diese auf klassisch-humanistische Inhalte orientierte Bildungskonzeption bringt folglich auch die Gefahr mit sich, von der realen Wirklichkeit der modernen Gesellschaft abgehobene, idealistische bis idyllische Wirklichkeitskonstruktionen für gruppen- oder schichtspezifische Schein- und Sonderwelten anzubieten.

2. „Bildung für alle" steht demgegenüber – von einer ausschließlichen Orientierung auf klassische Bildungsinhalte abgelöst – mit konkreten Erfahrungen der gesellschaftlichen Wirklichkeit in Alltag und Beruf in Verbindung. Die Bemühungen hierum führen nicht nur in der Praxis, sondern auch in den theoretischen Entwürfen der frühen 70er Jahre zu einer entgegengesetzten Abweichung des beschriebenen Verhältnisses von Bildung und Lebenspraxis: „Bildung" wurde lediglich als „Ausbildung", der „Bildungsbegriff" als „Lernbegriff" theoretisch umgedeutet und damit auch mißverstanden. Die Kategorie der Bildung wurde nicht selten in Ökonomie aufgelöst, was einherging mit einem Verständnis von Erwachsenenbildung, welche den Teilnehmer produktionsgerecht gestaltet und ihn auf industrielle Mobilität und Funktionsdifferenzierung vorbereitet; pragmatische Bildung richtet sich in diesem Verständnis in der

gegebenen Wirklichkeit lediglich pragmatisch ein und verdoppelte folglich diese im Bewußtsein der Lernenden: „Die positivistische Nachfolge hat Bildung und Leben zweifellos einander näher gerückt, versachlichende Klammern geschaffen, den humanen Widerspruch jedoch noch vertieft, in dem nicht mehr erkennbar wird, auf welche Weise Bildung über das jeweils Gegenwärtige, human doch zumindest Unvollendete hinausführen kann." (Heydorn 1967) Damit zeigt sich im Bildungsbegriff eine ähnliche Ambivalenz wie im Qualifikationsbegriff. Auf diesem Hintergrund machen nun die aktuellen, bildungstheoretisch inspirierten Konzepte zur Erwachsenenbildung deutlich, daß als Alternative ein Verständnis von Bildungswissen zu entwickeln sei, welches auf ein Wissen abzielt, das der Konstitution einer zusammenhängenden Lebensorientierung in Privatheit, Arbeit und Umwelt dient, das aber auch Bezug haben könne zur Gesamtpersönlichkeit und zu der jeweiligen übersehbaren Ganzheit einer objektiven Lebenssituation. Gegen ein Verständnis von Lernen im Erwachsenenalter, wie es die technokratische Variante des Qualifikationsbegriffs und ihn zum Mittelpunkt machende theoretische Entwürfe nahelegen, hat Bildung hier die Aufgabe, den einzelnen Menschen ein Leben auf dem Niveau der gesellschaftlich-historischen Entwicklung erst zu ermöglichen. Diese Möglichkeit an eine spezielle Berufsausbildung zu koppeln, widerspreche dem Ziel einer allgemeinen und umfassenden Bildung, so die Logik dieser bildungstheoretischen Argumentation. Es werde daher als zwingend angesehen, in der Erwachsenenbildung Bildungsangebote unabhängig von den Erfordernissen des Arbeitsmarktes zu konzipieren. Bildung insgesamt sei mehr als nur kognitive Erkenntnis; sie sei auch ein allgemeines Mittel, um überhaupt erst ein selbstbestimmtes Leben zu ermöglichen. Deshalb schließe sie auch andere als nur wissenschaftlich-verwertungsorientierte Erkenntnis- und Erfahrungsformen ein.

Doch auch in diesen Diskussionen zu Theorieansätzen bildungstheoretischer Perspektive bleibt vieles im Unklaren. Auf Kritik kann auch hier keineswegs verzichtet werden: So wird der Begriff der „Bildung" trotz häufiger Verwendung nur selten deutlich definiert. Seine jeweilige Bedeutung ist meist erst aus dem Zusammenhang zu erschließen, in dem er jeweils steht. Sie ist äußerst uneinheitlich. So werden als Bildung sowohl Versuche der quasi-therapeutischen Beeinflussung oder der Wissensvermittlung als auch ein jeweils erreichter Stand verfügbaren Wissens oder verfestigter Verhaltensmuster gefaßt. Angesichts dieser widersprüchlichen Bedeutungsbestimmungen in der Theoriediskussion scheint es für die nahe Zukunft notwendig, eine Verwendung des Bildungsbegriffs zu entwickeln, die ihn klar von benachbarten Bereichen wie Unterricht, Erziehung, Therapie, Beratung etc. abhebt und die für die Arbeit der Erwachsenenbildung fruchtbare Ansatzpunkte bietet. Die Begriffe „Qualifikation" und „Bildung" deuten alter-

native erwachsenenpädagogische Konsequenzen an: eine durch Verwissenschaftlichung verkürzte subjektive und objektive Wahrneh-
mungsstruktur im Sinne einer Sozialtechnologie *oder* eine Aufklärung
von beruflichen und lebenspraktischen Erfahrungen mit dem Ziel einer
sensibilisierten und komplexeren Deutung der Wirklichkeit. Die folgende Rekonstruktion und Reflexion der Theorieansätze wird sich im
Vergleich zu dieser grundsätzlichen Problemsicht auf einem wesentlich
konkreteren Begriffsniveau bewegen müssen. Gleichwohl finden sich
in der hier entwickelten Problemsicht die Kategorien, unter denen die
möglichen Alternativen empirisch anzutreffender Qualifizierungs- und
Bildungsvorstellungen zu systematisieren wären, hinsichtlich ihrer
Bedeutung für die Praxis erwachsenenpädagogischen Handelns.

2. System- und verhaltenstheoretische Ansätze der Erwachsenenbildung

In diesem ersten Block zu theoretischen Begründungsversuchen von Erwachsenenbildung geht es um solche Ansätze, die Erwachsenen-und Weiterbildung mit der stetigen Ausdifferenzierung gesellschaftlicher Realität, also mit der sogenannten „Steigerung von Komplexität gesellschaftlicher Verhältnisse" und den daraus resultierenden veränderten Handlungsanforderungen an das einzelne Individuum in Verbindung bringen.
Auch wenn diese gedankliche Voraussetzung nicht in allen hier verhandelten Theorieansätzen gleichermaßen explizit zum Ausdruck kommt, zeichnet es diese Ansätze und Modelle dadurch aus, daß sie den Zusammenhang zwischen der gesellschaftlichen Entwicklungsdynamik einerseits und einer zunehmenden Notwendigkeit von Erwachsenenbildung andererseits zur Begründung nehmen. Erwachsenenbildung bzw. Weiterbildung wird aus einer derartigen Denk- und Sichtweise als eine *notwendige und funktionale Einrichtung mit Bezug auf den sozialen Wandel* begriffen. Von dort aus lassen sich unterschiedliche Fragestellungen formulieren:

- Einerseits lassen sich *„Systemansätze"* ausmachen, die sich mit der *Makro-Ebene* von Erwachsenenbildung beschäftigen. Diese Theorien, von denen wir im weiteren Verlauf die Bildungsökonomie, die Politische Ökonomie des Ausbildungssektors sowie die funktional-strukturelle Systemtheorie in ihrer konzeptionellen Anwendung auf die Erwachsenenpädagogik darstellen, beschäftigen sich vor allem mit der Abstimmung von „Bildungsproduktion" und gesellschaftlichen „Bildungsbedürfnissen".
- Andererseits existieren *„Verhaltensansätze"*, die die *Mikro-Ebene* erwachsenenpädagogischen Handelns insoweit thematisieren, als sie nach Erklärungen für ein effektives Gestalten von Lehr-/Lern-Situationen suchen. Mit dieser Dimension von Erwachsenenbildung befassen sich insbesondere lernpsychologische Analysen, die ihrerseits in der Regel die Bedarfsprognosen und -analysen der Systemansätze (vor allen Dingen der Bildungsökonomie) zum Ausgangspunkt ihrer Überlegungen und Konzeptualisierungen machen.

Beiden Fragestellungen ist gemeinsam, daß sie Erwachsenenbildung als ein Mittel zur Steuerung des gesellschaftlichen Wandels betrachten und auf Versuche einer rationellen Gestaltung des Verhältnisses von Inputs (Aufwendungen in Form von Geld und Zeit) und Outputs (Leistungen) in der erwachsenenpädagogischen Arbeit abzielen.

Damit versuchen diese Theorieansätze, in mehrfacher Hinsicht der zunehmenden Bedeutung von Erwachsenenbildung bzw. Weiterbildung als Institution der modernen Gesellschaft gerecht zu werden. Sie sind in je spezifischer Weise darauf gerichtet, Rahmenorientierungen für das praktische Handeln im Bereich der Erwachsenenpädagogik zu liefern. Unter anderem beziehen sie sich auf das Problem einer Ausrichtung des Bildungsangebots auf den gesellschaftlichen Bedarf (etwa in Form der Qualifikations-Nachfrage am Arbeitsmarkt), der Entwicklung von Richtlinien für die Bildungs- und Curriculumsplanung oder auf die Erarbeitung von Verhaltensorientierungen für Dozenten (-innen) und Teamer.

Im Rahmen solcher Ansätze wird der *Sinn von Bildung* als eine externe Größe vorausgesetzt, die nicht dem Anliegen von Erwachsenenbildung, sondern dem gesamtgesellschaftlichen Entwicklungsprozeß entspricht. Der Mensch als ein sich bildendes Subjekt kommt im Rahmen von solchen Konzeptionen lediglich als „Objekt" von Lernprozessen in den Blick. Bei den in diesem Kapitel diskutierten Theorieansätzen handelt es sich um solche Modelle, die mit empirisch-sozialwissenschaftlichen Methoden arbeiten und auf eine hermeneutische Interpretation des „pädagogischen Aktes" bewußt verzichten.

2.1 System- und wirtschaftswissenschaftliche Theorieperspektiven

Während bis in die 60er Jahre innerhalb der Erwachsenenbildungstheorie solche Erklärungsmuster vorherrschten, die die Bildungsanstrengungen im Erwachsenenbildungsbereich in den Zusammenhang einer emphatischen „Lebenshilfe" stellten und die darum bemüht waren, die Erwachsenenbildung konzeptionell als humanistisch-orientierte Gegeninstanz zur „Vermassung des Menschen in der Industriegesellschaft" zu begreifen, entwickelte sich seit etwa Mitte der 60er Jahre zunehmend eine Diskussion um die „realistische Wende" der Erwachsenenbildung, in deren Folge auch die Erwachsenenbildungstheorie einen grundlegenden Orientierungswandel erlebte. Hatten sich geisteswissenschaftlich ausgerichtete Begründungsversuche von Erwachsenenbildung zuletzt im Gutachten des Deutschen Ausschusses für das Erziehungs- und Bildungswesen von 1960: „Zur Situation und Aufgabe der deutschen Erwachsenenbildung" vornehmlich mit den Fragen nach dem „Wesen" und der „eigentlichen Aufgabe" der Erwachsenenbildung beschäftigt und dabei deren Funktion als Bewahrer des geistig-kulturellen Erbes in den Vordergrund ihrer Überlegungen gestellt, so änderte sich dies auch im Rahmen der Theoriebildung zur Erwachsenenbildung von Grund auf. Sozialwissenschaftliche Theorieansätze gewannen auf dem Boden der Erwachsenenbildung an Terrain, Ansätze, die die Erwachsenenbildung konzeptionell in den Zusammenhang empirisch-gesellschaftlicher Steuerungsprobleme wie z.B. dem der adäquaten Versorgung des Arbeitsmarktes mit ausreichend qualifizierten Arbeitskräften stellten. Es war die große Zeit der Auseinandersetzungen und Diskussionen um die Bildungsreform, die die Entwicklungen innerhalb der Bildungstheorie der späten 60er und frühen 70er Jahre weitgehend bestimmte. Wie die Wissenschaft und das Bildungswesen insgesamt, so wurde nun auch die Erwachsenenbildung systematisch an pragmatischen Orientierungsgrößen (Wirtschaftswachstum, gesellschaftlicher Qualifikationsbedarf, technischer Wandel etc.) ausgerichtet.

Im Rahmen der sozialwissenschaftlich angelehnten Revision der Erwachsenenbildungstheorie wurde der kulturidealistische, bürgerlich-humanistische Bildungsbegriff durch den bildungsökonomischen Qualifikationsbegriff ersetzt; an die Stelle der innerhalb der geisteswissenschaftlichen Ansätze emphatisch hochgehaltenen geistig-kulturellen (Bildungs-)„Subjekte" trat nun das Individuum als bloßer Träger gesellschaftlicher Funktionen, dessen Grundlagen einer optimalen Funktionserfüllung es mittels der Erwachsenenbildung zu verbessern galt.

Dementsprechend erfuhr auch das allgemeine Verständnis vom „Lernen" des Erwachsenen eine Veränderung. Lernen wurde nicht mehr als aufklärerisches Handeln verstanden, das auf eine allseitig-humanistische „Entfaltung der Anlagen" der Person zum „mündigen Bürger" auszurichten sei, sondern als systematisches, zweckgebundenes Verhalten, das ein schulähnliches „Training" der individuellen Grundlagen eines erfolgreichen Rollenhandelns (vor allem als Arbeitskraft, aber auch als Erziehungsperson, Hausfrau etc.) zum Ziel habe.

Unter dem Aspekt system- und wirtschaftswissenschaftlicher Perspektiven einer Theorie der Erwachsenenbildung werden solche Theoriemodelle und Begründungsversuche zusammengefaßt, die die *Erwachsenenbildung* bzw. *Weiterbildung* als einen *gesellschaftlichen Funktionsbereich* begreifen. Damit können diese Perspektiven auch als solche ausgemacht werden, die die *Notwendigkeit* von Erwachsenen- bzw. Weiterbildung aus gesellschaftlichen Entwicklungen (im weitesten Sinne) abzuleiten versuchen. Auf der Ebene system- und wirtschaftswissenschaftlicher Theorieansätze sind grundsätzlich drei Perspektiven zu unterscheiden:

– das *arbeitsmarktorientierte bildungsökonomische Modell,* das die Notwendigkeit der Erwachsenenbildung aus der vermuteten bzw. diagnostischen Qualifikationsentwicklung gesellschaftlicher Arbeit abzuleiten versucht (Riese 1969; Deutscher Bildungsrat 1970; Edding 1972; Picht 1972; Mertens 1977; zur Kritik dieses Ansatzes Baethge/ Schuhmann 1973; Lenhardt 1974; Baethge 1979);

– der *Ansatz der „Politischen Ökonomie des Ausbildungssektors",* der ähnlich dem bildungsökonomischen Erklärungsmuster die ökonomische Entwicklung zum Ausgangspunkt seiner Überlegungen macht und in kritischer Absicht versucht, die einseitige Ausrichtung der Erwachsenenbildung an den Erfordernissen der Wirtschaft nachzuweisen (Altvater/Huisken 1971; Axmacher 1974; Schweizer 1979; Huge 1984);

- die *systemtheoretische bzw. funktional-strukturelle Position,* die die Erwachsenenbildung in den Zusammenhang einer zunehmenden Differenzierung und Komplexitätssteigerung gesellschaftlichen Lebens sowie einer damit verbundenen Notwendigkeit zur sinnhaften Reduktion gesellschaftlicher Strukturen und Wirklichkeit auf individuell nachvollziehbare „rationale" Begrifflichkeiten um der Reproduktion und Legitimation gesellschaftlicher Institution und Subsysteme willen stellt (Olbrich 1973; Senzky 1977; Eggers 1977; Luhmann/Schorr 1979; Olbrich 1981).

Die hier vorzustellenden Positionen können auch als *gesellschaftstheoretische Begründung der Erwachsenenbildung bzw. Weiterbildung* verstanden werden; alle drei Ansätze begreifen die geschichtlichen Entwicklungstendenzen im Erwachsenenbildungsbereich als eine funktionale Reaktion des Bildungswesens auf *veränderte gesellschaftliche Anforderungen* an eben dieses. Entsprechend ihrer theoretischen Ausgangspositionen kommen die einzelnen Ansätze dabei zu unterschiedlichen Aussagen über die geschichtlichen Entwicklungstendenzen und Funktionen der Erwachsenenbildung und bilden, so ihr Anspruch, eine pragmatische, gesellschaftstheoretisch begründete Grundlage bildungspolitischer Auseinandersetzungen.

Die beiden folgenden Äußerungen von Schmitz sollen als Versuch verstanden werden, das konzeptionell-theoretische Verständnis system- und wirtschaftswissenschaftlicher Diskussionsbeiträge zur Erwachsenenbildungstheorie auf den Punkt zu bringen:

„Die Erwartung, sozialer Wandel und Identitätsfindung gründeten entscheidend auf der Teilnahme Erwachsener an formalisierten Bildungsprozessen, stand immer schon hinter den Legitimationen von Erwachsenenbildung. Mit der Idee des lebenslangen Lernens ist diese Begründung aber erweitert bzw. verändert worden: Ging es bei der an Traditionen der Aufklärung orientierten Erwachsenenbildung vor allem um den emanzipatorischen Wert vom vom ‚Nützlichen' abstrahierten ‚allgemeinen Bildung', so wird jetzt eine direkte Verbindung hergestellt zwischen der technischen Entwicklung und der mit ihr einhergehenden Differenzierung der Berufsarbeit einerseits und der für diesen sozialen Wandel als unabdingbar erachteten ständigen Anpassung individueller Qualifikationen andererseits."

Schmitz 1975, S. 69/70

„Dominantes Erklärungsmuster war und ist noch die Vorstellung, Bildungsprozesse würden vorwiegend deshalb für die Arbeitswelt von Industriegesellschaften funktional wichtig, weil sie die Arbeitskraft der Beschäftigten entsprechend den wachsenden und sich rasch ändernden Wissensansprüchen qualifizieren und leistungsfähiger machen. Damit verbindet sich die Perspektive, die sozialen

Wandel primär als Ergebnis des technologischen Fortschritts erklärt, der sich in fortwährend verbesserten Lösungen von Effizienzproblemen dokumentiert. Bildungsprozesse, und so auch Erwachsenenbildung, haben – folgt man dieser These – die Funktion, ein entsprechendes aktuelles Fachwissen über technische und organisatorische Verfahren auf dem Arbeitsmarkt zu verbreiten."

Schmitz 1978, S. 9

Es bietet sich sinnvollerweise an, die einzelnen Ansätze im Rahmen ihrer gesellschaftstheoretischen Orientierung darzustellen. *Gemeinsamer Fokus* der drei Ansätze (bei aller Unterschiedlichkeit) ist die technische Entwicklung, die zunehmend Arbeitswelt und Alltagsleben umzugestalten droht und veränderte Anforderungen an das Arbeitsvermögen wie auch an die normative Orientierung der Menschen stellt. Alle drei Theoriemodelle bilden die Grundlage bildungspolitischer Forderungen, wie sie in den Konzepten des „lebenslangen Lernens", der „education permanente" oder der „recurrent education" zum Ausdruck kommen.

Sofern also aus einer system- oder wirtschaftswissenschaftlichen Sichtweise heraus von der Notwendigkeit zum „lebenslangen Lernen", und d.h. zur Erwachsenen- bzw. Weiterbildung, gesprochen wird, wird diese Notwendigkeit mit dem Hinweis darauf begründet, daß der soziale Wandel bzw. die Produktivkraftentwicklung in der modernen Industriegesellschaft zu einer zunehmend beschleunigten Entwertung und Auflösung beruflicher wie alltagsrelevanter Qualifikationen und Handlungskompetenzen auf seiten des Individuums führt. Darüber hinaus weisen die Vertreter des Ansatzes vom „lebenslangen Lernen" auf die qualitativ neuen Anforderungen an das individuelle Handlungssubjekt hin, die sich gleichzeitig ergeben.

„Lebenslanges Lernen" bzw. Erwachsenenbildung erscheint aus dieser Perspektive heraus als eine Möglichkeit zur Kompensation individueller Kompetenzdefizite, die für den Teilnehmer die Chance beinhaltet, sich den jeweils veränderten Anforderungsbedingungen anzupassen.

2.1.1 Bildungsökonomische Ansätze zur Erwachsenenbildungstheorie

Die Tradition der Erörterung bildungsökonomischer Fragestellungen geht in der nationalökonomischen Wirtschaftswissenschaft bis in das 18. Jahrhundert zurück. Dennoch hat sich die Bildungsökonomie als eigenständige Wissenschaftsdisziplin erst in den späten 50er Jahren dieses Jahrhunderts durchsetzen können, zunächst mit entscheidenden Beiträgen aus den USA (E.F. Denison, Th.W. Schultz). Die bildungsökonomischen Diskussionen gewannen in den 60er Jahren auch in der BRD in zunehmendem Maße Resonanz.
Die „Renaissance der Bildungsökonomie" in der BRD in den 60er

Jahren (vgl. Combe/Petzold 1977) bildete die historische Ausgangs-position und Diskussionsgrundlage gesellschaftsbezogener sozialwis-senschaftlicher Theoriebildung im Bereich der Erwachsenenbildung. Ausgelöst wurde diese „Renaissance" Ende der 50er/Anfang der 60er Jahre durch sinkende Raten des Wirtschaftswachstums, den „Sputnik-Schock" sowie den Mauerbau 1961.

1964 veröffentlichte Picht eine Analyse über das Bildungswesen in der BRD, in der von einer sich abzeichnenden „Bildungskatastrophe" die Rede war. Picht prophezeite, daß bei Beibehaltung des damaligen Outputs des Bildungswesens die Wirtschaft in der BRD der internatio-nalen Konkurrenz auf dem Weltmarkt infolge mangelhafter Ausbildung des wissenschaftlichen und technischen Personals langfristig unter-legen sei. Diese These fußte auf der bildungsökonomischen Grund-überzeugung, daß der Bildungsstand einer Nation zu deren wirtschaft-licher Prosperität beiträgt und daß daher Bildung (neben Arbeit und Kapital) als dritter Produktionsfaktor industrieller Ökonomien auf-zufassen sei. „Bildungsnotstand heißt wirtschaftlicher Notstand. Der bisherige wirtschaftliche Aufschwung wird ein rasches Ende nehmen, wenn uns die qualifizierten Nachwuchskräfte fehlen, ohne die im tech-nischen Zeitalter kein Produktionssystem etwas leisten kann. Wenn das Bildungssystem versagt, ist die ganze Gesellschaft in ihrem Bestand bedroht." (Picht 1964, S. 17)

Die Verknappung von Arbeitskräften auf dem Arbeitsmarkt sowie das Ausbleiben des Zustroms qualifizierter Arbeitskräfte aus den deutschen Ostgebieten (bis 1961 kamen jährlich zwischen 200 000 und 350 000 Aussiedler in die BRD), insbesondere aber auch die Auswirkungen der Krise von 1966/67 (Einführung neuer Technologie zur Krisenüberwindung, dadurch kurzfristig erhöhter Bedarf an qualifi-zierten Arbeitskräften) schlugen sich im Verlauf der späten 60er Jahre als Forderung nach der Schaffung von Möglichkeiten zur Fortbildung und Umschulung auf das System der Erwachsenenbildung nieder.

Vor allem die einsetzenden Prozesse der Rationalisierung und Automa-tisierung veränderten den Stellenwert der Erwachsenenbildung inner-halb der bildungstheoretischen und bildungspolitischen Auseinander-setzung. „Der beste Dienst, den das Bildungssystem der Wirtschaft erweisen kann, besteht darin, dem Arbeitsmarkt Menschen zur Ver-fügung zu stellen, die potentiell mobil sind und gegebenenfalls eine Weiterbildung genossen haben, so daß sie aufgrund von Beratung, Lenkung oder auch nur ökonomischen Anreizen folgend, ihren Beruf wählen." (Widmaier 1967, S. 65)

„Mobilität", „Flexibilität" und „lebenslanges Lernen" gingen als Zen-tralbegriffe in Erwachsenenbildungskonzeptionen ein. Zwar waren die bildungsökonomischen Überlegungen über die wirtschaftliche Bedeu-tung und Verwertbarkeit des Lernens zunächst vor allem auf Schule und Hochschule bezogen, gingen jedoch später auch in Diskussionen um die

Erwachsenenbildung mit ein und blieben für diese nicht ohne Auswirkung. Institutionen der Erwachsenenbildung, die ihrer Tradition folgend um eine humanistische Allgemeinbildung bemüht waren (etwa die Volkshochschulen), begannen nun verstärkt berufliche Fortbildung anzubieten. Dieser Schritt aber, von seiten der Erwachsenenbildung berufliche Fortbildung zu betreiben, bedeutete einen Bruch mit ihrer Tradition, eine völlige Neuorientierung auch im theoretischen Bereich, die in der Erwachsenenbildung unter dem Stichwort der „realistischen Wende" diskutiert wurde.

Pragmatische Überlegungen beherrschten die theoretische Auseinandersetzung. „Es ging jetzt um sinnvolle Arbeitskonzepte, um brauchbare und erprobte Studienprogramme, - von Grundkursen über differenzierte Stufenpläne bis zu neuen, verschiedene Veranstaltungsformen kombinierenden Bildungwegen -, um Zertifikate und Diplome, um neu zu entwickelnde Lehrmethoden unter Berücksichtigung der Ergebnisse der Lernforschung und schließlich um die Einsetzbarkeit moderner technischer Hilfsmittel im Unterricht bis zum Anschluß der Erwachsenenbildung an ein Fernlehrsystem im Medienverbund." (Dikau 1974, S. 388)

Diese Entwicklung kann als Resultat bildungsökonomischer Bestrebungen verstanden werden, die Erwachsenenbildung zu einer gesellschaftlich und volkswirtschaftlich bedeutsamen Qualifikationsinstanz auszubauen. Im Mittelpunkt der bildungsökonomischen Zeitsetzung stand dabei die Absicht, innerhalb des Bildungswesens ein Äquivalent zu schaffen für Entwicklungen im Bereich der Arbeitswelt, die aufgrund gesteigerter Geschwindigkeit und Intensität von Rationalisierungs- und Automatisierungsanstrengungen ein zunehmend schnelles Veralten individueller Qualifikationen zur Folge hatten. Da ein Großteil der bildungsökonomischen Forscher darüber hinaus tendenziell steigende Ansprüche an die berufliche Ausbildung der Arbeitskräfte infolge der technischen Entwicklung vermutete, wurde der Ausbau der Erwachsenenbildung zu einer gesellschaftlichen Qualifikationsinstanz (neben einer allgemeinen Expansion im Bildungswesen) als Möglichkeit angesehen, die vermeintlich steigende Nachfrage nach qualifizierten Arbeitskräften durch Fort- und Weiterbildungsmaßnahmen zu befriedigen (vgl. Riese 1969; Edding 1972; Lenhardt 1974). Ohne die umfassende bildungsökonomische und bildungspolitische Diskussion und Auseinandersetzung der 60er und frühen 70er Jahre hier näher nachvollziehen zu können (vgl. dazu neben der Arbeit von Combe/Petzold 1977 die Reader von Hegelheimer 1974 und Straumann 1974), sollen hier die massiven Auswirkungen der Bildungsökonomie auf die Erwachsenenbildungstheorie dargestellt werden, wie sie sich als Resultate vor allem im „Strukturplan" des Deutschen Bildungsrates von 1970 hinsichtlich einer konzeptionellen Neufassung der Erwachsenenbildung als „Weiterbildung" niedergeschlagen haben.

Wie die allgemeine Diskussion um die Erwachsenenbildung in den 60er Jahren ist auch der „Strukturplan" stark durch die generelle bildungsökonomische Debatte in der Erziehungswissenschaft und der Bildungssoziologie beeinflußt.

Eine sich immer schneller verändernde Berufswelt, die zunehmend „Mobilität" und „Flexibilität" von den Arbeitskräften fordert und beständig neue Anforderungen an das individuelle Arbeitsvermögen stellt, wird zum Ausgangspunkt der Argumentation. Um den vermuteten steigenden Anforderungen des Wirtschaftssystems an das gesamte Bildungswesen nachzukommen, soll, so ist die Forderung im Strukturplan, die Erwachsenenbildung in das Gesamtbildungssystem integriert und zum quartären Bildungssystem neben dem Primarbereich (Kindergarten, Vor- und Grundschule), dem Sekundarbereich (weiterführende Schulen, berufliche Bildung) und dem tertiären Bereich (Hochschule) als „Weiterbildungssystem" ausgebaut werden.

„Weiterbildung als Prinzip

Schule und berufliche Ausbildung werden künftig für immer mehr Menschen nur die erste Phase im Bildungsgang sein. Denn schon heute zeigt sich, daß die in dieser ersten Bildungsphase erworbene Bildung den später an den einzelnen herantretenden Anforderungen selbst dann nicht genügen kann, wenn diese Bildung auf Tiefe, Breite und die Erfüllung erwarteter Bedürfnisse angelegt ist. Der einzelne, der sich auf den Zuwachs an unsystematischer, häufig unreflektierter Erfahrung beschränken würde, könnte mit der Entwicklung nicht mehr schritthalten. Immer mehr Menschen müssen durch organisiertes Weiterlernen neue Kenntnisse, Fertigkeiten und Fähigkeiten erwerben können, um den wachsenden und wechselnden beruflichen und gesellschaftlichen Anforderungen gerecht zu werden.

Der Begriff der ständigen Weiterbildung schließt ein, daß das organisierte Lernen auf spätere Phasen ausgedehnt wird und daß sich die Bildungsmentalität weitgehend ändert. Die traditionelle Vorstellung von zwei Lebensphasen, die ausschließlich und voneinander getrennt entweder mit der Aneignung oder mit der Anwendung von Bildung zusammenfallen, wird abgelöst von der Auffassung, daß organisiertes Lernen sich nicht auf eine Bildungsphase am Anfang des Lebens beschränken kann. Weiterbildung ist jedoch immer nur als ein orientierendes Prinzip zu verstehen; es ist keineswegs gemeint, daß das Lernen zum beherrschenden Lebensinhalt werden soll. Es ist notwendig, die institutionalisierte Weiterbildung als einen ergänzenden nachschulischen, umfassenden Bildungsbereich einzurichten. Weiterbildung als Fortsetzung oder Wiederaufnahme früheren organisierten Lernens bildet mit vorschulischen und schulischen Lernprozessen ein zusammenhängendes Ganzes.

Weiterbildung umfaßt Fortbildung, Umschulung und Erwachsenenbildung. Sie ergänzt die herkömmlichen geschlossenen Bildungsgänge und setzt sie unter nachschulischen Bedingungen fort. Zugleich versucht sie, das Bildungssystem von dem sozialen Druck zu entlasten, der sich aus unbefriedigten Bildungsbedürfnissen und -forderungen ergibt."

Deutscher Bildungsrat 1970, S. 51

Die bildungsökonomische Ausrichtung der Argumentation im „Strukturplan" wird an anderer Stelle besonders deutlich.

„Der technische Fortschritt verändert ständig, was für die einzelnen an Kenntnissen und Fähigkeiten wichtig ist. Dies geschieht durch das Veralten von früher Gelerntem, durch das Hinzukommen neuer Erkenntnisse und Verfahrensweisen. Dem entspricht es, wenn von den gesamten Bildungsanstrengungen im Leben des einzelnen ein wachsender Anteil auf die Weiterbildung entfällt. ... Insofern Weiterbildung unter dem Aspekt wirtschaftlich-technischer Erfordernisse steht, hilft sie dem einzelnen, wechselnden Aufgaben gerecht zu werden, die in Beruf und Gesellschaft auf ihn zukommen."

Deutscher Bildungsrat 1970, S. 52

Der Deutsche Bildungsrat sieht seine im „Strukturplan" festgehaltenen bildungsökonomisch-orientierten Überlegungen im wesentlichen durch drei empirisch-gesellschaftliche Entwicklungstendenzen im Bereich der Ökonomie bestätigt:

a) durch die sektorale Verschiebung des Beschäftigtenanteils der einzelnen Wirtschaftsbereiche (Tendenz zum Ausbau des Dienstleistungs- und Verwaltungsbereichs bei gleichzeitigem Abbau des Beschäftigtenanteils in Forst- und Landwirtschaft und in der Industrieproduktion),

b) durch die zunehmende Notwendigkeit individueller Mobilität auf dem Arbeitsmarkt (in der Zeit von 1955 bis 1970 wechselten ca. 35% der Arbeitskräfte mindestens einmal den Beruf),

c) durch die vermeintliche Tendenz zur allgemeinen Höherqualifikation gesellschaftlicher Arbeit in allen Arbeitsbereichen infolge der technischen Entwicklung (vgl. Deutscher Bildungsrat 1975).

„Fortbildungsanstrengungen müssen die Diskrepanz zwischen den neuen Anforderungen des Arbeitsplatzes und den vorhandenen Qualifikationen zu überwinden suchen." (Deutscher Bildungsrat 1970, S. 54) Diese Perspektive einer wirtschaftswissenschaftlichen bzw. bildungsökonomischen Begründung von Erwachsenenbildung/Weiterbildung wurde von Mertens (dem Direktor des Instituts für Arbeitsmarkt- und Berufsforschung) weiterentwickelt.

Mertens plädiert in seinem Aufsatz „Schlüsselqualifikationen" (1977) für ein flexibel gestaltetes und nicht den unmittelbaren, aber den langfristigen Anforderungen des Arbeitsmarktes untergeordnetes Bildungswesen, in dem der Erwachsenenbildung die Aufgabe zukommt, die Vermittlung von „Schlüsselqualifikationen" sicherzustellen (die Mertens als Voraussetzung individueller Mobilität betrachtet).

„Schlüsselqualifikationen sind ... solche Kenntnisse, Fähigkeiten und Fertigkeiten, welche nicht unmittelbaren und begrenzten Bezug zu bestimmten, disparaten praktischen Tätigkeiten erbringen, sondern vielmehr a) die Eignung für eine große Zahl von Positionen und Funktionen als alternative Optionen zum gleichen Zeitpunkt und b) die

Eignung für die Bewältigung einer Sequenz von (meist unvorhersehbaren) Änderungen von Anforderungen im Laufe des Lebens. ... Man kann die Hypothese vertreten: Je dynamischer, komplexer und vorhersehbarer die gesellschaftliche, technische, wirtschaftliche und damit persönliche Umweltentwicklung verläuft, desto größere Bedeutung erhalten für die existentielle Bewältigung von Herausforderungen solche Bildungselemente, welche Schlüsselcharakter haben." (Mertens 1977, S. 111)

Da nach Mertens in einer durch eine dynamische technische, wirtschaftliche und soziale Entwicklung gekennzeichneten Gesellschaft kein Schul- und Berufsbildungssystem in der Lage ist, bereits vor dem Eintritt ins Erwerbsleben eine hinreichende Ausrüstung für die Bewältigung der individuellen Umstellungserfordernisse während der gesamten Erwerbstätigkeit bereitzustellen, kommt der Erwachsenenbildung bzw. Weiterbildung die zentrale Aufgabe zu, diese Defizite aufzufangen.

Zusammenfassend kann also festgestellt werden, daß bildungsökonomisch motivierte Beiträge zur Diskussion um die Theorie der Erwachsenenbildung das Erwachsenenlernen in einen funktionalen Begründungszusammenhang mit der Entwicklung beruflicher Arbeitsanforderungen zu bringen versuchen, wobei sie davon ausgehen, daß in der modernen (kapitalistischen) Industriegesellschaft ein stetig steigender Bedarf an berufsorientierter Weiterbildung gegeben ist. Dabei gehen bildungsökonomische Positionen so weit, ein berufsorientiertes Weiterlernen in Form einer organisierten Erwachsenenbildung als förderliche Voraussetzung des nationalen Wirtschaftswachstums zu interpretieren.

Hasso von Recum
Kommentar zur bildungsökonomischen Theorieperspektive

Unter dem simplifizierenden Schlagwort „Bildung lohnt sich" wurden in den 60er Jahren Forschungsergebnisse der Bildungsökonomie zur Rentabilität von Bildungsinvestitionen bildungspolitisch vereinnahmt und popularisiert. Man begriff Bildung als Investition, die sich im Lebenseinkommen und im Sozialprodukt möglichst hoch verzinsen sollte. Um dies zu gewährleisten, wurde von den Bildungseinrichtungen erwartet, „daß sie sozusagen maßgeschneidert die Qualifikationen hervorbringen, die erstens jeweils auf dem Arbeitsmarkt gesucht werden und die zweitens ein Leben lang nicht an Wert verlieren". Insbesondere die Bildungsplanungs-, Arbeitsmarkt-, Berufs- und Qualifikationsforschung haben gezeigt, „daß diese Erwartung nicht erfüllt werden kann, nicht einmal in einer totalen Planwirtschaft. Selbst wenn die Vorbereitung für Berufstätigkeit das einzige Ziel der Bildungseinrichtungen wäre, würde die Unmöglichkeit, alle Entwicklungen langfristig zu prognostizieren, die den Markt der Qualifika-

*tionen bestimmen, eine zuverlässige Passung ausschließen." (Edding 1980,
S. 609) Restriktiv wirkt insbesondere die durch raschen Wandel in der tech-
nisch-wissenschaftlichen Zivilisation hervorgerufene Zukunftsungewiß-
heit mit den sich daraus ergebenden Prognosebegrenzungen. „Die Wissenschaft als Produktivkraft verändert die Zukunft schneller und umfassender als die Wissenschaft als Erkenntnis der Zukunft selbst fassen kann."
(Schelsky 1975, S. 373) Diese Begrenzung ist keine Spezifität des „Kapitalistischen Systems", sie gilt gleichermaßen für marktwirtschaftlich organisierte Gesellschaften wie für zentralgelenkte Planwirtschaften. Beide
Systeme haben im übrigen auch in ähnlicher Weise mit Ungleichgewichten
und schwierigen Abstimmungsproblemen zwischen Angebot des Bildungssystems, Bedarf des Beschäftigungssystems und individuellen Bildungs-
und Berufsaspirationen zu kämpfen.*

*Die Erkenntnis, daß unter den Bedingungen der modernen technisch-indu-
striellen Zivilisation und ihrer Dynamik die durch die Erstausbildung
vermittelte Qualifikationsausstattung zur Bewältigung lebenslanger beruflicher und anderer Aufgaben nicht mehr ausreicht und daß die unzurei-
chende Flexibilität von Ausbildungsgängen und Berufserfordernissen zu
sehr schwierigen Planungs-, Lenkungs- und Koordinierungsproblemen
führt, hat das planungs- und steuerungswissenschaftliche Interesse der Bildungsökonomie auf die Flexibilisierung von Bildungs- und Beschäftigungssystem und auf eine Neuorientierung der Erwachsenenbildung gelenkt.
Dabei geht es zum einen um die Einbettung eines Systems der Flexibilisierung in Gestalt sog. Schlüssel- oder Metaqualifikationen in die Erwachsenenbildung (Weiterbildung) und zum anderen um die Flexibilisierung des
Gesamtsystems der Erwachsenenbildung nach dem Modell der Recurrent
Education.*

*Die Autoren rekonstruieren zutreffend die historische Entwicklung des
Einflusses der Bildungsökonomie auf die Erwachsenenbildung. Gleichwohl bleiben einige Lücken, und an manchen Stellen werden Akzente
gesetzt, die der Korrektur durch eine Ausdifferenzierung und Aktualisierung bedürfen. So läßt das Kapitel die Bedeutung des Konzeptes der Recurrent Education für die Beschäftigung der Bildungsökonomie mit der
Erwachsenenbildung nicht erkennen. Das Recurrent-Education-Konzept
ist eine Weiterentwicklung des Konzeptes des „lebenslangen Lernens". Bildung als lebenslangen Prozeß zu begreifen und zu organisieren war
zunächst der Erwachsenenbildung als neuartige Aufgabe gestellt worden.
Dann wurde unter dem Gesichtspunkt des lebenslangen Lernens Jugend-
und Erwachsenenbildung als eine Einheit begriffen, und es kam zum
Entwurf von Gesamtbildungskonzepten, denen zugleich die Aufgabe
zufiel, als Orientierungssystem für die Steuerung von Bildungsreform-
prozessen zu dienen. Die grundlegende Reformidee von Recurrent Education besteht in dem periodischen Wechsel von Arbeit und Bildung im
Lebenszyklus und in der Mobilisierung von Bildungsmöglichkeiten in*

allen Lebensbereichen (vgl. dazu ausführlicher v. Recum 1979). Das Recurrent-Education-Konzept birgt als bildungspolitische Option neuartige Gestaltungschancen von weitreichender Wirkung in sich und wird nicht selten als Leitbild künftiger Gestaltung von Bildung und Ausbildung der westlichen Welt begriffen (vgl. Husen 1980). Neue Lösungsansätze für arbeitsmarkt- und bildungspolitische Probleme zeichnen sich ab, die Aufgaben der Planung, Steuerung und Finanzierung des Bildungswesens erhalten eine neue Dimension. Die in diesem Zusammenhang sich ergebenden Fragen und Probleme sind von der Bildungsökonomie in zahlreichen Einzelaspekten untersucht worden (vgl. Clement/Edding 1979; v. Recum 1979; Kuhlenkamp/Schütze 1982).

Für die Bildungsökonomie ist das Modell der Recurrent Education zugleich bedeutsam als Integrationsrahmen für das Konzept der Schlüsselqualifikationen. Um die Flexibilität im Bildungs- und Beschäftigungssystem zu verbessern, wurde vorgeschlagen, die Grundausbildung zu entspezialisieren und sog. Schlüssel- oder Metaqualifikationen zu vermitteln, die den kurzfristigen Erwerb von speziellen Qualifikationen unter rasch sich verändernden Bedingungen erleichtern. Angestrebt werden Bildungsinhalte, die breitangelegte Verwertungsmöglichkeiten besitzen, Übertragbarkeit des Wissens ermöglichen, Mobilität und Disponibilität steigern und eine ständige Ausbildungsbereitschaft fördern. Das erfordert weitreichende inhaltliche und organisatorische Reformen der Bildungs- und Ausbildungseinrichtungen und -prozesse, insbesondere die Orientierung an dem Modell des „lebenslangen Lernens". Von den Autoren sind diese Konsequenzen nicht genügend berücksichtigt. Auch ist kritisch zu fragen, ob das Konzept der Schlüsselqualifikationen mit seinen flexiblen Bildungswegen, Bildungskanons und neuartigen Bildungsgegenständen nicht die Reaktionsfähigkeit des Bildungswesens überfordert. Vor allem aber muß man sich darüber klar sein, daß eine genaue Kenntnis der künftigen Tätigkeitsanforderungen des Beschäftigungssystems erforderlich ist, um Schlüsselqualifikationen nach Inhalt und Umfang bestimmen zu können. Beim derzeitigen Forschungs- und Kenntnisstand und der tendenziellen Unbestimmtheit der technisch ökonomischen Entwicklung ist eine hinreichend zuverlässige Ermittlung zukünftiger Qualifikationsanforderungen noch nicht möglich. Die Überzeugungskraft und die Verwirklichungschancen des Flexibilitätskonzepts hängen daher ganz wesentlich von Fortschritten der Qualifikationsforschung ab, deren Leistungsfähigkeit systematisch verbessert werden muß.

Im zu kommentierenden Text erscheint die Bildungsökonomie an manchen Stellen im Lichte eines Ökonomismus, der als „Steinzeit-Bildungsökonomie" historisch überholt ist und nicht mehr dem Selbstverständnis einer sozialwissenschaftlich geöffneten „Bildungsökonomie der zweiten Generation" entspricht (vgl. v. Recum 1978; Blaug 1985). Die einseitige Fixierung bildungsökonomischen Denkens auf das ökonomische Wachstums-

ziel ist aufgegeben worden. Von vorrangiger Bedeutung sind heute die Steuerungsprobleme bei der Lenkung, Planung, Organisation, Verwaltung und Kontrolle des Bildungssystems zur Gewährleistung der Funktionsfähigkeit des Bildungswesens auf allen Stufen in einer Welt des forcierten technischen, ökonomischen und gesellschaftlichen Wandels. Die Probleme der Steuerung des westdeutschen Bildungswesens erweisen sich derzeit als besonders schwierig, da ein technisch-ökonomischer Strukturwandel beträchtlichen Ausmaßes auf einen planungsscheuen bildungspolitischen Strukturkonservatismus trifft. Diese konfliktträchtige Situation kann zu gravierenden Defiziten im Erstausbildungsbereich führen. Die Vorstellung ist verbreitet, solche Mängel könnten durch eine leistungsfähige Erwachsenenbildung ausgeglichen werden. Dabei wird jedoch übersehen, daß die Weiterbildung von der Erstausbildung abhängig ist, da sie auf deren Vorleistungen aufbaut. Das bedeutet auch, daß die Erwachsenenbildung kein vom Gesamtbildungssystem abgekoppeltes Eigenleben führen kann, ohne Schaden zu nehmen. Indem die Bildungsökonomie unter dem Leitgedanken der Steuerungsfähigkeit des Bildungswesens die Systemzusammenhänge zwischen der Erwachsenenbildung und den übrigen Bereichen des Bildungswesens bewußt macht und zugleich das Bezugssystem analysiert, das die Erwachsenenbildung mit Beruf und Arbeitsmarkt verknüpft, kann sie sowohl die rationalen Grundlagen bildungspolitischen Handelns verbessern als auch Anstöße zur Weiterentwicklung der Erwachsenenbildungstheorie vermitteln. Ähnliches gilt für bildungsökonomische Untersuchungen der Ausgaben, Kosten, Finanzierung, Wirtschaftlichkeit und Einkommenswirksamkeit der Erwachsenenbildung (Weiterbildung).

Unter dem Gesichtspunkt der Verbesserung der Produktionsfähigkeit des Arbeitskräftepotentials fallen der Erwachsenenbildung in Gegenwart und naher Zukunft wichtige Aufgaben zu: Die strukturelle Anpassung der Wirtschaft an ein sich veränderndes System internationaler Arbeitsteilung und die Überwindung der Rezession verlangen nicht nur eine Modernisierung der Sachkapitalbestände zur Anhebung der Produktion auf ein qualitativ höheres, „intelligenteres" Niveau, sondern auch eine Qualitätssteigerung des geistigen Kapitals durch eine Verbesserung der intellektuellen und beruflichen Befähigung der Arbeitskräfte. Aber nicht allein darum geht es. Aus bildungsökonomischer Sicht interessiert auch die Entfaltung der Konsumfähigkeiten im weitesten Sinne. In einer Gesellschaft mit abnehmender Arbeitszeit und zunehmender Freizeit wächst das Bedürfnis, Anregungen, Kenntnisse, Fähigkeiten und Fertigkeiten zur Gestaltung des nichtberuflichen Daseins zu vermitteln und zu erwerben. Eine solche Bildung, die als dauerhaftes Konsumgut langfristige Vorteile vermittelt, besitzt Investitionscharakter (Scitovsky 1977, S. 189ff).

2.1.2 Politische Ökonomie des Ausbildungssektors als Erwachsenenbildungstheorie

Während die an arbeitsmarktbezogenen bildungsökonomischen Theorien und Modellen orientierten Begründungsversuche der Erwachsenenbildung/Weiterbildung vor allem den investiven Beitrag dieses Bildungsbereichs zum Wirtschaftswachstum sowie die Abhängigkeit der Wirtschaftsentwicklung von einer ausreichenden Bildung des „Humankapitals" (qualifizierte Arbeitskräfte) betonen und die Bedeutung von Weiterbildung Erwachsener für die berufliche Karriere und somit auch für das individuelle Schicksal herausstreichen, ist der Ansatz der „Politischen Ökonomie des Ausbildungssektors" darum bemüht, die „Notwendigkeit der Erwachsenenbildung für die Reproduktion der Arbeitskraft und die Ausformung eines ihr spezifischen, häufigen Modifikationen unterworfenen Gebrauchswerts" (Axmacher 1974, S. 207) nachzuweisen.

Dabei zielen die Beiträge der „Politischen Ökonomie des Ausbildungssektors" zur Theoriediskussion um die Erwachsenenbildung darauf, den ideologischen Charakter von solchen Auffassungen bloßzulegen, die glauben machen wollen, Erwachsenenbildung ziele in der kapitalistisch verfaßten bürgerlichen Gesellschaft auf die Entwicklung der Persönlichkeit des Menschen und habe von daher per se eine humane Qualität.

Insofern versteht sich die „Politische Ökonomie des Ausbildungssektors" als ein ideologiekritischer Ansatz, der sich einerseits gegen geisteswissenschaftlich-idealistische Positionen (auch in der Erwachsenenbildungstheorie) richtet, denen zufolge die Bemühungen des Erwachsenenlernens primär eine „Emanzipation des Individuums", „Entfaltung der Anlagen des Subjekts", „Mündigkeit des Bürgers" oder „Lebenshilfe" zum Ziel haben. Andererseits wendet sich die Politische Ökonomie der Erwachsenenbildung auch gegen den bildungsökonomischen Ansatz, zumindest insoweit, als bildungsökonomische Beiträge zur Erwachsenenbildungsdiskussion umstandslos von positiven Effekten der Weiterbildungsteilnahme für die berufliche Karriere des Individuums ausgehen und die berufsorientierte Erwachsenenbildung als zentrales Vehikel des sozialen Aufstiegs darzustellen geneigt sind.

Vom Ansatz her sind die Politische Ökonomie der Erwachsenenbildung und das bildungsökonomische Erklärungsmodell jedoch durchaus vergleichbar. Ähnlich dem bildungsökonomischen Begründungsversuch stellt sie die Erwachsenenbildung/Weiterbildung in einen unmittelbaren Zusammenhang zur wirtschaftlichen Entwicklung und macht veränderte qualifikatorische Anforderungen der modernen kapitalistischen Lohnarbeit für die zunehmende Bedeutung notwendiger Bildungsanstrengungen im Erwachsenenalter verantwortlich (Axmacher 1974; Schweizer 1979).

Die skizzenhaften, programmatischen Umrisse der „Politischen Öko-nomie des Ausbildungssektors" sind bei Altvater/Huisken in der Ein-leitung zu dem von ihnen herausgegebenen Band „Materialien zur Poli-tischen Ökonomie des Ausbildungssektors" beschrieben. „Die Ausbil-dung als Vorbereitung des Arbeitsvermögens auf eine individuell ver-schiedene Berufspraxis impliziert bereits, daß der Ausbildungsprozeß selbst keinen Eigenwert besitzt, sondern nur eine spezielle Phase der Heranbildung des Arbeitsvermögens darstellt, das dazu befähigt wer-den soll, sich als Ware Arbeitskraft auf dem Markt gegen Lohn aus-zutauschen, um dem Kapital seinen qualifizierten Gebrauchswert zu liefern. ... Der Ausbildungssektor kann so selbst als institutioneller Bereich im Reproduktionsprozeß der Gesellschaft betrachtet werden. Die Kategorien, mit denen eine solche Analyse zu leisten sein wird, können nur diejenigen sein, mit denen auch der gesellschaftliche Reproduktionsprozeß zu analysieren ist" (Altvater/Huisken 1971, S. XIX/XX).

Der „Politischen Ökonomie des Ausbildungssektors" zufolge sorgen Bildung im allgemeinen wie auch Erwachsenenbildung im besonderen für eine möglichst störungsfreie Reproduktion der Gesellschaft, wobei die Qualifikation der Arbeitskraft, d.h. die Heranbildung des Arbeits-vermögens einer Person als der zentrale bildungsrelevante Aspekt des gesellschaftlichen Reproduktionsprozesses angesehen wird. Daher werden Bildung und Bildungspolitik innerhalb dieses Ansatzes in erster Linie auch nicht als das Resultat einer politischen Auseinander-setzung oder eines „allgemeinen Interesses" verstanden, sondern als ein Ausdruck jeweils historisch zu bestimmender Notwendigkeit kapi-talistischer Produktion und Reproduktion betrachtet.

„Der Reproduktionsprozeß der Gesellschaft ist wesentlich Produk-tionsprozeß und als kapitalistischer Produktionsprozeß zugleich durch bestimmte objektiv zu erfüllende technologische, organisatorische, kommunikative Notwendigkeiten und die Notwendigkeiten der Ver-wertung von Kapital gekennzeichnet" (Altvater/Huisken 1971, S. XXVIII/XXIX).

Die „Politische Ökonomie des Ausbildungssektors" nimmt ihren Aus-gangspunkt in einer theoretisch begründeten Abstraktion; Bildungs-prozesse werden entsprechend der Marxschen „Kritik der Politischen Ökonomie" arbeitswerttheoretisch untersucht, wobei die Untersu-chungskategorien den von Marx im „Kapital" und den „Grundrissen der Kritik der Politischen Ökonomie" verwendeten Begrifflichkeiten entsprechen.

Dabei wird Bildung als wertsteigerndes Medium der Ware Arbeitskraft angesehen, die zwar einerseits „unproduktiven" Charakter hat (in dem Sinne, daß sie in der Regel nicht unmittelbar zur Produktion von Mehr-wert beiträgt), andererseits jedoch gleichzeitig als notwendige Voraus-setzung einer störungsfreien Reproduktion im Bereich der kapitalistischen Ökonomie begriffen werden muß, wobei der Bildung (im Zuschnitt institutionalisierter Formen) eine zunehmende Bedeutung beigemessen wird. Zentrale Aufgabe des Bildungswesens ist nach der „Politischen Ökonomie des Ausbildungssektors" die den jeweiligen historischen Kapitalverwertungsbedingungen entsprechende Qualifikation der Arbeitskraft. Der Wert der Bildung wird als „Gebrauchswert" der Ware Arbeitskraft verstanden, eine persönlichkeitsrelevante Bedeutung im Sinne eines „Eigenwertes" von Bildung abgestritten.

So versteht sich die „Politische Ökonomie des Ausbildungssektors" auch als Kritik der in den 60er Jahren wiederaufgelebten Bildungsökonomie, d.h. auch als Kritik bürgerlich-wirtschaftswissenschaftlicher Begründungsversuche von bildungsreformerischen Bemühungen in den ausgehenden 60er und frühen 70er Jahren, in die auch die Diskussionen um die Systematisierung, die Professionalisierung, den Ausbau sowie die Reorganisation der Erwachsenenbildung als Qualifikationsinstanz „Weiterbildung" („realistische Wende") eingebunden waren.

Den Ausgangspunkt der Überlegungen der „Politischen Ökonomie des Ausbildungssektors" zur Erwachsenenbildung/Weiterbildung bildete nach Axmacher die Frage, „welche tatsächlichen Veränderungen sich in industriellen und nicht-industriellen Produktionsprozessen ergeben haben, welches ihre Ursachen sind und wie diese Veränderungen sich auf die Qualifikation der Arbeitskraft auswirken" (Axmacher 1974, S. 51). Daß die polit-ökonomische Theoriebildung zur Erwachsenenpädagogik damit vom Ansatz her dem bürgerlich-wirtschaftswissenschaftlicher Prägung ähnelt (auch hier werden Veränderungen der Qualifikationsanforderungen moderner Arbeitsprozesse entweder stillschweigend oder explizit als außerpädagogischer Anstoß zur Neuorientierung der Erwachsenenbildung erklärt), macht das unten aufgeführte längere Axmacher-Zitat deutlich.

Im Unterschied zu bildungsökonomisch orientierten Theoriekonzeptionen der Erwachsenenbildung geht es der „Politischen Ökonomie des Ausbildungssektors" jedoch nicht darum, eine abstrakte und von konkreten gesellschaftlichen Verhältnissen losgelöste technokratische Interpretation der „realistischen Wende" in der Erwachsenenbildung vorzulegen (etwa im Sinne einer allgemeinen Betrachtung von „Erwachsenenbildung in der modernen Industriegesellschaft"). Vielmehr geht es ihr darum, die Umwandlung der Erwachsenenbildung in eine Qualifikationsinstanz als funktionelle Anpassung dieses Bildungsbereichs an sich wandelnde Verwertungsinteressen seitens des Kapitals in Form veränderter Qualifikationsanforderungen kapitalistischer Lohnarbeit bloßzustellen (vgl. Axmacher 1974; Schweizer 1979).

In Anlehnung an empirische und theoretische Studien der Qualifikationsforschung (etwa Janossy 1966; Kern/Schumann 1970) kommen die Studien der „Politischen Ökonomie des Ausbildungssektors" (im Gegensatz zu weiten Teilen der bürgerlichen Bildungsökonomie) zu dem Ergebnis, daß von einer durchgängigen Tendenz zur Erhöhung der Qualifikationsansprüche gesellschaftlicher Arbeit infolge der technischen Entwicklung im Kapitalismus nicht gesprochen werden kann, so daß eine Ableitung des Konzeptes eines berufsbezogenen lebenslangen Lernens aus dem Begründungszusammenhang steigender Qualifikationsansprüche gesellschaftlicher Arbeit nicht stichhaltig ist.

Axmacher und Schweizer versuchen vielmehr nachzuweisen, daß beschleunigte inhaltliche Veränderungen der beruflichen Anforderungen (zunehmende Bedeutung allgemein-abstrakter bzw. „prozeßunabhängiger", Abnahme der Bedeutung „prozeßgebundener" Qualifikationssegmente) über ein damit verbundenes immer schnelleres Veralten beruflicher Fähigkeiten, Fertigkeiten und Kenntnisse (Veränderung des Berufsbildes) zur verstärkten Notwendigkeit zum Umlernen bzw. Weiterlernen im Erwachsenenalter führt, so daß qualifikationsbezogene Erwachsenenbildung bzw. berufliche Weiterbildung in der Regel nicht, wie von bildungsökonomischer Seite behauptet, der Entwicklung individueller Qualifikationspotentiale im Sinne einer Ausdehnung beruflicher Kompetenzen, sondern vornehmlich dem Erhalt des Tauschwertes der Ware Arbeitskraft dient. Schweizer spricht in diesem Zusammenhang explizit von einer „Zusatz- und Abrundungsfunktion der Qualifikation der Arbeitskräfte" (Schweizer 1979, S. 65) seitens der Weiterbildung/Erwachsenenbildung, die im Normalfall zu keiner bedeutsamen Erhöhung des Tauschwertes der Arbeitskraft führt.

„Die Angemessenheit pädagogischer Theorie und Praxis steht und fällt mit der Lösung der Aufgabe, den Rahmen vorgeblicher Autonomie zu sprengen und die außerpädagogischen Voraussetzungen der wissenschaftlichen und praktischen Arbeit in sich hineinzunehmen ... Das in einem solchen Bildungsbegriff angelegte Forschungsprogramm ist, so scheint es, in der Erwachsenenbildung mehr und mehr in Angriff genommen worden: die ‚Idealanthropologie' der praxisferenen traditionellen Pädagogik ist durch Elemente einer ‚Realanthropologie' ersetzt worden, in die die unmittelbaren subjektiven Bedürfnisse und Möglichkeiten eingegangen sind; empirische Forschung hat, bereits in den fünfziger Jahren einsetzend, metaphysischen Spekulationen über die ‚Eigentlichkeit' von Erwachsenenbildung den Boden entzogen. Erwachsenenpädagogik als erziehungswissenschaftliche Disziplin ist zu einer ‚nüchternen und unsentimentalen Angelegenheit' geworden. Eine Auseinandersetzung mit diesen theoretischen Ansätzen der bürgerlichen Erwachsenenpädagogik ... hat über die Explikation kategorialer Systeme hinaus die Aufgabe, in metatheoretischen Prämissen und theoretischen Sätzen zugleich Genesis und aktueller Funktion pädagogischer Ideologie auf die Spur zu kommen. Theorien derart nicht als bloße Resultate von Wissenschaftsprozessen, als die sie sich selbst verstehen, sondern als die Form des bürgerlichen Bewußtseins zu nehmen, das arbeitsteilig den Prozeß der gesellschaftlichen materiellen und immateriellen Produktion und Reproduktion reflektiert, organisiert und darin seine Schranke findet, impliziert eine Oszillation des kritischen Zugangs zwischen Ökonomie und Pädagogik, ohne deren Wesensverwandtschaft in einer Art ökonomischer Reduktion vorschnell auf den Begriff zu bringen, andererseits aber auch nicht in ideologiekritische Denunziation zu verfallen, die das vorgestellte Gute als Spiegel der Wirklichkeit vorhält und sie darin ‚entlarvt‘.“

Axmacher 1974, S. 122/123

Zentrales Anliegen der „Politischen Ökonomie des Ausbildungssektors“ ist es, in kritischer Absicht die Begrenztheiten und ideologischen Verstrickungen bürgerlicher Begründungsversuche und theoretischer Konzeptionen von Bildung offenzulegen; bezogen auf die Theorie von Erwachsenenbildung wendet sie sich sowohl gegen die Position geisteswissenschaftlich-idealistischer Begründungsversuche, die die Erwachsenenbildung losgelöst von sozio-ökonomischen Verhältnissen als Medium einer Entfaltung von Persönlichkeit begreifen, als auch gegen bildungsökonomische Ableitungen, die ein erheblich verkürztes und zu positives Verhältnis von wirtschaftlich-technischer Entwicklung und berufsbezogener Erwachsenenbildung im Sinne der Aufstiegsideologie unterstellen. Im Gegensatz dazu ist die „Politische Ökonomie des Ausbildungssektors“ darum bemüht, die Erwachsenenbildung aus der „Anatomie der bürgerlichen Gesellschaft“, d.h. aus der Struktur der Produktionsverhältnisse sowie aus dem Entwicklungsstand der Produktivkräfte heraus zu erklären und diese in ihrer spezifischen Ausprägung und Funktion, sowohl was die Theorie als auch was die Praxis angeht, aus der historischen Gesellschaftsformation abzuleiten.

Dabei begreift sie die Erwachsenenbildung als Instanz im gesellschaftlichen Reproduktionsprozeß, die vorrangig der Qualifikationsanpassung Erwachsener an veränderte berufliche Anforderungen während des Berufslebens dient.

Soweit die bildungsökonomischen wie auch die polit-ökonomischen Ansätze eine positive Bestimmung der Erwachsenenbildung durchzuführen versuchen, verstehen beide diese insofern ähnlich, als sie die Erwachsenenbildung als gesellschaftlichen Funktionsbereich ansehen, der nach Kosten/Nutzen-Gesichtspunkten solche Leistungen erbringt, die inhaltlich als arbeitsmarktrelevante Qualifikation der Arbeitskraft bestimmt werden können.

Finanzielle Aufwendungen seitens der Wirtschaft oder seitens des Staates werden hier investiert (so ist übereinstimmend die These), um notwendig gewordene Anpassungen der Berufstätigen an veränderte Arbeitsplatzanforderungen sicherzustellen.

Diese These wurde jedoch von der historischen Entwicklung in den 70er Jahren aus den Angeln gehoben: Hatte sie Anfang der 70er Jahre aufgrund der damaligen Arbeitsmarktlage noch eine gewisse Plausibilität, so zeigte die Entwicklung nach 1974/75 deren begrenzten Erklärungswert auf.

Die wirtschaftswissenschaftliche Theorieperspektive (sowohl Bildungsökonomie als auch Politische Ökonomie des Ausbildungssektors) konnte die weitere Expansion der Erwachsenenbildung/Weiterbildung nach 1974/75 bei hohem qualifizierten Arbeitskräfteüberschuß unter strukturell zurückbleibender Nachfrage seitens der Wirtschaft nicht mehr erklären (vgl. Axmacher 1984, S. 23).

Es folgte ein weiterer Ausbau der Erwachsenenbildung trotz steigender Arbeitslosigkeit – die Erwachsenenbildung hatte offensichtlich nicht nur die Aufgabe einer „bedarfsgerechten Qualifikation der Arbeitskraft".

Konsequenz dieser Entwicklung war das Verblassen bildungsökonomischer wie polit-ökonomischer Ansätze im Bereich der Erwachsenenbildung; erst später stellten sich Versuche ein, seitens der „Politischen Ökonomie des Ausbildungssektors" derartige Tendenzen systematisch miteinzubeziehen (vgl. Schweizer 1979; Huge 1984).

In der Folgezeit gewannen systemtheoretische Konzeptionen in der Erwachsenenbildungstheorie eine größere Bedeutung und führten auf gesellschaftstheoretischer Ebene zu einer Revision wirtschaftswissenschaftlich-orientierter Ansätze.

Obgleich der bildungsökonomische wie auch der polit-ökonomische Ansatz zur Erwachsenenbildung im Vergleich zu früheren geisteswissenschaftlich-idealistischen Konzeptionen zweifelsohne insofern einen Fortschritt darstellten, als sie Erwachsenenbildungstheorie in den Zusammenhang empirisch-gesellschaftlicher Entwicklungen stellten und darüber zu einer sozialwissenschaftlichen Begründung von Erwachsenenbildung führten, ließen sich die Schwächen dieser wirtschaftsorientierten Perspektiven spätestens nach 1975 nicht mehr übersehen.

Dirk Axmacher
Kommentar zur polit-ökonomischen Theorieperspektive

Als 1974 meine Dissertation unter dem Titel „Erwachsenenbildung im Kapitalismus. Ein Beitrag zur politischen Ökonomie des Ausbildungssektors in der BRD" erschien, war ihre Aufnahme in Fachkreisen, wie man wohl zugeben muß, mehrheitlich nicht freundlich (für die wenigen Ausnahmen steht Hildegard Feidel-Mertz, 1975). Abgesehen vom Stich ins Wespennest des Antikommunismus, wo zurückgestochen wurde (z.B. von Strzelewicz und Schulenberg), warf die Arbeit berechtigte Irritationen über die Form kollegialen Umgangs auf (Tietgens: „Kulturrevolution"): gar wurde die Befürchtung (?) laut, auf „Erwachsenenbildung im Kapitalismus" könne ein zweiter Band unter dem Thema „Erwachsenenbildung und Subversivität" folgen (Gerl). Daß die Irritationen zerstreut wurden und dem Fach ein Nachfolgeband erspart blieb, hat, neben Entwicklungen, auf die ich noch zu sprechen komme, den Abschied vom polit-ökonomischen Ansatz erleichtert und ihm bisweilen im milden Schein des Vergessens in der Ahnengalerie des Fachs bereits eine Seitennische eingebracht. So verlockend es nun wäre, die Theorieentwicklung der Erwachsenenbildung in den letzten zwei Jahrzehn-

ten aus der Perspektive von Wissenschaftler-Biographien, also durchaus
subjektiv, neu zu akzentuieren, beuge ich mich der Aufforderung der Auto-
ren, thesenhaft zur Trag- und Ausbaufähigkeit des Ansatzes „Politische
Ökonomie der Erwachsenenbildung" Stellung zu beziehen:
Ich halte die vorgeschlagene Akzentsetzung für zutreffend. Gewisse Ein-
schränkungen sind zu machen im Hinblick auf die Behauptung, eine persönlichkeitsrelevante Bedeutung von Erwachsenenbildung im Sinne eines
Eigenwerts werde „abgestritten". Dies ist nicht der Fall (Axmacher 1974,
S. 15f und S. 208f), wenngleich dieser Aspekt – auch hierin der politischen
Ökonomie des Ausbildungssektors verpflichtet – marginal blieb. Weiterhin
halte ich die Aussage, die dem Ansatz eigene These der Anpassung von
Berufstätigen an veränderte Arbeitsplatzanforderungen und -bedingungen
mittels Erwachsenenbildung sei von der historischen Entwicklung der 70er
Jahre „aus den Angeln gehoben", für zu pauschal. Dem steht entgegen,
daß mit dem Anwachsen der Sockelarbeitslosigkeit in der Bundesrepublik
die Systeme betrieblicher und überbetrieblicher Weiterbildung eine enorme
Ausweitung durchlaufen haben und arbeitsplatzinduzierte Fortbildung
zum täglichen Brot in den Betrieben geworden ist; übrigens unter Bestätigung einer ganzen Reihe der früheren Thesen. Allerdings kann man die
Formulierung „... aus den Angeln gehoben" auch anders lesen, und dieser
Lesart stimme ich zu: Bei aller Begeisterung zu Beginn der 70er Jahre, die
Theorie des Bildungssektors über die Marxsche Figur der Reproduktion
der Arbeitskraft und des Arbeitsvermögens an den großen Strom marxistischer Gesellschaftstheorie-Entwürfe anschließen zu können, blieb dabei
der Umstand unbeachtet, daß die Bildung des Tauschwerts/Qualifizierung
des Gebrauchswerts der lebendigen Arbeit auf einer Voraussetzung beruht,
die damals so selbstverständlich erschien, daß sie keiner weiteren Erwäh-
nung bedurfte: Daß es nämlich das Durchschnittsschicksal des Durch-
schnittsmenschen sei, seine lebendige Arbeitsfähigkeit in die Form der
Lohnarbeit verwandeln zu müssen. Und hier haben in der Tat die aktuelle
Krise der Arbeitsgesellschaft, die Reduzierung der Lohnarbeitszeit, die for-
cierte Rationalisierung und die Entwicklung alternativer Formen des
Lebens und des praktischen Tuns einen Einbruch verursacht, der der
Reproduktion der Arbeitskraft als zentralem Paradigma einer politisch-
ökonomischen Theorie der (Erwachsenen-)Bildung langfristig die Grundlage entzieht. Ist damit das Arsenal marxistischer Theorieansätze in der
Erwachsenenbildung erschöpft (wie insgesamt der Marxismus als Theorie
dem Untergang geweiht)? Gewiß in dem Sinn, daß die Marxsche Wert-
theorie als verbindliches Element einer Kritik der bürgerlichen politischen
Ökonomie sich der Selbstaufhebung der Wertproduktion konfrontiert sieht
(so Marx ausführlich in den „Grundrissen") – auf der widersprüchlichen
Ebene eines zunehmend aggressiven und nach innen (Mensch und Natur)
wie außen (Dritte Welt) ausbeuterischen Kapitalismus. Erst kürzlich hat
Oskar Negt nach wiederholten Vorarbeiten zur politischen Ökonomie der
lebendigen Arbeit unter dem Stichwort „Arbeit als Lebensbedürfnis – nur die

Utopien sind noch realistisch" (Negt 1984) die Grundzüge eines Konzepts ausgeführt, das sich einerseits im Hinblick auf die politische Ökonomie der Erwachsenenbildung als anschlußfähig erweist, andererseits mit dem Monopol von Berufsarbeit als beherrschender Lebensperspektive und mit Arbeitskräftequalifizierung als zentraler Theorieperspektive bricht (näher Axmacher 1985). Deutlicher als vor zehn Jahren sind heute die Themen abgrenzbar, die zur wissenschaftlichen Bearbeitung auf Gesellschafts-theorie vom Zuschnitt einer politischen Ökonomie der lebendigen Arbeit angewiesen sind: die Situierung des Erwerbs, Gebrauchs und Verlusts indi-vidueller und kollektiver Wissensbestände im gesellschaftlichen Kontext wie im Lebenszusammenhang von Menschen; die in nicht-pädagogischen Institutionen (z. B. Familie, Freizeit, soziale Bewegungen) angesiedelten „objektiven Möglichkeiten" für die freie Entfaltung von Subjektivität, die sich mehr oder weniger organisierter Bildungsprozesse bedient; schließlich die Freilegung von Zeit- und Bildungsutopien Erwachsener, die heute noch unter einem Schutthaufen von Streß, Zwang, fremdbestimmtem Lernen und heteronomen Zwecken verborgen sind, die sich aber regen und dem Mono-pol von Lohnarbeit und Lern-Zeit-Ökonomie einen stillschweigenden, wüh-lenden Kampf angesagt haben. Denn letztere bestehen fort: die Kehrseite der Kern/Schumannschen Rationalisierungsgewinner in den hochautoma-tisierten Sektoren der Industrie bilden immer noch ihre Opfer, bestenfalls Dulder, die von Lernchancen und Produktionsintelligenz, schließlich von Arbeit insgesamt Ausgeschlossenen. Und auch jenseits des Kernbereichs gesellschaftlicher Produktion scheinen es äußerst stabile Strukturen zu sein, die sich – in der Regel subjektiver Wahrnehmung und Einwirkung ent-zogen – als Statthalter kapitalistischer Zeitökonomie und Herrschafts-sicherung im Erwachsenenbildungssektor fortsetzen. Die von Dewe, Frank und Huge in kritischer Perspektive hervorgehobene Theorie-Homologie von Bildungsökonomie und politischer Ökonomie des Ausbildungssektors, auch und speziell der Erwachsenenbildung, hat hier ihre gemeinsame Wur-zel. Und so deutlich sich seit Mitte der 70er Jahre die Anzeichen mehren, daß Erwachsenenbildung, nicht zuletzt mit dem Rückenwind der neuen sozialen Bewegungen, in den Alltag einer wachsenden Zahl von Menschen eindringt, jenseits ihrer Qualität als Besitzer von Arbeitskraft, so verdanken wir der-selben Zeitspanne (1. Haushaltsstrukturgesetz 1975 mit tiefen Einschnitten in das AFG) bis zur Gegenwart mit globalen Mittelkürzungen für die Weiter-bildung, Kostenüberwälzung auf die Teilnehmer und Motivationsschulung per Arbeitsamt die Einsicht, daß eine Schwalbe keinen Frühling macht und der Zusammenhang zwischen Erwachsenenbildung und Kapitalismus doch auf Strukturen beruht, die die Kritik an ihrem „monokausalen" theo-retischen Abglanz in der politischen Ökonomie der Erwachsenenbildung – leider – erfolgreich überdauert haben.

2.1.3 Systemtheoretische Theorieperspektive in der Erwachsenenbildungstheorie

In der kritischen Auseinandersetzung um die wirtschaftstheoretisch inspirierten Zugänge zur Erwachsenenbildungsdiskussion wurde vornehmlich auf deren einseitige Ableitung veränderter Anforderungen an das Bildungswesen aus der technisch-wirtschaftlichen Entwicklung sowie auf das Problem der damit verbundenen Reduktion der Funktionsbestimmung von Erwachsenenbildung als einer Qualifikationsinstanz hingewiesen. Die Defizite der wirtschaftswissenschaftlich-orientierten Ansätze in der Erwachsenenbildungstheorie wurden darin gesehen, daß diese keine Antwort auf die Frage nach der sozial-politischen Bedeutung von Erwachsenenbildung sowie nach deren Beitrag zum sozio-kulturellen Leben in der modernen Gesellschaft gaben. Diese Defizite gesellschaftstheoretisch ausgerichteter Erwachsenenbildungstheorie aufzulösen und in eine allgemeine Betrachtung miteinzubeziehen, ist die systemtheoretische bzw. genauer die funktional-strukturelle Darstellung im Anschluß an die Arbeiten von N. Luhmann bemüht (vgl. Olbrich 1973; Eggers 1977; Senzky 1977; Olbrich 1981). Die funktional-strukturelle Systemtheorie begreift die Gesellschaft als soziales System, das sich aus verschiedenen Subsystemen zusammensetzt (politisches System, ökonomisches System, Bildungssystem usw.), die sich ihrerseits wiederum in einzelne Teilsysteme zerlegen lassen (etwa für das Bildungssystem: Schule, Berufsbildung, Hochschule, Erwachsenenbildung/Weiterbildung). Dabei gilt nach Luhmann: „Von einem sozialen System kann man nur sprechen, wenn und soweit das System sich von seiner Umwelt unterscheiden läßt, und zwar muß es für den Handelnden selbst, nicht nur für die Wissenschaft, in seinen Grenzen erkennbar sein. In dem Maße, wie dies der Fall ist, ist ein System ausdifferenziert." (Luhmann 1968, S. 706)
Die Herausbildung und Differenzierung der verschiedenen sozialen Systeme kann dabei als ein Versuch angesehen werden, die mit der gesellschaftlichen Entwicklung („sozialen Evolution") zunehmende Fülle an Handlungs- und Entscheidungsmöglichkeiten, die gesteigerte Komplexität sozialer Strukturen sowie des prinzipiell Erlebbaren mit der begrenzten Kapazität der menschlichen Fähigkeit zu Wahrnehmung, Informationsverarbeitung und Handlungsausführung zu vermitteln.
Es ist demnach die grundlegende systemtheoretische Annahme, daß die soziale Evolution im Verlauf der historischen Entwicklung über die Prozesse der Ausdehnung des lebensweltlichen Erfahrungshorizonts und der Ausdifferenzierung gesellschaftlicher Teilsysteme wie Religion, Moral, Politik, Wissenschaft und Erziehung inklusive der zunehmenden gesellschaftlichen Arbeitsteilung zu immer komplexeren und für das einzelne Individuum unüberschaubaren Formen gesellschaft-

lichen Lebens bzw. sozialer Wirklichkeit führt. Um nun den Aufbau und die Aufrechterhaltung individueller Identität sowie die Sinnhaftigkeit von identitätsverbürgenden Weltbildern und Deutungssystemen zu erhalten, muß diese komplexe Realität in ihrer begrifflichen Erfaßbarkeit auf eine individuell erfahrbare und nachvollziehbare Stufe zurückgeführt werden. Diesen Prozeß, den soziale Systeme steuern und bewirken, nennt Luhmann „Reduktion von Komplexität" (vgl. Luhmann 1971). Die Systemtheorie funktional-struktureller Prägung vertritt die Auffassung, daß es die Funktion und Aufgabe sozialer Systeme (und damit auch des Bildungs- bzw. Erwachsenenbildungs-/Weiterbildungssystems) ist, über eine Reduktion von Komplexität die Sinn- und Identitätssicherung in einer entwickelten Gesellschaft zu ermöglichen und sicherzustellen.

Damit stellt eine solche systemtheoretische Position die Herausbildung des Bildungswesens ganz allgemein in den Zusammenhang der gesellschaftlichen Entwicklung bzw. der sozialen Evolution (vgl. Luhmann/Schorr 1979), wobei auch die Ausbildung des „Subsystems" Erwachsenenbildung (bzw. Weiterbildung) als ein historischer Prozeß begriffen wird, der zur individuellen Orientierung sowie zu einer erfolgreichen Bewältigung der immer komplexeren und sich ständig wandelnden Anforderungen der modernen Existenz beitragen soll. Im Gegensatz zu den beiden zuerst dargestellten gesellschaftstheoretischen Begründungskonzeptionen von Erwachsenenbildung (Bildungsökonomie und Politische Ökonomie des Ausbildungssektors) ist die der Systemtheorie noch wenig entwickelt und befindet sich noch in einem „provisorischen" Zustand. Dies erschwert die Rezeption dieses Modells erheblich.

Hauptmerkmal dieses Ansatzes ist eine funktionalistische Auffassung, welche über eine Betrachtung der Erwachsenenbildung als Qualifikationsinstanz hinausgeht und bemüht ist, im Unterschied zum bildungsökonomischen Modell, weitere funktionale Bezüge und Leistungen dieses Bildungsbereichs zu thematisieren (vgl. dazu insbesondere Eggers 1977).

Dabei gehen die Autoren, die der funktions-strukturellen Systemtheorie von Luhmann nahestehen, vom theoretischen Modell des sogenannten „Äquivalenzfunktionalismus" aus. Dieses Modell hat im Rahmen der Luhmannschen Variante von Systemtheorie die Aufgabe zu erklären, wie die einzelnen Subsysteme des gesellschaftlichen Gesamtgefüges durch ihre Tätigkeiten und Leistungen zu einem gemeinsamen Resultat, nämlich zur gesellschaftlichen Reproduktion, beitragen.

Der grundlegende Gedanke innerhalb des Theorems von „Äquivalenzfunktionalismus" ist dabei folgender: In einer komplexen Gesellschaft, die durch einen entwickelten Stand der Ausdifferenzierung in einzelne Subsysteme gekennzeichnet ist (so etwa die moderne bürgerlich-kapitalistische Industriegesellschaft, die in die Subsysteme Politik, Ökonomie, Wissenschaft, Rechtswesen, Bildung, Religion etc. unterteilt werden kann), können die Leistungen eines einzelnen Subsystems (z.B. Bildung) theoretisch auf sämtliche übrigen Subsysteme der Gesellschaft funktional bezogen sein, sofern die entsprechenden Voraussetzungen dafür vorhanden sind.

Da nun dem funktional-strukturellen Ansatz zufolge im Verlauf der gesellschaftlichen Entwicklung sowohl die gesellschaftliche Komplexität (Ausdifferenzierung in einzelne Subsysteme) als auch die Ausdifferenzierung der einzelnen Subsysteme selbst (Steigerung der Binnenkomplexität) in historischer Perspektive beständig zunehmen, sind auch die funktionalen Austauschbeziehungen zwischen den verschiedenen Subsystemen untereinander einer permanenten qualitativen Veränderung unterworfen. Deshalb können die Funktionen eines spezifischen sozialen Subsystems auch nicht in Form eines für ihn festgeschriebenen, von geschichtlichen Voraussetzungen unabhängig gültigen, Aufgabenkatalogs dargestellt werden.

Für das Problem einer funktionsanalytischen Darstellung der Leistungen eines gesellschaftlichen Subsystems (z.B. Bildung) ergibt sich somit aus den Überlegungen des „Äquivalenzfunktionalismus", daß die auf die gesellschaftliche Reproduktion ausgerichteten Funktionsleistungen eines einzelnen Subsystems als offen und nicht als ein für allemal definiert begriffen werden sollten.

Dieses ist nach Luhmann vor allem deshalb von wesentlicher Bedeutung, da die Existenz wie auch die jeweilige Ausdifferenzierung von gesellschaftlichen Systemen (wie etwa der Erwachsenenbildung) nur dann als sinnvoll anzusehen ist, wenn ihre Leistungen für die Reproduktion und Weiterentwicklung des gesellschaftlichen Gesamtgefüges von Nutzen sind. Um diesen „Sinn" erfüllen zu können, müssen – so ist die These – die einzelnen Subsysteme in ihrer funktionalen Orientierung flexibel sein, um nicht den gesellschaftlichen Entwicklungsprozeß zu blockieren, oder aber um auf Krisenphänomene in jeweils anderen Subsystemen adäquat, d.h. angemessen, reagieren zu können.

Bezogen auf das Bildungssystem im allgemeinen wie auch auf die Erwachsenenbildung im besonderen bedeutet dies nun, daß der funktional-strukturellen Systemtheorie zufolge nicht nur funktionale Beziehungen zwischen Bildungs- und Beschäftigungssystem zu beachten sind, wie dies im bildungsökonomischen Modell der Fall ist (Qualifikationsfunktion), sondern daß auch Austauschbeziehungen zwischen dem Bildungssystem einerseits und den kulturellen, politischen und sozialen Subsystemen andererseits berücksichtigt werden müssen, wenn man Aussagen machen will über den funktionalen Beitrag von Bildung bzw. Erwachsenenbildung zur gesellschaftlichen Reproduktion. Anders ausgedrückt und zugespitzt formuliert: Bildungs- und erwachsenenbildungsrelevante Anforderungen gesellschaftlicher Reproduktion können nicht auf den Aspekt arbeitsmarktorientierter Leistungen in Form von Qualifikation der Arbeitskraft reduziert werden, wie dies in bildungsökonomischen und polit-ökonomischen Begründungen von Erwachsenenpädagogik der Fall ist. Im Unterschied zu solchen monofunktionalen Darstellungen versucht nun der systemtheoretische Beitrag zur Diskussion einer gesellschaftstheoretischen Begründung von Erwachsenenbildung, deren multifunktionale Bedeutung plausibel zu machen.

Neben diesem zentralen Anliegen einer umfassenden Funktionsanalyse der Erwachsenenbildung als Instanz gesellschaftlicher Reproduktion beschäftigt sich deren systemtheoretische Interpretation noch mit der Frage, inwieweit überhaupt von einem sozialen System „Erwachsenenbildung" gesprochen werden kann (vgl. Olbrich 1973, 1981). Ihre Vertreter unterziehen das System „Erwachsenenbildung" einer kritischen Analyse, die den Charakter einer systemtheoretisch angeleiteten, organisationssoziologischen Studie trägt (so etwa Senzky 1977). Nach Olbrich kann man davon ausgehen, daß der Prozeß der Herausbildung eines sozialen Systems „Erwachsenenbildung" im Sinne der funktional-strukturellen Systemtheorie mit der Umsetzung der „realistischen Wende" in gesetzliche Grundlagen sowie einer damit verbundenen finanziellen Absicherung dieses Bildungsbereichs durch einzelne Bundesländer als nahezu abgeschlossen gelten kann. Wir hatten gesehen, daß nach Luhmann die Herausbildung von Grenzen (zeitlich relativ konstante Unterscheidbarkeit eines sozialen Gebildes von seiner Umwelt) das zentrale Charakteristikum der Systembildung ausmacht, wobei diese ihrerseits zum einen in institutionelle und organisatorische („physische") Grenzen, zum anderen in „Sinngrenzen" eines sozialen Systems unterschieden werden können. Der Prozeß der Systembildung der Erwachsenenbildung als „Weiterbildung" zum eigenständigen Subsystem im Bildungsbereich ist, was die äußere „physische" Abgrenzung der Erwachsenenbildung von den übrigen Bereichen des Bildungswesens anbetrifft, vor allem durch die staatlichen Bemühungen der formalen Verrechtlichung und finanziellen Absicherung der Erwachsenenbildung bei gleichzeitiger Integration in das gesamte Bildungssystem beschrieben.

Mit dieser Entwicklung korrespondiert der Aufbau spezifischer „Sinngrenzen" des sozialen Systems Erwachsenenbildung, die sich auf dessen Innen-Außen-Beziehungen, d.h. auf die Beziehung zu anderen gesellschaftlichen Subsystemen wie Ökonomie, Politik etc. richten.

Mit anderen Worten: Aus funktional-struktureller Perspektive heraus expandieren die „Sinngrenzen" der Erwachsenenbildung deshalb, da sie zu einer zunehmend bedeutsamen Instanz gesellschaftlicher Reproduktion wird in dem „Sinne", wie sie für externe gesellschaftliche Subsysteme funktionale Leistungen erbringt.

Der Steigerung dieses spezifischen „Sinns" entsprechen die Versuche einer kontrollierten Entwicklungsplanung und organisatorischen Vereinheitlichung der Erwachsenenbildung, deren Themenkonzentration und Systematisierung von der Angebotsseite her sowie die Ausrichtung an externen Erfordernissen etwa seitens der Ökonomie oder der Sozialpolitik, die interne Professionalisierung der erwachsenenpädagogischen Arbeit, die Bemühungen um eine effektive Gestaltung der Bildungsarbeit unter Kosten-Nutzen-Aspekten u.a.m.

Auf dem Hintergrund dieser Überlegungen zur Problematik der Grenzen des sozialen Systems „Erwachsenenbildung" läßt sich, wenn auch nur sehr allgemein, die Frage klären, welche Institutionen als diesem System zugehörig betrachtet werden können: sämtliche Einrichtungen, die von der oben skizzierten Grenzbildung erfaßt sind. Für die in das System „Erwachsenenbildung" integrierten Träger und Institutionen wie die Volkshochschulen und andere öffentlich geförderten Einrichtungen gilt dabei die systemtheoretische Funktionsbestimmung, die unmittelbar an die Überlegungen zu dessen Grenzen anknüpft.

„Dem Versuch, einen Theorie-Ansatz mit Hilfe einiger Überlegungen aus der Systhemtheorie zu skizzieren, liegt u.a. die Intuition zugrunde, Erwachsenenbildung als ein soziales und pädagogisches System zu erfassen, das mit den Außenbereichen stärker verbunden ist." (Olbrich 1973, S. 264)

Den Ausgangspunkt einer systemtheoretisch angeleiteten Funktionsbestimmung der Erwachsenenbildung bildet die allgemeine Auffassung, daß soziale Systeme als funktionale Instanzen im Zusammenhang gesellschaftlich notwendiger Komplexitätsreduktionen zu begreifen sind, d.h. daß sie zur gesellschaftlichen Orientierung und Sinnbildung sowie zur individuellen Lebensbewältigung beitragen. Historisch lassen sich als systemtheoretisch relevante Bezugssysteme der Erwachsenenbildung vor allem das politische und das ökonomische System bestimmen, so daß die Herausbildung und Differenzierung eines sozialen Systems „Erwachsenenbildung" als bedeutsamer und eigenständiger Sektor innerhalb des gesamten Bildungssystems als eine funktionale Reaktion im Hinblick auf Entwicklungen im Bereich der Politik und Wirtschaft begriffen werden kann.

Dabei hat die Erwachsenenbildung einer systemtheoretischen Konzeption zufolge folgende Funktionen zu erfüllen:

1. Funktion der allgemeinen Weiterbildung im Sinne eines demokratischen Bildungsverständnisses (Persönlichkeitsentwicklung);
2. Funktion der politischen Weiterbildung im Sinne der Machtverteilung durch Information (Legitimation der politischen Ordnung);
3. Funktion der Fähigkeitsvermittlung zur adäquaten gesellschaftlichen Kritik und Aktion (Sozialisation);
4. Funktion der Umschulung im Sinne der Anpassung an veränderte soziale Gegebenheiten (Qualifikation);
5. Funktion der Daseinsorientierung und der Lebensgestaltung (Sinnvermittlung) (vgl. Eggers 1977, S. 72/73).

Diese Ausführungen machen deutlich, wie weit der systemtheoretische Ansatz in seinem Versuch einer Funktionsbestimmung über den der bildungsökonomischen und polit-ökonomischen Variante hinausgeht. Es soll jedoch angemerkt werden, daß die empirische Faßbarkeit und Überprüfbarkeit des systemtheoretischen Ansatzes aufgrund seines im Vergleich zum bildungsökonomischen und polit-ökonomischen Ansatz relativ hohen Abstrakt- und Allgemeinheitsgrades kaum gegeben sind. Ebenso wie der bildungsökonomische und polit-ökonomische Ansatz ist die systemtheoretische Konzeption darum bemüht, eine gesellschaftstheoretische Begründung der Expansion der Erwachsenenbildung sowie ihres Wandels von einer humanistischen zu einer an gesellschaftlichen Entwicklungen orientierten Bildungsinstanz zu geben. Im Unterschied zu den beiden erstgenannten Ansätzen begreift die systemtheoretische Konzeption diesen Prozeß der Reorganisation der Erwachsenenbildung jedoch nicht als einen schlichten Unterwerfungsprozeß unter gesellschaftlich-funktionale Leistungsanforderungen, sondern versucht in ihrer Darstellung zu zeigen, daß diese Entwicklung der Systembildung im Erwachsenenbildungsbereich mit einem Zugewinn an Autonomie verbunden ist.

Begründet wird der Zugewinn an Autonomie der systemtheoretischen Annahme, daß jedes soziale Subsystem über eine gewisse Autonomie verfügen muß, um seine objektiv-gesellschaftlichen Funktionen und Aufgaben im gesellschaftlichen Organisations- und Reproduktionsprozeß erfüllen zu können, und daß diese Autonomie um so größer ist, je weiter die Ausdifferenzierung des betreffenden Subsystems vorangetrieben ist. Diesem Zugewinn an Autonomie entspricht im Anschluß an die Systemtheorie die Möglichkeit, mittels Erwachsenenbildung auf den gesellschaftlichen Entwicklungsprozeß einzuwirken und als eine der Steuerungsinstanzen des sozialen Wandels „originäre Impulse" zu geben, die systemeigenen Zielsetzungen entspringen.

„Im Kontext einer funktional-strukturellen Betrachtung läßt sich der Begriff des „lebenslangen Lernens" neu bestimmen. Lernen bedeutet, daß die eigenen Erwartungen in eine Entsprechung zu Erwartungen derer gebracht werden, mit denen man in einem Kommunikations- und Handlungszusammenhang steht. Diese Korrespondenz bezieht sich nicht nur auf gegenwärtige Handlungssituationen, vielmehr hat Lernen im wesentlichen auch die Funktion, auf zukünftige Erwartungen angemessen zu reagieren. Lebenslanges Lernen ist somit eine spezifische Form ‚antizipatorischer Sozialisation', insofern ein unübersehbarer Zusammenhang zwischen Weiterbildung und gesellschaftlicher Evolution besteht. Deshalb impliziert lebenslanges Lernen die Fähigkeit, das bereits Gelernte als Grundlage für weiteres Lernen zu nehmen. Es schließt eine Dauerbereitschaft ein, ‚Neuem durch Änderung von bereits gelerntem Erwartungsmuster zu begegnen'. Unter der Prämisse einer auf Selbstentfaltung gerichteten Erwachsenenbildung und in Übereinstimmung mit der These, daß Erwachsenenbildung als soziales System originäre Impulse geben muß, die auch die

Richtung des gesellschaftlichen Wandels betreffen, kann somit lebenslanges Lernen nicht nur auf die von anderen Umweltsystemen produzierten Erwartungen reagieren. Unter systemtheoretischen Überlegungen bezieht es sich nicht nur auf zukünftige Situationen oder Qualifikationen, die möglicherweise antizipierbar sind, es schließt auch die Fähigkeit ein, im Sinne eines Lernens von ‚sinnhaft-intersubjektiven Interaktionen' zukunftsoffene Unbestimmtheit zu akzeptieren. Das bedeutet, daß lebenslanges Lernen im Prozeß gesellschaftlichen Wandels das voraussetzt, was Luhmann ‚Systemvertrauen' nennt.

Für die Erwachsenenbildung als soziales System stellt sich damit die Frage, wie eine auf Zukunft gerichtete Fähigkeit zum Lernen nicht im Sinne eines einmaligen Ergebnisses eines Lernprozesses, sondern als eine ‚Betriebsprämisse, die durch laufende Inanspruchnahme entwickelt wird', konstituiert wird. Diese lern- und erziehungstheoretische Fragestellung verweist auf die gesellschafts- und bildungspolitischen Implikationen. Erwachsenenbildung als Teilsystem des Erziehungs- und Sozialisationsprozesses kann ohne eine intensive Interaktion mit den anderen Teilsystemen ihre zentrale Aufgabe, eine andauernde zukunftsoffene Lernfähigkeit zu organisieren, nicht erfüllen. Die Wechselbeziehung dieser Teilsysteme des Erziehungs- und Sozialisationsprozesses manifestiert sich unter anderem darin, daß die Erwachsenenbildung dem System Schule den Impuls zu vermitteln hat, daß es weniger auf die Vermittlung kanonisierter Wissensbestände und brauchbarer Fertigkeiten ankommt, sondern dasjenige Wissen und Können, das die Fähigkeit entwickelt, sich in wechselnden Situationen auf neues Lernen erfolgreich einzustellen."

Olbrich 1981, S. 74/75

Denkt man den Beitrag der funktional-strukturellen Systemtheorie zur Erwachsenenbildungsdiskussion konsequent zu Ende, so ergeben sich einige Konsequenzen und Perspektiven für die Erwachsenenbildungstheorie, die hier anschließend angerissen werden sollen. Kurz zusammengefaßt kann systemtheoretischen Überlegungen zufolge von einer Tendenz zur Ausdifferenzierung des sozialen Systems „Erwachsenenbildung" gesprochen werden, die dessen zunehmender gesellschaftlicher Bedeutung geschuldet ist. Damit dieser Bedeutungszuwachs auch auf der Ebene bürokratischer Prozeßabwicklung sein entsprechendes Korrelat in Form optimierter Arbeitsabläufe findet, müssen auch die Vorgänge der Planung, Verwaltung und Organisation dieses Bildungsbereichs einer theoretischen Reflexion unterzogen werden. Hieraus ergibt sich für die Erwachsenenbildungstheorie ein neues Gegenstandsfeld, das systemtheoretisch angeleitete Studien (wie die von Senzky 1977) untersucht, wobei im Vordergrund solcher Bemühungen das Ziel steht, das gesamte Bedingungsgefüge der inneren Organisationsstruktur von Erwachsenenbildung transparent zu machen und einer organisationssoziologischen Kritik zu unterziehen, um mögliche Vorschläge einer aufgabengerechten bürokratischen Gestaltung von Erwachsenenbildung zu entwickeln. Eine derartige Sichtweise, d.h. der bewußte Einzug der bürokratisch-organisatorischen Struktur der Erwachsenenbildungspraxis in die theoretische

Reflexion, ist für den systemtheoretischen Ansatz als letzte Konsequenz funktional-struktureller Überlegungen bezeichnend und findet in der sonstigen Diskussion kein vergleichbares Beispiel.

Josef Olbrich
Kommentar zur systemtheoretischen Theorieperspektive

Im Kontext der Frage nach den zentralen Topoi einer Theorie der Erwachsenenbildung messen die Autoren dem funktional-strukturellen Modell eine wesentliche Bedeutung für die Konstitution einer Theorie der Erwachsenenbildung zu. Schon dieser Tatbestand, daß im Rahmen einer Gesamtanalyse des Entwicklungsprozesses und des Standes einer Theorie der Erwachsenenbildung der systemtheoretische Ansatz von den Autoren kritisch gewürdigt wird, zeigt unabhängig von der Auswirkung auf das Feld der Erwachsenenbildung selbst, daß diese Theorieelemente auf die Gemeinschaft der Wissenschaftler selbst theorieprägend gewirkt haben. Von großem Interesse ist, daß die Autoren nicht nur die wesentlichen Elemente einer funktional-strukturellen Theorie der Erwachsenenbildung herausarbeiten und damit den bisherigen Stand markieren, sondern daß sie durch den Verweis auf die historische Genese und durch die Interdependenz zu anderen Modellen eine neue Akzentuierung vornehmen. Über die Plausibilität und die Legitimation dieses Verfahrens sollen an gegebener Stelle noch einige Anmerkungen gemacht werden.

Wie Niklas Luhmann gehen Dewe, Frank und Huge von der Grundprämisse aus, daß es soziale Systeme gibt (vgl. Luhmann 1984). Dabei wird auch deutlich, daß die Reichweite der Systemtheorie für die Erwachsenenbildung sich bisher wesentlich auf die Makro-Ebene bezieht.

Die Ausgangsposition ist so zu skizzieren: Der Prozeß der Systemabgrenzung bedeutet, die Erwachsenenbildung als ein Subsystem zu begreifen, das gegenüber den Umweltsystemen Politik und Ökonomie in seinen Grenzen insofern bestimmt werden kann, als die in ihm Handelnden auch durch den Prozeß der Professionalisierung sich selbst zu diesem System in ihren Erwartungen ausrichten können und so Systemvertrauen hergestellt werden kann.

In Anknüpfung an bereits skizzierte Überlegungen gehen die Autoren auf die Bedeutung der sogenannten „realistischen Wende" in den 60er Jahren ein. Sie sehen in der Neuorientierung der Erwachsenenbildung als eines gesellschaftlichen Funktionsbereichs, der einen Beitrag zum Wirtschaftswachstum und damit auch zur Bewältigung des technischen Wandels beizutragen in der Lage ist, auch den Ausgangspunkt eines Paradigmawechsels der Theorie der Erwachsenenbildung.

Diesen Paradigmawechsel ordnen die Autoren ein in den Wandel der Erwachsenenpädagogik von einer geisteswissenschaftlichen Orientierung hin zu einer sozialwissenschaftlichen Ausprägung. Auf die Praxis gewendet, wird damit die These noch einmal unterlegt, daß dieses soziale Sub-

system im Kontext empirisch-gesellschaftlicher Entwicklung Steuerungskapazität bereitstellt, die sich einerseits im Sinne der Selbstreflexion auf die Neuorganisation des sozialen Feldes selber bezieht, andererseits auch dem System Ökonomie und Politik verarbeitbare Erwartungen substituiert.

Daß die Autoren die funktionale Orientierung der Erwachsenenbildung besonders hervorheben und die Zuschreibung des spezifischen „Sinns" auf eine kontrollierte Entwicklungsplanung und „organisierte Vereinheitlichung der Erwachsenenbildung" besonders hervorheben, liegt in der Kontinuität und der Logik ihrer Argumentation, die die Systemtheorie in die Nähe der Bildungsökonomie rückt, ja sogar das arbeitsmarktpolitische und bildungsökonomische Modell als eine besondere Ausprägung der Systemtheorie begreift.

Hier würde ich einen kritischen Einwand in der Weise vorbringen, daß der Austauschprozeß mit den Umweltsystemen nicht primär als funktionale Anpassung verstanden werden kann. Es ist vielmehr auf die grundlegende Feststellung zu verweisen, daß soziale Systeme nur so lange existieren, als sie in der Lage sind, eigene Handlungskapazitäten zu erzeugen, um so ihre Autonomie und ihren Bestand zu erhalten. Nur wenn das Bildungssystem eigene pädagogische Ziele verfolgt, die über die Bereitstellung von Qualifikationen, deren Profile das ökonomische System vorgezeichnet hat, hinausgehen, kann es selbst Impulse für die Außenwelt liefern, kann es dazu beitragen, daß es einen evolutionären Prozeß in Gang setzt. D.h., sofern sich das soziale Subsystem Erwachsenenbildung auf Qualifikationsproduktion gegenüber dem ökonomischen System sowie Loyalitätsproduktion gegenüber dem politischen System verkürzte und somit Reflexion und Selbstreferenz negierte, würde es sich selbst überflüssig machen.

Auch der heute konstatierte und in der Wissenschaft akzeptierte Wechsel von einem bildungsökonomischen zu einem systempolitischen Paradigma, wäre theoretisch kaum zu fassen, wenn man Systemtheorie und Bildungsökonomie weitgehend identifizierte.

Unter dieser Prämisse macht die systemtheoretische Fokussierung auf input-output Modelle ein Festhalten an Erwartungen, an Formen und Gewohnheiten, wie sie von dem im System Handelnden als Orientierung begriffen werden, für die Bestanderhaltung des eigenen Systems unabdingbar. Nur durch Selbstreflexion gewinnt dieses Modell Bedeutung.

In Übereinstimmung mit Luhmann/Schorr (1982) scheint mir bei der Weiterentwicklung der Systemtheorie für die Erwachsenenbildung von besonderem Gewicht, sowohl die Autonomie stärker zu thematisieren als auch den Zusammenhang von Funktion, Leistung und Reflexion theoretisch zu fassen und somit diese verschiedenen Systemreferenzen in ihren Interdependenzen herauszuarbeiten. Nur unter dieser Perspektive scheint mir gesellschaftliche Evolution, an der die Erwachsenenbildung beteiligt sein will, möglich zu sein.

Gerade im Hinblick auf die Sollwerte gesellschaftlicher Entwicklung, sehe ich eine eindeutige Differenz von systemtheoretischer Betrachtung einerseits und polit-ökonomischen Analysen andererseits. Die Versuche, die marxistische und die funktional-strukturelle Theorie zu verbinden (zu diesem Ansatz von Hondrich vgl. Olbrich 1973), sind auch deshalb zu hinterfragen, weil, wie mir scheint, sie sich wesentlich in der Frage dessen unterscheiden, was unter gesellschaftlichem Fortschritt zu verstehen ist und welches die bewegenden Antriebskräfte der gesellschaftlichen Entwicklung sind. Die bekannte Diskussion zwischen Niklas Luhmann und Jürgen Habermas hat gerade in der Frage von Evolution und Fortschritt die qualitative Differenz zwischen Marxismus und Systemtheorie aufgewiesen. Die Autoren relativieren gleichsam ihre ursprüngliche Ausgangsthese von den gemeinsamen Perspektiven dieser unterschiedlichen Modelle, wenn sie der Erwachsenenbildung einen wesentlichen Beitrag zur „individuellen Orientierung sowie einer erfolgreichen Bewältigung der immer komplexeren und sich wandelnden Anforderungen der modernen Existenz" begreifen und so die Erwachsenenbildung als historischen Prozeß charakterisieren, der soziale Evolution hervorbringt.

Ganz entscheidend scheint mir zu sein, daß Dewe, Frank und Huge den Begriff des „lebenslangen Lernens" neu aufgreifen und Perspektiven für die Weiterentwicklung einer systemtheoretisch fundierten Theorie der Erwachsenenbildung leisten. Der hier konstituierte Zusammenhang von interaktionstheoretischen („antizipatorische Sozialisation") und systemtheoretischen Perspektiven verdeutlicht die Richtung, in der die Erwachsenenpädagogik Anstrengungen zur weiteren Fundierung bedarf.

Die Autoren haben nicht nur die Leistungsfähigkeit der Systemtheorie in ihren wesentlichen Elementen verdeutlicht, sondern auch die Defizite aufgewiesen. Bei der zukünftigen Theorie der Erwachsenenbildung, die, wie ich meine, wesentlich von der Systemtheorie beeinflußt sein wird, kommt es darauf an, die konkreten pädagogischen Prozesse auch auf der Mikro-Ebene beschreiben und erklären zu können. Das bedeutet, daß der lernende Erwachsene nicht nur als Handlungssystem sondern als reale Person faßbar wird.

2.1.4 Zusammenfassung

Die hier unter dem Aspekt „system- und wirtschaftswissenschaftliche Theorieperspektive in der Erwachsenenbildungstheorie" zusammengefaßten Ansätze repräsentieren den Stand der derzeit geläufigen Erklärungsmuster, die darum bemüht sind, Erwachsenenbildung als eine funktionale Instanz innerhalb des (in den verschiedenen Bezugsmodellen der Bildungsökonomie, Politischen Ökonomie des Ausbildungssektors sowie Systemtheorie allerdings unterschiedlich weit gefaßten und beurteilten) gesellschaftlichen Reproduktionsprozesses darzustellen, deren zentrale Aufgabe in der Regulation des Arbeitsmarktes liegt, sei es durch eine arbeitsmarktgerechte Qualifikation von Arbeitskräften in Form beruflicher Fortbildung, sei es durch Entlastung des Sozialstaates vom Druck hoher Arbeitslosenzahlen durch die Weiterbildung Arbeitsloser. Damit beziehen sich alle drei vorgestellten Ansätze mehr oder weniger explizit und je nach der theoretischen Ausgangsposition mit unterschiedlichen Fragestellungen auf den Problemhorizont der technischen Entwicklung innerhalb der Arbeitswelt (bzw. auf die Produktivkraftentwicklung) und deren Resultate für den gesamtgesellschaftlichen Reproduktionsprozeß. Erwachsenenbildung hat aus einer solchen Perspektive heraus keinen besonderen pädagogischen Eigenwert, sondern wird als ein funktionales Transfermedium mit der Aufgabe der Herausbildung eines den ökonomischen wie gesellschaftlichen Anforderungen an den Menschen adäquaten Fähigkeitspotentials, Leistungsvermögens sowie eines Repertoirs an normativen Verhaltensdispositionen begriffen. Im Rahmen einer derartig angelegten Theorieperspektive, auch in der im Verhältnis zu bildungsökonomischen Erklärungsversuchen ausgeweiteten Problemstellung einer systemtheoretischen Begründung von Erwachsenenbildung, kommt das Individuum nicht mehr als menschliches „Subjekt" im Sinne der geisteswissenschaftlichen Betrachtungen in den Blickpunkt der Überlegungen, sondern lediglich als ein Träger gesellschaftlich relevanter Funktionen und „Rollen".

Der Bildungsbegriff der geisteswissenschaftlichen Pädagogik wird innerhalb der system- und wirtschaftswissenschaftlichen Theorieperspektive aufgegeben zugunsten eines empirisch faßbaren und pragmatischen Lern- bzw. Qualifikationsbegriffs, dessen Inhalte als Substrat ökonomischer und gesellschaftlicher Anforderungen an das Individuum definiert werden.

Damit werden ideologisch belastete Begriffe wie die der „Mündigkeit des Subjekts", „Weltverständnis", „Bewußtsein", „Partizipation", „Entfaltung subjektiver Anlagen", „Entwicklung von Personalität" u.a., die innerhalb geisteswissenschaftlicher Begründungsversuche von Erwachsenenbildung noch einen hohen Stellenwert einnahmen, aus der Theoriediskussion ausgeblendet. Sofern das Problem der Persönlichkeitsrelevanz von Bildung innerhalb der hier dargestellten Ansätze noch zum Thema wird, beschränkt sich dies auf eine Explikation der Bedeutung von Erwachsenen- und Weiterbildung für das individuelle Berufsleben (Anpassung der beruflichen Qualifikation an veränderte Arbeitsanforderungen, berufliche Weiterbildung als Grundlage von Aufstiegschancen). D.h. sie reduziert sich auf die stratifikatorische Dimension von Erwachsenenbildung hinsichtlich des sozialen Status des Individuums oder aber auf den Aspekt der funktionalen Anpassung individueller Fähigkeitspotentiale und Verhaltensdispositionen an einen veränderten Anforderungshorizont alltäglicher Lebenspraxis, also auf die Herausbildung einer zeitgemäßen Orientierung und Handlungsfähigkeit der Person innerhalb ihrer durch den technischen wie gesellschaftlichen Wandel zunehmend veränderten Alltagswelt.

Dieser empirisch-analytische, sozialwissenschaftlich ausgerichtete Umbruch in der Erwachsenenbildungstheorie kann dabei als ein Reflex auf außerwissenschaftliche Entwicklungen in der bundesrepublikanischen Gesellschaft verstanden werden. Nicht die wissenschaftsinternen Diskussionen um die Theorie der Erwachsenenbildung, sondern vor allem die Entwicklung der allgemein-gesellschaftlichen und ökonomischen Rahmenbedingungen des Bildungswesens in der BRD in den späten 60er und frühen 70er Jahren nötigten der Erwachsenenbildungstheorie einen Wandel in der Argumentationsstruktur ab, der darauf abzielte, einen systematischen Bezug zwischen Struktur und Selbstverständnis der Erwachsenenbildung einerseits und den aus der ökonomischen Entwicklungslogik der kapitalistischen Wirtschaft resultierenden Veränderungen in den Anforderungen gesellschaftlicher Reproduktion andererseits herzustellen. Entsprechend der jeweiligen Bezugstheorien fiel die konzeptionelle Darstellung dieses Zusammenhangs im Rahmen der einzelnen Versuche einer system- und wirtschaftswissenschaftlichen Begründung von Erwachsenenbildung durchaus verschieden aus.

Während bildungsökonomische Beiträge zur Erwachsenenbildungstheorie größtenteils von der Annahme eines stetig zunehmenden ökonomischen Bedarfs an qualifizierten Arbeitskräften ausgingen und die zentrale Funktion von Erwachsenenbildung (und Erwachsenenbildungstheorie) eben darin sahen, ein institutionalisiertes Äquivalent zu den prognostizierten steigenden Qualifikationsanforderungen gesellschaftlicher Arbeit in Form eines „Weiterbildungssystems" zu schaffen, beschränkte sich der polit-ökonomische Beitrag zur theoretischen Auseinandersetzung um die Erwachsenenbildung auf eine ideologiekritische Analyse von Entwicklungstendenzen im Erwachsenenbildungsbereich und in der Erwachsenenbildungstheorie. Polit-ökonomischen Arbeiten zufolge waren diese als Reaktion auf veränderte Kapitalverwertungsbedingungen in Form veränderter Qualifikationsanforderungen gesellschaftlicher Arbeit zu verstehen.

Nachdem die historische Entwicklung auf dem bundesrepublikanischen Arbeitsmarkt gegen Mitte der 70er Jahre eine solch enge theoretisch-konzeptionelle Verkopplung von Ökonomie und Erwachsenenbildung empirisch brüchig werden ließ, waren es vor allem systemtheoretisch orientierte Versuche, die an der Idee eines funktionalen Zusammenhangs zwischen Bildung und gesellschaftlicher Reproduktion festhaltend darum bemüht waren, den Problemhorizont funktionalistischer Interpretationen von Erwachsenenbildung auszudehnen, wobei die Erwachsenenbildung nun nicht mehr allein unter dem Aspekt einer arbeitsmarktorientierten Qualifikationsinstanz betrachtet wurde. Unter Berufung auf das systemtheoretische Konstrukt des Äquivalenzfunktionalismus wurde versucht, die Gesamtheit der funktionalen Leistungen des quartären Bildungsbereichs für die „Bestandserhaltung" einzelner gesellschaftlicher Subsysteme (neben Ökonomie noch Politik, Wissenschaft, Kultur usw.) zu erfassen und zu bestimmen.

Es ist auffallend, daß wirtschafts- und systemwissenschaftliche Argumentationsmuster in der Diskussion um eine gegenstandsadäquate Erfassung der Prozesse innerhalb der institutionalisierten Erwachsenenbildung einen spezifischen Mangel aufweisen, der darin besteht, daß sie vorwiegend makrotheoretischen und „objektivistischen" Konzeptionalisierungen verhaftet bleiben, die sich stark am Typus des zweckrational handelnden Menschen (homo oeconomicus) orientieren. Da in solchen Ansätzen die handelnde Subjektivität, Sinninterpretationskapazität und die „Logik" intersubjektiv geteilter Wissensstrukturen der Lebenswelt der lernenden Erwachsenen sowie ihre persönliche und soziale Identität nicht zum Thema gemacht werden, beschränken sich die Erklärungen und Bestimmungen von Handlungsvollzügen in der Erwachsenenbildung auf ein sozialtechnologisch verdünntes und verkürztes Abbild von sozialer Wirklichkeit. In ihm kommt der Erwachsene nur noch als Träger von gesellschaftlichen Strukturen (Rollen- und Qualifikationsmustern) vor, also das Randphänomen der Produktivkraftentwicklung sowie der legitimatorischen Mechanismen sozialer Herrschaft. Dies ist die Konsequenz einer „objektivistischen" Forschung, die institutionalsierte Bildungsprozesse mit Erwachsenen nicht als individualisierende Sozialisations- und Lernprozesse, sondern als technokratisches Abbild und Resultat von vergesellschafteten Produktionsprozessen und Herrschaftsverhältnissen interpretiert.

Diese Schwächen dürfen jedoch nicht darüber hinwegtäuschen, daß sowohl die Bildungsökonomie wie auch die Politische Ökonomie des Ausbildungssektors und die systemtheoretische Forschung einen erheblichen Beitrag zur theoretischen Reflexion der Erwachsenenbildung geleistet haben, der sich auf die gesellschaftstheoretische Begründung dieses Bildungsbereichs bezieht. So kann man heute nicht mehr umhin, die Bedeutung der Erwachsenenbildung als Instanz gesellschaftlicher Reproduktion anzuerkennen und ihren ökonomisch wie sozialpolitisch bestimmbaren funktionalen Stellenwert innerhalb der modernen kapitalistischen Industriegesellschaft in Betracht zu ziehen. Andererseits bedeutet dies, daß sich Versuche einer „Theorie der Erwachsenenbildung" nicht der Anforderung entziehen können, diese gesellschaftliche Relevanz von erwachsenenpädagogischem Handeln reflexiv zu bearbeiten, wie noch in der Tradition geisteswissenschaftlich ausgerichteter Theoriebildung.

Zwar mag es auf dem Hintergrund der gegenwärtigen Erwachsenenbildungsdiskussion so erscheinen, als wenn die bis zur Mitte der 70er Jahre hoch im Kurs stehenden Betrachtungsweisen wirtschafts- und systemwissenschaftlicher Ansätze, denen es um eine Plausibilisierung des funktionalen Werts von Erwachsenenbildung ging, in Vergessenheit geraten sind. Jedoch läßt sich vermuten – so ist unsere These –, daß diese Ansätze, wenn auch in modifizierter Form (vgl. Faulstich 1981; Brödel 1983; Huge 1984), in Zukunft wieder an Bedeutung gewinnen werden, nicht zuletzt aufgrund der derzeit vielbeschworenen „Krise der Arbeitsgesellschaft" und der damit verbundenen Tendenz zu einer ökonomisch verursachten Auflösung lebensweltlicher Strukturen und Sinnzusammenhänge, welche bislang als Garant der Stabilität individueller Identitäten angesehen werden konnten.

2.2 Lern- und verhaltenstheoretische Theorieperspektiven

Die sich im Rahmen der „realistischen Wende" in den späten 60er Jahren durchsetzende Einsicht in die wachsende gesellschaftliche und wirtschaftliche Bedeutung des Erwachsenenlernens erstreckte sich nun aber nicht nur auf Überlegungen, die auf eine Abstimmung des Erwachsenenbildungsangebots auf die veränderten qualifikatorischen Anforderungen des Arbeitsmarktes ausgerichtet waren.

Das zunehmende Bewußtsein um den funktionalen Stellenwert erwachsenenpädagogischer Bemühungen gab auch Anlaß zu Diskussionen, die auf eine lern- und verhaltenstheoretische Durchdringung des Lehr-/Lern-Geschehens innerhalb der Erwachsenenbildung abzielten. So ist es auch nicht verwunderlich, daß zur Zeit der Hochkonjunktur der „realistischen Wende" (1965–1975) nicht nur wirtschafts- und systemwissenschaftliche Ansätze das Terrain der theoretischen Auseinandersetzung um die Erwachsenenbildung beherrschten, sondern auch zunehmend Arbeiten erschienen, die den Lernprozeß selbst, d.h. das unmittelbare Lehr-/Lern-Geschehen zum Gegenstand ihrer Reflexionsbemühungen machten.

Dabei ging es im wesentlichen um die Fragen, inwieweit der erwachsene Mensch als „lernfähig" einzustufen sei und unter welchen Voraussetzungen und Bedingungen diese „Lernfähigkeit" für ein organisiertes (vor allem berufsbezogenes) Weiterlernen im Erwachsenenalter möglichst effektiv genutzt werden könne.

Es war insbesondere die Psychologie des Lernens, die als Bezugswissenschaft in diese spezifische Variante um die Auseinandersetzung zur theoretischen Reflexion der Erwachsenenbildung einging.

Während sich die wirtschafts- und systemwissenschaftlichen Ansätze um eine Optimierung der Erwachsenenbildung in makrodidaktischer Hinsicht bemühten, d.h. auf eine Abstimmung von spezifischen Bildungsangeboten auf den diagnostizierten ökonomischen wie gesellschaftlichen Bedarf an individuellen Qualifikationen ausgerichtet waren, zielten die lern- und verhaltenstheoretischen Beiträge zur Erwachsenenbildungsdiskussion auf eine Verbesserung der mikrodidaktischen Struktur des erwachsenenpädagogischen Handelns, d.h.

auf eine erwachsenengerechte Gestaltung des Ablaufs von Bildungsprozessen auf der Ebene des unmittelbaren Lehr-/Lern-Geschehens.
Die psychologisch ausgerichteten lern- und verhaltenstheoretischen
Beiträge zur theoretischen Diskussion um die Erwachsenenbildung
können von daher auf einem ähnlichen zeitgeistlichen Hintergrund
gesehen werden wie die wirtschafts- und systemwissenschaftlichen
Erklärungsansätze.

Ebenso wie bildungsökonomisch und funktional-strukturell motivierte
Studien bemühen sich lern- und verhaltenstheoretische Arbeiten, wenn
auch auf anderer Ebene (Makrodidaktik – Mikrodidaktik), um die *Effektivierung* und eine *leistungsbezogene Begründung* der Erwachsenenbildung.

Gemeinsame Zielsetzungen der einzelnen lern- und verhaltenstheoretischen Ansätze ist dabei der Einbezug empirischer Daten und wissenschaftlicher Erklärungsmodelle der psychologischen Forschung in die
Theorie- und Konzeptionsentwicklung zur Erwachsenenbildung,
sofern sich diese auf das Problem des Lernens Erwachsener hin
interpretieren lassen.

Hierdurch – so ist die Absicht – soll eine sozialwissenschaftliche
Begründung der didaktisch-curricularen Planung und Gestaltung von
Erwachsenenbildungsprozessen vorangetrieben werden (vgl. Siebert
1982, S. 6/7). Mit anderen Worten: Die lern- und verhaltenspsychologischen Reflexionsbemühungen zum erwachsenenpädagogischen
Handeln richten sich auf dessen rationale bzw. rationelle Organisation
(was z.B. Themenauswahl, Lehrmethode, Aufbau des Lehrplans usw.
angeht).

Der Sinn derartiger Überlegungen wird darin gesehen, mittels des Ein-
bezugs wissenschaftlicher Erkenntnisse zum Erwachsenenlernen in die
curriculare Planung und Gestaltung eine Steigerung des „Lern-Out-
puts" (also des Lerneffekts) zu bewirken. „Man kann keine Erwachsenenbildung organisieren wollen, ohne danach zu fragen, wie es denn
eigentlich um die Motivation der Erwachsenen zum Lernen, um ihre
Lernmöglichkeiten und Lernschwierigkeiten steht." (Groothoff 1976,
S. 133)

Aus dieser Perspektive heraus begründet sich auch der Versuch,
aus lern- und verhaltenstheoretischen Modellen sowie empirischen
psychologischen Studien zum Lernen Erwachsener unmittelbare
didaktisch-methodische Konsequenzen abzuleiten, die auf eine Effektivierung der Bildungsarbeit und d.h. auf eine Optimierung der Lernleistungen von Teilnehmern ausgerichtet sind. Allerdings ist darauf hinzuweisen, daß umfassende und in sich geschlossene Darstellungen
bzw. Erklärungsansätze zum Lernen Erwachsener seitens der lern- und
verhaltenspsychologischen Beiträge zur Reflexion der Erwachsenenbildung bislang ausstehen.

Der Textauszug von Kidd (vgl. weiter unten) verweist auf dieses

95

Problem; auch wenn Kidd seine Ausführungen schon vor längerer Zeit vorgelegt hat (Ersterscheinen im amerikanischen Original 1959), so hat sich daran bis heute doch nur Unwesentliches geändert.

Der derzeitige Diskussionsstand in der bundesrepublikanischen Theoriebildung zum Erwachsenenlernen ist immer noch dadurch gekennzeichnet, daß unterschiedlichste Erklärungsmodelle der Lern-, Verhaltens- und Sozialpsychologie auf ihre Brauchbarkeit und Anwendbarkeit für die Erwachsenenbildung abgeklopft werden oder daß verstreute Ergebnisse empirisch-psychologischer Studien aus den Bereichen allgemeiner Lern- und Motivationsforschung, Arbeits- und Erwachsenenpsychologie sowie Persönlichkeits- und Feldtheorie zusammengetragen und auf das Lehr-/Lern-Geschehen in der Erwachsenenbildung hin interpretiert werden. Auf diese Weise wird versucht, aus vielen einzelnen Mosaiksteinchen ein Bild zu formen (als Beispiele seien hier Amthauer 1970; Verres-Muckel 1974; Olechowski 1976; Heemskerk 1978; Skowronek 1979; Kidd 1979; Gerl 1980 sowie Kürzdörfer 1981 aufgeführt).

Arbeiten, die selbst eine empirische Analyse zu Einzelfragen des Lehrens und Lernens in der Erwachsenenbildung beinhalten, blieben die Ausnahme (Feig 1972; Löwe 1974a; Löwe/Almeroth 1975; Siebert/Gerl 1975; Siebert/Dahms/Karl 1982). Der Ertrag dieser Arbeiten hinsichtlich einer Theorie des Lehrens und Lernens in der Erwachsenenbildung darf jedoch nicht überschätzt werden, da die Ergebnisse nur über einzelne Teilaspekte des Lernens Erwachsener Auskunft geben und zum Teil nicht generalisierbar sind.

„Es soll hervorgehoben werden, daß noch immer Unwissenheit über das Lernen von Erwachsenen vorherrscht. Unklar ist noch, warum einige Leute große Anstrengungen aufbringen, ihre Persönlichkeit und ihre Kräfte zu entfalten, während andere zurückhaltender sind, argwöhnischer, nur langsam anfangen und schnell aufgeben. Sie werden mit Ratschlägen überschüttet und schnell etikettiert – sie seien apathisch, faul oder nicht gut motiviert. Es ist viel leichter, Attribute zu verleihen als zu verstehen oder Menschen zu helfen, effektiver zu lernen.

Sicherlich ist mehr Wissen vorhanden, als im allgemeinen genutzt wird. Während der letzten zwei Jahrzehnte hat sich unser Wissen über das Lernen von Erwachsenen außerordentlich erweitert, wohl zum großen Teil deshalb, weil der Schwerpunkt von Lehren auf das Lernen verschoben wurde. Diese Betonung ist ziemlich neu, wenn man an die Millionen Bücher und Broschüren in allen Sprachen denkt, die von der Frage handeln, wie man lehrt, wie man unterrichtet, wie man propagiert. Diese Bücher sind in Qualität und Umfang unterschiedlich, aber abgesehen von einigen wenigen Ausnahmen befassen sie sich mit der Art, wie ein menschliches Wesen seinen Willen oder seine Fähigkeit einem anderen aufdrängen kann. Bewußt oder unbewußt handeln die meisten davon, wie eine Kommunikation vom Standpunkt des Senders aus beschaffen ist. Zu allen Zeiten haben weise Männer natürlich gewußt, daß Lernen der aktive, nicht der passive Teil des Prozesses ist: der Lernende öffnet sich, er verinnerlicht neue

Erfahrungen, vergleicht sie mit seiner früheren Erfahrung, gliedert diese Erfahrung neu, er drückt aus oder entfaltet, was latent in ihm ist. So ist kritisch zu erforschen, wie dem Lernenden geholfen werden kann, sich auf diese aktive, schmerzende oder anregende Erfahrung einzulassen, die wir lernen nennen. Menschliche Wesen scheinen das Lernen zu suchen; Lernen scheint Bedingung des gesunden Organismus zu sein. Das Ziel ist, ein Klima von Freiheit und Selbstdisziplin zu schaffen, in dem Lernen gefördert wird. Es ist deshalb nicht so sehr die Aufgabe des Lehrenden, Verstand oder Gefühle zu beeinflussen, als die Bedingungen zu schaffen, unter denen eine Person sich lernend verhalten kann. Angemessene, entsprechende Bedingungen vorausgesetzt, kann damit gerechnet werden, daß alle Menschen Lernfähigkeit besitzen. Und, wie wir in einem späteren Kapitel sehen werden, wird die Lern- und Merkfähigkeit hinsichtlich Tatsachen, Fertigkeiten und Haltungen beträchtlich beeinflußt, je nachdem, ob die Lernorganisation ‚Lehrer-zentriert‘ oder ‚Schüler-zentriert‘ ist.“

Kidd 1979, S. 12/13

Darüber hinaus finden sich in der Literatur Texte und Beiträge, die in Form von „Rezeptologien“ Aussagen über die Bedingungen und Voraussetzungen einer effektiven Gestaltung von erwachsenenpädagogischen Handlungsvollzügen machen (so etwa Hasselhorn 1973; Baumann/Schlutz/Senzky/Tietgens 1976; Olivet 1980; Frommer 1982). Insgesamt ist festzuhalten, daß sich die theoretische Reflexion zum Lehren und Lernen in der Erwachsenenbildung noch auf einer relativ unbefriedigenden Entwicklungsstufe befindet. Daher können im Rahmen dieses Kapitels auch keine ausgearbeiteten Theorien zum Erwachsenenlernen vorgestellt werden. Die hier vorliegenden Ausführungen müssen sich darauf beschränken, verschiedene Einzelaspekte des derzeitigen Diskussionsstandes halbwegs systematisch zusammenzufassen.

2.2.1 Grundprobleme einer psychologischen Betrachtung der Erwachsenenbildung

Die Grundprobleme einer lern- und verhaltenstheoretischen Betrachtung der Erwachsenenbildung sind in gewisser Hinsicht identisch mit *grundlegenden Fragestellungen,* die eine psychologische Sichtweise der Problematik des Erwachsenenlernens aufwirft. Dies sind u.E.:
1. Wie steht es mit der Lernfähigkeit des erwachsenen Menschen – ist der Erwachsene überhaupt noch „lernfähig“?
2. Welches sind die Bedingungsfaktoren der Lernfähigkeit im Erwachsenenalter?
3. Wie läßt sich das Erwachsenenlernen definitorisch fassen?
Die Ergebnisse der theoretischen Reflexionsbemühungen lern- und verhaltenspsychologischer Beiträge zur Erwachsenenbildungsdiskussion, die sich auf diese drei Fragestellungen beziehen, wollen wir in knapper Form zusammenfassen.

Die Frage nach der Lernfähigkeit von Erwachsenen galt zunächst als die zentrale Frage, deren Antwort Hinweise darauf geben sollte, inwieweit man überhaupt von einem „Sinn und Zweck" erwachsenen-pädagogischer Bemühungen sprechen konnte. Würde sich heraus-stellen, daß Erwachsene als „lernunfähig" anzusehen sind, so hätten auch sämtliche Anstrengungen der Erwachsenenbildung ins Leere laufen müssen, vergleichbar dem Versuch, ein Faß ohne Boden füllen zu wollen.

Zunächst schien es so zu sein, als wenn empirische Daten und theoretische Konstrukte der Entwicklungs- bzw. Alterspsychologie dafür sprechen würden, anzunehmen, daß Menschen im Erwachsenen-alter nur noch in eingeschränkter Form in der Lage seien, systematisch zu „lernen"; so herrschten in weiten Bereichen der lern-, verhaltens-und sozialpsychologischen Forschung zum Erwachsenenalter noch bis in die 60er Jahre hinein die verschiedensten Spielarten der „Adoles-zenz-Maximum-Hypothese" vor, derzufolge eine biologisch bedingte Abhängigkeit der intellektuellen Leistungs- und Lernfähigkeit des Menschen von seinem Lebensalter gegeben sei. Die „Adoleszenz-Maxi-mum-Hypothese" unterscheidet (und dies ist den verschiedenen Inter-pretationen dieser These gemeinsam) die biologische Altersentwick-lung des Menschen in aufeinanderfolgende Phasen, in denen die intellektuelle Leistungs- und Lernfähigkeit zunächst zunimmt, dann stagniert und schließlich wieder nachläßt.

Anfangs schien diese These auch durchaus belegbar zu sein; erste empirische Untersuchungen in Form von Querschnittanalysen (Unter-suchung verschiedener Altersgruppen zu einem Zeitpunkt und anschließender Vergleich der Testwerte) ergaben eine weitgehende Bestätigung der Annahme, die auch von Bühler (1959) vertreten wurde. In späteren Längsschnittuntersuchungen, die ein-und dieselbe Gruppe von Probanden über längere Zeit und mehrere Meßpunkte verfolgten, zeigte sich ein anderes Bild: Die Bedeutung der Altersvariable war hin-sichtlich ihrer Auswirkung auf die intellektuelle Leistungs- und Lern-fähigkeit von den Vertretern der „Adoleszenz-Maximum-Hypothese" offensichtlich überschätzt worden.

Die empirischen Forschungsergebnisse der Längsschnittstudien zeig-ten, daß ein Abfall der intellektuellen Leistungs- und Lernfähigkeit nicht vor dem Alter von 50 bis 60 Jahren und nur in bestimmten Funk-tionsbereichen beobachtbar ist. „Allgemeine Gesundheit vorausge-setzt, zeigen sprach- und symbolgebundene Leistungen Konstanz, wenn nicht sogar beständige Steigerungen bis ins hohe Lebensalter, während Leistungen, die Integration von Wahrnehmungen und Reak-tionstempo verlangen, vom genannten Alter an allmählich abfallen." (Skowronek 1979, S. 291)

Es konnte nachgewiesen werden, daß Erwachsene unter spezifischen Voraussetzungen durchaus in der Lage sind, ihre Kenntnisse und

Fähigkeiten durch organisiertes „Lernen" bis ins hohe Alter auzudeh-
nen, wenn

- das Tempo des Lernens den jeweiligen Lernmöglichkeiten Erwachsener angemessen ist (optimale Ergebnisse werden erzielt, wenn
  Erwachsene das Lerntempo selbst bestimmen können),
- der Lernstoff in sinnvoller und zusammenhängender Form dargebo-
  ten wird und ein individuelles logisches Nachvollziehen ermöglicht
  sowie eine geistige bzw. intellektuelle Auseinandersetzung erfordert
  (Erwachsene erzielten in Tests die höchsten Werte beim „sinnverstehenden" Lernen),
- der Lerninhalt auf konkrete Alltags- und Handlungsprobleme in
  Beruf wie Freizeit bezogen ist (je höher der individuelle Bedeutungsgehalt des Lernstoffes ist, desto bessere Lernergebnisse sind
  zu erwarten),
- ein positives Verhältnis zum Lernen selbst vorhanden ist (Personen,
  die im Erwachsenenalter regelmäßig an Veranstaltungen beruflicher
  Weiterbildung oder allgemeiner Erwachsenenbildung teilgenom-
  men hatten, erzielten in Tests bessere Ergebnisse als „lernunge-
  wohnte" Personen).

Sofern man die verfügbaren und in unterschiedlichen Zusammenhängen erarbeiteten Materialien und Daten zur Frage nach der Lernfähigkeit und kognitiven Entwicklung im Erwachsenenalter berücksichtigt
(vgl. Skowronek 1979; Heemskerk 1978), läßt sich eindeutig feststellen,
daß man kaum mehr von der Annahme eines naturhaft gegebenen Ab-
sinkens des intellektuellen Leistungsvermögens sowie der Lernfähigkeit erwachsener Personen ausgehen kann, da es zahlreiche empirische
Belege dafür gibt, daß sich unter günstigen sozio-ökonomischen und
kulturellen Anregungsbedingungen die intellektuelle und kognitive
Entwicklung bis ins hohe Alter fortsetzen kann. Diese von Skowronek
(vgl. Skowronek 1979) zusammengestellten Aussagen werden durch die
Arbeiten von Löwe (1974a, 1974b, 1980; sowie Schleicher 1973; Löwe/
Almeroth 1975 und Almeroth/Löwe 1978) bestätigt.

Es zeigte sich, daß das Lernfähigkeitspotential sowie das intellektuelle
Leistungsvermögen im Erwachsenenalter signifikant korreliert mit den
Größen der beruflichen Arbeitstätigkeit, der individuellen Schul-
bildung, der geistig-kulturellen Betätigung in der Freizeit sowie der
Teilnahme an Prozessen der persönlichen und beruflichen Fort- und
Weiterbildung (wobei innerhalb dieses Faktorbündels die berufliche
Arbeitstätigkeit allerdings die dominante Stellung einnimmt).

So konnte beispielsweise gezeigt werden, daß eine hohe physische
Arbeitsbelastung, repetitiv-monotone Arbeitstätigkeiten (etwa Fließ-
bandarbeit) sowie ein geringer Grad an Selbstbestimmung in der beruflichen Tätigkeit einen negativen, hemmenden Einfluß auf die Entwicklung der Lernfähigkeit ausüben, während andererseits Arbeitstätigkeiten mit hohen qualifikatorischen Anforderungen, guten Koopera-

tionsmöglichkeiten und einem großen Maß an Selbstbestimmung („Dispositionschancen") einen positiven, fördernden Einfluß auf die intellektuelle Entwicklung inklusive der Lernfähigkeit haben.

Die bisherigen Ausführungen beantworten in kurzen Zügen die ersten beiden eingangs formulierten „Grundfragestellungen" einer lern- und verhaltenspsychologischen Betrachtung von Erwachsenenlernen. Damit bleibt die dritte Frage, die nach einer definitorischen Erfassung des Erwachsenenlernens, noch offen. Dazu abschließend einige Hinweise. Lern- und verhaltenspsychologische Ansätze begreifen „Lernen" ganz allgemein als eine erfahrungsbedingte Verhaltensmodifikation; stellvertretend für lern- bzw. verhaltenstheoretische Ansätze definiert Skowronek im Anschluß an die amerikanischen Psychologen Hilgard/ Bower „Lernen" als den „Prozeß, durch den das Verhalten aufgrund von Interaktionen mit der Umwelt oder Reaktionen auf eine Situation relativ dauerhaft entsteht oder verändert wird, wobei auszuschließen ist, daß diese Änderungen durch angeborene Reaktionsweisen, Reifungsvorgänge oder vorübergehende Zustände des Organismus (Ermüdung, Rausch oder ähnliches) bedingt sind" (Skowronek 1972, S. 11).

Diese allgemeine lern- bzw. verhaltenstheoretische Definition von „Lernen" wird bei Löwe auf ihre Bedeutung für die Problemwelt des Erwachsenenalters und der Erwachsenenbildung näher spezifiziert, wenn er in seiner „Einführung in die Lernpsychologie des Erwachsenenalters" formuliert: „Lernen ist die Verbesserung oder der Neuerwerb von formalen und inhaltlichen Verhaltens- und Leistungsformen. Dieses Lernen erfolgt durch aktive Auseinandersetzung des Individuums mit seiner Umwelt ..." (Löwe 1974a, S. 33/34)

So läßt sich das *Lernen Erwachsener* als erfahrungsbedingter Erwerb von Kenntnissen, Qualifikationen, Verhaltensdispositionen, normativen Orientierungen etc. fassen. Damit entspricht der Begriff des Erwachsenenlernens, wenn er so allgemein definiert wird, dem der *Erwachsenensozialisation.* Grenzt man diese Situation des Lernens Erwachsener auf die aktive Auseinandersetzung einer Person mit einem bestimmten Lernstoff in einem speziell dafür hergestellten Handlungszusammenhang ein, kann man vom *organisierten Lernen Erwachsener* oder auch von *Erwachsenenbildung* sprechen, während Erwachsenensozialisation dieses Kriterium des „Organisierten" nicht zu erfüllen braucht und sich auch zufällig im Zusammenhang alltäglicher und beruflicher Erfahrungen ergeben kann.

Die für die bisherige Diskussion im Bereich der Erwachsenenbildung relevanten Lern- und Verhaltenstheorien lassen sich im wesentlichen in zwei globalen Erklärungsmustern zusammenfassen:

a) dem der behavioristischen Lern- und Verhaltenstheorie
b) dem der gestalt- und feldtheoretischen Lerntheorie.

Im folgenden sollen nun zunächst beide lerntheoretischen Erklärungsmuster vorgestellt und in kurzen Zügen skizziert werden, um im

Anschluß an diese Ansätze deren Bedeutung für die Theorie und Praxis der Erwachsenenbildung zu beschreiben.

2.2.2 Behavioristische Lern- und Verhaltenstheorien der Erwachsenenbildung

Unter dem Erklärungsmuster behavioristischer Lern- und Verhaltenstheorien lassen sich solche Konzeptionen und Modelle subsumieren, die darum bemüht sind, Lernen als die Herstellung einer innerpsychischen Verbindung zwischen beobachtbaren äußeren Reizen (S) und individuellen Reaktionen (R) zu beschreiben. Derartige theoretische Modelle und Konzeptionen liegen in den Ansätzen der Assoziationstheorie sowie in denen der Konditionierungstheorien (klassisches, instrumentelles und operatives Konditionieren) vor (vgl. Correll 1971; Skowronek 1972).

Sieht man einmal von der Unterschiedlichkeit der einzelnen behavioristischen Modelle ab und extrapoliert deren theoretisch-begriffliche Gemeinsamkeit, so lassen sich unter behavioristisch argumentierenden lern- und verhaltenstheoretischen Konzeptionen solche Ansätze zusammenfassen, die eine strikte Beziehung zwischen Lerneingabe (Lernangebot) und Lerneffekt (beobachtbares Lernresultat) aufstellen. Lernangebot und Lerneffekt lassen sich innerhalb einer solchen Konzeption als Variablen einer funktionalen Beziehung verstehen.

Um nun die Bezugsmomente zwischen diesen beiden Variablen mit der gewünschten Exaktheit beobachtbar zu machen, verzichtet der Behaviorist in der Regel auf eine globale Berücksichtigung der „Lernwelten", d.h. der sozio-kulturellen und situativen Einflüsse auf das Lerngeschehen und reduziert die Lernvorgänge damit auf einfache, empirisch beobachtbare und faßbare Zusammenhänge zwischen „Reiz" (S = Lernangebot) und „Reaktion" (R = Lerneffekt). Aus diesen Beobachtungen heraus versuchen behavioristische Ansätze allgemeine Gesetzmäßigkeiten des „Lernens" zu erschließen. Die zentrale Ausgangsüberlegung des Behaviorismus besteht dabei in der Annahme, daß die Effektivität des Lernens und damit der Lernerfolg verbessert werden kann, wenn man die Regeln für die Ökonomie des Lernens kennt und diese innerhalb des Lehr- und Lerngeschehens zur Anwendung bringt, wobei die Überlegungen dem behavioristischen Grundgedanken folgen, daß Lernen inhaltlich im Aufbau einzelner Reiz-Reaktions-Muster (S-R-Verbindungen) besteht, die sich im beobachtbaren Verhalten niederschlagen.

Dieser Grundgedanke behavioristischer Lern- und Verhaltenstheorien läßt sich im Theorem des sogenannten „Black-Box-Modells" darstellen (vgl. dazu die Abbildung auf S. 102):

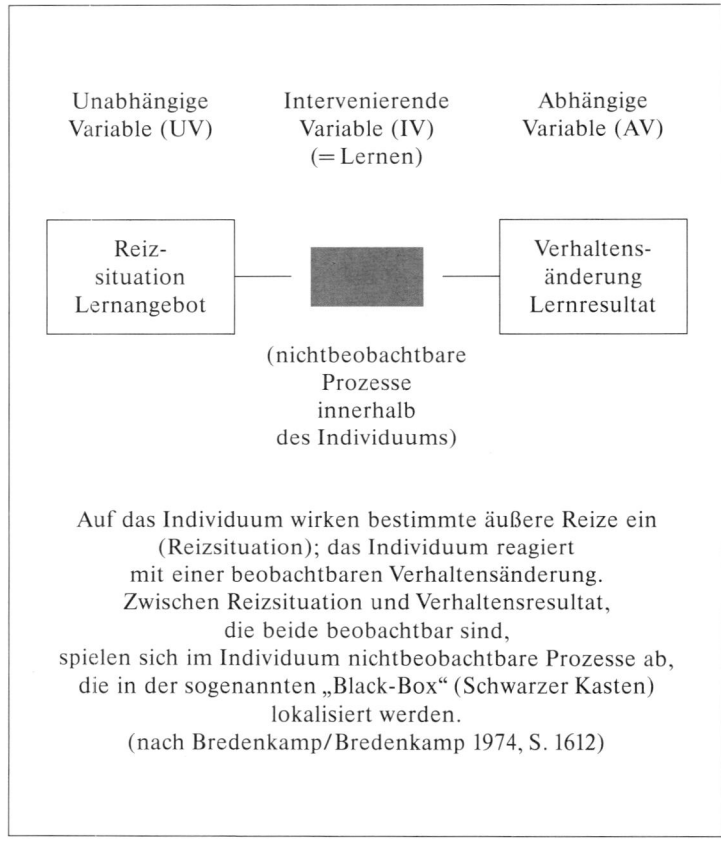

| Unabhängige
Variable (UV) | Intervenierende
Variable (IV)
(= Lernen) | Abhängige
Variable (AV) |

Reiz-
situation
Lernangebot

Verhaltens-
änderung
Lernresultat

(nichtbeobachtbare
Prozesse
innerhalb
des Individuums)

Auf das Individuum wirken bestimmte äußere Reize ein
(Reizsituation); das Individuum reagiert
mit einer beobachtbaren Verhaltensänderung.
Zwischen Reizsituation und Verhaltensresultat,
die beide beobachtbar sind,
spielen sich im Individuum nichtbeobachtbare Prozesse ab,
die in der sogenannten „Black-Box" (Schwarzer Kasten)
lokalisiert werden.
(nach Bredenkamp/Bredenkamp 1974, S. 1612)

Auf der Basis von experimenteller Beobachtung (nach dem oben vorgestellten Modell) versuchen behavioristische Autoren, die Gesetzmäßigkeiten des Lernens in Form von regelhaften Beziehungen zwischen Reiz- und Reaktionskategorien darzustellen.
Ohne auf die Gesamtheit der Ergebnisse behavioristischer Lernforschung sowie auf die dagegen vorgebrachte Kritik näher eingehen zu können, seien hier doch die zentralen Aussagen und Hypothesen der behavioristischen Lern- und Verhaltenstheorie kurz angedeutet, sofern sich diese auf die Gesetzmäßigkeiten bzw. Grundprinzipien des Lernens beziehen.
Ausgehend von den verschiedenen experimentellen Untersuchungen behavioristischer Lern- und Verhaltensforschung lassen sich die zentralen Grundprinzipien des Lernens in den folgenden Aussagen zusammenfassen:

1. Lernakte vollziehen sich nach dem „Berührungsprinzip". Damit wird der Tatbestand zum Ausdruck gebracht, daß Lernen als Resultat einer zeitlichen Berührung von situativen Stimuli (S) und den daraufhin erfolgenden Verhaltensreaktionen (R) aufgefaßt werden kann, oder anders ausgedrückt: Lernen läßt sich allgemein als das Ergebnis einer zeitlich(-kontinuierlichen) Assoziation bzw. Verbindung von spezifischen Reizen und Reaktionen verstehen.

2. Das Lernen unterliegt dabei dem sogenannten „Erfolgsgesetz". Ausgehend von der Feststellung, daß das Verhalten als Reaktion auf einen spezifischen Stimulus durchaus verschiedene Varianten annehmen kann, besagt dieses Gesetz, daß eine feste Verbindung zwischen S und R erst nach mehreren Versuchen und Irrtümern („trial and error") als Folge erfolgreicher Versuche zustandekommt. Das Entstehen solcher festen Verbindungen wird von behavioristischen Lern- und Verhaltenstheoretikern als „Lernen" verstanden.

3. Das Entstehen solcher festen Beziehungen zwischen S und R kann durch unterschiedliche Strategien der Bekräftigung („schedules of reinforcement") positiv wie auch negativ verstärkt werden. Mit diesem „Prinzip der Verstärkung" sprechen behavioristische Autoren die Bedeutung der Konsequenzen des Verhaltens an: Belohnung und Bestätigung für eine spezifische S-R-Verbindung erhöhen die Wahrscheinlichkeit des Wiederauftretens dieser Verbindung und wirken als positive Verstärker; Bestrafung, Tadel oder andere unangenehme Sanktionen vermindern eine solche Wahrscheinlichkeit und wirken als negative Verstärker.

4. Die Intensität des Lernens ist dabei abhängig vom „Gesetz des Effektes" („law of effect"). Je befriedigender das Ergebnis einer bestimmten Reiz-Reaktions-Verknüpfung ist, um so höher ist deren Wiederauftretenswahrscheinlichkeit. Dieses Gesetz bezieht sich vor allem auf den motivationalen Aspekt des Verhaltens bzw. des Lernens: die Stärke der Verbindung von S und R wird erhöht, wenn diese von einem befriedigenden Gesamtzustand begleitet ist und umgekehrt.

Innerhalb der Diskussionen um Theorie und Praxis der Erwachsenenbildung fanden die Grundüberlegungen, Erklärungsansätze und Ergebnisse behavioristischer Lern- und Verhaltensforschung ihren Niederschlag in der Erstellung von Lehrbüchern, Lernmaterialien und Baukastensystemen, d.h. systematisch aufgebauten Lehreinheiten, die zu größeren Lehrprogrammen zusammengeschlossen sind, sowie in der Praxis des programmierten Unterrichts, des computergesteuerten Lernens sowie des Lernens in Sprachlaboren.

Dies mag die nicht zu unterschätzende Bedeutung der behavioristischen Lerntheorie und Lernforschung für die Praxis in den verschiedensten Feldern der Erwachsenenbildung wie z.B. der Volkshochschularbeit und dem Fernunterricht aufzeigen.

Dabei steht die Absicht im Vordergrund, eine Qualitätsverbesserung des Erwachsenenbildungsunterrichts mittels lern- und verhaltenstheoretischen bzw. behavioristisch begründeter Lehr-/Lern-Strategien zu erzielen; Qualitätsverbesserung wird dabei weitgehend mit einer erhöhten Effektivität des Lernens identifiziert.

Den behavioristischen Reiz-Reaktions-Theorien entspricht dabei ein Verständnis von Subjekt-Objekt-Beziehungen innerhalb der Erwachsenenbildung, bei dem der Lehrende steuert und der Lernende lediglich reagiert. „Der Lernende antwortet auf eine Frage oder einen Impuls; die gewünschte Antwort wird vom Lehrenden bestätigt, die unerwünschte ignoriert oder ‚bestraft‘, so daß der Lernende allmählich im Sinne des Lehrenden konditioniert wird." (Siebert 1975, S. 24) Beispielhaft für eine derartig unmittelbare Umsetzung behavioristischer Gedanken in die Praxis der Erwachsenenbildung sind der programmierte Unterricht, das computergesteuerte Lernen sowie das Lernen im Sprachlabor (vgl. Jüchter 1970).

Weniger unmittelbar geht das behavioristische Gedankengut in die inhaltliche Planung einzelner Bereiche der Erwachsenenbildung ein, wo auf der Basis lern- und verhaltenstheoretischer Erkenntnisse Stoffgliederungen mit Lernstrategien verbunden werden, wie etwa beim Lernen nach dem sogenannten „Baukastensystem" oder im systematisch betriebenen Fernunterricht, wo jedoch auch das oben skizzierte Verständnis von Subjekt und Objekt der Lernbeziehung erhalten bleibt (vgl. Tietgens/Hirschmann/Bianchi 1974).

Charakteristisch für sämtliche Anwendungsformen der behavioristischen Lerntheorie in der Erwachsenenbildung ist der Versuch einer theoretischen, wenn möglich auch praktischen, Isolierung der Lernsituation auf die Größen des Lehrers (Reizgeber) und des Lernenden (Reaktionsträger). Dies ist jedoch gemessen an der großen Palette verschiedenster Formen von Erwachsenenbildung nicht überall gleichermaßen möglich, so daß einige Bereiche wie z.B. die allgemein-kulturelle Volkshochschularbeit und die konfessionelle Erwachsenenbildung von derartigen behavioristischen „Rationalisierungsstrategien des Lernens" weitgehend unerfaßt blieben.

Der positive Beitrag der behavioristischen Verhaltens- und Lernforschung zur Theorie und Praxis der Erwachsenenbildung wurde von den Vertretern dieses Ansatzes in der Erschließung rationaler und systematischer Methoden der Wissensvermittlung für Erwachsene gesehen, wobei Lerntheoretiker wie Correll nicht müde wurden, auf die Bedeutung des Erwachsenenlernens für den Menschen in der modernen Industriegesellschaft hinzuweisen (vgl. dazu den folgenden Textauszug).

„Lernen, Weiterbildung, Schulung des Verhaltens sind heute zu einer wichtigen Existenzbedingung für den einzelnen und für die Gemeinschaft und damit auch zu einem Politikum ersten Ranges geworden. Wir wissen, daß sich nicht nur das berufsbezogene Spezialwissen, sondern auch das Allgemeinwissen der Menschheit in immer kürzeren Abständen verdoppelt, so daß der erwachsene berufstätige Mensch nach jeweils ca. 4 Jahren wesentliche Teile seines Wissensfundus ergänzt haben muß, wenn er nicht obsolet und damit fast unbrauchbar erscheinen will.

Dies gilt jedoch auch für das Schulkind, den Studierenden und den Lehrenden überhaupt; auch hier steigen die Anforderungen an die Kapazität der Wissenserweiterung und -umsetzung so sehr an, daß man mit den Lernverfahren von früher nicht mehr auszukommen scheint.

Indessen geht es nicht allein um eine Vermehrung und ständige Ergänzung des Wissens, sondern vielmehr um die Schulung der Fähigkeit, erworbenes Wissen in neuen Situationen, auf die man sich jeweils noch gar nicht vorbereiten und einstellen kann, sinnvoll und schöpferisch anzuwenden. Der Rekurs auf die Elemente des Wissens und der Aufbau einer hohen Fähigkeit des Transferierens, also des Übertragens und Mitübens, sind daher zentrale Probleme der modernen Lernforschung geworden; sie ermöglichen die Sicht auf einen sinnvollen Ausweg aus einer sonst hoffnungslosen Situation der Überforderung. Selbst bei globaler Verwendung der wohl bis heute besten und rationellsten Wissensvermittlungsmethode, des Programmierten Lernens, könnte der Mensch den Anforderungen des ständig steigenden Wissensvolumens nicht gerecht werden – was er zudem benötigt, ist eine Fähigkeit zur schöpferischen Anwendung und Übertragung dessen, was er gelernt hat, und auch eine hohe Fähigkeit zur Motivation und zum persönlichen Engagement in Richtung auf weiteres Lernen, das dann nicht mehr als Belastung, sondern als Mittel zur Befreiung und Befriedigung erfahren wird. Auf diese Weise entsteht neben einsatzbereitem Wissen auch eine formale Schulung des Wissenserwerbs, d.h. man lernt nicht nur, sondern man lernt wie man lernt."

Correll 1971, S. 7

Reflexionen über Fragen wie etwa der nach der Legitimität von Erwachsenenbildungsinhalten und Erwachsenenbildungszielen sowie der nach der Bedeutung von Bildungsprozessen für die Konstitution der subjektiven Persönlichkeit blieben aus behavioristisch angeleiteten Konzeptionen einer Gestaltung von Erwachsenenbildung ausgespart. Unausgesprochen wurde in diesen Konzeptionen das anthropologische Modell des „homo oeconomicus" übernommen, d.h. das Modell des marktrational handelnden Menschen. Als Exponent eines solchen (auch in der Auseinandersetzung der bundesrepublikanischen Erwachsenentheoriebildung der späten 60er und frühen 70er Jahre durchaus nicht unüblichen) Verständnisses kann hier der amerikanische behavioristisch inspirierte Verhaltenswissenschaftler Homans angeführt werden, der im Anschluß an den überragenden Behavioristen B.F. Skinner darum bemüht war, das soziale Handeln des Menschen auf der Basis verhaltensökonomischer Überlegungen abzuleiten (vgl. Correll 1971, S. 161).

Nach Homans läßt sich menschliches (Lern-)Handeln als utilitaristisches bzw. nützliches Verhalten verstehen, welches darauf abzielt, dem Handelnden (Lernenden) einen größtmöglichen Nutzen bzw. ein Optimum an Befriedigung zu erbringen. Der Nutzen, d.h. die verhaltens-ökonomische Effektivität von (Lern-)Handeln wird dabei als der zentrale Rationalitätsmaßstab („Verstärker") des Handelns aufgefaßt, aus dem sich die Motivation des Menschen zu einem spezifischen (Lern-) Verhalten speist. Umformuliert auf die Problematik der Erwachsenenbildung bedeutet diese Annahme, daß Bildungsprozesse um so eher den individuellen Interessen der Teilnehmer entsprechen, je effektiver sie gestaltet und je mehr sie utilitaristisch verwendbar sind.

In dieser unausgesprochenen Grundannahme verschiedenster Bemühungen um eine „Rationalisierung" von Erwachsenenbildungsprozessen auf der Basis behavioristischer Lerntheorie und Lernforschung spiegelt sich der Zeitgeist der Erwachsenenbildungstheorie der späten 60er und frühen 70er Jahre wider, um die Erwachsenenbildung als „Weiterbildung" zu einem fest institutionalisierten Teilbereich innerhalb des Bildungswesens der BRD auszubauen, der vornehmlich Aufgaben im Zusammenhang der Qualifikation der Arbeitskraft übernehmen sollte.

2.2.3 Feldtheoretische Ansätze

In Absetzung von behavioristischen Konzeptionen begreifen gestalt- und feldtheoretische Ansätze „Lernen" nicht als Resultat einer bloßen Verbindung von Reizen und Reaktionsformen im Sinne einer Herstellung von erfolgreichen Problemlösungen, sondern als Resultat „einsichtigen" Handelns, welches der Gestalt- und Feldtheorie vor allem für höhere menschliche Lernvorgänge charakteristisch ist.

„Einsichtiges Lernen" kann dabei nicht auf der Grundlage eines probierenden Verhaltens in Verbindung mit der allmählichen Verstärkung geeigneter und richtiger sowie der allmählichen Eliminierung ungeeigneter und falscher Reaktionen verstanden werden. Die Form des „einsichtigen Lernens" resultiert der Gestalt- und Feldtheorie zufolge aus dem Erfassen eines Sinn- und Beziehungszusammenhanges zwischen situativen Anforderungen und den möglichen situationsadäquaten Verhaltensreaktionen. Einsichtige Verhaltensweisen und Reaktionsformen lassen Ziel und Richtung erkennen, während beim sogenannten „Trial and Error-Lernen" (Versuch und Irrtum - Lernen), das vor allem für tierisches Verhalten charakteristisch ist und den Gegenstand eines Großteils behavioristischer Experimentalforschung darstellt, alle möglichen Reaktionen des Verhaltensrepertoires ausprobiert werden und damit dem blinden Zufall überlassen bleiben. Die Einsichtgewinnung kann daher als Ergebnis einer aktiven und selbsttätigen Orientierung im Wahrnehmungsfeld beschrieben werden. Das entscheidende Kennzeichen des einsichtigen Verhaltens bzw. Lernens ist das Verstehen der Lösung, wobei das Lösungsverständnis dem Verhalten bzw. dem Handeln vorausgeht, während Lösungen nach dem Prinzip von Versuch und Irrtum stets zufällig zustande kommen. „Einsichtiges Lernen" findet darüber hinaus nicht statt in einer laborähnlichen, kontrollierten und reizarmen Situation, sondern innerhalb eines psychischen „Lebensraumes" bzw. „Feldes", den/das Lewin folgendermaßen skizziert: „Der ‚Lebensraum', d.h. die Person und die psychologische Umwelt, wie diese für jene existiert. Gewöhnlich beziehen wir uns auf dieses Feld, wenn wir von Bedürfnissen, Motivation, Stimmung, Zielen, Angst oder Idealen sprechen." (Lewin 1963, S. 99)

Die Begriffe des „einsichtigen Lernens", des psychischen „Lebensraumes" sowie des „Lernfeldes" sind konstitutiv für die gestalt- bzw. feldtheoretische Lerntheorie; dies erklärt sich daraus, daß die Vertreter dieses Ansatzes vornehmlich an den nicht unmittelbar beobachtbaren kognitiven Umstrukturierungen und Entwicklungsprozessen interessiert sind, die dem Problem des Lernens durch Einsicht in größere Zusammenhänge eher entsprechen als dem der Herstellung einfacher Reiz-Reaktions-Muster.

Damit verliert der gestalt- bzw. feldtheoretische Ansatz zwar die klare empirisch-analytische Stringenz der behavioristischen Lerntheorien, kann aber die Fragestellung nach dem Lernen des Menschen wesentlich weiter fassen.

Die gestalt- und feldtheoretisch ausgerichtete Lerntheorie bezieht die situativen Kontexte, in denen „Lernen" stattfindet, konzeptionell in ihre Überlegungen mit ein, und zwar insofern, als die situativen bzw. interaktionsgebundenen Verhaltensdeterminanten als Rahmenbedingungen angesehen werden, die eine „psychologische Umwelt" des Lernens schaffen, welche für den realen Lernprozeß (vor allem bei den höheren menschlichen Lernvorgängen) von fundamentaler Bedeutung ist. Diese zentrale Annahme sei kurz erläutert.

Gestalt- und feldtheoretische Ansätze begreifen das Verhalten wie auch das Lernen des Menschen als das Produkt einer Konstellation von einzelnen Kräften („Vektoren"), wobei innerhalb dieser Konstellation innerpsychische und soziale bzw. gesellschaftliche Faktoren vermittelt über den situativ-interaktiven Zusammenhang ineinandergreifen. Dieser im konkreten Vollzug eines Interaktions- oder Gruppenprozesses vermittelte Zusammenhang von innerpsychischen und sozialen Faktoren kann als die „psychologische Umwelt" des Lernens oder das „Lernfeld" definiert werden; daher dürfen im Rahmen der gestalt- bzw. feldtheoretischen Konzeptionen die Begriffe „Gesellschaft" und „Feld" nicht gleichgesetzt werden – „Felder" sind als Interaktionswelten nicht mit Miniaturen von „Gesellschaft" zu verwechseln. „Das Feld umfaßt also das situative und zwischenmenschliche Gesamtgeschehen. Es umfaßt die Haupt- wie Nebenumstände der Situation zuzüglich dessen, aus dem heraus unser Bewußtsein ansetzt und feststellt. Das Feld ist die Koinzidenzstätte menschlicher Befindlichkeiten, Regungen und Gegenregungen, Verhaltensweisen, Ausdrucksweisen und Handlungen, ob sie nun gewollt gerufen oder ungerufen aus sich vorkommen.

Vordergrund, Umrahmung, Füllung und Hintergrund des Geschehens ergeben das Feld. Anthropologisch ist es ein Zueinander zweier oder mehrerer Potentiale, jeweils mit Bewußtseins- und unbewußten Anteilen. Es ist der gesamte Aktivitäts- und Reaktivitätsbereich mit allen Faktoren und Vektoren der Situation in mehrdimensionaler Geschichtetheit inklusive vor- und rückläufiger Gerichtetheiten. (Hochheimer, W., zitiert nach Tietgens/Weinberg 1971, S. 18)

Den so verstandenen und im Zitat von Hochheimer emphatisch beschriebenen Einfluß situativer und interaktionsspezifischer Faktoren in bezug auf das individuelle Lernen zu erforschen und darzustellen, kann als das Programm gestalt- wie feldtheoretischer Lernforschung und Lerntheorie angesehen werden.

Innerhalb des gestalt- und feldtheoretischen Ansatzes spielt auch der Begriff der „Gruppe" eine grundlegende Rolle; dieser Ansatz bemüht sich nicht wie der Behaviorismus um das Problem des Lernens schlechthin im Sinne einer Erforschung der Gesetze und Prinzipien der Verknüpfung von Reiz-Reaktions-Mustern, sondern vor allem um eine Erhellung der Bedeutung situativer Einflüsse auf das Lernen einzelner Individuen im Verbund mit anderen Personen (Lehrer und Dozenten einerseits, Schüler und Teilnehmer andererseits), d.h. im Verbund einer „Lerngruppe".

Vor allem folgende Faktoren, die auch für Lernprozesse in der Erwachsenenbildung von Bedeutung sind, werden dabei als gruppenabhängige, das Lernen des einzelnen fördernde wie u.U. auch hemmende Bedingungsfaktoren betrachtet: Bestärkung und Ablehnung der Lernperson innerhalb der Lerngruppe; Stellung des einzelnen im gesamten Gruppenkontext; Spannungsverhältnisse zwischen den individuellen Erwartungen, Maßstäben und Verhaltensorientierungen und denen der Lerngruppe; Stil der Gruppenführung auf seiten des Lehrers.

Ebenso wie die behavioristische Lern- und Verhaltenstheorie bildete der gestalt- bzw. feldtheoretische Ansatz der Lerntheorie einen zentralen Anknüpfpunkt der theoretischen Auseinandersetzungen zur Psychologie der Erwachsenenbildung in der BRD (vgl. dazu stellvertretend Brocher 1967; Tietgens/Weinberg 1971; Siebert/Gerl 1975; Gerl 1979; Siebert/Dahms/Karl 1982).

Wie auch die behavioristisch inspirierten Arbeiten zum Erwachsenenlernen begreifen sich die gestalt- und feldtheoretisch orientierten Studien als ein Beitrag zur effektiveren Gestaltung von Erwachsenenbildung, wenn auch mit einer qualitativ unterschiedlichen Zielrichtung, wie aus dem folgenden Zitat von Brocher entnommen werden kann:

„In vielen Berufen hat sich bei der Fortbildung Erwachsener erwiesen, daß irrationale und emotional begründete Faktoren wesentliche Lernhindernisse darstellen können. Auch der Lernvorgang des Erwachsenen findet gleichsam auf zwei verschiedenen Ebenen statt. Einerseits besteht eine vollentwickelte, erwachsene Persönlichkeit, die in gewisser Weise frei über ihre Verstandesfähigkeiten, Wahrnehmungsmöglichkeiten und Gedächtnisleistungen verfügt. Es wäre jedoch irrig, anzunehmen, daß mit dieser Leistung alle begleitenden Gefühlsvorgänge ausgeschaltet wären. Vielmehr kommt es zu intensiven Gefühlserlebnissen, die sich dann auf bestimmte Weise verstärken, wenn die Aneignung des jeweiligen Lernstoffes oder einer bestimmten Fertigkeit größere Schwierigkeiten bereitet, als erwartet worden ist. Mit diesem Vorgang sehr eng verbunden ist die Tatsache, daß es durchaus möglich ist, formal sich bestimmende Wissensinhalte anzueignen, die jedoch mit der übrigen Persönlichkeit und den tatsächlichen Lebenszusammenhängen ohne jede Verbindung bleiben. Auf diesen hier nur angedeuteten Beobachtungen gründet ein wesentlicher Teil der Forschung, die zu neuen Arbeitsmethoden geführt hat."

Brocher 1967, S. 13/14

Die Fragestellungen nach Lernmotiven, Lernmotivationen und „Lernbarrieren", gruppendynamischen Prozessen, Lernklima, Lehrstilen und Lehrverhalten sowie ähnliche Problemgegenstände gingen unter gestalt- und feldtheoretischer Perspektive als inhaltliche Bestandteile in die Auseinandersetzung um das Lernen Erwachsener mit ein und sollten Aufschluß darüber geben, unter welchen gruppenspezifischen situativen und kommunikativen Voraussetzungen ein möglichst effektives und „erwachsenengerechtes" Lernen stattfinden kann.
Die gestalt- und feldtheoretischen Überlegungen beziehen sich demzufolge also weniger auf die unmittelbar kognitive Verarbeitung von Lernstoff, sondern vor allem auf die emotional-affektiven Anteile des Erwachsenenlernens, wie sie sich aus dem „Lernen" innerhalb einer spezifischen Lerngruppe bzw. Lernsituation ergeben. Dabei gehen u.a. auch psychoanalytische Erkenntnisse (etwa bei Brocher 1967) sowie kommunikationstheoretisches Gedankengut (so bei Siebert/Gerl 1975; Gerl 1979) in die Diskussion mit ein. Das Bemühen gestalt- wie feldtheoretisch ausgerichteter Beiträge zur Theorie des Erwachsenenlernen bzw. der Erwachsenenbildung ist allgemein dadurch gekennzeichnet, den Einfluß der verschiedenen situativ wirkenden Faktoren auf den Lernprozeß Erwachsener zu erfassen, darzustellen und zu systematisieren, um daraus Rückschlüsse für eine erwachsenengemäße Bildungspraxis zu gewinnen (vgl. Siebert 1975, S. 32).
Von daher ist auch das Bestreben derartig orientierter Arbeiten zu verstehen, das komplexe Unterrichtsgeschehen in einen abstrakten schematischen Zusammenhang zu bringen, wie dies etwa bei Tietgens/Weinberg geschieht, um im Anschluß daran die Interdependenzen der einzelnen Größen, die in solchen Schemata zusammengefaßt sind, bezüglich ihrer Bedeutung für das konkrete pädagogische Interaktionsgeschehen zu beschreiben und u.U. auch empirisch zu untersuchen (wie z.B. Siebert/Gerl 1975).
In dieser Weise angelegte Beiträge zur Theorie bzw. zur Psychologie der Erwachsenenbildung bemühen sich um die Sensibilisierung der

Erwachsenenpädagogen für die verschiedenen Dimensionen ihres „Lehr- und Lernfeldes" sowie um die Entwicklung von Arbeitsmethoden, die auf wissenschaftlich gesicherten Erkenntnissen über eben dieses gesellschaftliche Handlungsfeld basieren. Derartige Arbeitsmethoden und Lehrverfahren, die unter Bezug auf gestalt- und feldtheoretische Überlegungen entwickelt worden sind, bestehen vornehmlich in gruppendynamischen Strategien, die auf einen Abbau von Unsicherheiten und Hemmungen auf seiten der Teilnehmer ausgerichtet sind und auf eine Verringerung von solchen Ängsten abzielen, die sich innerhalb des Lehr-/Lern-Geschehens herstellen und eine negative Auswirkung auf das individuelle Lernresultat haben.

Als Beispiele für dementsprechende pädagogische Strategien können hier solche Verfahren aufgeführt werden, die vor allem zu Beginn von Erwachsenenbildungsveranstaltungen verwandt werden:

– gegenseitiges Vorstellen im Plenum, eventuell wechselseitige Interviews zweier Teilnehmer mit anschließender Plenumsdiskussion
– themenbezogenes Brainstorming bei Einbezug aller Teilnehmer
– Einbezug der Erwartungen, Vorstellungen und Erfahrungen der Teilnehmer in die inhaltliche Gestaltung der Lehreinheiten
– Arbeit in Kleingruppen.

Darüber hinaus wurden auf der Basis gestalt- und feldtheoretischer Erkenntnisse zum „Lernen" einige allgemein-didaktische Prinzipien von Erwachsenenbildung entwickelt, die dem theoretischen Erklärungsmuster des „einsichtigen Lernens" entspringen und sich nicht auf eine Effektivierung der reinen Wissens- bzw. Informationsvermittlung beziehen, sondern auf ein „soziales" Lernen, d.h. die Vermittlung kommunikativer Fähigkeiten sowie auf den Erwerb von komplexem Regelwissen, d.h. Einsicht in größere Zusammenhänge ausgerichtet sind.

Dabei sind diese Arbeitsmethoden und allgemein-didaktischen Prinzipien in allen Bereichen der Erwachsenenbildung von Bedeutung, wo sich das Lernen im Zusammenhang einer Lerngruppe vollzieht, insbesondere im Bereich der allgemeinen und sozio-kulturellen Erwachsenenbildung (Volkshochschule, Bildungsurlaub, konfessionelle Erwachsenenbildung etc.), aber auch innerhalb der betrieblichen Weiterbildung (Fortbildung betrieblicher Führungskräfte, Managerschulung, Verkäufertraining etc.).

In ähnlicher Weise wie auch behavioristische Beiträge zur Theorie bzw. Praxis der Erwachsenenbildung orientieren sich gestalt- und feldtheoretisch ausgerichtete Arbeiten an einem nicht weiter hinterfragten Lernbegriff, der das Individuum als bloßen Träger gesellschaftlicher Funktionen begreift und in der Erwachsenenbildung ein Vermittlungsmedium sieht, um die Grundlagen seiner Funktionserfüllung zu optimieren. Auch wenn ein solches Verständnis in den verschiedenen Studien und Arbeiten nicht gleichermaßen explizit ausgesprochen wird, ist jedoch anzumerken, daß eine derartige Sichtweise im Großteil gestalt- und feldtheoretisch inspirierter Beiträge zum Problem des Erwachsenenlernens zumindest latent enthalten ist.

Damit stehen gestalt- und feldtheoretische Beiträge zur Theorie und Praxis der Erwachsenenbildung ebenso wie die behavioristischer Provenienz in einer konzeptionellen Nähe zu bildungsökonomischen und systemtheoretischen Begründungsversuchen von Erwachsenenbildung, die das Bildungswesen ganz allgemein als Instanz gesellschaftlicher Reproduktion auffassen. So werden Lerngruppen Erwachsener konsequent als Einrichtungen verstanden, „die in einem bestimmten Stadium gesellschaftlicher Differenzierung notwendig werden und als solche spezialisierte Einrichtungen für ihre Umwelt wie für ihre Mitglieder bestimmte Aufgaben, Funktionen übernehmen" (Gerl 1975, S. 125), Funktionen bzw. Aufgaben, die inhaltlich als Qualifikation der Arbeitskraft, gesellschaftliche Orientierung des Individuums, d. h. Anpassung individueller Werte und Normen an einen veränderten sozio-kulturellen Anforderungshorizont sowie Legitimation der politischen und gesellschaftlichen Ordnung näher beschrieben werden können.

Damit laufen gestalt- und feldtheoretische ebenso wie behavioristische Beiträge zum Problem des Erwachsenenlernens letztlich (ob bewußt oder unbewußt, kann und soll hier nicht entschieden werden) auf den Versuch hinaus, die Erwachsenenbildung als gesellschaftliche Funktionsinstanz unter lernökonomischen Gesichtspunkten zu „rationalisieren" und nehmen so den allgemeinen Zeitgeist der Erwachsenenbildungstheorie der späten 60er und frühen 70er Jahre relativ ungebrochen in sich auf.

2.2.4 Zusammenfassung

Zweifelsohne haben die lern- und verhaltenstheoretischen Beiträge zur Diskussion um die Erwachsenenbildung geholfen, ein abgeklärtes Bild über die konkreten Abläufe erwachsenenpädagogischer Arbeit auf der Ebene des unmittelbaren Lehr-/Lern-Geschehens zu entwickeln, wenn man auch einschränken muß, daß sich diese Klärungen vornehmlich auf den Aspekt der Leistungsbezogenheit von Erwachsenenbildung beziehen.

Schon aus der gegenstandsbezogenen Fragestellung psychologischer Ansätze wie denen der Lern- und Verhaltenstheorie nach den Möglichkeiten einer unter Effektivitätsgesichtspunkten optimalen Gestaltung von Lernprozessen ergibt sich quasi zwangsläufig, daß die Bemühungen dabei weitgehend auf die *Praxis* der Erwachsenenbildung ausgerichtet sind, d. h. daß die Theoriebildung darauf abzielt, konkrete Handlungsanweisungen für die Praxis der Erwachsenenbildung in Form von „*Rezeptologien*" (Regelsätze für eine ökonomische Gestaltung des Lehrens und Lernens) und *„didaktischen Technologien"* (programmiertes Lernen, Baukastensystem etc.) zu erstellen. Auf die Problematik eines derartigen Selbstverständnisses von theoretischen Klärungsversuchen wurde schon im ersten Kapitel dieses Buches hingewiesen.

Die Frage, inwieweit Bildungsprozesse analytisch objektivierbar sind und damit einer empirischen Erforschung sowie einer lern- und verhaltenstheoretischen Darstellung zugänglich gemacht werden können, kann und soll hier nicht wertend beurteilt werden. Wichtig bleibt jedoch zu bedenken, welche Konsequenzen mit einem Versuch wie dem der Lern- und Verhaltenstheorie (*Objektivierung* von intersubjektiven Handlungsvollzügen) verbunden sind, insbesondere dann, wenn die wissenschaftlichen Anstrengungen darauf abzielen, gesicherte Aussagen im Sinne von konkreten Handlungsweisen zu formulieren, die den Charakter von „Rezeptologien" und „didaktischen Technologien" annehmen.

Mit anderen Worten: Hier geht es um die Konsequenzen eines derartigen Verständnisses theoretischer Reflexion für das konzeptionelle Selbstverständnis von Erwachsenenbildung.

Aus lern- und verhaltenstheoretischer Perspektive erscheint der erwachsene Mensch als ein Bündel von Qualifikationen, Handlungsorientierungen und Verhaltensdispositionen sowie als die Verkörperung von verschiedenen gesellschaftlichen Rollen (etwa als Arbeitskraft, Familienoberhaupt, Vereinsmitglied etc.). Der Erwachsene mit biographischem Schicksal, welcher sich in einer sinnhaft strukturierten Lebenswelt bewegt, bleibt den Kategorien der lern- und verhaltenstheoretischen Perspektive ebenso verschlossen wie den wirtschafts- und systemwissenschaftlichen Beiträgen zur Erwachsenenbildungstheorie.

Paradoxerweise können beide Theorieperspektiven, obwohl sie sich im wissenschaftlichen Diskussionsrahmen in scheinbar unüberwindbarer Kontroverse gegenüberstehen, aufgrund des in beiden Perspektiven ungeklärten Subjektbegriffs in der Praxis eine Koalition eingehen. Was bildungsökonomische Theorieansätze als objektives Lernbedürfnis beziehungsweise begründetes Lernziel ermittelt haben, wird über lern- und verhaltenstheoretisch abgesicherte didaktische Verfahren und Bildungsprogramme unhinterfragt pädagogisch vermittelt.

Oder umgekehrt: lernpsychologische Verfahren greifen, um die von ihnen postulierten Lernziele zu rechtfertigen, auf die scheinbare Objektivität etwa bildungsökonomischer Bedarfsanalysen zurück. In beiden Fällen ist das Ergebnis das, was angewandte Sozialwissenschaft häufig mit sich bringt, nämlich, daß die Subjekte, nachdem sie bereits in ihren Lebensbedingungen der Autonomie beraubt sind, zum zweiten Mal zu Objekten gemacht werden.

Erwachsenenbildung verhält sich, wenn sie ihre Adressaten durch diese Verfahren und Grundannahmen implizit entmündigt, nicht wesentlich anders als die konventionelle Psychiatrie, wenn diese Entwürfe von Normalität vorgibt, an denen Defizite und erfolgreiches Handeln der Klienten gemessen werden. Der Unterschied liegt lediglich darin, daß es in einem Fall um eine der Klientel entgegengestellte Definition von psychischem Leiden beziehungsweise von psychischer Gesundheit, im anderen Fall um die Definition eines Wissensdefizits beziehungsweise des „richtigen" Wissens geht. Faßt man zusammen, so läßt sich diese Konzeption einer unmittelbar bildungsökonomisch legitimierten Didaktik als rationalistisch und in ihren praktischen Konsequenzen als sozialtechnologisch einstufen: Es wird eine scharfe Trennung zwischen den wissensmäßigen Voraussetzungen der Lernenden und dem in der Erwachsenenbildung angebotenen Wissen gezogen. Zwischen beiden Wissensbereichen wird eine hierarchische Beziehung dergestalt gesehen, daß die Curricula ein Wissen repräsentieren, welches Handlungsanweisungen enthält, die dem Alltagswissen der Teilnehmer gegenüber immer überlegen sind.

Aus dieser (vermuteten) Überlegenheit wird dann weiter abgeleitet, daß jeder normal vernünftige und rational handelnde Mensch dieses Wissen allein wegen dessen Nützlichkeit zu erlernen bereit sei. Diese Denkfigur ist als Ordnungsvorstellung für die wirtschafts- und systemwissenschaftlichen Ansätze wie auch für die lern- und verhaltenspsychologischen Beiträge zur theoretischen Reflexion der Erwachsenenbildung von konstitutiver Bedeutung.

Die Konsequenz einer *sozialen* Situation auf den Aspekt die Sinnimplikate sozialen Handelns und damit verbundene Deutungsprobleme (welche soziale Problemlösungen auch immer enthalten) werden aus der Betrachtung ausgeblendet.

Der Begriff der „Bildung" wird dadurch aus einem subjektorientierten Verständnis gelöst: Es geht nicht mehr um die Entfaltung der Person, um die „Mündigkeit" oder die „Aufgeklärtheit" des Teilnehmers, um das Sich-zu-recht-finden in der modernen Welt (Erwachsenenbildung als „Lebenshilfe") wie noch in geisteswissenschaftlichen Theorien der Erwachsenenbildung. Dafür tritt eine Leistungsorientierung in den Vordergrund, welche das „Lernen" des Menschen allein auf das Kriterium der Verwertbarkeit hin in den Blick nimmt.

Ein Selbstverständnis von Erwachsenenbildung, das sich primär am Leistungsbegriff orientiert, hat auch Konsequenzen für die Didaktik des Erwachsenenlernens.

Ganz offenkundig hat die u.a. mit bildungsökonomischen Motiven vorangetriebene Institutionalisierung und Expansion der Erwachsenenbildung auch entscheidend dazu beigetragen, daß sich Ansätze einer systematischen Didaktik und Planung dieses Bildungsbereichs herausgebildet haben (etwa Jüchter 1970; Tietgens/Hirschmann/Bianchi 1974).

Situativ gestaltete Konzepte wie das der klassischen „Arbeitsgemeinschaft" oder das des „Gelegenheitsunterrichts" vertrugen sich nicht mehr mit dem neuen Aufgaben- und Funktionsverständnis von Erwachsenenbildung.

Dem neuen Verständnis wurden eher solche Bemühungen gerecht, die den Prozeß der Wissensvermittlung in der Erwachsenenbildung dadurch zu steuern versuchten, daß sie standardisierte Curricula (Lehrstoffeinheiten und Lehrpläne) entwickelten, „Bausteine" von Wissen, die unabhängig von Ort, Zeit und Personen verwendbar sein sollten.

Diesem neuen Zeitgeist entsprach es auch, „Rezeptologien" in Form von konkreten Handlungsanweisungen für das Lehr- und Lernverhalten auszuarbeiten und bereitzustellen, die ein Mindestmaß an lernökonomischer Effektivität der erwachsenenpädagogischen Arbeit sichern sollten.

So wurden Lern- und Verhaltensregeln in Rezeptform sowohl für Teilnehmer (Hasselhorn 1973) als auch für Kursleiter (Baumann/ Schlutz/Senzky/Tietgens 1976; Olivet 1980; Frommer 1982) erstellt, auf das gemeine Ziel hin ausgerichtet, die Lernleistungen Erwachsener auf ein Optimum zu steigern. Auf eine nähere Darstellung derartiger „didaktischer Technologien" und „Rezeptologien" kann hier verzichtet werden, da innerhalb des Themas „Theorie der Erwachsenenbildung" nicht der substantielle Gehalt solcher Versuche (oder anders herum formuliert: die Fragwürdigkeit solcher Handlungsweisen) für die Brauchbarkeit innerhalb der konkreten Bildungspraxis zur Diskussion steht. Es soll auch gar nicht bestritten werden, daß derartige Überlegungen lern- und verhaltenstheoretisch orientierter Beiträge zur mikrodynamischen Gestaltung der Erwachsenenbildung durchaus von einem gewissen Wert sein können.

Insoweit etwa lern- und verhaltenspsychologisch begründete „Rezeptologien" Kursleitern Hinweise geben können, die ihnen helfen, ihren Unterricht unter lerntheoretischen Aspekten erwachsenengerecht zu gestalten, ist der Beitrag solcher Anleitungen für die Praxis der erwachsenenpädagogischen Arbeit als positiv einzuschätzen. Die Einwände gegen lern- und verhaltenspsychologische Ansätze zur theoretischen Reflexion der Erwachsenenbildung bleiben vom pragmatischen Wert dieser Beiträge jedoch unberührt; sie beziehen sich auf die Kritik des damit verbundenen Selbstverständnisses von Erwachsenenbildung, welches seinerseits unhinterfragt einem Zeitgeist entspricht, der nur für die wirtschaftliche und gesellschaftliche Rationalität und Effektivität des individuellen Lernens Interesse zeigt.

Der Stern lern- und verhaltenstheoretischer Beiträge zur Diskussion um die Erwachsenenbildung verblaßte gegen Ende der 70er Jahre ebenso wie der bildungsökonomischer, polit-ökonomischer und systemtheoretischer Perspektiven. Die globale Tendenz zur Rück-

nahme funktionalistischer wie technokratischer Konzepte kann dabei als Folge der sogenannten „Alltagswende" der Pädagogik im allgemeinen wie der Erwachsenenbildung im besonderen (Stichworte: „Teilnehmer- und Lebensweltorientierung", Adressatenforschung, Zielgruppenarbeit) angesehen werden.
Das mit der „Alltagswende" einhergehende zunehmende Bewußtsein darüber, daß die Erwachsenenbildung es nicht nur mit Trägern objektiver Strukturen und mit Funktionsverhältnissen, sondern auch mit Subjekten im Sinne von sozialen und personalen Identitäten zu tun habe, schlug sich auf die Konjunktur von Beiträgen zur theoretischen Reflexion zur Erwachsenenbildung nieder. Die Motive dieser erneuten „Wende" der Erwachsenenbildung (nach deren „realistischer" Wende) sowie die daraus folgenden Veränderungen für das theoretisch-konzeptionelle Selbstverständnis erwachsenenpädagogischer Arbeit sollen an späterer Stelle rekonstruiert werden.

Klaus Kürzdörfer
Kommentar zur lern- und verhaltenstheoretischen Perspektive

Das zu kommentierende Kapitel kann mit beträchtlicher Zustimmung rechnen. Wesentliche Punkte des Einvernehmens sind folgende:
*Es ist durchaus zutreffend, daß von den 50er bis in die 70er Jahre die Lernfähigkeit der Erwachsenen weiterhin im Zusammenhang mit dem Interesse an ökonomischer Effizienz und bestmöglicher Ausschöpfung der Arbeitsmarktreserven ins lernpsychologische und andragogische Blickfeld trat. Freilich war dies nicht der einzige Grund. Schon die Hildesheimstudie von 1957 konnte belegen, daß die leistungsbezogene Begründung des Erwachsenenlernens nicht nur den Theoretikern anzulasten war, sondern in beträchtlichem Maße auch in der Teilnehmererwartung an Weiterbildung verankert war. Überdies ist ökonomisches Wachstum nicht an und für sich bedenklich. Dies wird es erst im Zusammenhang mit sozialen Ungerechtigkeiten, beschädigten oder zerstörten Umwelten und Rücksichtslosigkeiten gegenüber weltweiten Abhängigkeiten. Auch das an Rationalität orientierte programmierte Lernen kann nicht einer pauschalen Verurteilung verfallen, wie es zunächst den Anschein hat. Die sehr viel differenzierteren Bewertungen am Ende gelangen auch zu begrenzter positiver Einschätzung oder sprechen gar „vom pragmatischen Wert dieser Beiträge".
Zweifellos zutreffend ist auch die Beobachtung, daß der „derzeitige Diskussionsstand in der ... Theoriebildung zum Erwachsenenlernen" durch ein additives Nebeneinander verstreuter „Ergebnisse empirisch-psychologischer Studien" gekennzeichnet ist. An dieser Feststellung gibt es schlechterdings nichts zu beschönigen. Andererseits ist freilich einzuräumen, daß eine verantwortungsbewußte Auseinandersetzung mit einer derart insuffizienten Situation forschungsmäßig auch günstige Auspizien ermöglichen kann.*

Besonders gehaltvoll an dem zu kommentierenden Kapitel erscheint die Kritik des behavioristischen Konzepts. Tatsächlich wird im programmierten Lernen der Lernende weithin zum bloß Reagierenden und der Instruktor zum autoritär führenden Subjekt. Die vorübergehende Suspendierung der Selbststeuerung geschieht freilich nicht ohne Einwilligung des Lernbereiten und deshalb nur befristet und nicht prinzipiell. Daß Gruppendynamik, Psychoanalyse und Feldtheorie statt der Fremdsteuerung durch Experten lieber eine Beendigung der „Isolierung der Lernsituation auf ... Reizgeber und ... Reaktionsträger anstrebten" und wohl weithin auch ermöglichten, ist freilich andragogisch sehr willkommen. Der Beifall hierfür bliebt unbeeinträchtigt, auch dann wenn man einem einseitig subjektorientierten Bildungsmodell nur mit Vorbehalten folgen kann. Sicher mußten die subjektorientierten Erwachsenenbildungsprozesse gegenüber den Einseitigkeiten der sozialisationstheoretischen Modelle hervorgekehrt werden. Doch gilt es jetzt, nicht von einem Extrem in ein anderes zu verfallen. Was jetzt gefordert ist, ist ein übergreifendes integratives Theoriemodell, das die Schwächen und Stärken beider Teiltheoreme identifizieren und komplementär verorten kann. Besonders gelungen sind in diesem Zusammenhang die kritischen Anmerkungen zu den anthropologischen Implikationen der sozialisationstheoretischen und behavioristischen Erwachsenenbildungskonzepte. Sie eignen sich als Plattform für weitergehende Überlegungen!

Wenn es, wie die Autoren einräumen, in der Erwachsenenbildungstheorie auch wesentlich um die Legitimität von Inhalten, Zielen und Prozessen geht, dann kommt in der Tat die Anthropologie des Erwachsenen zu ihrem Recht. Für mich war sie schon immer das maßgebliche Kriterium für die Selektion erwachsenenbildnerischer Daten aus den humanwissenschaftlichen Forschungsergebnissen. Wird anthropologischen Rücksichten Rechnung getragen, dann kann allerdings das Bemühen um eine konzisere Erwachsenenbildungstheorie nicht zu Lasten der andragogischen Praxisorientierung und ihrer empirischen Fundierung erfolgen. Im übrigen erscheint mir das humanwissenschaftliche Datenangebot noch keineswegs befriedigend für die Erwachsenenbildung ‚ausgebeutet'.

Beispielsweise ist Thomaes Persönlichkeitstheorie des Erwachsenen noch nicht genügend für die Erwachsenenbildungstheorie berücksichtigt worden. Dies gilt erst recht für das enorm reichhaltig sprudelnde Material US-amerikanischer „human development"-, „life span"- und Biographieforschungen. Rosenmayr, Kohli, Baltes, Schaie und andere haben diese höchst interessanten und ergiebigen Forschungen dem deutschen Leser mittlerweile erschlossen. Aber tiefenpsychologische und psychoanalytische Konzepte werden zur Zeit noch immer zu wenig berücksichtigt und auf ihre Transferierbarkeit ins andragogische Feld reflektiert.

Außer dem fragmentarischen Phasenmodell Eriksons mit seinem philosophisch recht fragwürdigen Selbst- und Identitätskonzept ist nur noch weniges aus der Psychoanalyse in die Andragogik hinübergelangt. Wesentlich ergiebigere Theoreme von Menninger, Kohut, Jung, Wyss, Richter und Stierlin harren noch immer ihrer Rezeption.

Statt der frühinfantilen Lernvergangenheit sollten vor allem einmal die psychodynamischen Impulse für neue und andere androtrope Lernfelder und -aufgaben bedacht werden. Des weiteren hat die feministische Diskussion das öffentliche Bewußtsein mittlerweile derart durchdrungen, daß nebst einer neuen Frauenbildung auch der Mann nach einem nicht nur reaktiven neuen Selbstverständnis gefragt und damit in fundamentale Bildungsprozesse hineingerissen wird.

So wünschenswert eine psychoanalytisch und tiefenpsychologisch gefilterte Revision der Erwachsenenbildungsdidaktik ist, sie sollte, zumindest arbeitsteilig, nicht unter Abkoppelung von demoskopischen und ökonomisch-technologischen Makrotrends geschehen. Viele Aufgaben und Themen der Erwachsenenbildung werden von da aus bereits relativ objektiv absehbar. Die Verschränkung solcher Dimensionen gestattet in Zukunft keinen isolierten psychologischen Theorieansatz des Erwachsenenlernens mehr. Vielmehr muß sie psychoanalytische Anthropologie und makrosoziale Rahmenbedingungen zusammenschauen. Von da aus gesehen, wird z.B. der substantielle Wertewandel im Gefolge der sich beschleunigenden Ausdifferenzierung von Subkulturen eine wachsende Herausforderung für gesellschaftliche und individuelle Sinnsuche und Sinnfindung bedingen. Ein anderes Lernfeld wird die interkulturelle Kommunikationskompetenz werden. Ihre Problematik wird bislang vorwiegend bei der Einschulung von Ausländerkindern in deutsche Schulklassen erfahren. In wachsender Ausländerfeindlichkeit wird sie bereits zum gesellschaftspolitischen Thema. Im Hinblick auf das Nord-Süd-Gefälle ist das Lernstadium des Analphabethismus noch kaum erreicht – und das trotz zunehmender weltpolitischer Verschränkungen! Schließlich kann sich die Erwachsenenbildung je länger desto weniger den Folgen der religiösen Desozialisation nach dem Zerfall der Volkskirchen entziehen. Das westliche Ideal der „pursuit of happiness" kann allein mit wachsenden Freizeit-, Konsum- oder Qualifikationsanreizen nicht eingelöst werden. Von den Aporien solcher Bildungsillusionen wird beispielsweise die Altenbildung bereits erreicht. Obwohl das Alter durch die Nähe zum Lebensende konstituiert ist, läßt sich leicht beweisen, daß Altenbildung das Thema Sterbenmüssen nicht nur tabuisiert, sondern geradezu rigide verdrängt. Solche und viele andere epochale Lernanforderungen werden ohne ein waches und geschärftes Bewußtsein für die Unverzichtbarkeit personaler Bildung nicht zu bewältigen sein. Gewiß bedarf personale Bildung auch institutionalisierter sozialer Lern- und Lebenshilfen. Aber sie ist im entscheidenden Maße Selbstbildung, freilich nicht Selbstbildung im narzißtisch introvertierten Sinne. Menschwerdung als Personwerdung geschieht vielmehr, wenn das Subjekt sich im Vertrauen exzentrisch über sich selbst hinaus auf den Grund seines Vertrauens transzendiert und von dort her Personalität begründen läßt. Dieses Anthropologomenon mag zwar kein Thema der Lernpsychologie selbst mehr sein.

*Aber sinnvoll werden lernpsychologische Erkenntnisse für die Erwachse-
nenbildung immer dann, wenn sie sich aus ihrer von den Autoren zu Recht
kritisierten positivistischen Besonderung auf menschliche Grundbefind-
lichkeiten beziehen lassen. Das freilich hat im eminenten Sinne etwas mit
Lernbereitschaft zu tun.*

3. Kultur- und sozialisationstheoretische Ansätze der Erwachsenenbildung

Im folgenden wird Erwachsenenbildung als gesellschaftliches Handlungsfeld diskutiert, das sich wesentlich aus der Stellung des lernenden Subjekts in seinen biographischen und sozialkulturellen Anforderungen bestimmt, die sich aus seiner Lebenswelt entwickeln. Grundlage ist dabei der Begriff des Teilnehmers als Subjekt und der Begriff der handlungsleitenden, überindividuellen, lebensweltlich strukturierten sozialen Regeln. Didaktisch äußern sich diese Theorieperspektiven in solchen Bildungsformen wie Teilnehmerorientierung, erfahrungs- und gemeinwesenbezogene Erwachsenenbildung usw. Es geht hier also um die Rekonstruktion der die Erwachsenenbildung begründenden sozialen Regeln (kulturtheoretischer Aspekt) und ihrer Aneignung im Prozeß der Bildung und Entwicklung des Subjekts (sozialisationstheoretischer Aspekt). Da die geisteswissenschaftlich-hermeneutische Theorieperspektive bereits beide Aspekte im Ansatz thematisiert hat – Erwachsenenbildung als Beziehung zwischen Erzieher und Zögling, zwischen Theorie und Praxis sowie Erwachsenenbildung als geistiger Zusammenhang –, erscheint es uns sinnvoll, mit ihrer Darstellung zu beginnen unter dem systematischen Gesichtspunkt, inwieweit sie sozialisations- und vor allem kulturtheoretische Fragestellungen bereits in nuce formuliert hat. Damit durchbrechen wir bewußt die übliche Gegenüberstellung der Geisteswissenschaften von den Sozialwissenschaften und versuchen, beide zu integrieren in der noch im einzelnen darzulegenden Annahme, eine sozialwissenschaftlich orientierte Begründung von Erwachsenenbildung müsse, will sie zu plausiblen Einsichten kommen, an Gedanken der geisteswissenschaftlichen Perspektive in reflektierter Weise anknüpfen.

Verschiedene Typen lassen sich also unterscheiden.

- Die *geisteswissenschaftlich-hermeneutische* Perspektive sieht das Handlungsfeld der Erwachsenenbildung als geistiges, vom Menschen mit Sinn und Bewußtsein hergestelltes Gebilde, das pragmatisch, d.h. unter der Fragestellung des Theorie-Praxis-Verhältnisses, und hermeneutisch, mit der Methode des Sinnverstehens, zu interpretieren ist.

- Die *sozialisationstheoretische* Begründung von Erwachsenenbildung begreift diese unter den Aspekten der sozialen Genese der für das Lernen konstitutiven Kompetenzen und des von der Erwachsenenbildung thematisierten Verhältnisses von Krisen- und Stabilitätsbedingungen von personaler und sozialer Identität.

- Die *kulturtheoretische* Perspektive betrachtet Erwachsenenbildung als soziale Handlungsstruktur, in der

a) Vermittlungsprozesse verschiedener Wissensformen stattfinden, d.h. solche von Alltags- und Wissenschaftswissen im Medium von Bildungswissen;

b) die aus der im engeren Sinne kultursoziologischen Sicht in der Erwachsenenbildung ablaufenden Interaktionen als konstituiert durch kulturelle, in lebensweltlichen Ordnungen und subkulturellen Traditionen verankerte, regulative Konfigurationen wie vor allem Deutungsmuster gesehen werden;

c) die Handlungsvollzüge als Habitusformen begriffen werden, also als im Vergleich mit Deutungsmustern wenig symbolisierte, dem Bewußtsein der Handelnden weitgehend entzogene, habitualisierte Akte.

Die kultur- und sozialisationstheoretischen Ansätze der Erwachsenenbildung haben eines gemeinsam: Im Gegensatz zu den system- und verhaltenstheoretischen Konzeptionen gehen sie davon aus, daß der Handlungszusammenhang der Erwachsenenbildung symbolisch strukturiert ist, also durch Sinnhaftigkeit sowie subjektive und objektive Relevanzen geprägt wird. Demgemäß richtet sich ihr vordringliches Erkenntnisinteresse auf die Rekonstruktion der internen Struktur und der inneren Logik von Bildungsprozessen. Der Bildungsbegriff – so die grundlegende Einsicht – hält emphatisch an der Vorstellung der Subjekthaftigkeit von Bildung fest, die als die subjektive Seite kultureller Wertideen verstanden wird. Bildung läßt sich aus dieser Perspektive nicht als passive Übernahme vorgegebener Wissenselemente fassen, sondern als aktive Konstruktionsleistung des Subjekts. Der Begriff des Teilnehmers als kompetentes und urteilsfähiges Subjekt der Erwachsenenbildung gilt bei den in Rede stehenden Ansätzen als konstituierende Grundlage der Theorie der Erwachsenenbildung.

Während die sozialisationstheoretischen und die sozialwissenschaftlich-kulturtheoretischen Sichtweisen die Sinn- und Subjekthaftigkeit der Erwachsenenbildung in erster Linie *handlungstheoretisch* zu begründen und Erwachsenenbildung als erfahrungswissenschaftlich zu explizierende Handlungsform zu begreifen versuchen, ist die geisteswissenschaftlich-hermeneutische Theorieperspektive bemüht, Erwachsenenbildung ausschließlich *bewußtseinstheoretisch* als Verkörperung von kulturellen Wertideen zu verstehen. Für den geisteswissenschaftlichen Ansatz stellt sich Erwachsenenbildung als ein durch Bewußtseinsleistungen konstituierter Zusammenhang dar, der allein hermeneutisch, durch Sinnverstehen zu entschlüsseln ist.

3.1 Geisteswissenschaftlich-hermeneutische Theorieperspektive

Unter der geisteswissenschaftlichen Theorieperspektive bzw. der hermeneutisch-pragmatischen Tradition der Erziehungswissenschaft soll eine wissenschaftstheoretische Konzeption verstanden werden, die die Erziehungswirklichkeit

- als Welt geistiger Erscheinungen, als eine vom Menschen mit Sinn und Bewußtsein hergestellte begreift;
- in ihren Alltagsstrukturen zu verstehen versucht;
- pragmatisch, d.h. unter der dominierenden Fragestellung des Theorie-Praxis-Verhältnisses betrachtet;
- mit Hilfe der Hermeneutik, der Methode des Sinnverstehens geistiger Tatsachen begreift (vgl. zu dieser Sichtweise Röhrs 1967).

Diese von Schleiermacher und vor allem von Dilthey im 19. Jahrhundert begründete Perspektive, die seit dem Ersten Weltkrieg von Litt, Spranger, Nohl, W. Flitner, Weniger und anderen weiterentwickelt worden ist, hat das Selbstverständnis der deutschen Erziehungswissenschaft und Erwachsenenbildung bis in die 60er Jahre unseres Jahrhunderts geprägt. Im folgenden soll zunächst diskutiert werden, aus welchen wissenschaftsinternen und -externen, allgemein historisch-gesellschaftlichen Gründen in den letzten Jahren eine Renaissance der geisteswissenschaftlichen Perspektive in der Theorie der Pädagogik bzw. der Erwachsenenbildung festzustellen ist bzw. warum es sinnvoll ist, diese Sichtweise nicht nur als historische Phase der Entwicklung der Erziehungswissenschaft, sondern als ein zeitgenössisches, für die gegenwärtige Diskussion der Theoriebildung systematisch verwendbares Konzept zu betrachten.

Der nächste Abschnitt dient der Darstellung der allgemeinen Strukturen der hermeneutisch-pragmatischen Pädagogik im Rahmen der Fundierung der Geisteswissenschaft, wie sie vor allem Dilthey entwickelt hat. Darauf folgt die Diskussion der verschiedenen Ansätze einer geisteswissenschaftlichen Erwachsenenbildungstheorie von Litt, Spranger, Nohl, W. Flitner, Weniger und Pöggeler, die sich allerdings nicht zu einer relativ einheitlichen Theoriekonstruktion verdichtet haben, unter anderem weil diese Ansätze in unmittelbarer Beziehung zu praktischen Anforderungen der Erwachsenenbildung gestanden haben.

Schließlich soll der Frage nachgegangen werden, welchen Beitrag die hermeneutisch-pragmatische Erwachsenenbildungskonzeption zu einer den gegenwärtigen Bedingungen von Erwachsenenbildung angemessenen theoretischen Sichtweise leisten kann.

Es lassen sich eine Reihe wissenschaftsinterner und -externer Gründe angeben, die für die Renaissance der geisteswissenschaftlichen Theorieperspektive verantwortlich gemacht werden können.

Bei aller Unterschiedlichkeit der geschichtlichen Entwicklung kann festgestellt werden, daß die Zeitdiagnosen und der zeitkulturelle Hintergrund um die Jahrhundertwende und nach dem Ersten Weltkrieg eine eigentümliche Ähnlichkeit mit zeitgeistigen Strömungen unserer Tage aufweisen. In aller Kürze dazu einige Stichworte:

In beiden Epochen ist davon die Rede, daß das Modell einer schrankenlosen Modernisierung und Rationalisierung der Industriegesellschaft
fragwürdig geworden ist. Damals wie heute findet eine mehr oder weniger begründete Kritik am Fortschrittsoptimismus der auf technischen
Leistungen beruhenden Zivilisation eine weite Verbreitung. Man
spricht von der Krise der Kultur in ihrer Funktion der ideellen Integration der Gesellschaft und der Bewahrung von identitätsstiftenden
Traditionen. Die Aufklärung im Sinne der „Entzauberung" der Welt
und der schrankenlosen Verfügbarmachung des Menschen und seiner
Geschichte sei an eine Grenze gelangt. Die überschaubaren Lebensformen der Gemeinschaft werden gegenüber den versachlichten, verwis-
senschaftlichten und verbürokratisierten Strukturen der Gesellschaft
propagiert. Ein kritischer Kommentar des Philosophen H. Plessner aus
dem Jahre 1928 ist von eindringlicher Aktualität: „Der große Augenblick für die Ideologie des Lebens kam mit dem Rückschlag gegen den
Fortschrittsoptimismus, mit der Zivilisationsmüdigkeit, mit der Verzweiflung am schöpferischen Sinn des Sozialismus. Was bislang als
letzte unverrückbare Möglichkeit gegolten hatte: Entwicklung und
Fortschritt alles organischen Daseins und menschlichen Tuns in der
Welt –, begann eine wesentlich resigniertere Zeit des expansiven Hoch-
kapitalismus zu durchschauen. Mit diesem Erwachen kam aber auch
die Sehnsucht nach einem neuen Traum, nach einer neuen Bezaube-
rung ... Bezaubern konnte nur etwas Unbestreitbares, das diesseits
aller Ideologien, diesseits von Gott und Staat, von Natur und Geschichte
zu fassen war, aus dem vielleicht die Ideologien aufsteigen, von dem sie
aber ebenso gewiß wieder verschlungen werden: das Leben." (Plessner
1975, S. 3ff.)
Die historischen und gesellschaftlichen Ursachen für die Popularität
dieser kulturpessimistischen Stimmungen können hier nicht diskutiert
werden. Sie hängen gewiß zusammen mit einer sozialen Tatsache, die
den beiden Epochen gemeinsam zu sein scheint: die durch die industriellen Revolutionen ausgelösten, rapiden sozialen Wandlungsprozesse in relativ kurzen Zeiträumen.

Die wissenschaftsinternen Gründe für die Rehabilitierung der geisteswissenschaftlichen Theorieperspektive können ebenfalls nur kurz
angedeutet werden (vgl. Thiersch 1983; Brunkhorst 1983; Oelkers/
Schulz 1984). Die sogenannte realistische Wende hatte in den 60er
Jahren die Erziehungswissenschaft – und Jahre später auch die
Erwachsenenbildungstheorie – aus ihrer Tradition der geisteswissenschaftlichen Pädagogik gelöst und sie an die Entwicklung der empi-
risch-analytisch verfahrenden Sozialwissenschaften angeschlossen. In
den letzten Jahren ist erneut von einer Wende der Theoriebildung die
Rede. Es mehren sich die Zweifel, ob pädagogische Prozesse adäquat
mit Methoden der empirischen Sozialforschung und mit Begriffen der

Sozialwissenschaften zu erfassen sind. Die sogenannte Alltagswende der Pädagogik thematisiert auf dem oben beschriebenen zeitkulturellen Hintergrund den Bezug der Bildung auf die Lebenswelt, der ebenso wie der Begriff der Bildung überhaupt mit der Versozialwissenschaftlichung der Pädagogik aus dem Blickfeld geraten ist. Diese Alltagswende ist nun in ihren wesentlichen Aspekten – dies scheinen ihre Theoretiker zu übersehen – in der geisteswissenschaftlichen Sichtweise angelegt. Das heißt die Argumentationen dieses scheinbar neuen Paradigmenansatzes tauchen im wesentlichen in der hermeneutisch-pragmatischen Erziehungswissenschaft auf – gewiß in einer anderen Sprache und mit anderen theoretischen und praktischen Intentionen. Im Kerngehalt ließe sich polemisch die neue Richtung als Aufguß der alten Geisteswissenschaft bezeichnen (vgl. Schulenberg 1982). Die allerdings zweifelsohne vorhandenen theoretischen und begrifflichen Veränderungen der Alltagswende gegenüber der Tradition werden im Kapitel über die kulturwissenschaftliche Theorieperspektive diskutiert.

Die Rückbesinnung auf die wesentlichen Gehalte der hermeneutisch-pragmatischen Geisteswissenschaft hängt unmittelbar mit neueren Tendenzen der Entwicklung der Sozialwissenschaften zusammen. Zum einen wird zunehmend die positive Gleichsetzung der sozialen Realität und der Erziehungswirklichkeit mit der Empirie im Sinne des empiristischen Selbstverständnisses der Wissenschaftstheorie in Frage gestellt. Daraus resultieren zum anderen die verstärkte Kritik an den quantitativen, auf Meßbarkeit sozialer Daten zielenden Methoden der empirischen Sozialforschung und die Hinwendung zu qualitativen, den Sinngehalt gesellschaftlicher Tatsachen erfassenden Verfahrensweisen.

Die Renaissance der geisteswissenschaftlichen Pädagogik geht einher mit dem Wiederaufleben der Fragestellungen der sinnverstehenden Soziologie in der Tradition Max Webers. In ihrem Zentrum steht die theoretische Rekonstruktion eines Handlungsbegriffs, der die Subjekt- und Sinnhaftigkeit sozialen Handelns betont und der verstehend die sinnhaften Begründungen des menschlichen Handelns begreifen kann. Auf dieser handlungstheoretischen Grundlage läßt sich ein Bildungsbegriff entwickeln, der die Bildung in ihrer subjektiven Bedeutung versteht und nicht nur im sozialtechnologischen Sinne in ihrer objektiven, gleichsam technischen Funktion für gesellschaftliche Anforderungen, wie es die Reduktion von Bildung auf Lernen und Qualifikation seit der realistischen Wende nahelegt.

Das Selbstverständnis der Geisteswissenschaften, an das die hermeneutisch-pragmatische Pädagogik anknüpft, ist von Wilhelm Dilthey geprägt worden. Es besagt, daß die Geisteswissenschaften als Kulturwissenschaften im Unterschied zur Erkenntnislogik der Naturwissenschaften ihren Gegenstand – etwa die Bildung – bereits in der Lebenswirklichkeit konstituiert vorfinden, da die kulturellen Bedeutungen aus intentionalem, wertorientiertem Handeln hervorgehen. Das erkennende Subjekt ist zugleich Teil des Prozesses, aus dem die kulturelle Welt (der Bildung) selber hervorgeht. „So bildet der Ausgang vom Leben und der dauernde Zusammenhang mit ihm den ersten Grundzug in der Struktur der Geisteswissenschaften; beruhen sie doch auf Erleben, Verstehen und Lebenserfahrung." (Dilthey 1970, Bd. VII, S. 137)

„Nun unterscheiden sich ... von den Naturwissenschaften die Geisteswissenschaften dadurch, daß jene zu ihrem Gegenstande Tatsachen haben, welche im Bewußtsein als von außen, als Phänomene und einzeln gegeben auftreten, wogegen sie in diesen von innen, als Realität und als ein lebendiger Zusammenhang originaliter auftreten. Hieraus ergibt sich für die Naturwissenschaften, daß in ihnen nur durch ergänzende Schlüsse, vermittels einer Verbindung von Hypothesen, ein Zusammenhang der Natur gegeben ist. Für die Geisteswissenschaften folgt dagegen, daß in ihnen der Zusammenhang des Seelenlebens als ein ursprünglich gegebener überall zugrundeliegt. Die Natur erklären wir, das Seelenleben verstehen wir. Denn in der inneren Erfahrung sind auch die Vorgänge des Erwirkens, die Verbindungen der Funktionen als einzelner Glieder des Seelenlebens zu einem Ganzen gegeben. Der erlebte Zusammenhang ist hier das erste, das Distinguieren der einzelnen Glieder desselben ist das Nachkommende. Dies bedingt eine sehr große Verschiedenheit der Methoden, vermittels deren wir Seelenleben, Historie und Gesellschaft studieren, von denen, durch welche die Naturerkenntnis herbeigeführt worden ist."

Dilthey 1970, Bd. V, S. 143/144

Während die Naturwissenschaften die Ereignisse in der Natur mit Hilfe von Gesetzeshypothesen kausalanalytisch erklären, also nach Ursache-Wirkung-Zusammenhängen fragen, lassen sich kulturelle Handlungsstrukturen (z.B. Bildungsprozesse) nur sinnadäquat verstehen. Da menschliches Handeln – auch Bildung läßt sich als Handeln begreifen – stets durch Sinnhaftigkeit und Verstehensleistungen strukturiert ist, kann es auch nur sinnverstehend durch explizierenden Nachvollzug theoretisch reflektiert werden. „Nur was der Geist geschaffen hat, versteht er." (Dilthey 1970, Bd. VII, S. 148) Die verstehende (hermeneutische) Vorgehensweise des Wissenschaftlers ist in der vorgängigen verstehenden Struktur der alltäglichen Lebenspraxis verankert. Gegenstand der Geisteswissenschaften ist die vom Menschen geschaffene Realität von Zwecken, Werten und Absichten, die sich in Institutionen und Kulturen objektivieren. Da jeder Mensch gemeinsam mit anderen Erfahrungen macht, versteht und erlebt er auch das Denken, Sprechen und Handeln von anderen Individuen. Er vollzieht das Erleben von anderen nach, weil er sich mit ihnen im gemeinsamen Medium einer geschaffenen Welt befindet. Das Subjekt kann wissenschaftlich die verschiedenen, auch vergangenen Erscheinungen des unterschiedlichen Lebens als dauernde Selbstobjektivation des Geistes verstehen, da es an deren Hervorbringung vorwissenschaftlich partizipiert.

Verstehen ist kein psychologischer Akt des subjektiven Bewußtwerdens, sondern stets durch symbolische Zusammenhänge strukturiert und auf Intentionen bezogen. Die Hermeneutik beruht auf dem Nachvollzug von Bedeutungen, die der Verstehende durch seine vorwissenschaftlich gesammelten Erfahrungen, durch seine Teilnahme am Alltagsleben erwirbt. Der sogenannte hermeneutische Zirkel besagt, daß die Interpretation die Teile einer geistigen Tatsache (ein bildungstheoretischer Text, eine Bildungssituation, eine Lebensgeschichte, das Erzieher-Zögling-Verhältnis und anderes) auf das Ganze dieser Tatsache und umgekehrt beziehen muß. Dies ist deshalb möglich, da der Interpret ein Vorverständnis über seinen Gegenstand besitzt. Dieses Vor-Urteil oder Vor-Wissen kann der Hermeneutiker entwickeln, denn er befindet sich in einer Kommunikationsgemeinschaft mit dem interpretierten Gegenstand, er ist Teilnehmer in einer Lebenswelt, aus der auch der Gegenstand stammt, auch wenn dieser der historischen Vergangenheit angehört.

Hermeneutik orientiert sich nicht – wie oft mißverstanden – an dem Modell des sich Hineinversetzens in einen Gegenstand, sondern an dem „Modell der Teilnahme an einer eingelebten Kommunikation" (Habermas 1968, S. 226); zur Hermeneutik vgl. auch Gadamer 1960). Die Sprache ist das Medium der Intersubjektivität, das allen Angehörigen einer Lebenswelt gemeinsame Symbolsystem, das die Grundlage für die Bedingungen der Möglichkeit von Verstehensprozessen abgibt (vgl. Schlutz 1984).

Für Dilthey ist die Lebensgeschichte eines Menschen das prägnanteste Beispiel für die Leistungen der Hermeneutik. Die Lebensgeschichte konstituiert sich einerseits auf der vertikalen Ebene als personale Biographie durch die Erfahrungen eines Menschen und andererseits auf der horizontalen Ebene als soziale Biographie durch die Gemeinsamkeiten und Kommunikationen mit anderen Menschen. Sie ist auch ein Produkt der Lebenswelt. Insofern läßt die Biographie sich nicht allein aus sich heraus verstehen, sondern nur durch die Hermeneutik der Lebenswelt, aus der heraus sich die Lebensgeschichte aufbaut.

Von einer einheitlichen geisteswissenschaftlichen Pädagogik kann keine Rede sein, dennoch sollen im folgenden ihre grundlegenden Strukturen kurz beschrieben werden (vgl. Klafki 1971; Thiersch 1983; Oelkers/Schulz 1984). Für das Selbstverständnis der geisteswissenschaftlich-hermeneutisch-pragmatischen Pädagogik ist der Begriff der Erziehungswirklichkeit von zentraler Bedeutung.

„Der wahre Ausgangspunkt für eine allgemeingültige Theorie der Bildung ist die Tatsache der Erziehungswirklichkeit als eines sinnvollen Ganzen. Aus dem Leben erwachsend, aus seinen Bedürfnissen und Idealen, ist sie da als ein Zusammenhang von Leistungen, durch die Geschichte hindurchgehend, sich aufbauend in Einrichtungen, Organen und Gesetzen – zugleich sich besinnend auf ihr Verfahren, ihre Ziele und Mittel, Ideale und Methoden in den Theorien – eine große objektive Wirklichkeit, wie Kunst und Wirtschaft, Recht und Wissenschaft ein relativ selbständiges Kultursystem, unabhängig von den einzelnen Subjekten, die in ihm tätig sind, und von einer eigenen Idee regiert, die in jedem echt erzieherischen Akt wirksam ist und doch wieder nur faßlich wird in ihrer geschichtlichen Entfaltung.
Wie heute niemand mehr daran denkt, das Wesen der Kunst und die Ästhetik als die systematische Theorie dieses Wesens und seiner Produkte aus einem apriorischen System der Werte abzuleiten, sondern sich das Verständnis dieses Wesens ergibt aus der Besinnung auf seine Offenbarungen, wie sie im künstlerischen Erlebnis, im ästhetischen Genuß und in den Formen der Werke erfahren werden, so wird auch die Pädagogik, wenn sie das Wesen der Erziehung erfassen will, sich vor allem in den Zug ihrer Arbeit stellen müssen, wie er einerseits in der eigenen Erfahrung des Sichbildens, des Bildens und Gebildetwerdens, und andererseits in der geschichtlichen Entwicklung der pädagogischen Arbeit gegeben ist. Diese Erziehungswirklichkeit in ihrer Doppelseitigkeit von pädagogischem Erlebnis und pädagogischen Objektivationen ist das phaenomenon bene fundatum, von dem die wissenschaftliche Theorie auszugehen hat.“

Nohl 1949, S. 119

Der Begriff der Erziehungswirklichkeit geht einerseits zurück auf Diltheys Begriff der „geschichtlichen Wirklichkeit" als der vor aller Wissenschaft gegebenen konkreten Totalität des „Strukturzusammenhangs des Lebens", andererseits auf den von Edmund Husserl (1964) entwickelten Begriff der Lebenswelt als der jedwede Wissenschaft begründenden Alltagswelt der selbstverständlichen, unproblematischen Hintergrundüberzeugungen. Bildung gilt in diesem Zusammenhang als die Wertidee, auf die Erziehung als relativ autonome kulturelle Wirklichkeit bezogen sein soll. „Nur aus dem Ziel des Lebens kann das der Erziehung abgeleitet werden.“ (Dilthey 1969, S. 37; zur Bedeutung Diltheys für die Erziehungswissenschaft vgl. Groothoff 1971; Herrmann 1971) Dieses Ziel ist begründet in dem ein System von Regeln der Erziehung ermöglichenden teleologischen, zielgerichteten Zusammenhang des Lebens. Die Entfaltung dieser Teleologie ist immer nur individuell und historisch im Verhältnis zu den kulturellen Voraussetzungen zu bestimmen.
Die Betonung der Erziehungswirklichkeit als Grundlage der Theorie bedeutet nun nicht eine Reduzierung dieser Realität auf die Empirie im positivistischen Sinne. Wie Wilhelm Flitner hervorhebt, geht es nicht darum, „die positive Erforschung des Menschen als eine Feststellung rein objektiver Tatbestände zu verstehen, von der die Pädagogen etwa

bloß die Anwendung zu machen hätten. Schon in der einfachen Tat-
sachenfeststellung über den Menschen wirkt eine Auffassung von dem
Ziel des Erziehens mit." (Flitner 1980, S. 18)
In dieser Einsicht wird deutlich, daß die hermeneutisch-pragmatische
Pädagogik bei der für jede erziehungswissenschaftliche Perspektive
zentralen Bestimmung des Verhältnisses von Theorie und Praxis diese
beiden Handlungsformen nicht abstrakt gegenüberstellt. Im Gegenteil: die Theorie herrscht nicht über die Praxis, sie ist unmittelbar auf sie
bezogen. Pädagogisches Denken gründet in konkreten Handlungssituationen, ist daher selbst praktisch. Die theoretische Wahrheit ist
zugleich praktische Wahrheit. Die erzieherische Praxis behält ihre
eigene Dignität, sie ist die Basis für jede Bildungstheorie.
Es ist daher kein Zufall, wenn die hermeneutisch-pragmatische Erziehungswissenschaft sich im unmittelbaren Zusammenhang mit der
von der Jugendbewegung inspirierten Reformpädagogik zu Beginn
unseres Jahrhunderts entwickelt hat bzw. diese Bewegung selbst
stark initiiert hat. Ihre bedeutendsten Vertreter waren als Lehrer oder
Organisatoren in der Reformpädagogik engagiert (zur Geschichte der
Reformpädagogik vgl. Scheibe 1971).
Erich Weniger unterscheidet bei der Bestimmung des Theorie-Praxis-
Verhältnisses drei Formen von Theorie:
– Die Theorie 1. Grades ist Teil der alltäglichen Erziehungspraxis, sie
  beinhaltet „die unausdrückliche Anschauung, in der die Wirklichkeit gegenständlich wird, die Voreinstellung, die unausgesprochene
  Fragestellung, die an die Wirklichkeit und die Aufgabe herange-
  bracht wird" (Weniger 1975, S. 38).
– Die Theorie 2. Grades umfaßt die vom Erziehungspraktiker benutz-
  ten, in irgendeiner Art formulierten Erziehungsregeln.
– Die Theorie 3. Grades, die Theorie der Theoretiker in ihrer wissenschaftlichen Form hat – hier bezieht sich Weniger auf Schleiermacher –
  die Funktion, die in der Praxis enthaltenen Theorien des 1. und 2. Grades
  aufzuklären im Sinne einer „stellvertretenden Besinnung, der Läute-
  rung der in der Praxis angelegten Theorien" (ebd., S. 42).
Das Primat der Praxis in der pragmatisch-hermeneutischen Bildungstheorie begründet auch ihre Autonomie. Wenn das pädagogische
Erzieher-Zögling-Verhältnis den zentralen Gegenstand der Theorie
darstellt und dieses eine eigene, autonome Handlungslogik aufweist,
dann läßt sich auch die Pädagogik als autonome Theorie begründen.
Autonomie der pädagogischen Theorie heißt nun aber nicht, daß sie
universelle, jenseits der Geschichte angesiedelte Aussagen treffen
könnte. Im Gegenteil betont die in der Tradition des Historismus stehende geisteswissenschaftliche Pädagogik die Geschichtlichkeit des
pädagogischen Bezugs zwischen Erzieher und Zögling und ihre Einbettung in jeweils historisch variante Kulturen. Demgemäß versteht sie
sich als historische Wissenschaft.

Sie hat die Aufgabe, die pädagogische Interaktion in ihrer Historizität und in ihren zwei in der Praxis zusammenhängenden, analytisch aber trennbaren Dimensionen zu begreifen:

- Die die Erziehung beeinflussende Lebensgeschichte des Menschen, die konstitutiv ist für die Individuation des Subjekts.
- Die Einbettung des pädagogischen Bezugs in kulturelle Zusammenhänge, die den Aspekt der Enkulturation des Menschen durch Erziehung bezeichnet.

Von hoher Aktualität für die gegenwärtige (Erwachsenen-)Bildungstheorie ist die reformpädagogische Bestimmung des erzieherischen Handelns. Seine Logik läßt sich nicht – so die Argumentation Litts – mit der eines Technikers vergleichen, der seinen Gegenstand willkürlich, nach dem Gegenstand äußerlichen, technischen Regeln bearbeitet. Erziehung ist immer dialogischen Ursprungs, ist in Verstehensprozesse eingebunden. Andererseits hat der Erzieher weniger Freiheit der Gestaltung als der Künstler, da sein Handeln sich nur innerhalb der durch die Entwicklungspsychologie des Menschen, die „seelische Teleologie", abgesteckten Rahmenbedingungen bewegen kann. Diese Einsicht problematisiert die den Bildungsprozeß bestimmende Alternative von „Führen oder Wachsenlassen" – so der Titel einer Aufsatzsammlung von Theodor Litt (1967). „Hier darf man ebensowohl bildlich sagen, daß die Seele die in sie einströmenden Gehalte forme, d.h. nach ihrem eigenen Wachstumsprinzip neu erzeuge, wie auch, daß sie durch diese geformt werde, d.h. ihre an sich gestaltlosen Werte, Triebe an ihnen und durch sie kläre und vergegenständliche. Hier wirkt das, was im Inneren angelegt ist und das, was von außen her an das Ich herantritt, in einer Weise ineinander, für die es außerhalb dieser Dimension des Seins keinerlei Analogie gibt." (Litt 1969, S. 286)

Wie erwähnt, kann wegen der Fundierung der geisteswissenschaftlichen Erziehungskonzeption in der Erziehungswirklichkeit mit ihren konkret-historischen Handlungssituationen von einer geschlossenen Theorie nicht gesprochen werden. Dies gilt in verstärktem Maße für die hermeneutisch-pragmatische Erwachsenenbildungstheorie. Im folgenden sollen einige zentrale, verstreut vorliegende und praxisbezogen formulierte Gedanken dieser Tradition der Erwachsenenbildung dargestellt werden. Sie haben in erster Linie Resonanz gefunden bei der sogenannten „Neuen Richtung" der Erwachsenenbildung in der Weimarer Republik (vgl. Laack 1984), die sich absetzt gegenüber der in der Tradition von Aufklärung und Liberalismus stehenden, vor allem von der „Gesellschaft zur Verbreitung von Volksbildung" repräsentierten Richtung der Erwachsenenbildung (vgl. Dräger 1975).

Die Diskussion zwischen diesen beiden Richtungen hat bei allen unterschiedlichen Zusammenhängen Ähnlichkeit mit der aktuellen Debatte zwischen einer lebensweltbezogenen und einer wissenschaftsorientierten Erwachsenenbildungstheorie.

„Die *neue Richtung* in der Erziehung und vor allem auch in der Erwachsenenbildung geht auf Grund dieser Umstellungen heute von einer ganz anderen Gesinnung aus.

1. Es kann sich nicht mehr darum handeln, die Bildung der geistigen Oberschicht an die ungeschulten Schichten einfach mitzuteilen. Man muß aufhören, die Bildung aller nach einem Maßstab zu messen, der nur für eine bestimmte Schicht gültig sein kann. Das Ideal des allseitig kenntnisreichen Menschen gibt keinen Maßstab für die Bildung von Arbeitern, Bauern oder modernen Großstädtern des Mittelstandes. Vielmehr soll jeder in seiner Schicht, in seiner geschichtlichen Lage für seine Lebensaufgabe erzogen werden. Den Industriearbeiter gilt es zum Glied des Industrievolkes, den Bauern zum ländlichen Menschen unserer Tage, den Arzt, Juristen, Lehrer zum echten Träger seines Amts im Volke zu bilden. . . .

2. Die Volksbildungsarbeit kann sich auch nicht mehr einseitig in den Dienst der Aufklärung stellen im Sinn einer Mitteilung von Wissen, das die Wissenschaft bereitstellt. Sie sucht vielmehr das Ganze erzieherischer Zwecke zu verwirklichen; das Wissen und die Aufklärung sind nur ein Teil dieses Ganzen. Die neue Volksbildung sieht den Menschen in seiner Gesamtlage und fragt nach dem Ganzen seiner geistigen *Bedürfnisse*. Sie begnügt sich dabei nicht, auf das einzugehen, was der andere als sein Bedürfnis anmeldet. Sie sucht zu verstehen, was sein tieferes und wirkliches Bedürfnis ist. Es zeigt sich dann, daß hinter dem Bedürfnis nach dem Wissen der Gelehrten eine Lebensnot sich regt, die durch jenes Wissen der Gelehrsamkeit gar nicht gestillt werden kann, sondern das Bedürfnis nach praktischer Hilfe, nach Besinnung und Aufklärung über das wirklich gelebte Leben und seine Aufgaben ist. Die Erforschung der wahren geistigen Bedürfnisse des Menschen wird dahin führen, daß wir die Lebensnot überall entdecken, die sich aus dieser Epoche des Übergangs ergibt. Der moderne Mensch lebt im Grunde in innerster Unsicherheit, wenn auch sein Äußeres beherrscht und heiter erscheint."

Flitner 1982, S. 206/207

An anderer Stelle heißt es bei Flitner: „Die vorwiegend wissenschaftliche Bildung, die unter Verlust wahrer Menschenbildung sich erhält, hat uns seelisch leer gelassen und betrügt um den letzten Sinn des Daseins." (Flitner 1921, S. 45) Diesem Volksbildungstyp wird eine unter dem Einfluß der Jugendbewegung und der kulturkritischen oder gar – pessimistischen Stimmung großer Teile der Intelligenz nach dem Ersten Weltkrieg stehende, theoretisch in der Nachfolge Diltheys sich verstehende Bildungskonzeption entgegengesetzt, die die geistige Kultur und Entfaltung des Menschen in seiner persönlichen Eigenart in den Mittelpunkt stellt. Die alltägliche Erfahrung der Teilnehmer der Erwachsenenbildung – eine „Kunde" (Nohl) als Vorform der Wissenschaft – gilt nicht nur als Anknüpfungspunkt, sondern als konstitutive Grundlage von Bildung, die für Erwachsene insofern eine existentielle Bedeutung hat, als sie hilft, ihren Alltag zu „vergeistigen". Die Volksbildung nimmt ihren Ansatzpunkt in den konkreten Lebensbedingungen und Bedürfnissen der Schüler der Volkshochschule, um ihnen zu geistiger Herrschaft über sie zu verhelfen. Ähnlich bestimmt die neuere

wissenssoziologische Theorie die Handlungsstruktur der Erwachsenenbildung als interne Aufklärung der vorwissenschaftlichen, die Identität im Alltagsleben stabilisierenden Deutungsmuster. Vorweggenom-
men scheint auch die unter eher sozialisationstheoretischer Sichtweise
gewonnene Einsicht, nach der die Entwicklung des Individuums den
Bezugspunkt der Erwachsenenbildung darstellt. „Von der Auffassung
ausgehend, daß Bildung nicht ein geistiger Besitz, sondern eine geistige
Form ist, die durch die innere Auseinandersetzung mit der Kultur
gewonnen wird, kommt die Neue Richtung zu der Forderung einer indi-
vidualisierenden Volksbildungsarbeit, die auf die im einzelnen Menschen gegebenen Voraussetzungen aufbauen muß. Diese Voraussetzungen liegen viel weniger in den äußeren Gegebenheiten, z.B. der
sozialen Stellung oder dem Beruf des einzelnen, als vielmehr in seiner
inneren seelischen und geistigen Disposition. Da es sich bei der Bildungsarbeit um Erwachsene handelt, versteht es sich von selbst, daß sie
es zum großen Teil mit Menschen zu tun hat, die weltanschaulich
bereits ganz bestimmt eingestellt sind ... Aufgabe der Bildungsarbeit
könnte es also nur sein, diese Form (der Weltanschauung, d.V.) in der
gegebenen Richtung zu vollkommenerer Gestaltung zu führen oder sie
zu vernichten, damit die Möglichkeit einer völligen Neugestaltung
gegeben werde. Unter völliger Verneinung aber der bereits vorhandenen geistigen Form ist Bildungsarbeit an Erwachsenen undenkbar" – so
Robert von Erdberg, der Mitarbeiter des Hohenrother Bundes, der
bedeutendsten Vereinigung der Neuen Richtung (Erdberg 1968, S. 39).
Als zentrales Medium der Volksbildung zum Zwecke einer vertieften
Auffassung von der Alltagstätigkeit der Teilnehmer gilt die Arbeitsgemeinschaft (vgl. dazu Rosenstock-Huessy/v. Trotha 1977), in der sich
die therapeutische Kraft des Gesprächs entfalten kann. „Der Erwachsene ... muß dahin gebracht werden, seine Gedanken tels quels (so wie
sie sind, d.V.) herauszusagen ... Dadurch kommen die Gedankenmas-
sen in ihm in Bewegung. Im Aussprechen merkt er selbst, wie vieles in
ihm lagert, und so verfliegt manches Trugbild schon, indem er es nur zu
sagen versucht. Nun wird Raum für die Aufnahme einer gereinigten
Darstellung." (Rosenstock-Huessy 1968, S. 86; vgl. dazu auch Schmitz
1983)
Ebenso aktuell muten die Ideen an, die die Neue Richtung in ihrer
Kritik an dem später durch die realistische Wende propagierten engen
Berufsbezug der Erwachsenenbildung äußert, eine Kritik, die durch die
heutigen Tendenzen der Krise der Arbeitsgesellschaft, der Expansion
von Freizeit und Dienstleistung bestätigt zu werden scheint: „Bessere
Bewältigung der Lebensaufgaben, in denen die Menschen stehen, ist
das Ziel (der Erwachsenenbildung, d.V.). Die Lebensaufgabe erschöpft
sich ja nicht im Beruf; ohnehin haben viele nur Erwerbsarbeit, aber keinen Beruf mehr, und die Berufe sind durch die Arbeitsteilung und
Rationalisierung so eingeengt, daß sie den Willen zum Dienen, Wirken,

Schaffen nicht mehr erschöpfen. Desto wichtiger wird jedoch eine *zweite Arbeitswelt,* die im Dienst der Gewerkschaft, Genossenschaft, der Politik, der sozialen Fürsorge und Wohlfahrtsarbeit, der Erziehung sich auswirkt. Für das Leben in dieser berufserfüllten freiwilligen Mehrarbeit will die Erwachsenenbildung die Laien schulen. Hier werden Fertigkeiten benötigt, die nur aus bestimmter Gesinnung heraus angewandt werden können. Die Ausbildung der Fertigkeiten in der geistigen Atmosphäre der Erwachsenenbildung ist von ganz anderem Wert als eine rein technische Ausbildung, hinter der die Zufallsgesinnungen unserer Alltagswelt stehen." (Flitner 1982, S. 208f)

Es sollen die irrationalen, die geistige Sphäre hypostasierenden Denkmuster der geisteswissenschaftlichen Reformpädagogik mit ihrem theoretischen Modell einer Volksbildung als „Volksbildung" nicht geleugnet werden, die ein direktes Anknüpfen an diese Theorien unmöglich machen. Aber ihre pauschale Subsumierung unter Positionen der Antiaufklärung, der Wissenschafts- und Theoriefeindlichkeit und der politischen Reaktion, wie es seitens der soziologisch orientierten Erwachsenenbildungstheorie heutiger Tage häufig geschieht, scheint unangemessen: Ansonsten wäre ein *indirektes* Anknüpfen an diese Tradition beim gegenwärtigen Stand der Theoriebildung, die auch für die Erwachsenenbildung die Idee einer Dialektik der Aufklärung fruchtbar zu machen beginnt, nicht möglich. Flitner spricht in seiner programmatischen, 1921 erschienenen Schrift „Laienbildung" von der durch die Volksbildung zu begründenden „zweiten Phase der Aufklärung" (ebd. 1921, S. 50), die ein Denken vermittelt, das die einseitige Rationalisierung der Lebenswirklichkeit kritisiert, ohne einen substantiellen Begriff von Vernunft preiszugeben. „Erst dieses Denken berücksichtigt die metaphysische Situation, reinigt und sichert zugleich das untergründige Leben und ist doch aufgeklärt, realistisch, beobachtend und genau; analytisch ohne zersetzend, aufklärend ohne verflachend, wissend ohne intellektualistisch zu sein, empiristisch ohne Leugnung der Ideen; einfach ohne das Wirkliche künstlich vereinfacht und versimpelt zu haben." (ebd. 1921, S. 50) Daß nicht nur der wissenschaftlichen Aufklärung, sondern auch der Erwachsenenbildung, die sich nach der Neuen Richtung *auch* auf Wissenschaft gründet, Grenzen gesetzt sind, die darin liegen, daß die von den Reformpädagogen einhellig und mit Emphase betonten Grundprinzipien der Subjekthaftigkeit, Selbständigkeit, Freiheit, Ganzheitlichkeit und Kreativität des Lernens in einer „entschulten" Volksbildung durch die Verwissenschaftlichung und Pädagogisierung der Erziehungswirklichkeit in ihr Gegenteil pervertiert werden können, ahnt Flitner: „Die Zunahme der Rationalität in unserer Technik und Wirtschaft ... ruft ein fortdauerndes Schulungsbedürfnis wach. Es ist eine paradoxe Entwicklung möglich: daß die Menschen immer unselbständiger werden, je mehr sie noch im Erwachsenenalter umsorgt sind." (ebd. 1982, S. 284)

Als letztes Dokument der geisteswissenschaftlichen Erwachsenenbildungstheorie läßt sich das Gutachten des Deutschen Ausschusses für das Erziehungs- und Bildungswesen „Zur Situation und Aufgabe der deutschen Erwachsenenbildung" von 1960 ansehen. Diese durch die Versozialwissenschaftlichung der Erziehungswissenschaft in den Hintergrund gedrängte Tradition wird heute noch von einigen wenigen älteren, aus der traditionellen Pädagogik hervorgegangenen Autoren wie Pöggeler und Ballauff vertreten.

Das Gutachten nimmt noch einmal den neuhumanistischen, personalen Bildungsbegriff der Geisteswissenschaften auf, freilich ohne das Pathos der Zwanziger Jahre. Das Bildungswissen der Erwachsenenbildung – so heißt es dort – erfährt seine Relevanz in der Struktur der biografisch angehäuften Lebenserfahrung der Teilnehmer. „Es wird seine Mitte haben in jenem Bereich gesicherter originärer Erfahrungen, für die der Mensch einstehen kann, weil er sie selber gemacht hat. Was er sich darüber hinaus zu eigen machen muß, um die Welt zu verstehen, und Stand in ihr zu gewinnen, kann er nur von dieser Mitte aus auswählen, prüfen und einordnen." (Deutscher Ausschuß für das Erziehungs- und Bildungswesen 1966, S. 872) Damit ist zugleich angedeutet, daß Bildung hier weniger begriffen wird als Rezeption eines festgelegten Kanons von kulturellen Objektivationen, sondern eher als ein offenes System der Hilfe zur Bewältigung konkreter Lebenssituationen. Erwachsenenbildung als Lebenshilfe impliziert allerdings die Gefahr der Entmündigung der Teilnehmer, deren autonome Deutungs- und Entscheidungsfähigkeit insofern eingeschränkt wird, als sie in Abhängigkeit gerät von den Angeboten der Erwachsenenbildungsexperten. „Je ernstlicher die Not ist, um so sorgfältiger muß die Erwachsenenbildung bemüht sein, die Ratsuchenden nicht von sich abhängig zu machen. Sie ist keine Autorität, die Gehorsam oder Bindung erwarten kann, sie hat aber ihre Aufgabe als Helfer erfüllt, wenn sie sich überflüssig gemacht hat, wenn sie den Menschen fähig und frei gemacht hat, sich selbst zu helfen. Lebenshilfe durch Bildung ist immer Hilfe zur Selbsthilfe, Bildung zur Selbstbildung." (ebd., S. 896).

Diese prinzipielle Offenheit der Erwachsenenbildung wird – das zeigen insbesondere die Äußerungen von Ballauff und Pöggeler – theoretisch begründet durch einen wie immer auch geisteswissenschaftlich verkürzten Begriff des Subjekts, dessen zu bewältigende Lebenswelt die konstituierende Grundlage des Lernens darstellt. „In der Zugluft der alltäglichen Lebensbewältigung" stehend – so Pöggeler in seinem Aufsatz „Erwachsenenbildung als Abenteuer und Wagnis" – und mit Teilnehmern konfrontiert, die „hinter den Motiven des *Wissens* Motive des *Lebens* als die eigentlichen Motive" in den Lernprozeß einbringen, ist Erwachsenenbildung „deshalb so sehr ein geistiges Abenteuer und Wagnis, weil sie eine *irreguläre, außerordentliche,* letztlich nicht planbare und in Ziel und Wirkung *offene* geistige Wirkung zuläßt" (Pöggeler

1961, S. 44). Erwachsenenbildung, die „viel ‚Unbürgerliches‘, ‚Unschulisches‘, Neuartiges und Umstürzendes … an sich hat" (ebd., S. 56), ist der permanenten Selbstkritik ausgesetzt, „sie ist gewissermaßen Ausdruck eines steten geistigen Revisionismus" (ebd., S. 48). Vom Begriff des Teilnehmers ausgehend, hält die Theorie fest, daß die durch Bildung vermittelte Hilfe zur Selbsthilfe sich allein auf die *geistige* Bewältigung der Probleme und auf die *Begründung* der Entscheidungen der Lebenswelt bezieht, einen Sachverhalt, den die neuere, Perspektiven der Wissenssoziologie und der Psychoanalyse integrierende Erwachsenenbildungstheorie als Handlungsstruktur der „stellvertretenden Deutung" von Entscheidungsproblemen begreift (vgl. Schmitz 1983, 1984).

Demgegenüber bleibt die Ebene der tatsächlichen *Entscheidung* gegenüber lebenspraktischen Problemen allein Sache der Teilnehmer. „Allein der Teilnehmer muß mit ihnen fertigwerden; niemand darf und kann ihm die Verantwortung abnehmen. – Er wird gern bereit sein, sie zu tragen, wenn er von der *Lust* gepackt wird, die die Jagd nach der Wahrheit und nach dem Leben entfachen kann." (Pöggeler 1961, S. 54) Erwachsenenbildung, die es mit – entwicklungstheoretisch gesehen – prinzipiell kompetenten Menschen zu tun hat, hat die Autonomie der Lebenspraxis der Teilnehmer zu respektieren. „Im Grunde ist – so paradox das klingen mag – Erwachsenenbildung eine *Probe aufs Erwachsensein*. Denn indem man an der Erwachsenenbildung teilnimmt, wird man in seinem ganzen Erwachsensein angefordert, in seiner Mündigkeit, Selbstverantwortung und Freiheit … In diesem Sinne erweist sich Erwachsenenbildung stets als Doppeltes: als Bildung *des* Erwachsenen und als Bildung zum Erwachsenen" (ebd., S. 52).

Aufgrund dieser theoretischen Bestimmungen ergeben sich folgerichtig Einsichten in die Handlungs- und Tätigkeitsstruktur des in der Erwachsenenbildung Lehrenden, die in der gegenwärtigen professionstheoretischen Diskussion bezüglich pädagogischer Berufe ähnlich formuliert werden (vgl. dazu Schmitz 1982).

„Unter Erwachsenenbildnern trifft man nicht so sehr den reinen Lehr- und Vermittlungstyp an, der ‚Fertiges‘ in möglichst angenehmer Zubereitung weitergeben will, sondern mehr den sokratisch-heuristischen Typ, den, der zum Suchen, Fragen und Entdecken anregt … Der Erwachsenenbildner sollte nicht ‚Dozent‘ sein, der von der Führungsbedürftigkeit der Lernenden ausgeht, sondern ein Pfadfinder im geistigen Reich mit feinem Spürsinn für die Problematik menschlicher Existenz, eine entdeckerische und inspiratorische Natur, ein kühner ‚Unternehmer‘, für den es auch im Reich des Geistes noch Taten gibt und nicht nur Tat-Sachen, welche säuberlich geordnet sein wollen."

Pöggeler 1961, S. 54

Die mit der realistischen Wende der Erziehungswissenschaft einsetzende Einführung von verhaltenstheoretisch orientierten Lerntheorien zur Bestimmung des Interaktionsprozesses in der (Erwachsenen-) Bildung ersetzt den Bildungsbegriff mit seinen normativen Implikationen durch den Begriff des Lernens, der Bildung auf die Dimension instrumentellen Handelns reduziert. Ballauff beklagt: „Lernen ohne Bildung wird richtungs- und ‚sinnlos‘, es artet zu bloßer Aktivität und zur Leistung aus." (Ballauff 1981, S. 17) Der Lernprozeß wird konzipiert als relativ passive Übernahme fertigen Bildungswissens und nicht als selbständiges Mitdenken in gedanklichen Zusammenhängen. Auch eine sozialisationstheoretische Begründung von Erwachsenenbildung gerät in Gefahr, die Subjekthaftigkeit von Bildung nicht adäquat erfassen zu können. Ballauff trifft mit dieser Kritik allerdings nur eine spezifische Variante der Sozialisationstheorie, nämlich die funktionalistische Rollentheorie, die tendenziell den Prozeß der Anpassung an gesellschaftlich vorgegebene Rollen und Normen überbetont gegenüber dem in der Sozialisation sich zugleich abspielenden Vorgang der Individuation. Für Bildung, die „etwas anderes bezeichnen muß, als was Sozialisation ausmacht oder erbringt", ist konstitutiv, daß durch sie „eine ‚Balance‘ zwischen personaler und sozialer Identität hergestellt und aufrechterhalten" wird (ebd., S. 14).

Insgesamt läßt sich von der geisteswissenschaftlichen (Erwachsenen-) Bildungstheorie sagen, daß ihr bildungs- und kulturtheoretischer Gehalt und ihre Relevanz für die Bestimmung der Struktur erwachsenenpädagogischen Handelns weniger in ihrer allgemeinen Theorieperspektive liegen, sondern eher in ihren prägnanten Gedanken über die erzieherische Praxis, die sie zum Teil – ähnlich den großen Pädagogen wie Pestalozzi oder Fröbel, die ja auch keine großen wissenschaftlichen Theoretiker waren – gleichsam intuitiv gewonnen hat aus eigener Erfahrung der Bildungspraxis. Demgegenüber ist ihr Bildungs- und Kulturbegriff in der Nachfolge der Dilthey-Tradition weniger gehaltvoll, da er einer systematischen kulturalistischen Verkürzung unterliegt, die vor allem darin zum Ausdruck kommt, daß er basiert auf der grundlegenden Unterscheidung zwischen der Bildung und Kultur als der Welt des Geistigen, Symbolischen, des „Reiches der Freiheit" und der Zivilisation, der materiellen Reproduktion der Gesellschaft, des „Reiches der Notwendigkeit", wobei der Bereich von Bildung und Kultur gegenüber dem der gesellschaftlichen, nicht-normativen Strukturen hypostasiert wird.

Die Erziehungswirklichkeit wird nicht als Feld sozialer Abläufe verstanden, sondern reduziert auf die den Subjekten verfügbaren symbolischen Bedeutungszusammenhänge der Lebenswelt. Erfahrungsgegenstand der geisteswissenschaftlichen (Erwachsenen-)Bildungstheorie ist nicht die material analysierbare Realität, sondern die Ebene des transzendentalen Subjekts, dem ein Wertehimmel gegenübergestellt wird. Die geistigen Strukturen, die Erwachsenenbildung konstituieren, werden nicht in ihrer Objektivität als soziale Handlungen gefaßt, sondern verkürzt auf Bewußtseinsformen, auf psychische Dispositionen, Motivationen, Wertvorstellungen usw. Dieser subjektivistischen Sichtweise ist es nicht möglich, die geistigen Strukturen systematisch zu unterscheiden in objektive Sinnstrukturen sozialer Gebilde und ihren mentalen, dem Bewußtsein zugänglichen, subjektiven Repräsentationen in Form von pädagogischen Absichten, normativen Vorstellungen oder Willenserklärungen. In diesem Sinne bleibt die geisteswissenschaftliche Erwachsenenbildung Postulatpädagogik, die die Leistungen der Erziehung an ihre Intentionen bindet und die nicht-intendierten, dem Bewußtsein unzugänglichen Prozesse der Bildung nicht erfassen kann (vgl. Brunkhorst 1983).

In bezug auf die für diese Erwachsenenbildungstradition und ebenso für die gegenwärtige Erwachsenenbildungstheorie zentralen Begriffe Handlung, Subjekt und Bildung lassen sich die Defizite der geisteswissenschaftlichen (Erwachsenen-)Bildungstheorie zusammenfassen:

- Der Begriff des Subjekts wird monologisch gefaßt im Sinne der Konstruktion des einsam handelnden Subjekts, dessen dialogisches, dialektisches Verhältnis zur Gesellschaft theoretisch abgeschnitten wird.
- Der Begriff der Handlung wird einseitig gebunden an die kulturellen Verstehensprozesse der Lebenswelt, wodurch die die Prozesse der Bildung strukturierenden Handlungszwänge aus dem Blickfeld geraten.
- Der Begriff der Bildung wird personal auf der Ebene des transzendentalen Subjekts und normativ auf der Ebene kultureller Wertideen entwickelt. Trotz der Behauptung des dialogischen Ursprungs der Bildung bleibt ihre objektive soziale Strukturiertheit im Dunkeln.
- Die Fundierung des normativen Bildungsbegriffs in der Lebenswelt führt unter dem Einfluß der Lebensphilosophie zu einer Metaphysik des Lebens. Das Leben an sich und nicht seine bestimmte historische Gestalt gilt als konstituierende Grundlage der Bildung. Man kann in diesem Sinne von einem heimlichen Objektivismus bzw. Positivismus der geisteswissenschaftlichen (Erwachsenen-)Bildungstheorie sprechen. Die Objektivität bzw. Positivität des Lebens und nicht die Konstruktions- und Verstehensleistungen des Subjekts sind konstituierend für Bildung. Von daher gesehen ist es nicht verwunderlich, daß die hermeneutische Bildungskonzeption sich affirmativ verhält gegenüber den das Leben bestimmenden Mächten ihrer Zeit, sei es die Linke nach dem Ersten Weltkrieg, sei es die Rechte am Ende der Weimarer Republik.

Dennoch erscheint es voreilig, die geisteswissenschaftliche (Erwachsenen-)Bildungstheorie ad acta zu legen, wie es im Rahmen der Szientifizierung der Erziehungswissenschaft in den siebziger Jahren weitgehend geschehen ist. Gewiß ist sie zur Erklärung pädagogischer Prozesse nicht ausreichend, da sie zu sehr fixiert ist auf geistige und kulturelle Objektivationen. Sie kann uns wenig Auskunft geben über das „Wie" der (Erwachsenen-)Bildung und der Entwicklung des Subjekts und wie pädagogische Prozesse ablaufen. Aber um so mehr über die vorrangige Frage des „Was", zu was eigentlich gebildet wird, was das Ziel, die Idee, die Norm der Bildung und Entwicklung ist oder sein soll: das autonome, identische und kompetente Subjekt.

Die für die aktuelle Diskussion unverzichtbaren Impulse der hermeneutischen (Erwachsenen-)Bildungstheorie seien noch einmal kurz resümiert:

- Geistige Strukturen werden zum Gegenstand der Theorie gemacht; Erwachsenenbildung gilt als durch Sinnhaftigkeit strukturiertes Handeln.
- Das für die Erwachsenenbildung entscheidende Verhältnis ihrer Theorie zur Praxis wird zum zentralen Thema erklärt. Theorie und Praxis stehen in einem dialektischen Verhältnis zueinander, sie bilden erkenntnistheoretisch gesehen eine Kontinuität. Die Praxis der Erwachsenenbildung ist selber theoriehaltig. Das Selbstverständnis der Theorie ist praxeologisch orientiert.
- Mit der Hermeneutik ist eine Methodologie gefunden, die in der Lage ist, den Bedeutungsgehalt der erwachsenenbildnerischen Prozesse theoretisch zu explizieren.
- Der Handlungsbegriff der hermeneutisch-pragmatischen Erwachsenenbildungstheorie betont gegenüber dem in den Sozialwissenschaften prominent gewordenen Verhaltensbegriff die für erwachsenenpädagogisches Handeln konstitutive Struktur der Sinnhaftigkeit.
- Der Subjektbegriff ist tendenziell in der Lage, einen dieser Handlungsstruktur angemessenen Begriff des Teilnehmers von Erwachsenenbildung zu entwickeln jenseits seiner Reduzierung auf einen bloßen Träger von Rollen.
- Der Bildungsbegriff hält emphatisch fest an der durch die realistische Wende der Erwachsenenbildung verlorengegangenen Vorstellung der Subjekthaftigkeit von Bildung, die als die subjektive Seite kultureller Wertideen verstanden wird.
- Als grundlegendes Prinzip der Erwachsenenbildung gilt die Mäeutik, nach der die Erwachsenenbildung die Aufgabe hat, ähnlich einer Hebamme – so die Übersetzung des griechischen Wortes Mäeutik –, die im Teilnehmer und in der Lebenswelt latent vorhandenen handlungsleitenden Deutungs- und Orientierungsmuster intern aufzuklären und dem Bewußtsein zugänglich zu machen. Das Alltagswissen und die Erfahrungen der Menschen gelten nicht nur als Anknüpfungspunkt, sondern als konstitutive Grundlage für Erwachsenenbildung.

– Ziel der Erwachsenenbildung ist die Stabilisierung und Entfaltung der Identität und die Erweiterung der Kompetenzen der Teilnehmer, damit sie ihre alltäglichen Handlungsprobleme besser bewältigen können. Erwachsenenbildung gilt als Handlungsform, die stellvertretend für den Teilnehmer, aber mittels seiner Aktivität, Deutungen seiner Probleme entwickelt, ohne ihm die Lösung dieser Probleme durch Entscheidungen abzunehmen. Die Autonomie seiner Lebenspraxis bleibt unberührt.

Die geisteswissenschaftliche Erwachsenenbildungstheorie hat die Grundlagen gelegt für eine den heutigen Bedingungen von Erwachsenenbildung angemessene wissenschaftliche Konzeption. Es gilt, diese grundlegenden Einsichten wiederzuentdecken und – dies soll im folgenden geschehen – sozialwissenschaftlich-kulturtheoretisch umzuformulieren.

Hans-Hermann Groothoff
Kommentar zur geisteswissenschaftlich-hermeneutischen Theorieperspektive

In der Tat zeichnet sich eine Rehabilitation der „geisteswissenschaftlichen" Pädagogik und ihres „hermeneutisch-pragmatischen" bzw. „historisch-systematischen" Ansatzes ebensowohl in der Theoriediskussion der Allgemeinen Pädagogik wie der Erwachsenenpädagogik ab. Es zeichnet sich aber in der Philosophie wie in ersten Ansätzen auch in der Pädagogik eine neue, weniger von der sogenannten Dilthey-Schule als vielmehr von der Sozialwissenschaft und ihrer (selbst-)„Kritischen Theorie" inspirierte Dilthey-Rezeption ab.

Allem Anschein nach hat man den Machtkampf zwischen der geisteswissenschaftlichen und der szientifischen Richtung der Wissenschaften von Leben und Welt des Menschen mit seinen denn doch oft recht groben Vereinfachungen überwunden und erkannt, daß alle diese Wissenschaften es mit der geschichtlichen Wirklichkeit zu tun haben, die uns ebenso vor- wie aufgegeben ist und in die wir immer schon verwickelt sind, für deren Erkenntnis und Gestaltung es keinen Standpunkt außerhalb ihrer selbst gibt, weswegen alle diese Disziplinen auf konkurrierende Theorien und komplexe Methoden angewiesen sind. Es kann daher denn auch weder eine rein hermeneutische (bzw. phänomenologische) noch eine rein analytische Erziehungswissenschaft geben. Dem entspricht, daß dezidierte Vertreter einer analytischen Erziehungswissenschaft diese nur im Rahmen einer „Praktischen (hermeneutisch-pragmatischen) Pädagogik" für sinnvoll halten und Dilthey seiner Zeit der „Statistik" und den „Versuchen" im Rahmen seiner Theorie der Schule einen hohen Stellenwert zuerkannt hat.

In diesem Zusammenhang zeigt der traditionelle geisteswissenschaftliche Ansatz spezifische Stärken und Schwächen: Er berücksichtigt, daß es immer um Sinnhaftes geht, das verstanden und dabei in seinen Implikationen expliziert wie auch auf seine Voraussetzungen und Bedingungen zurück-

geführt und in seiner erschließenden bzw. verschließenden Bedeutung gewürdigt sein will; ferner, daß es letztlich um die Fortbildung einer Praxis geht, weswegen bei eben dieser Praxis und der in ihr enthaltenen Theorie angesetzt und diese auf ihre je eigene wie ihre gesamtgeschichtliche (bzw. gesamtgesellschaftliche und gesamtwissenschaftliche) Stimmigkeit untersucht wird und schließlich von einem Praxisverständnis ausgegangen wird, aufgrund dessen diese Praxis ungeachtet ihrer Organisation als ein Handlungszusammenhang im dezidierten Sinne des Begriffs verstanden wird, weswegen dann die Erwachsenenbildung wie die Erziehung als eine Sache letztlich persönlicher wie kommunikativer Entscheidungen begriffen wird, was aber Maßgabe wie auch Organisationen keineswegs ausschließen soll. Die Autoren sprechen von den Schwächen dieses Ansatzes, nämlich daß er sich zwar auf die geschichtliche „Erziehungswirklichkeit" – ein nicht eben glücklicher Begriff – als Vor- und Aufgabe bezieht, diese aber nicht als „Feld sozialer Abläufe" begreift, sondern „kulturalistisch" verkürzt, womit zusammenhängt, daß Bildung als ein bloß monologischer und hermeneutischer Prozeß verstanden wird und Gefahr besteht, einem „heimlichen Positivismus" zu erliegen und „affirmativ" zu denken.

Es mag dies die Schwäche mancher geisteswissenschaftlicher Konzepte sein, doch darf man bezweifeln, ob Dilthey selbst so gedacht hat.

Nach Dilthey lebt der Mensch ein geschichtlich-gesellschaftliches Leben. Seine geschichtliche Gesellschaft ist seine „Welt". Damit ist zugleich gesagt, daß die Gesellschaft für Dilthey das große „Rätsel" war, das es zu lösen galt. Wie ist gesellschaftliches Leben möglich? Die Antwort lautet: Geschichtlich-gesellschaftliche „Systeme" ermöglichen solches Leben. Sie sind zwar vom Menschen hervorgebracht, sind aber dem einzelnen vorgegeben und prägen ihn. Sie stehen in „Wechselwirkung", haben aber immer auch ihre eigene Geschichte.

Zwei Arten solcher Systeme werden unterschieden: „Systeme der Kultur" (Sprache, Religion, Kunst usw.), welche zwar analysiert und kritisiert, aber nicht planmäßig verändert werden können, und „Systeme der äußeren Organisation der Gesellschaft" (Staat, Verwaltung, Wirtschaft usw.), welche in gewissen Grenzen verändert werden können und von Zeit zu Zeit auch verändert werden müssen. Beiden Systemen gehört neben dem Recht und der Wissenschaft auch die Erziehung an. Dem entspricht, daß es zwei Arten von „Geisteswissenschaften" gibt: Kulturwissenschaften als spezifisch hermeneutisch-kritische Wissenschaften und Sozialwissenschaften als sowohl hermeneutische als auch empirische und ebensowohl kritische als auch „regelgebende" Wissenschaften. Dem entspricht der Doppelcharakter der Erziehungswissenschaft, nämlich sich als eine Kulturwissenschaft auf die vergleichsweise naturwüchsige, an traditionellen moralischen und sozialen Normen orientierte Erziehung namentlich, aber nicht nur durch die Eltern, und sich als eine Sozialwissenschaft auf die institutionalisierte und organisierte Erzie-

hung, das Erziehungswesen, das immer auch ein Unterrichts- bzw. Bildungswesen ist, zu beziehen.

Diesem Konzept entspricht denn auch Diltheys „Theorie der Bildung", nach der Bildung einerseits, da der einzelne ein „Kreuzungspunkt" der Systeme ist, ein Prozeß geschichtlicher Vergesellschaftung, andererseits ein Prozeß der Integration der Ausbildung durch die Systeme zur „Identität der Person" mit sich und damit zur Denk- und Handlungsfähigkeit ist. Dem wieder entspricht, daß der Bildungsprozeß bis in die Tiefe der Subjektivität ein sozialer bzw. dialogischer Prozeß ist, weswegen Identität immer auch „Solidarität" mit all denen ist, mit denen man es direkt oder indirekt zu tun hat.

Eben dieser Prozeß kann aber nur gelingen, wenn „Harmonie" zwischen den Systemen waltet und alle Systeme immer auch auf den Menschen als einem „Selbstzweck" ausgelegt sind und zu seiner „Selbstbildung" beitragen, wobei einerseits Kunst und Wissenschaft, andererseits den sozialen und ökonomischen Verhältnissen eine besondere Bedeutung zukommt.

Der Tradition nach gehören „Theorie der Bildung" und „Theorie des gegenwärtigen Zeitalters" zusammen. So auch bei Dilthey, der feststellt, daß von „Harmonie" keine Rede sein kann, man sich vielmehr in einer „epochalen Krisis" befindet, deren Zentrum die ungelöste „soziale Frage" ist, die sich aber auch in Verunsicherungen der Kunst und der Wissenschaft und in der „Rückständigkeit" der Pädagogik wie des Erziehungswesens selbst ausdrückt.

Erziehung versteht Dilthey als eine „Funktion der Gesellschaft", die in der „entwickelten" Gesellschaft immer auch durch ein Erziehungswesen wahrgenommen wird, für dessen Analyse und Reform eine „praktische" wissenschaftliche Pädagogik ausgebildet werden muß. Sofern die Erziehung der Bildung dienen soll, bedarf sie einer spezifischen pädagogischen „Freiheit", weil sie letztlich – modern ausgedrückt – den Charakter einer interpersonalen Interaktion und damit ihre eigene Autonomie hat, was aber eine empirisch begründete Organisation nicht ausschließt.

Die hierzu gehörende Pädagogik – so Dilthey – sei „rückständig", da sie als bloß rationalistisch bzw. empirisch der Praxis und deren Reform nicht gerecht würde. Und das Erziehungswesen sei rückständig, da es noch kein „System" sei, keine „Übergänge" ermögliche und nicht auch den Kindern der Arbeiter zu Diensten sei. Auch fielen Lernen und Leben in der gegenwärtigen Gesellschaft auseinander.

Das Erziehungswesen soll zur Vermittlung der gesellschaftlichen Systeme wie zur Personalisation beitragen und zu seinem Teil ermöglichen, daß der Mensch an seiner „Stelle" und nach seinen Kräften in Kultur und Gesellschaft „eingreifen" kann. Die Stelle aber, die Dilthey dabei ins Auge gefaßt hat, ist der (Lebens-) „Beruf", mit welcher Bestimmung Dilthey aber noch ganz dem frühen 19. Jahrhundert verhaftet geblieben ist.

Andererseits hat er zwischen „Bildung" und „Fachbildung" unterschieden und unter Bildung – ausdrücklich – einen lebenslangen Prozeß verstanden. Es sollte möglich sein, unter Benutzung neuerer, auch human- und sozial-

wissenschaftlicher Erkenntnis eine nun nicht mehr verengte, sondern in einem weiten und zugleich differenzierten Sinne „geisteswissenschaftliche" Theorie der Erwachsenenbildung zu entwickeln, die u.a. den interpersonalen und sozialen Charakter der Bildung, die besondere Bedeutung der Kunst als einer „authentischen Interpretation" des geschichtlichen Lebens – auch und gerade im Zeitalter spezialistischer Wissenschaften –, die Notwendigkeit, die Wissenschaften von der geschichtlichen Welt immer auch in ihrem Zusammenhang zu sehen, die – lebenslange – Wechselwirkung von Leben und Lernen und den immer auch interpersonalen kommunikativen Charakter der Bildungsarbeit berücksichtigt.

3.2 Sozialisationstheoretische Ansätze der Erwachsenenbildung

Im folgenden soll die Frage diskutiert werden, inwieweit eine sozialisationstheoretische Begründung von Erwachsenenbildung in der Lage ist,
– einen soziologischen Begriff vom Erwachsenen und seiner Entwicklung zu formulieren;
– die Handlungsprozesse der Erwachsenenbildung in ihrem gesellschaftlichen Gehalt und ihrer sozialstrukturellen Einbettung zu erfassen;
– die Handlungsregeln von Erwachsenenbildung als objektive Sinnstrukturen jenseits des Bewußtseins der Beteiligten zu begreifen.

Unter Sozialisation soll vorläufig verstanden werden:
– der Vorgang der Vergesellschaftung des Individuums im Laufe seiner Lebensgeschichte;
– die *soziale* Konstitution der Persönlichkeit im Rahmen ihrer handelnden Auseinandersetzung mit der Umwelt;
– die aktive Aneignung der kulturellen Überlieferung in Form von Werten, Normen und Wissensstrukturen.

Erwachsenensozialisation meint, daß diese Prozesse nicht mit der Kindheit und der Jugend abgeschlossen sind, sondern sich in gleicher oder ähnlicher Weise auch im Erwachsenenleben abspielen. Jedermann weiß, daß auch der Erwachsene weitreichenden Persönlichkeitsveränderungen unterworfen ist. Außerdem ist er in der Lage, sich an veränderte Umweltbedingungen mehr oder weniger rasch anzupassen. Die Erwachsenenbildung läßt sich in dieser Hinsicht als institutionalisierte Hilfestellung zur Bewältigung dieser Anpassungsprozesse verstehen – sei es in der Situation einer dramatischen Änderung der unmittelbaren Lebenswelt, etwa beim Tod eines Lebenspartners, sei es bei weniger abrupten Umstellungen, etwa eines Umzuges in eine andere Wohnung oder Stadt (zur Sozialisationstheorie allgemein vgl. Geulen 1977; Hurrelmann/Ulich 1980; zur Erwachsenensozialisation vgl. Griese 1976b, 1979; Kohli 1978, 1984; Nave-Herz 1981; Frank 1984).

Nun spricht der Common sense aber auch davon, daß der Erwachsene in der Regel „fertig" entwickelt ist, also die grundlegende Sozialisation und die Entwicklung basaler Persönlichkeitsmerkmale mit Erreichen des Erwachsenenalters abgeschlossen sind. Und jeder weiß, daß die Erwachsenenbildung als die einzige Bildungsinstitution, die in weiten Teilen auf dem Prinzip der Freiwilligkeit beruht, längst nicht die grundlegende soziale Relevanz für die Entwicklung des Individuums besitzt wie das übrige Bildungswesen.

Welche der beiden Alltagsweisheiten hat nun Recht? Vielleicht beide? Die sozialisationstheoretische Begründung von Erwachsenenbildung muß sich dieser Frage stellen und sie wird – dazu später mehr – eine mögliche Antwort darin finden, daß zwar Sozialisation im Erwachsenenalter stattfindet, diese aber in ihrer Struktur unterschieden werden muß von der Sozialisation in Kindheit und Jugend. Die allgemeine Sozialisationstheorie unterscheidet demgemäß die primäre Sozialisation in Kindheit und Jugend, in der grundlegende Kompetenzen und Persönlichkeitsmerkmale erworben werden, von der sekundären Sozialisation im Erwachsenenalter, in der diese Grundlagen individuell ausgeformt bzw. der jeweiligen Situation angepaßt werden.

Zunächst sollen einige wissenschaftsinterne und -externe Gründe angeführt werden, warum eine sozialisationstheoretische Begründung von Erwachsenenbildung überhaupt sinnvoll erscheint.

In diesem Kontext werden zentrale Fragestellungen der allgemeinen Sozialisationstheorie diskutiert. Die Notwendigkeit dazu dürfte bereits in dem oben Gesagten deutlich werden: eine sozialisationstheoretische Begründung von Erwachsenenbildung ist nur im Rahmen einer allgemeinen Sozialisationstheorie möglich.

Anschließend wird geprüft, inwieweit die Theorieansätze der Erwachsenensozialisation die Handlungsstrukturen von Erwachsenenbildung erhellen können.

Zum Schluß soll diskutiert werden, welchen Beitrag die sozialisationstheoretische Begründung von Erwachsenenbildung einerseits für eine den heutigen Bedingungen der Erwachsenenbildung angemessene theoretische Sichtweise, andererseits für eine vernünftige Praxis von Erwachsenenbildung leisten kann.

Beginnen wir mit einigen *wissenschaftsinternen Gründen* für die Notwendigkeit einer Theorie der Erwachsenensozialisation. Wie erwähnt, lassen sich sowohl die verschiedenen Varianten der systemtheoretischen Sichtweise als auch die psychologischen und verhaltenstheoretischen Konzeptionen der Erwachsenenbildung insofern als „subjektlose" Theorien charakterisieren, als sie über keinen Begriff des Subjekts von Erwachsenenbildungsprozessen verfügen bzw. die Subjektivität des erwachsenen Lernens nicht als konstituierende Grundlage für die Strukturen und Funktionsweisen von Erwachsenenbildung definieren. Wegen ihrer begrifflichen Reduktion sozialer Handlungen auf ein behavioristisch gefaßtes Verhalten bzw. auf mentale oder innerpsychische Repräsentanzen sind sie nicht in der Lage, die Handlungsstrukturen von Erwachsenenbildung in ihrer subjektiven *und* objektiven Dimension zu erfassen. Die objektivistischen Theorien können die Funktion und die externen Wirkungen von Erwachsenenbildung aufklären, nicht aber ihre interne Logik. Von daher bedarf es einer handlungstheoretischen Sichtweise in Form einer Sozialisationstheorie, die im Stande ist, die Regeln der Handlungsabläufe von Erwachsenenbildung zu rekonstruieren.

Die geisteswissenschaftlich-hermeneutische Erwachsenenbildungskonzeption hat die Fundierung jeglicher Erziehungstheorie in der Praxis, insbesondere in dem praktischen pädagogischen Bezug zwischen Erzieher und Zögling, behauptet. Damit kann sie einen *impliziten* Begriff der Handlung in der Bildung entwickeln, der es ihr erlaubt, der Erkenntnis der internen, sich im Bildungsgeschehen abspielenden Interaktionen auf die Spur zu kommen. Allerdings hat sie den Handlungsbegriff bewußtseinsphilosophisch gefaßt und ist demgemäß nicht in der Lage, seine sozialen Dimensionen zu explizieren. Durch das In-eins-setzen von pädagogischem und sozialem Handeln, von Bildung und Entwicklung des Menschen hat sie das bis heute nicht überwundene Defizit der Pädagogik hinsichtlich der Erfassung der sozialen Strukturiertheit der Bildung begründet.

Demgegenüber geht die sozialisationstheoretische Fundierung der Erwachsenenbildung von der Einsicht aus, daß unter der Voraussetzung der analytischen Trennung von Sozialisation und Bildung die Theorie der Entwicklung des Subjekts den theoretischen Bezugspunkt für die Theorie pädagogischen Handelns abgibt, eine Erwachsenenbildungstheorie sich also nur im Zusammenhang einer Sozialisationstheorie entwickeln läßt.

Die Schwierigkeiten mit der Erwachsenensozialisation hängen mit einer gewissen Widersprüchlichkeit der beiden Komponenten dieses Begriffs zusammen. Die vorliegenden Fragmente zu einer soziologischen Umschreibung des Erwachsenen – eine ausgeführte »Erwachsenensoziologie« gibt es bisher nicht – stimmen darin überein, daß sie ihn als denjenigen charakterisieren, der voll am gesellschaftlichen Leben teil hat, der somit seine »Vorbereitungszeit« hinter sich hat und jetzt ein »fertiger« Mensch ist. Zwar ist inzwischen viel von Weiterbildung die Rede, und sie wird zumindest von den oberen Schichten als wesentlicher Bestandteil des beruflichen Alltags eingestuft. Aber eine – erst noch zu leistende – phänomenologische Analyse des Erwachsenenlebens würde wahrscheinlich zeigen, daß für Erwachsene doch in weiten Bereichen ein selbstverständlicher Anspruch auf stabile Lebensverhältnisse besteht und daß von ihnen über alle äußeren Wechselfälle des Lebens hinweg eine stabile Grundorientierung erwartet wird.

Der Sozialisationsbegriff ist für solche »fertigen« Personen schlecht geeignet. Wo dennoch von Erwachsenensozialisation gesprochen wird, versucht man den Unterschied zwischen dem »Aufbau« der Person und ihrer bloßen »Veränderung« mit der Entgegensetzung von »primärer« und »sekundärer« Sozialisation oder von »Sozialisation« und »Resozialisation« zu fassen. Die Problematik einer solchen Entgegensetzung wird schon an der Frage deutlich, wo denn die zeitliche Grenze im Lebenslauf liegt, von der an eine Person fertig bzw. handlungsfähig ist. Die Problematik geht darauf zurück, daß in diesen Umschreibungen eine sozial geltende Typisierung (der Erwachsene als fertige Person) unbefragt als wissenschaftliche Konzeptualisierung übernommen wird. Die Folge davon ist ein Alterszentrismus, von dem aus der (aktive) Erwachsene als der selbstverständliche »Normale« und die anderen Altersphasen als »Probleme« oder gar »Abweichung« erscheinen.

Zu diesen theoretischen Schwierigkeiten kommen solche der praktisch-empirischen Forschung. Sozialisationsprozesse bei Erwachsenen sind aus mehreren Gründen dem empirischen Zugriff bedeutend weniger leicht zugänglich als solche in Kindheit und Jugend. Sie finden zu einem kleinen Teil in formalen Bildungsinstitutionen statt; das Leben von Erwachsenen ist stärker durch eine gleichzeitige Teilhabe an allen institutionellen Bereichen der Gesellschaft gekennzeichnet. Sie sind entsprechend weniger häufig die Folge von geplantem erzieherischem Handeln. Sie laufen tendenziell langsamer ab, und ihre empirische Erfassung ist deshalb aufwendiger. Schließlich stehen Erwachsene – abgesehen von Insassen geschlossener Institutionen, die keine Möglichkeit haben, sich einer verordneten Forschung zu entziehen – dem Forscher weniger leicht zur Verfügung.

Forschung ist bisher vor allem im Zusammenhang mit praktisch zu bewältigenden Problemen angesetzt worden. Dazu gehören die notwendige berufliche Weiterbildung und Umschulung sowie die – allerdings eher kurzfristig orientierte – Werbung für Konsumgüter oder in Wahlkampfkampagnen, aber auch politische Umschulung und die Anpassung an Kulturwandel (sei es in gesellschaftlichen Modernisierungsprozessen oder beim Übergang in fremde Kulturen, z. B. bei den europäischen Arbeitsemigranten).

Wie weit verändern sich Erwachsene (noch)? Wie weit sind sie (noch) lernfähig? Diese Fragen können zunächst an die Entwicklungs- und Lernpsychologie gerichtet werden. Auch die Entwicklungspsychologie hat sich weit überwiegend auf die frühen Lebensphasen konzentriert; seit einigen Jahren hat sich jedoch zum Teil eine Neuorientierung auf den ganzen Lebenslauf vollzogen. Die bisherigen psychologischen Untersuchungen über Persönlichkeitsentwicklung sind allerdings mit großen konzeptuellen und methodischen Schwierigkeiten behaftet. Wenn viele von ihnen zum Schluß kommen, daß ein erhebliches Maß an Kontinuität der Person besteht, so ist das deshalb mit Vorsicht aufzunehmen. Außerdem ist nicht geklärt, wie weit eine empirisch gefundene Kontinuität im

Verhalten auf eine »innere« Kontinuität der Person oder auf eine Kontinuität der sozialen Verhältnisse, in denen sie lebt, zurückzuführen ist; eine rein psychologische Betrachtungsweise genügt somit nicht.

Der Bereich, der am umfangreichsten untersucht worden ist, ist die Entwicklung der Intelligenz im Erwachsenenalter. Das ursprünglich herrschende »Defizitmodell« des Alterns – wonach schon bald nach Beginn des Erwachsenenalters eine massive Abnahme einsetzt – ist inzwischen aufgegeben worden. Um die Tatsache einer gewissen Abnahme scheint man nicht herumzukommen; sie umfaßt aber nur einen Teil der Intelligenzfunktionen (vorwiegend diejenigen der »flüssigen« Intelligenz) und beginnt später im Leben. Auch hier sind soziale Bedingungen wesentlich; ausschlaggebend für den Entwicklungsverlauf ist vor allem, wie weit die vorhandenen Fähigkeiten in den alltäglichen (v. a. beruflichen Tätigkeiten »gefordert« bzw. angeregt oder unbenutzt gelassen bzw. unterdrückt werden. Dies gilt ähnlich für die Lernfähigkeit von Erwachsenen. Der lernpsychologische Ansatz schlägt die Brücke zu den praktischen Problemen der Erwachsenenbildung und ihrer Didaktik.

Kohli 1984, S. 305 f

Wenn wir von *wissenschaftsexternen Motiven* für die Beschäftigung mit Sozialisationstheorie sprechen, lassen sich kurz einige Stichpunkte nennen, die die Bedeutung von Erwachsenensozialisation im Rahmen allgemeiner sozialstruktureller Differenzierungsprozesse der bürgerlichen Gesellschaft begründen können.

Je stärker mit der Entwicklung der bürgerlichen Gesellschaft Persönlichkeit, Kultur und Gesellschaft auseinandertreten, desto mehr verliert die Sozialisation der Individuen – die Aneignung der kulturellen Überlieferung (Normen und Wissen) und die soziale Konstitution der Persönlichkeit – ihren naturwüchsigen Charakter und desto größer wird die Bedeutung der Erwachsenensozialisation. Diese Entwicklung läßt sich auf verschiedenen Ebenen verfolgen:

- Die bürgerliche Familie – von einer Produktions- zu einer Reproduktionsgemeinschaft geworden – hat eine Binnenstruktur ausgebildet, deren Handlungsorientierungen sich von denen der übrigen Gesellschaft stark unterscheiden. Sie ist zu einer Einrichtung geworden, deren Funktion im wesentlichen darin besteht, ihre heranwachsenden Mitglieder zu vergesellschaften. Ihre Autonomisierung ist einerseits die Bedingung dieser Aufgabe im Sinne der Etablierung eines „Schonraumes" für die Entwicklung des Menschen, andererseits erschwert sie die Sozialisation, da die gesellschaftlichen Strukturen nur sehr vermittelt in die Familie hineinragen. Dieses Defizit der familialen Sozialisation kann die Sozialisation im Erwachsenenalter möglicherweise ausgleichen.
- Die biologischen Altersphasen Kindheit, Jugend und Erwachsenen-

dasein verfestigen sich zu sozialen Phasen, die mit bestimmten Verhaltenserwartungen und Rollen verknüpft sind. In der Vormoderne kann man im soziologischen Sinn nicht von Kind/Jugendlicher/ Erwachsener sprechen. Auch diese sozialen Differenzierungsprozesse gefährden die durch Sozialisation zu leistende Kontinuität der identitätsbildenden Tradition mit ihren Normen und Wissensbeständen sowohl auf der Ebene der biographischen Altersentwicklung als auch in der Generationsabfolge. Erwachsenensozialisation ließe sich als Handlungsbereich definieren, der diese Kontinuität sichern soll.

– Die Folge dieser Differenzierungsprozesse ist, daß die Sozialisation zum Zweck der Erfüllung ihrer Funktion im wachsenden Maße einer durchgehenden Formalisierung unterworfen ist. Es entstehen einerseits pädagogische Einrichtungen, die in erster Linie Kindern grundlegende normative Orientierungen vermitteln, andererseits Bildungsinstitutionen, die Kinder und vor allem Jugendliche neben diesen Normen auch mit den kognitiven Elementen der Kultur vertraut machen, und schließlich Institutionen der Erwachsenenbildung, die es Erwachsenen erlauben, ihre erworbenen Kenntnisse, Fähigkeiten und Wertorientierungen zu erweitern und zur Stabilisierung ihrer Persönlichkeit und zur Bewältigung ihrer Alltagsprobleme einzusetzen.

– Die Sozialisationseinrichtungen unterliegen einer spezifischen Spannung. Einerseits ist ihre Funktion, ihre Absolventen auf das Erwachsenenleben vorzubereiten, also gleichsam eine Brücke zu schlagen zwischen der Partikularität der Familie und der Universalität der Gesellschaft. Je mehr andererseits das Erziehungs- und Bildungswesen expandiert und je größer seine Bedeutung wird für die Verteilung allgemeiner Lebenschancen; je länger die Zeit ist, die Kinder und Jugendliche in diesen Institutionen verbringen, desto mehr entwickeln sie eine Eigendynamik. Ihrer Struktur nach haben sie sich zu Einrichtungen verselbständigt, die relativ losgelöst und abgedichtet vom Erwachsenenleben existieren. Die fortwährende Didaktisierung und Curricularisierung des Bildungswissens sind Ausdruck ihrer Orientierung an dem „Schonraum" Kindheit bzw. Jugend. Durch die unter anderem damit gegebene Entkopplung von Bildungs- und Beschäftigungssystem wird der Zweck der Bildung, auf die Arbeits-und Lebenswelt vorzubereiten, zu einem Problem, das dem Feld der Erwachsenenbildung einer möglichen Lösung zugeführt werden soll.

– Verschärft wird dieses Problem dadurch, daß nicht nur die Einrichtungen der Sozialisation, sondern auch ihr Gegenstand – Wissen und Normen des kulturellen Wertsystems – sich differenzieren. Es entstehen – Max Weber folgend – die eigenständigen Sphären des kognitiv-instrumentellen, des moralisch-praktischen und des ästhetisch-expressiven Handelns und dementsprechend die relativ autonomen Handlungssysteme Wissenschaft, Recht, Moral und Kunst. Ebenso wie das Ziel der Sozialisation in der bürgerlichen Gesellschaft, der autonom handelnde, mit sich identische Erwachsene, nur als formale Kompetenz mit sehr unterschiedlichen inhaltlichen Ausprägungen bestimmt werden kann, so kann von einem einheitlichen, allgemein anerkannten Bildungskanon nicht mehr gesprochen werden. Die gleichsam flüssig gewordenen Normen und Wissensformen können nur noch durch differenzierende Reflexion angeeignet werden.

Die Erwachsenensozialisation – so läßt sich aus dem bisher Gesagten folgern – hat nun die Funktion, die durch die geschilderten sozialstrukturellen Differenzierungsprozesse gefährdete Kontinuität der individuellen Biographie und der Normen und Wissensbestände durch ihre Reflexion zu sichern. Ihre institutionelle Form, die Erwachsenenbildung als historisch letzte Stufe des Bildungswesens, zeichnet sich gegenüber den anderen Bildungsstufen dadurch aus, daß ihre erwachsenen Teilnehmer potentiell in der Lage sind, das ihnen angebotene Wissen und die Normen in ihrer Bedeutung für ihre Lebenspraxis zu reflektieren bzw. nachzuvollziehen, daß Wissen und Regeln aus dem Umkreis instrumentalen Handelns nur im Zusammenhang mit solchen aus dem Umkreis kommunikativen Handelns erzeugt und angeeignet werden können. Erwachsenensozialisation und -bildung können sich auf die Erfahrung als Medium der reflektierten Objektivierung von Kultur beziehen, was für die primäre Sozialisation und die relativ erfahrungsarme Schulbildung nur in eingeschränktem Maße gelten kann, da Kinder und Jugendliche ihre kommunikativen Kompetenzen und Interpretationskapazitäten noch nicht voll entwickelt haben (vgl. Döbert u.a. 1980).

Nachdem im ersten Abschnitt einige sozialstrukturelle Veränderungsprozesse angeführt wurden, aus denen man auf eine relativ große Bedeutung der Erwachsenensozialisation schließen kann, sollen nun einige zentrale Fragestellungen der allgemeinen Sozialisationstheorie diskutiert werden, die eher die grundlegende Frage aufwerfen, inwieweit es überhaupt sinnvoll ist, von Erwachsenensozialisation zu sprechen. Schon umgangssprachlich heißt es, daß der Erwachsene in der Regel „fertig" entwickelt ist, also die grundlegende Sozialisation mit Erreichen des Erwachsenenalters abgeschlossen ist. Eine theoretische Sichtweise, die – wie oben dargelegt – erkenntnislogisch gesehen eine Kontinuität zwischen Wissenschaft und Alltagswissen annimmt, wird über den Common sense nicht leichtfertig hinweggehen können.

Zudem stimmen die wichtigsten und empirisch gehaltvollsten Entwicklungstheorien darin überein, daß der Kern der Persönlichkeit in Kindheit und Jugend festgelegt wird und die Familie die weitaus bedeutsamste Sozialisationsagentur ist.

Das gilt für die Psychoanalyse, die die Bedeutung der Kindheit und der körperlichen Reifung für die Entwicklung betont. Die kognitivistische Entwicklungstheorie, wie sie Piaget für die Entfaltung der Denkstrukturen entworfen hat, behauptet, daß die höchste Entwicklungsstufe, die der Fähigkeit zur formalen intellektuellen Operation, mit dem Jugendalter erreicht sei. Die im Anschluß an Piaget von Kohlberg formulierte Theorie der Entwicklung des moralischen Bewußtseins stellt ähnlich fest, daß die Höchststufen der moralischen Argumentationsfähigkeit im frühen Erwachsenenalter entfaltet seien. Allerdings will Kohlberg nach seinen neueren empirischen Untersuchungen die Möglichkeit der Ausbildung einer prinzipiengeleiteten Moral erst im reifen Erwachsenenalter nicht ausschließen. Darauf wird im nächsten Abschnitt zurückgekommen.

Die funktionalistische, rollentheoretisch argumentierende Sozialisationstheorie in der Tradition Parsons kommt zu dem Ergebnis, daß die Grundqualifikationen des Rollenhandelns in Kindheit und Jugendalter erlernt werden. Die Unterscheidung zwischen primärer und sekundärer Sozialisation verdeutlicht: im Erwachsenenalter, vor allem in Beruf und Ehe, sind nur Ausprägungen der zuvor erworbenen Persönlichkeitsstruktur möglich. „Sekundär nennen wir den Vorgang der Sozialisation, wenn ein prinzipiell schon handlungsfähiges Subjekt neue Rollen hinzulernt. Primär heißt der Sozialisationsvorgang, in dem das Neugeborene die Handlungsfähigkeit eines Subjektes als solche erwirbt." (Habermas 1970, S. 378)

Läßt sich die indirekte Problematisierung der Erwachsenensozialisation bei der Entwicklungstheorie Freuds, Piagets und Kohlbergs zum Teil damit erklären, daß ihr Gegenstand vor allem der Aufbau von Kompetenzen in der primären Sozialisation ist, so ist der funktionalistische Ansatz umfassender angelegt, insofern sein Bezugspunkt das Rollensystem der Erwachsenenwelt ist, auf das Sozialisation vorbereitet. Innerhalb einer solchen Theorie erscheint es durchaus logisch, der Erwachsenensozialisation eine nur untergeordnete Bedeutung zuzumessen.

Die Gegenposition, die der Erwachsenensozialisation ein erhebliches Gewicht hinsichtlich der Bewältigung alltäglicher Lebensweltprobleme und der Stabilisierung einer handlungsfähigen Persönlichkeit zuspricht, wird vor allem von der Sozialisationstheorie des symbolischen Interaktionismus vertreten. Ihr theoretischer Bezugspunkt ist weniger *der* Aspekt von Sozialisation, der sich mit der Vergesellschaftung des Individuums befaßt und den die Rollentheorie ins Zentrum ihrer Analyse stellt, sondern eher *der* Aspekt von Sozialisation, der sich auf die Prozesse der Individuierung und der Identitätsbildung im Rahmen eines lebenslangen Sozialisationsprozesses bezieht. Eine dritte, in Ansätzen diese beiden Sichtweisen integrierende Position nimmt die strukturalistische Sozialisationstheorie ein. Ausgehend von der noch zu erläuternden analytischen Unterscheidung von Kompetenz- und Performanzbereich in der Entwicklungsgeschichte des Individuums, versucht sie, die grundlegenden Unterschiede der objektiven Sinnstrukturen der sozialisatorischen Interaktion in der primären und der sekundären Sozialisation zu rekonstruieren.

Diese drei Sichtweisen sollen im folgenden dargestellt werden, da sie – wie später zu zeigen sein wird – in der Diskussion um die Erwachsenensozialisation bzw. Erwachsenenbildung eine nicht unerhebliche Rolle spielen. Sie erlauben, die Handlungsstrukturen von Erwachsenenbildung sozialisationstheoretisch zu begründen durch die Annahmen, daß

– Erwachsenensozialisation und ihre formelle Gestalt, die Erwachsenenbildung, als Handlungsprozeß auf der Grundlage der in der primären Sozialisation erworbenen Strukturen beruht, also die Persönlichkeit im Erwachsenenalter keine weitreichende Veränderung erfährt;

– Erwachsenensozialisation bzw. Erwachsenenbildung bei aller Unterschiedlichkeit von primärer und sekundärer Sozialisation doch eine so große Bedeutung erlangen – ausgelöst unter anderem durch Prozesse des raschen sozialen Wandels –, daß von möglicherweise sogar grundlegenden Veränderungen der erwachsenen Persönlichkeit bzw. von einem lebenslangen Sozialisationsprozeß gesprochen werden kann;

– der objektive Sinngehalt der Handlungsstrukturen von Erwachsenensozialisation bzw. -bildung auf der Kompetenzebene weitgehend von der Sozialisation in Kindheit und Jugend determiniert ist, aber auf der Performanzebene große Veränderungsmöglichkeiten der Persönlichkeit zuläßt.

3.2.1 Rollentheoretisch-funktionalistischer Ansatz

Die rollentheoretisch-funktionalistische Sozialisationstheorie ist in ihren Grundzügen von Talcott Parsons entwickelt worden (Parsons 1968). Sie knüpft an die von Sigmund Freud entworfene psychoanalytische Entwicklungstheorie mit ihrer Phasenkonzeption der kindlichen und adoleszenten Entwicklung und ihrem Strukturmodell der Beziehungen der Persönlichkeitsanteile von Ich, Es und Über-Ich an (Freud 1981). Dabei geht es vor allem um eine soziologische bzw. rollentheoretische Rekonstruktion des handlungstheoretischen Gehalts der Mutter-Kind-Dyade in den ersten Lebensmonaten des Menschen, der Vater-Mutter-Kind-Triade in der ödipalen Phase etwa nach dem dritten oder vierten Lebensjahr und des Über-Ichs als der durch Prozesse der Verinnerlichung moralisch-praktischer Regeln entstandenen Instanz des Gewissens.

Es ist das Verdienst der Rollentheorie, den Primat der Gesellschaft beim

Sozialisationsvorgang, die *soziale* Konstitution der Persönlichkeit betont zu haben. Das Individuum ist nicht – wie manche psychologische Theorien suggerieren – das unmittelbar Gegebene, sondern ist Produkt eines gesellschaftlichen Entwicklungsprozesses, d. h. die soziale Interaktion ist immer die Voraussetzung für die Entstehung von Persönlichkeit. Mit dem Begriff der sozialen Rolle bzw. des Rollenhandelns, der festhält, daß menschliches Handeln sich an den (Rollen-)Erwartungen des Interaktionspartners, der Bezugsgruppe und der Gesellschaft überhaupt orientiert, ist die gesellschaftliche Dimension der Sozialisation bereits angesprochen. Die funktionalistisch argumentierende Sozialisationstheorie interessiert sich weniger dafür, wie der Mensch die Gesellschaft beeinflußt, sondern vor allem dafür, wie die Gesellschaft den Menschen prägt bzw. welchen Beitrag Sozialisation und Erziehung für die Funktionsweise des gesellschaftlichen Rollensystems leisten. So kann sie überzeugend nachweisen, daß z.B. die Schule, insbesondere ihr „heimlicher Lehrplan", also die nicht vom offiziellen Lehrplan vollständig abgedeckten Sozialisationsprozesse, ihre Absolventen – sofern sie die Schule erfolgreich durchlaufen – relativ gut auf die wichtigen Rollen des Erwachsenenalters, insbesondere die Berufs- und Staatsbürgerrolle, vorbereiten (vgl. Parsons 1973).

„Sozialisation wird mit Bezug auf das Rollenkonzept des sozialen Handelns definiert. Sie wird als ein Vorgang der Integration in bestehende Rollensysteme verstanden. Auf dem Wege des Sozialisation genannten Lernprozesses verinnerlichen potentiell handlungsfähige Subjekte die Wertorientierungen und bilden die Motive aus, die sie instandsetzen, soziale Rollen zu spielen. ...

,Rolle' hieß die Pergamentrolle, von der der Schauspieler seinen Part ablas. Bei der Umformung der Bühnensituation in ein wissenschaftlich verwendbares Interpretationsschema treten vier Gesichtspunkte hervor: a) Das Rollenspiel ist eine Interaktion, an der mindestens zwei Partner teilnehmen. Vorausgesetzt ist die Ebene der Intersubjektivität der Bedeutung von Symbolen. b) Das Rollenspiel ist durch Normen geleitet, die die Form komplementärer Verhaltenserwartungen haben. c) Die Befolgung der Normen ist durch Sanktionen gesichert. Eine soziale Rolle kann Verhalten befehlen, erlauben und verbieten; die Reaktion auf rollennormiertes Verhalten reicht von Zustimmung über Gleichgültigkeit bis zur Ablehnung. d) Die Ebene der Rollennorm, die verstanden wird, und die Ebene des faktischen Verhaltens, das beobachtet wird, fallen nicht zusammen. Die Differenz zwischen Norm und Verhalten bestimmt den Grad der Rollenkonformität. e) Manche Autoren fassen die soziale Rolle und die Interaktion der Rollenspieler als ein System auf, das Gleichgewichtsbedingungen erfüllt und selbstregulativ arbeitet. ...

Das Rollenmodell hat den Vorzug, einen Objektbereich zu konstituieren, der im engeren Sinne soziologisch ist: Verhalten begreifen wir unter diesem Gesichtspunkt weder als Reaktion eines einzelnen Organismus noch als Äußerung einer bestimmten Persönlichkeitsstruktur, sondern als Vorgang in einem System sozialen Handelns. Das handelnde Subjekt erscheint daher nur als Rollenträger, d.h. als Funktion von Vorgängen, die durch soziale Strukturen bestimmt sind.

Auch auf der Bühne interessiert uns nicht der Schauspieler als Privatperson, sondern als der ‚Charakter‘, den er kraft seiner Rolle im Handlungszusammenhang des Textes darstellt. Freilich läßt es die Soziologie nicht bei der analytischen Trennung von sozialem System (Inszenierung eines Dramas) und Persönlichkeitsstruktur (Schauspieler als Privatperson) bewenden. Sie versucht, die Ausbildung der Persönlichkeitsstruktur der handelnden Subjekte selber noch aus sozial bedingten Prozessen zu erklären: dies sind die Sozialisationsvorgänge. Sie sorgen dafür, daß ein Substrat, der Organismus des Neugeborenen, so weit mit sozialen Strukturen ‚durchdrungen‘ wird, daß er die fundamentalen Erfordernisse des Rollenspiels erfüllen und unter geltenden Normen handeln kann.“

Habermas 1970, S. 377ff*

Sozialisation wird also unter dem Aspekt begriffen, inwieweit sie allgemeine Grundqualifikationen des Rollenverhaltens vermittelt, mit deren Hilfe sich das Individuum als Rollenträger in die Funktionsweise der Gesellschaft und ihrer Rollensysteme integrieren kann. Sozialisation ist in dieser Sichtweise Rollenlernen bzw. Verinnerlichung von Rollenerwartungen. Rollen werden nicht vom Individuum erfunden, sondern ihm von anderen zugeschrieben und aufgrund subtiler Sanktionen während des Sozialisationsprozesses gelernt. Die Sozialisation hat ihre Funktion erfüllt, wenn die Bedürfnisdispositionen des Individuums mit den gesellschaftlichen, in Rollennormen institutionalisierten Wertvorstellungen zur Deckung kommen: „Ich will, was ich soll.“

Die Erwachsenensozialisation wird – so Brim als der Hauptvertreter dieser Position – unter einer funktionalistischen Perspektive betrachtet. „Ihr Ausgangspunkt ist die grundlegende Frage nach dem Überdauern und der Weiterentwicklung einer Gesellschaft. Schon immer war man daran interessiert, herauszufinden, wie die Gesellschaft den Menschen verändert, nicht wie der Mensch seine Gesellschaft verändert“ (Brim 1974, S. 2; vgl. auch Brim 1979). Aus diesem Ansatz wird die „Auffassung von Sozialisation als einem Prozeß, in dem sich die Gesellschaft ihre Menschen so formt, daß sie in der Lage sind, die funktionalen Bedürfnisse der Gesellschaft adäquat zu erfüllen“, entwickelt (ebd., S. 3). Diese werden rollentheoretisch gefaßt: „Die Aneignung von Rollen ist wahrscheinlich der wichtigste Aspekt von Erwachsenensozialisation.“ (ebd., S. 4) Zum einen ist es der rasche soziale Wandel, der die Bedeutung von Erwachsenensozialisation begründet. Zum anderen finden weitreichende Veränderungen im Leben der Erwachsenen statt, weil er im Laufe seiner Biografie verschiedene soziale Positionen und Rollen einnimmt, die einen ständigen Wechsel der an ihn gerichteten sozialen Erwartungen nach sich ziehen.

Brim betont aber auch die Grenzen von Erwachsenensozialisation.

---

*Habermas selbst ist *kein* Anhänger der Rollentheorie.

Sie sind natürlich in erster Linie in biologischen Strukturen angelegt, darüber hinaus stecken die der Erwachsenensozialisation vor-
ausgehenden sozialisatorischen Prozesse (in Kindheit und Jugend)
Grenzen für Wandlungen im Erwachsenenalter ab. Die Inhalte der
Erwachsenensozialisation unterscheiden sich von denen der primären Sozialisation: es geht hier vor allem um das konkrete Rollenhandeln, weniger um die dieses Handeln konstituierenden grundlegenden Motive und Werte.

Die Veränderungen in den Sozialisationsinhalten von der primären zur sekundären Sozialisation werden als Prozeß der Transformation von verinnerlichten Wertsystemen in Rollenverhalten beschrieben.

Dieser Wandel wird dargestellt auf dem Hintergrund des generellen
Gegensatzes zwischen den affektiven, diffusen und asymmetrischen
Sozialbeziehungen in Kindheit und Jugend und den affektiv-neu-
tralen, spezifischen und relativ symmetrischen Beziehungen im
Erwachsenenalter.

„Die wohl wichtigste Veränderung ist der inhaltliche Wandel von einer Beschäftigung mit Werten und Motiven zu einer solchen mit offenbarem Verhalten.
Einige Veränderungen werden unter anderen Aspekten von Sozialisationsinhalten dargestellt. Es handelt sich dabei um folgende: Vom Erwerb neuen Materials
zur Synthese des alten; von idealistischer zu realistischer Betrachtungsweise;
vom bloßen Lehren von Erwartungshaltungen zur Lehre von der Bewältigung
widerstreitender Erwartungen; von der Beschäftigung mit generellen Forderungen der Gesellschaft zur Beschäftigung mit rollenspezifischen Erwartungen;
und schließlich ein Wechsel von ‚Ich-Mich'-Persönlichkeitskomponenten zu
anderen Komponenten. ...

Der Mensch muß drei Dinge erworben haben, bevor er in der Lage ist, eine Rolle
zufriedenstellend zu spielen. Er muß wissen, was von ihm erwartet wird (verhal-
tensmäßig und wertmäßig), er muß die Rollenanforderungen erfüllen können,
und er muß danach streben, dieses Verhalten zu praktizieren und die richtigen
Ziele zu verfolgen. Man kann feststellen, daß der Zweck von Sozialisation
darin liegt, einer Person Kenntnisse, Fähigkeiten und Motivation zu vermitteln. ...

Was die Veränderungen während des Lebens betrifft, so läßt sich sagen, daß sich
das Schwergewicht im Sozialisationsprozeß von der Motivation zu Fähigkeiten
und Kenntnissen verlagert bzw. von Werten zu Verhalten. ... Primäre Sozialisation betont die Kontrolle der ursprünglichen Triebstrukturen, während sich spätere Sozialisation mit sekundären oder erlernten Motiven befaßt, die in ihrer
Entstehung durch die Erwartungshaltungen der signifikanten Anderen gefördert wurden. Von seltenen extremen Bedingungen abgesehen, braucht Erwachsenensozialisation dem Individuum nicht die Kontrolle und Regulierung der
Befriedigung elementarer Triebe beizubringen. ...

Die Gesellschaft geht davon aus, daß der Erwachsene die an die verschiedenen
Rollen gebundenen Werte kennt, daß er die Werte nur mit Hilfe gesellschaftlich
anerkannter Mittel zu erreichen sucht, und daß ihm nur noch gesagt werden
muß, was zu tun ist. ...

Im allgemeinen beschäftigt sich also sekundäre Sozialisation vor allem mit offenbarem Rollenverhalten und versucht kaum grundsätzliche Motivationen oder elementare Werte zu beeinflussen. Die Gesellschaft ist bei Erwachsenen im Gegensatz zu Kindern kaum bereit, Zeit auf die Beeinflussung von Werten und Motiven zu verschwenden. Bei den Kindern wird dies als notwendige Aufgabe der speziellen Institutionen, etwa der Familie, angesehen, und die Institutionen sind auch im Hinblick auf diese Funktion organisiert."

Brim 1974, S. 26ff

Dieses die Erwachsenensozialisation auf die Vermittlung von Verhaltensweisen und Wissensbeständen einschränkende Modell ist für die sozialisationstheoretische Analyse von Erwachsenensozialisation bzw. Erwachsenenbildung insofern wertvoll, als es – soziologisch argumentierend – Verhalten von Erwachsenen begreift als Vorgang im System sozialen Handelns und es sich auf die analytisch trennbare *eine* Seite der Erwachsenensozialisation, die Integration in Rollensysteme, bezieht.

Kritisch ist allerdings festzuhalten, daß Brim die andere Seite der Erwachsenensozialisation, die der Identitätsbildung und der Perspektive des Sozialisanden und seines Beitrags zur Konstitution der sozialisatorischen Situation, vernachlässigt und das Parsonssche Theorem der institutionellen Integration, nach dem Sozialisation die Funktion der Zuweisung der Individuen in bestehende Rollensysteme habe, verabsolutiert. Wenn man vom Grenzfall totaler Institutionen absieht, kann keineswegs davon gesprochen werden, daß in der Regel das soziale Handeln der Individuen mit den Erwartungen und Vorschriften der Rollen voll zur Deckung kommt. Erwachsene sind in ihren grundlegenden Kompetenzen in einer Weise entwickelt, die es ihnen erlaubt, sich nicht nur in bestehende Rollensysteme zu integrieren, sondern diese auch zu schaffen, Rollen zurückzuweisen, eigene Interessen und Bedürfnisse in sie einzubringen usw. Mit anderen Worten: die aktive, konstruktive Leistung von Erwachsenen im Sozialisationsprozeß ist gegenüber dem funktionalistischen Ansatz zu betonen. Darüberhinaus gibt es Inter- und Intrarollenkonflikte, Spielräume bei der Rollengestaltung und sind weite Teile des sozialen Handelns nicht rollenförmig organisiert (vgl. zur Kritik an der Rollentheorie Krappmann 1971).

3.2.2 Symbolisch-interaktionistischer Ansatz

Wir erwähnten bereits, daß die Sozialisation analytisch immer unter einem doppelten Aspekt zu begreifen ist: dem der Vergesellschaftung und dem der Individuierung des Menschen. Dies bedeutet, daß die Entwicklung allgemeiner Handlungskomponenten einerseits als sozialer Prozeß, als gesellschaftlicher Zusammenhang zu interpretieren ist, andererseits diese Entwicklung sich als eine in diesem Rahmen sich abspielende besondere sozialisatorische Leistung des Individuums begreifen läßt. Die Rollentheorie ist in der Lage, den Prozeß der Vergesellschaftung adäquat zu erfassen, die Frage der Bildung von Identität und Individualität durch Sozialisation bleibt unbeantwortet. „Das übliche Rollenkonzept eignet sich für die begriffliche Formulierung des einen Aspekts: nämlich des Sozialisierungsvorganges als einer Individuierung nicht ebenso gut wie für die Formulierung des anderen Aspekts: des Individuierungsvorganges als Sozialisation (Habermas 1970, S. 378).

Es interessiert nicht nur die Frage, inwieweit die Sozialisation den Menschen befähigt, die sozialen Rollen auszufüllen, sondern auch das Problem, ob das sozialisierte Individuum persönliche Bedürfnisse und Erfahrungen in die Rollen einbringen, ob es Identität entwickeln kann, die nicht vollständig im System der Rollennorm aufgeht. Zur Klärung dieses Problems läßt sich die Sozialisationstheorie des symbolischen Interaktionismus heranziehen. Sie geht davon aus, daß menschliche Interaktionen stets mit Intentionen, mit einem symbolischen Bedeutungsgehalt verbunden sind. Es lassen sich jeweils Motive und Gründe für das Verhalten angeben. Das Handeln orientiert sich also immer an überindividuellen, symbolischen Regeln, wobei das wichtigste, interaktionsbegründete Symbolsystem die Sprache darstellt (grundlegend zu dieser Sichtweise Mead 1968; Strauss 1968, Joas 1980; Goffman 1974).

Im Zentrum des symbolischen Interaktionismus steht der Begriff der „Situation" der Sozialisation und ihrer „Definition" bzw. Interpretation durch den Handelnden. W.I. Thomas betont mit dem Theorem: „Wenn Menschen Situationen als real definieren, sind diese in ihren Folgen real" (Thomas 1965, S. 29), die intentionale und interpretierende Tätigkeit als Konstituens für die Situation und den Zusammenhang von objektivem Gehalt und subjektiver Bedeutung für Wirkungen sozialer Phänomene. Dieses „interpretative Paradigma" betrachtet die Sozialisation aus der Sicht – der Binnenperspektive – des Sozialisanden und nicht, wie das „normative Paradigma" Parsons, aus der Perspektive des Beobachters von Sozialisation, gleichsam von einem „Polizistenstandpunkt" bezüglich der Einhaltung der Normen des Rollenhandelns (vgl. Mader/Weymann 1979).

Zentral für die begriffliche Bestimmung von Identität ist die von G. H. Mead entwickelte analytische Unterscheidung in das „Ich" (I) mit seinen spontanen Ich-Leistungen und das „Ich in mir" (me), das die Erwartungen anderer bzw. der Gesellschaft verinnerlicht hat (Mead 1968, S. 216). Dem entspricht die analytische Differenzierung in
– die personale Identität, die Besonderheit des Individuums mit seiner speziellen Lebensgeschichte und
– die soziale Identität, die soziale Allgemeinheit des Individuums mit

alldem, was es mit anderen, mit der Gesellschaft gemeinsam hat –
die Sprache, Wertvorstellungen oder andere intersubjektive symbolische Regeln.
Die in der Sozialisation sich entwickelnde Identität wird als in der
Lebensgeschichte stets von neuem herauszustellende Balance zwischen personaler und sozialer Identität verstanden (vgl. Krappmann
1969).

„Das interaktionistische Rollenmodell postuliert als Grundbedingungen erfolgreichen Rollenhandelns, daß
1. Rollennormen nicht rigide definiert sind, sondern einen gewissen Spielraum
für subjektive Interpretation durch die Rollenpartner lassen; daß
2. die Rollenpartner im jeweiligen Interaktionsprozeß nicht nur die gerade
aktuelle Rolle übernehmen, sondern zugleich verdeutlichen, welche weiteren
Rollen sie noch innehaben oder früher innehatten; daß
3. mehr als ein vorläufiger, tentativer und kompromißhafter Konsens der Partner über die Interpretation ihrer Rollen im Regelfall nicht zu erreichen und auch
nicht erforderlich ist.
4. Dies Modell geht ferner gerade davon aus, daß die individuellen Bedürfnisdispositionen den institutionalisierten Wertvorstellungen nicht voll entsprechen. Somit müssen nach diesem Modell
5. die Rollenpartner für die Sicherung des Fortgangs von Interaktion fähig sein,
auf die von den eigenen verschiedenen Bedürfnisdispositionen des anderen einzugehen und auch unter Bedingungen unvollständiger Komplementarität, d.h.
nur teilweiser Befriedigung eigener Bedürfnisse, zu interagieren.
6. Nicht Institutionen, deren Mitglieder Normen ‚automatisch' erfüllen, werden als stabil betrachtet, sondern diejenigen, die ihren Mitgliedern ermöglichen, im Rahmen des Interpretationsspielraums, den die vorgegebenen Normen lassen, eigene Bedürfnisse in der Interaktion zu befriedigen.
Rollenhandeln sieht dann so aus: Das Individuum sieht sich in einer ‚Situation',
die es aufgrund vorgefundener symbolischer Indikatoren definiert. Damit formuliert es zugleich die dieser Situationsdefinition entsprechende Rolle, die es
gegenüber seinen möglichen Interaktionspartner einnehmen möchte. Diese
Rolle, die sich in Verhaltenserwartungen niederschlägt, ist also nicht von
vornherein eindeutig gegeben. R.H. Turner (1962) hat darauf hingewiesen, daß
die Rollennormen grundsätzlich interpretationsbedürftig sind. Dem G.H.
Meadschen Konzept des *‚role taking'* – der Übernahme angesonnener Erwartungen – stellt er das *„role making"* – die konkrete Ausgestaltung einer Rolle
durch die Interpretation unklarer und inkonsistenter Erwartungen – an die
Seite. In diese Interpretation geht die gesamte Verquickung des Individuums
mit den sozialen Prozessen ein, an denen es beteiligt ist. Das Individuum hat
eine Vielzahl von Rollen inne, auf die es stets in bestimmtem Umfang Rücksicht
nehmen muß. Es kann ferner frühere und auch zukünftige Rollenbeteiligungen
nicht gänzlich außer acht lassen. Ganz entscheidend beeinflussen die Verhaltenserwartungen der anderen an dieser Interaktion Beteiligten, also deren Situa-
tions- und Rollendefinition, die Interpretation des Individuums."

Krappmann 1971, S. 169f

Der symbolische Interaktionismus kritisiert die Vorstellung der Rollentheorie Parsons, nach der die Sozialisation als Rollenlernen die vollständige und endgültige Integration von individuellen Bedürfnisdispositionen (personale Identität) und allgemeinen sozialen Rollennormen (soziale Identität) bewirke, mit dem grundlegenden Argument, diese Rollennormen seien im Alltag – abgesehen von sogenannten totalen Institutionen wie Gefängnisse und anderes – nie eindeutig abschließend definiert, sondern seien jeweils in der Handlungssituation interpretationsbedürftig und ließen einen gewissen Spielraum für subjektive Interpretationen und Handlungsweisen durch die Rollenpartner. Demgemäß wird ein vierstufiges Modell der Grundsituation von Sozialisation entworfen:

- das Individuum *definiert* die *Interaktionssituation;*
- *„role taking":* das Individuum übernimmt die an es herangetragenen Erwartungen, übernimmt die Rolle des anderen;
- *Rollendistanz:* das Individuum distanziert sich von den Rollenerwartungen und stellt seine von diesen Erwartungen möglicherweise abweichenden Bedürfnisse dar.
- *„role making":* das Individuum gestaltet seine Rolle aktiv aus, indem es einen Kompromiß bildet zwischen eigenen Bedürfnissen und Rollenerwartungen der anderen (vgl. Krappmann 1969, 1971).

Die Erwachsenensozialisationstheorie des symbolischen Interaktionismus betrachtet das Handeln von Erwachsenen im Zusammenhang mit den Intentionen und Definitionen des Teilnehmers an der sozialisatorischen Interaktion. Dabei wird das Schwergewicht auf den Nachweis gelegt, daß Erwachsenensozialisation unmittelbar abhängig ist von dem situativen Kontext, in dem sie abläuft, und daß alles „im Fluß ist" und von den Beteiligten an Sozialisation ständig neu ausgehandelt werden muß (vgl. Gerl 1980; Geißler/Ebner 1984). Die Auffassung von Erwachsenensozialisation als einem einseitigen Prozeß wird damit verworfen, und es ergibt sich die Möglichkeit, die Aktivität aller Beteiligten zu sehen. „Das Verhältnis zwischen Sozialisator und Sozialisand hat man sich ... wesentlich diskursiv vorzustellen, als Auseinandersetzung über die Verbindlichkeit von Wertvorstellungen und über den Nutzen und Validität von Wissensstoffen." (Hartmann 1974, S. 156)

Wenn Erwachsene rollenspezifische Fähigkeiten lernen, dann erwerben sie zugleich den interpretativen Hintergrund dieser Kompetenzen, die „Subwelt" von Rollen. Die Anpassung an neue Rollen findet immer im Prozeß einer Biographie statt, die für den einzelnen der subjektive Versuch ist, eine seine Identität sichernde lebensgeschichtliche Kontinuität herzustellen (vgl. Berger/Luckmann 1969, S. 148f).

„Erwachsenenlernen trägt den Charakter eines Statuserwerbs oder eines Wechsels von einem Abschnitt der sozialen Wirklichkeit in einen anderen, indem man sich vorab die festliegenden Definitionen des neuen Wirklichkeitsausschnitts aneignet, zum Beispiel die Arbeitswelt eines Werkzeugmachers gegen die eines technischen Angestellten dadurch auszutauschen versucht, daß man in der Technikerschule die für diese Tätigkeit geforderten ingenieurwissenschaftlichen Wissensbestände erwirbt. Aneignungsprozesse mit diesem Verlaufsmuster entsprechen dem einer sekundären Sozialisation. Man kann diese in der hier gebotenen Kürze begrifflich so eingrenzen: Sie setzt zunächst einmal Handlungssubjekte voraus, die insofern ‚erwachsen' genannt werden können, als sie über eine in der primären Sozialisation aufgebaute Identität, das heißt über einen im biographischen Ereignisverlauf zu einer je subjektiven Wirklichkeit aufgeschichteten Bestand von Erfahrungen über ihre Umwelt und damit über ihr eigenes Selbst verfügen. Veränderungen dieser subjektiven Wirklichkeit innerhalb der sekundären Sozialisation lassen sich verstehen als Versuche, die im Lebensfluß des Erwachsenenalters aus der objektiven Wirklichkeit auf die Wahrnehmung des einzelnen einströmenden Erfahrungen in die subjektive Wirklichkeit zu übersetzen, wobei solches Übersetzen sowohl ein situationsgebundenes Sichanpassen als auch ein Antizipieren künftiger Ereignisse sein kann. In beiden Fällen geht es darum, neue Erfahrungen in einen gegebenen und in seiner Geltung nicht angezweifelten Bestand biographisch gewonnenen Wissens einzuarbeiten. Es ist – anders ausgedrückt – eine der stillschweigenden Annahmen der eingangs zitierten Passage, daß Erwachsenenbildung vorstellbar sei als eine Form des laufenden Einarbeitens neuer Erfahrungen in die subjektive Wirklichkeit und daß dieser Prozeß sich orientieren könne an einem der individuellen Lebenslaufplanung vorgegebenen Orientierungsmuster von Entwürfen anstrebbarer Ausschnitte objektiver Wirklichkeit.

Schmitz 1982, S. 102f

Auf diesem Hintergrund diskutiert H.S. Becker die Frage von Veränderung und Stabilität im Handeln Erwachsener. Die Veränderung wird mit dem alltäglichen Mechanismus des Prozesses der situativen Anpassung an eine Situation (situational adjustment) erklärt. „Wenn wir Anpassung an eine Situation als einen wichtigen Vorgang im Rahmen der persönlichen Entwicklung betrachten, so müssen wir auch den Charakter einer Situation analysieren, um Erklärungen für die Veränderungen beim Menschen zu finden." (Becker 1979, S. 55) Becker unterscheidet dabei zwischen individueller und kollektiver Anpassung. „In Institutionen, wo Menschen in Gruppen eine Sozialisation erfahren, kann ein beträchtlicher Teil der Veränderungen – die Motivationen und die eingesehene Notwendigkeit für verschiedene Veränderungen – nicht auf individuelle Neigungen und Gegebenheiten zurückgeführt werden. Die Veränderungen sind vielmehr eine Funktion der Verhaltensweisen der Gruppe und des jeweiligen problemspezifischen Konsens." (ebd., S. 57)

Die Stabilität und Konsistenz des Verhaltens Erwachsener in verschiedenen Situationen versucht Becker mit dem Begriff „commitment" (Bindung) zu erläutern. Weder die Verinnerlichung von Normen noch das Vorhandensein von Sanktionen und Zwang führen zum commitment, sondern das Handeln in der Situation und das jeweilige Verhältnis von früherer Handlung und jetziger bzw. zukünftiger Handlungs-möglichkeit. Es geht hier also einerseits um eine Form von antizipatori-scher Sozialisation, andererseits um die biographische Konstituierung der Verhaltenskonsistenz durch die Lebensgeschichte des Indivi-duums. Becker beschreibt die vergangenen Handlungen als „Einsätze" (sidebets), die eine persönliche Lebensgeschichte ausmachen und die daher für die Identitätsbildung große Bedeutung haben, weshalb das Individuum sie in seiner Handlung nicht aufs Spiel setzen will (vgl. Pie-per 1978, S. 84 ff). Im Zusammenhang mit dieser identitätstheoreti-schen Sichtweise gewinnt die Biographieforschung an Bedeutung (vgl. Kohli 1978; Kohli/Robert 1984).

Der symbolische Interaktionismus, der die Entwicklung der Persön-lichkeit als lebenslangen Veränderungsprozeß auffaßt, hat seine Schwäche darin, die sozialstrukturellen Bedingungen dieses Prozesses zu vernachlässigen bzw. die die sozialisatorische Situation mitbestim-menden objektiven gesellschaftlichen Strukturen nur undeutlich anzu-sprechen. Gesellschaftlich vermittelte Sozialisation scheint sich in sub-jektive Situationsdefinitionen aufzulösen, in denen Persönlichkeit als überdauerndes Handlungspotential kaum mehr faßbar ist.

3.2.3 Strukturalistischer Ansatz

Gerät das rollentheoretisch-funktionalistische Sozialisationskonzept in Gefahr, die Prozesse der Sozialisation allein unter dem Aspekt der Vergesellschaftung und der unmittelbaren Anbindungen spontaner Ich-Leistungen an eine relativ rigide definierte Rollennorm zu sehen, so tendiert – wie bereits angesprochen – der symbolische Interaktionis-mus dazu, die Strukturen der Entwicklung des Individuums in Verste-hensleistungen des Subjekts und in Bedeutungsformen intentionalen Handelns aufgehen zu lassen. Deshalb ließe sich die oben zitierte Kritik von Habermas an Parsons (vgl. Habermas 1970, S. 378) umformulieren in eine Kritik am symbolischen Interaktionismus: dieser ist eher imstande, den Sozialisationsprozeß als Individuierung denn den Indivi-duierungsvorgang als Sozialisation zu erklären.

Den Gefahren der objektivistischen Tendenzen der einen und der subjektivistischen Vorstellungen der anderen Sichtweise läßt sich nicht entgehen, wenn man beide Theorien schlicht miteinander verbin-det. Sinnvoller erscheint es, wenn die Rollentheorie mit Hilfe des sym-bolischen Interaktionismus und umgekehrt kritisiert wird. Dies ist einer der Ansatzpunkte der strukturalistischen Sozialisationstheorie, die einerseits den objektiven gesellschaftlichen Gehalt von Sozialisa-tion festhält, ohne das Parsonssche Intergrationstheorem zu teilen und andererseits mit dem symbolischen Interaktionismus die Sinnhaftig-keit von sozialisatorischem Handeln behauptet, diese allerdings nicht auf subjektive Intentionalität und Bewußtsein reduziert, sondern ihre

objektive Strukturiertheit herausarbeiten will. Vier Aussagen der strukturalistischen Sozialisationstheorie, die auch – wie später gezeigt wird – für eine Theorie der Erwachsenensozialisation bzw. Erwachsenenbildung fruchtbar zu machen sind, sollen entwickelt werden:
– die soziale Konstitution der Persönlichkeit;
– die strukturbildende Konstruktionstätigkeit des sich entwickelnden Subjekts;
– die objektive Bedeutungsstruktur der sozialisatorischen Interaktion;
– die analytische Unterscheidung in Kompetenz- und Performanzbereich beim Sozialisationsprozeß.
Die strukturalistische Sichtweise setzt sich ab gegenüber
– der Reifungstheorie, die menschliche Entwicklung als biologische Reifung begreift;
– der psychologischen Verhaltenstheorie, die in behavioristischer Weise Sozialisation als Reflex auf Umweltreize faßt;
– der Rollentheorie, die die Bildung des Individuums als relativ subjektlose Anpassung an Rollenanforderungen der Gesellschaft sieht;
– dem symbolischen Interaktionismus, der die sozialisatorische Interaktion auf die subjektiv realisierte Definition der sozialen Situation reduziert.
Die vor allem von U. Oevermann (1976, 1979) im Anschluß an G. H. Mead (1968) und J. Piaget (1971, 1973) entworfene strukturalistische Sozialisationstheorie geht von der Einsicht in die soziale Konstitution der Persönlichkeit aus. Das bedeutet, „daß nicht die individuelle Aktion, sondern die Interaktion die elementare Form von Handeln darstellt. Soziales Handeln setzt sich nicht aus individuellem Handeln zusammen, sondern individuelles Handeln stellt eine Abstraktion von Interaktionen dar" (Oevermann 1979, S. 161). Gemäß dieser Erkenntnis ist es primäre Aufgabe der Theorie einer Sozialisation, die Struktur der sozial vermittelten Persönlichkeit als Bezugspunkt der Analyse von Sozialisation zu explizieren: also zunächst der Frage nachzugehen, was das Ziel jeglicher Sozialisation ist: das kompetent und autonom handelnde, sprachfähige und mit sich identische Individuum. Erst dann stellt sich das Problem der Analyse der Art und Weise von Sozialisation, wie sozialisiert wird. Dann läßt sich auch kritisch beurteilen, in welchem Maße eine untersuchte konkrete Sozialisation dieses Ziel erreicht.
Die Strukturen des sich sozialisierenden Subjekts sind ihm nicht von außen gegeben, sondern – so Piaget – das Individuum entwickelt sie selbst in der aktiven Auseinandersetzung mit der sozialen und physikalischen Umwelt. Die strukturbildende Konstruktionsfähigkeit des sich entwickelnden Subjekts läßt den Sozialisationsprozeß nicht als passives Lernen vorgegebener Rollen, sondern als eigenständige, diesen Prozeß selbst gestaltende Teilnahme an Interaktionsformen erscheinen. Die die menschliche Entwicklung steuernden Strukturen

oder „autoregulativen Mechanismen" (Piaget) sind also weder in der biologischen Konstitution des Menschen noch in den sozialen Rollen angelegt, sondern werden durch das Handeln des sozialen Individuums bzw. durch Interaktionsprozesse konstruiert. Die sozialisatorische Interaktion besitzt – so Oevermann – eine objektive Bedeutungsstruktur jenseits des Bewußtseins der an der Sozialisation beteiligten Personen.

„Erziehungsziele, Erziehungseinstellungen und Erziehungspraktiken der Eltern, Rollendefinitionen der Familienmitglieder usw. – klassische Variablen der Sozialisationsforschung – erfassen den realen Sozialisationsprozeß nur an der Oberfläche. Die Struktur der konkreten sozialisatorischen Interaktion konstituiert sich relativ unabhängig von den Motiven, Dispositionen und Intentionen der beteiligten Personen als objektive Struktur sozialer Differenzierung und als objektive Struktur eines latenten Sinnzusammenhangs. Die *latente Sinnstruktur der sozialisatorischen Interaktion* deckt sich nur zum Teil mit den innerpsychischen Repräsentationen des sozialen Geschehens im Bewußtsein der beteiligten Subjekte. Sie wird von diesen nur in Ausschnitten und in verschiedenen Graden der Artikuliertheit ihrer objektiven Elemente realisiert, bestimmt aber real den Sozialisationsprozeß auch unabhängig von dieser innerpsychischen Realisierung. Indem sie für das Kind – bezogen auf dessen jeweilige Interpretationskapazität –, überschüssig'strukturiertes Erfahrungsmaterial vorgeben, das im Verlaufe des Lebensgeschichte nachträglich mit subjektivem, der objektiven Struktur adäquatem Sinn aufgefüllt wird, beeinflussen die latenten Sinnstrukturen den Bildungsprozeß des Subjekts unabhängig von dessen entwicklungsstandspezifischer Kapazität der Sinninterpretation. Entsprechend muß eine soziologische Sozialisationstheorie die dafür konstitutiven spezifischen Strukturmerkmale der sozialisatorischen Interaktion analysieren. Methodologisch folgt aus dieser These, daß die latenten Sinnstrukturen der sozialisatorischen Interaktion nur durch eine extensive Strukturinterpretation und Sinnauslegung beobachteter Interaktionen sichtbar gemacht werden können....
An der Struktur der sozialisatorischen Interaktion sind schließlich die quasi-universellen Konstitutionsbedingungen von Sozialisation schlechthin und die Spielräume für gesellschaftlich-historische, subkulturelle und familienspezifische Variationen von Strukturmerkmalen, die individuelle Differenzen bedingen, zu unterscheiden."

Oevermann u. a. 1976a, S. 372f

Die objektive Strukturiertheit der sozialisatorischen Interaktion läßt sich nun auf zwei Ebenen analysieren. Die Ebene der *Kompetenz* bezeichnet die universellen Struktureigenschaften des Menschen als Gattungswesen. Kompetenzen sind Handlungsmöglichkeiten und Regelstrukturen wie Intersubjektivität oder Reziprozität, die generativen Charakter haben, also konkrete Verhaltensweisen hervorbringen. Die Kompetenzebene beschreibt das autonome, handlungs- und sprachfähige und mit sich identische Subjekt als universellen Bezugspunkt von Sozialisation. Im Bereich der *Performanz* findet sich die jeweilige besondere Ausprägung der allgemeinen Strukturen in bezug auf konkrete historische und gesellschaftliche Formationen und individuelle Biographien. Auf der Performanzebene entscheidet sich, inwieweit die konkreten Sozialisations- und Lernformen, die Erziehungs- und Bildungsmaßnahmen das Handlungspotential der Kompetenz realisieren oder in der Entfaltung beschränken. (Die Unterscheidung Kompetenz – Performanz geht auf Chomsky 1970 zurück.) Wenn auch die analytische Unterscheidung zwischen Kompetenz und Performanz nicht deckungsgleich ist mit der zwischen primärer und sekundärer Sozialisation, so scheinen sich doch, will man an einer qualitativen Differenz zwischen beiden Entwicklungsphasen festhalten, Erwachsenensozialisation und Erwachsenenbildung eher auf der Ebene der Performanz abzuspielen.

Einer angemessenen sozialisationstheoretischen Erklärung von Erwachsenenbildung als Handlungsstruktur kann eine unmittelbare Integration der Sichtweisen der Rollentheorie und des symbolischen Interaktionismus weniger dienen als die gegenseitige Kritik dieser beiden Ansätze. Dies ist auch der Anknüpfungspunkt des strukturalistischen Erwachsenensozialisationskonzepts. Es geht ihm um eine Bestimmung des sich qualitativ von der primären Sozialisation unterscheidenden objektiven Strukturgehalts der Erwachsenensozialisation, ohne auf eine rollentheoretische Argumentation zurückzugreifen. Diese Struktur wird durch die strukturbildende Konstruktionstätigkeit der kompetenten, erwachsenen Persönlichkeit in Auseinandersetzung mit der Umwelt hervorgebracht.

Die Handlungsformen der Erwachsenenbildung bzw. -sozialisation konstituieren sich relativ unabhängig von den Motiven, Intentionen und Bewußtseinsformen der beteiligten Personen. Es geht um die theoretische Rekonstruktion weder der Struktur der Persönlichkeit noch der der Rolle, sondern um die der objektiven Struktur des Sinnzusammenhanges von Erwachsenenbildung/Erwachsenensozialisation, die nicht manifest ist, also den Beteiligten nicht intentional oder bewußt verfügbar ist, sondern latent, verborgen existiert und sich hinter dem Rücken der Teilnehmer durchsetzt (vgl. zur Unterscheidung manifest – latent Freud 1961).

Es ist allerdings fraglich, überhaupt von einer strukturalistischen Erwachsenensozialisationstheorie zu sprechen, da der Strukturalismus sich vor allem mit der primären Sozialisation beschäftigt hat. Eine Ausnahme bildet L. Kohlberg, der in der Tradition Piagets die Entwicklung des moralischen Bewußtseins in Kindheit, Jugend und Erwachsenenalter untersucht hat. An seinem Konzept soll exemplarisch der für die sozialisationstheoretische Beschreibung von Erwachsenenbildung fruchtbare Gehalt der Strukturtheorie herausgearbeitet werden. In neueren Untersuchungen beschäftigt sich Kohlberg mit der Moralentwicklung im Erwachsenenalter und stellt damit seine eigenen Ergebnisse in Frage, nach denen diese bereits im frühen Erwachsenenalter abgeschlossen sei (Kohlberg 1980). Kohlberg setzt sich vor allem mit der der Tradition der Psychoanalyse verhafteten Entwicklungstheorie Eriksons (Erikson 1966) auseinander, die – ausgehend von dem Freudschen Phasenkonzept – auch für das Erwachsenenalter neue, sich aus psychosozialen Krisen entwickelnde Identitätsstufen annimmt. Der Fokus des Ich-psychologischen Modells Eriksons ist das sich verändernde Selbst. Die Entwicklungsstufen dieser grundlegenden Veränderungen des Erwachsenen werden funktionalistisch interpretiert in der Weise, daß sie funktional bezogen sind auf die jeweiligen von der Umwelt bzw. den Rollenerwartungen auferlegten, sozio-kulturell spezifischen Entwicklungsanforderungen.

Demgegenüber definiert Kohlberg in der Folge des genetischen Strukturalismus Piagets die Entwicklungsstufe als strukturelle Einheit. Der Fokus dieses Modells ist die entwicklungsbedingte Veränderung der Perzeption der Welt durch das Subjekt. Sozialisation wird damit nicht aus biologischen Reifungsprozessen oder aus Anforderungen der sozio-kulturellen Umwelt erklärt, sondern aus den kognitiven Strukturen, den generellen Regeln bzw. formalen Eigenschaften des Denkens und Handelns.

Dieses strukturelle Stufenkonzept entwickelt die oben bereits dargestellte Unterscheidung von Kompetenz und Performanz. Die strukturelle Stufe meint die Ebene der universellen, kulturunspezifischen Handlungspotentiale (Kompetenzen), ihre qualitativen und formalen strukturellen Eigenschaften, während die funktionale Stufe Eriksons die Ebene der besonderen, kulturspezifischen Ausprägung dieser Potentiale und ihre inhaltlichen und quantitativen Eigenschaften bezeichnet (Performanz).

Das Problem ist nun, ob strukturelle Stufen nur in Kindheit und Jugend anzutreffen sind, was Piaget und Kohlberg bisher behaupteten, oder „ob im Erwachsenenalter qualitative Veränderungen eine invariante Reihe formen, die von beliebigen sozialkulturellen Umgebungen unabhängig sind und die jeweils eine generalisierte strukturierte Ganzheit bilden und auf früheren qualitativen Entwicklungsveränderungen aufbauen" (Kohlberg 1980, S. 227). Obwohl sich beim Erwachsenen tiefe kognitive und moralische Umstellungen ereignen können, müssen sie nicht als strukturelle Stufen interpretiert werden. Sie sind – so Kohlberg bisher – eher als funktionale Stufen im Sinne Eriksons zu verstehen denn als qualitativ neue Denk- und Urteilsstrukturen. „Was aus der Perspektive der strukturellen Theorie bloße Stabilisierung ist, ist vom Standpunkt der funktionalen Ich-Theorie Stufenentwicklung" (ebd., S. 243).

Diese Aussage modifiziert Kohlberg nun in seinen neuesten Untersuchungen: Er schließt nicht aus, daß die letzte Stufe in Eriksons Modell (das Erreichen einer Religiosität im weitesten Sinne aus der Krise von

Integrität versus Verzweiflung im reifen Erwachsenenalter) die letzte sechste Stufe seines eigenen Modells, die prinzipiengeleitete Ethik im früheren Erwachsenenalter, qualitativ übersteigt. Kohlberg erwägt also, sein Entwicklungsmodell um eine siebte strukturelle Stufe für den Erwachsenen zu erweitern und glaubt damit, auch für diesen strukturelle Veränderungen in kognitiver und moralischer Hinsicht vermuten zu können. Als zukünftiges Programm der Erwachsenensozialisationsforschung schlägt Kohlberg den Versuch einer Integration seines strukturellen Kognitivismus mit der kulturalistischen Ich-Psychologie in der Tradition von Erikson vor.

Eriksons funktionale und Piaget-Kohlbergs strukturelle Stufen

Piaget/Kohlberg	Erikson
Das Wesen der Stufen	
Stufen sind verschiedene Strukturen für eine einzelne Funktion, z. B. moralisches Urteilen, logisches Begründen. Entsprechend ersetzen spätere Stufen frühere Stufen. Erfahrungen, die zur Entwicklung führen, sind kognitive Erfahrungen bes. Erfahrungen kognitiver Diskrepanz und Übereinstimmung.	Stufen sind die Auswahl oder der Gebrauch neuer Funktionen durch ein Ich – frühere Funktionen oder Wahlen bleiben im Hintergrund der neuen Stufe. Erfahrungen, die zur Entwicklung führen, sind persönliche Erfahrungen, bes. Erfahrungen und Entscheidungen im persönlichen Konflikt.
Focus der Stufen	
Die entwicklungsmäßige Veränderung ist primär eine Veränderung der Wahrnehmung in der physikalischen, sozialen und moralischen Welt. Das Ergebnis der Entwicklung ist Veränderung der Wahrnehmung. Die Stabilität der neuen Stufe ist nicht das Ergebnis von Entscheidungen.	Die entwicklungsmäßige Veränderung umfaßt primär eine selbstgewählte und selbst wahrgenommene Identifikation mit Zielen. Das Ergebnis einer Entwicklung ist relativ beständig und resultiert in einer Entscheidung oder einer Bindung.
Spätere Stufen sind kognitiv adäquater als frühere Stufen: (1) die Denkstrukturen früherer Stufen sind in ihm aufgehoben, (2) die gleichen Probleme werden besser gelöst und (3) sie sind universeller anzuwenden oder zu rechtfertigen aufgrund der Universalität und des Umfangs der von ihnen geordneten Erfahrungen.	Spätere Stufen sind nicht in bezug auf kognitiven Umfang angemessener, sondern in bezug auf Tugend oder Ich-Stärke, d. h. in ihrer Fähigkeit, persönliche Erfahrungen auf stabile, positive und sinnvolle Weise zu ordnen. Jedoch sind der Erwerb einer Stufe und ihre adäquate Benutzung nicht identisch.

Kohlberg 1980, S. 247

Dennoch kann als Fazit festgehalten werden: Erwachsenenbildung bzw. -sozialisation läßt sich prinzipiell auf der Performanz- und nicht auf der Kompetenzebene analytisch bestimmen. Wenn auch neue Kompetenzstrukturen im Erwachsenenalter entstehen mögen (Kohlbergs letzte Stufe des moralischen Denkens), so ist ihre Entwicklung an die Ausbildung der Kompetenzen in Kindheit und Jugend gebunden.

Welchen Beitrag kann die sozialisationstheoretische Begründung von Erwachsenenbildung einerseits für eine den heutigen Bedingungen von Erwachsenenbildung angemessene theoretische Sichtweise, andererseits für eine vernünftige Praxis von Erwachsenenbildung leisten? Aus den dargestellten Theorien können wir ein scheinbar paradoxes Fazit ziehen, daß der historisch und kulturell variierende Spielraum der Erwachsenensozialisation bzw. -bildung nur dann begriffen werden kann, wenn wir als dessen Folie die hauptsächlich in der primären Sozialisation erworbenen universellen Kompetenzen im Auge behalten. Betonen die rollenanalytisch-funktionalistischen und strukturalistischen Konzepte eher die Bedeutung der allgemeinen Grundqualifikationen und der formalen Regeln für die Entwicklung des Subjekts, so stellen die handlungs- und identitätstheoretischen Ansätze die inhaltlichen Veränderungen auf der Performanzebene in den Mittelpunkt. Ohne in Eklektizismus zu verfallen, darf eine entfaltete, nicht-reduktionistische Erwachsenensozialisationstheorie sich nicht einseitig auf eine der Theorietypen allein beziehen. Es geht nämlich nicht nur um die Frage, wie tief Veränderungen im Erwachsenenalter sind, sondern vor allem darum, wie sich die Bedingungen der Erwachsenensozialisation bzw. -bildung als entwicklungsfördernd oder -hemmend kritisch darstellen lassen. Dazu bedarf es eines Maßstabes: die universelle Kompetenz. Nach ihm kann beurteilt werden, inwieweit dieses auf Autonomie und Identität zielende Handlungspotential durch die der Reflexion und Veränderung zugänglichen konkreten Sozialisationsbedingungen realisiert wird.

Eine solche Sichtweise scheint besonders sinnvoll, wenn sie auf die Erwachsenenbildung bezogen wird. Wir müssen analytisch trennen zwischen Sozialisation und den in sie planend eingreifenden Bildungsprozessen mit ihren beabsichtigten und nicht-beabsichtigten Folgen. Insofern ist die Theorie der Entwicklung des Individuums zu unterscheiden von der Theorie des pädagogischen Handelns. Allerdings gibt jene den theoretischen Bezugspunkt für diese ab, läßt sich eine Bildungstheorie nur im Zusammenhang einer Sozialisationstheorie entwickeln.

Das Grundproblem der Sozialisation, wie Kinder und Jugendliche, die die Interaktionskompetenz noch nicht besitzen, in der Interaktion mit kompetenten Erwachsenen (in erster Linie den Eltern) die Fähigkeit zu autonomem und identischem Handeln erwerben können, wird in der Bildung dadurch verschärft, daß diese notwendige Asymmetrie der

Beziehungen zwischen Erwachsenen und Heranwachsenden durch die Polarisierung in Lehrer- und Schülerrollen institutionalisiert wird. Insofern unterliegt jede Bildung der Gefahr, ihr Ziel der Mündigkeit ihrer Objekte durch die Methoden des pädagogischen Eingreifens ins Gegenteil zu verkehren. Sie stabilisiert die entwicklungsmäßig bedingte Unmündigkeit.

Diese Gefahr ist bei der Erwachsenenbildung besonders groß, da sie es im Gegensatz zur Schule mit prinzipiell kompetenten Erwachsenen zu tun hat. Die Theorie der Erwachsenenbildung tut sich schwer mit dieser Einsicht, da sie einen sozialisationstheoretisch explizierten Begriff des erwachsenen Subjekts bislang kaum entwickelt hat. Sie hat demgegenüber ihren Gegenstand im wesentlichen mit drei Argumentationen begründet:

- Erwachsenenbildung als Vermittlung von curricular organisierten Bildungsinhalten;
- als Herstellung der durch persönlichkeitsstrukturelle Faktoren beeinträchtigten, psychologisch gefaßten Lernfähigkeit;
- als System der Stabilisierung oder Veränderung gesamtgesellschaftlicher Strukturen.

Während in dieser letzten Begründung der erwachsene Lerner nur als Träger von Qualifikationen thematisiert wird, wird er in den beiden anderen tendenziell zu einem Träger von behavioristisch gefaßten Verhaltensweisen und Einstellungen reduziert. Gemeinsam ist ihnen, daß sie den lernenden Erwachsenen nicht als einen *grundlegend* Kompetenten begreifen, der nur in *bestimmten Situationen* nicht fähig ist, besondere Probleme seiner Lebenswelt zu lösen. Da sie diese beiden Ebenen nicht auseinanderhalten, geraten sie ständig in Gefahr, die Erwachsenenbildung in der Dimension der Kompetenz und nicht der Performanz, was angemessener wäre, anzusiedeln und sie damit in die Nähe von Manipulation und Indoktrination zu rücken.

Bislang scheint das eher lebensweltbezogen-wissenssoziologisch als sozialisationstheoretisch argumentierende Deutungsmusterkonzept (das Erwachsenenbildung als Aufklärung des als eigenständige Erkenntnisform begriffenen Alltagswissens betrachtet) dieser Gefahr, Bildung als Entmündigungszusammenhang zu konzeptualisieren, zu entgehen (dazu später Genaueres). Dieses Modell unterliegt, ebenso wie das sozialisationstheoretische, nicht der Tendenz, „wie so viele andere Formen pädagogischen, beratenden oder therapeutischen Handelns, die Subjekte zu einem zweiten Mal zu Objekten zu machen. Die lebensweltbezogene Position begreift den Erwachsenen als ein kompetentes Subjekt, das seine lebenspraktischen Probleme auf der Grundlage eines biographisch erworbenen Alltagswissens bewältigt und für das Lernen nur insofern zu einem Bedürfnis wird, wie dadurch eben dieses Alltagswissen verbessert wird." (Schmitz 1980, S. 59)

Für eine sozialisationstheoretisch begründete Erwachsenenbildung ist weniger die Frage kennzeichnend, wie die – mehr oder weniger in den Köpfen der Pädagogen existierenden – Unterrichtskonzepte an die vorhandenen Erfahrungsstrukturen der Teilnehmer anknüpfen können, sondern vielmehr das Problem, inwieweit die durch Sozialisation erworbenen Kompetenzen der Teilnehmer und ihre sozialen und individuellen Identitätsformationen konstitutiv sind für die Handlungsstrukturen in der Erwachsenenbildung. Diese Einsicht sollte nicht dazu führen, der Position der Erwachsenenbildung als einem von außen gesteuerten Lernprozeß die abstrakte Gegenposition gegenüberzustellen, die – im zuweilen modischen Trend der Alltagswende der Pädagogik – die Erwachsenenbildung nur noch als Instrument der internen Differenzierung und Verbesserung der alltäglichen Erfahrungsmuster und Problemlösungsstrategien begreift. Das Problem ist nämlich, in welche Richtung, mit welchem Ziel diese Aufklärung erfolgt oder anders gefragt: nach welchem Kriterium das offensichtlich vorhandene, die Teilnehmer zu Bildungsmaßnahmen motivierende Defizit als ein solches bestimmt werden kann. Hier läßt sich – anknüpfend an die dargestellten Erkenntnisse der Sozialisationstheorie – analytisch unterscheiden zwischen der besonderen Rationalität der Erfahrung der Teilnehmer, deren mögliche Defizite auf der Performanzebene liegen, und der allgemeinen Rationalität von aufgeklärtem, bewußtem Wissen und autonomer Handlungsmöglichkeit auf der Kompetenzebene, die das Ziel von Bildung darstellt. Dieses Ziel wird gleichsam von außen, von der durch Wissenschaft angeleiteten Bildung normativ vorgegeben; zugleich ist es aber den Lernenden nicht nur äußerlich, da für sie als kompetente Erwachsene seine allgemeine Rationalität als Potential latent verfügbar ist. Sie sind – das zeigt auch das Prinzip der Freiwilligkeit in der Erwachsenenbildung – in der Lage, ihre Erfahrung auf dem Hintergrund des Maßstabes dieser allgemeinen Rationalität als beschränkt zu reflektieren, sonst würden sie nicht lernen wollen. Diese Beschränkung ist in erster Linie begründet im System der sozialen Ungleichheit, das heißt in der die bürgerliche Gesellschaft charakterisierenden ungleichen sozialstrukturellen Verteilung der Chancen zur Realisierung von Kompetenzen.

Erwachsenenbildung ist somit zu verstehen weder als einseitige Vermittlung der externen allgemeinen Rationalität von Wissenschaft und Bildung noch als bloße Erweiterung der internen besonderen Rationalität der Alltagsdeutungen und -handlungen, sondern als „Diskurs" zwischen beiden Rationalitätsformen, als ihre gegenseitige Explikation. Dabei dürfen die Gefahren der durch die Verwissenschaftlichung von Erwachsenenbildung drohenden Entwertung von Handlungspotentialen und Technokratisierung von Lebensweltstrukturen (vgl. Weingart 1976) ebensowenig übersehen werden wie die Aufklärungsbedürftigkeit von Wissen und Handeln im Alltag des Erwachsenen.

Zum Abschluß sollen die Ergebnisse der dargestellten Theorieansätze noch einmal kurz auf die für eine Erwachsenenbildungstheorie grundlegenden Begriffspaare Subjekt – Rolle, Handlung – Verhalten und Bildung – Lernen/Qualifikation bezogen werden. Dabei wird deutlich, daß diese Ansätze, insbesondere der interaktionistische und der strukturalistische, unentbehrlich sind für eine Erwachsenenbildungstheorie, da sie sich auszeichnen durch

- einen Begriff vom Subjekt, der über den der Rolle hinaus die aktive, die Handlungsrealität von Erwachsenenbildung konstituierende Konstruktionstätigkeit der Teilnehmer von Erwachsenenbildung betont (vgl. Geißler/Kade 1982);
- einen Begriff von Handeln, der im Gegensatz zu dem des Verhaltens die objektive Sinnhaftigkeit und die soziale Strukturiertheit der Interaktionen in der Erwachsenenbildung festhält (vgl. Boehme 1980);
- einen Begriff der Bildung, der im Gegensatz zu dem des Lernens bzw. der Qualifikation die Bedeutung der Aneignung der kulturellen Realität für die Entwicklung der kompetenten Identität des Erwachsenen und der Autonomie seiner Lebenspraxis beschreibt (vgl. Kade 1983; Schlutz 1984; Wolterhoff 1979).

Der Fokus der Erwachsenensozialisationstheorien ist das sich entwickelnde Individuum. Wenn auch der soziale, überindividuelle Zusammenhang dieses Prozesses immer wieder betont wurde, so gilt es doch, diesen Zusammenhang, die soziale Konstitution der sich bildenden Persönlichkeit, noch stärker herauszuarbeiten. Darauf zielen die im folgenden dargestellten kulturtheoretisch argumentierenden Theoriepositionen.

Hartmut M. Griese
Kommentar zu den sozialisationstheoretischen Ansätzen

Die sozialisationstheoretischen Fundierungsansätze der Erwachsenenbildung können nicht losgelöst von den Interessen, z.B. gewerkschaftlichen, kirchlichen, betrieblichen, humanistischen, emanzipatorischen, der Erwachsenenbildung diskutiert werden. Entscheidend dafür scheint mir das allen Sozialisationstheorien zugrundeliegende Menschenbild und Gesellschaftbild zu sein: Es sind die (ex- oder impliziten) anthropologisch-politischen Prämissen, die Theoriebildung und Praxisziele determinieren. Diese Prämissen müssen offengelegt und diskutiert werden.

Wenn man Sozialisation als lebenslangen Prozeß begreift, sollte in der Zukunft die Lebenslauf-(Biographie-)Forschung in der Theoriediskussion stärker berücksichtigt werden. Erwachsenensozialisation kann dann als Teil des Lebenslaufs, als spezifischer biographischer Abschnitt mit einem ‚davor‘ und ‚danach‘ betrachtet werden. Der Erwachsene als Adressat der Erwachsenensozialisations- und Erwachsenenbildungs-Forschung muß auf diesem Hintergrund differenzierter beschrieben werden, z.B. nach bio-

graphischen Lernerfahrungen, Schicht- und Geschlechtszugehörigkeit, gesellschaftlicher Situation, Zukunftsplanung usw.

Der von den Autoren vollzogene theoretische Sprung von der geforderten „Theorie des Subjekts" über „Interaktion als elementare Form von Handeln" zu der „objektiven Struktur eines latenten Sinnzusammenhangs" ist für mich nicht ganz nachvollziehbar in seinen Konsequenzen für eine „Theorie des pädagogischen Handelns".

Die strukturelle Sozialisationstheorie scheint ähnliche Probleme wie die (ihr nahestehende) Psychoanalyse zu haben: Es geht um latente und verborgene Sinnstrukturen, die theoretisch postuliert, empirisch schwer erfaßbar sind (in der Psychoanalyse: um das Unbewußte, um Psycho- und Motivstrukturen und einen abweichenden Empiriebegriff); Spekulationen überwiegen noch, ebenso faszinierende Wortspielerein („objektive Hermeneutik", „latente Sinnstrukturen" – wer kann da schon nein sagen?) – und alles setzt sich „hinter dem Rücken (unbewußt) der Teilnehmer durch". Ob die auf Praxis und Handeln angewiesene Erwachsenenbildung davon profitieren kann, wage ich zu bezweifeln.

Konzepte, die von „entwicklungs- (nicht: sozialisations-)bedingten Veränderungen" ausgehen (Piaget, Kohlberg), unterliegen m.E. der Gefahr des Biologismus, d.h. der Annahme universeller (ahistorischer) Eigenschaften (Anthropologismen) beim Menschen, wie sie sich in allen Phasenoder Stufenkonzepten der Sozialisation wiederfinden lassen. Jugend beispielsweise ist – darin sind sich zumindest Soziologen einig – ein historisch-gesellschaftliches Phänomen – wie kann man dann aber von der Kompetenzebene oder der Stufe der Jugend reden? Und: Wenn Jugend bereits von sozialstrukturellen Faktoren abhängig ist, wie kann man dann von einer „invarianten Reihe" bei Erwachsenen reden? Gerade die Veränderungen im Werk von Kohlberg sollten uns für die Differenz zwischen anthropologischen Setzungen (Phasen, Stufen) und gesellschaftlichen Phänomenen sensibilisieren. Und: Sag niemals nie – schreib niemals „die letzte Stufe" – die gesellschaftliche Realität könnte es widerlegen. „Letzte Stufen" anzunehmen ist finalistisch-ahistorisch, kurzum: unsoziologisch, eben reifungsorientiert-biologisch, auch wenn das die Autoren bestreiten werden.

Was die Veränderung des Erwachsenen betrifft, so spricht auch der Common sense von „aus der Rolle fallen", „er/sie ist ein ganz anderer Mensch geworden" usw. – je komplexer die Gesellschaft und je differenzierter situative Angebote sind, um so wichtiger und einschneidender können spätere Sozialisationsprozesse sein. Erwachsenensozialisation ist immer in Abhängigkeit von der Sozialstruktur zu sehen.

Es wird von den Autoren nicht genügend verdeutlicht, weshalb neben den zwei zentralen Paradigmen der Soziologie und der Sozialisationstheorie (strukturell-funktionale Rollen- besser: Systemtheorie und Symbolischer Interaktionsimus; Parsons und Mead) gerade die „strukturelle Sozialisationstheorie" (Oevermann, Kohlberg) als „dritte Sichtweise" gewählt wird,

167

*zumal diese ihre Erklärungskraft und empirische Validität noch unter
Beweis stellen muß. Ebensogut könnte man m.E. den wissenssoziologi-
schen Ansatz von Berger/Luckmann – als Erweiterung und Ergänzung zu
Mead oder den sich etablierenden Lebenslaufansatz (vgl. exemplarisch
Kohli 1978) heranziehen, die ihre Relevanz für die Erwachsenenbildung
bereits verdeutlicht haben.*

*So lassen sich z.B. die von den Autoren beschriebenen „vier Aussagen der
strukturellen Sozialisationstheorie" in einer identitätstheoretischen Erfassung von Sozialisation und Biographie im Anschluß an den und in Erweiterung des Symbolischen Interaktionismus ebenfalls wiederfinden: „Gesellschaftliche Konstruktion der Wirklichkeit", soziale Identität, Deutungsmuster, anthropologischer Kompetenzbegriff.*

*Die unterschiedlichen Varianten und Veränderungen im Symbolischen
Interaktionismus werden von den Autoren nicht wahrgenommen – Mead hat
seine Grundgedanken Anfang des Jahrhunderts formuliert – es liegt m.E.
eine Reduktion der Möglichkeiten des Symbolischen Interaktionismus vor.
Die idealtypische Zieldefinition, das „kompetent und autonom handelnde,
sprachfähige und mit sich identische Individuum" (so die Autoren), müßte
anthropologisch-kompetenztheoretisch abgeleitet werden. Die Realität
läßt sich meines Erachtens besser mit Habermas (1974) in Frageform wie-
dergeben: „Können komplexe Gesellschaften eine vernünftige Identität
ausbilden?" – in anderen Worten: Die gesellschaftlichen Verhältnisse, wo
Sozialisation stattfindet, kommen in der Analyse von Erwachsenensozialisation und auch Erwachsenenbildung zu kurz.*

*Das qualitativ Neue, d.h. die Veränderungen bei Erwachsenen scheinen
mir daher nicht so sehr alters- oder stufenbedingt, sondern vielmehr
abhängig zu sein von vorangegangenen Lern- und Bildungserfahrungen
des Subjekts, von Reflexionschancen und situativen Lernangeboten; kurzum: von der sozio-kulturellen Einbettung des Individuums in die Sozialstruktur (von der Schicht- bzw. Klassenzugehörigkeit). Reflexivität und
Moral sind keine Sache des Alters oder der Stufen (beim Erwachsenen),
sondern der Erfahrung, des Lernens und der Aufklärung (eben des
Interaktionszusammenhangs). Der Zugang zu „qualitativ neuen Denk-
und Urteilsstrukturen" beruht auf ungleichen Chancen, nicht so sehr auf
dem Durchlauf von Stufen.*

*Eine von den Autoren vorgeschlagene „Integration des strukturellen Kogni-
tivismus mit der kulturalistischen Ich-Psychologie" (Piaget und Erikson)
muß m.E. an den unterschiedlichen anthropologischen Prämissen scheitern und wird daher weniger „erfolgreich" sein als eine Integration von Rollentheorie und Symbolischem Interaktionismus, wobei man sagen muß,
daß die rollentheoretisch-identitätsorientierte Variante des Symbolischen
Interaktionismus sich bewährt hat – ich denke da z.B. an Krappmann
(1969), Döbert u.a. (1980) und würde auch meine eigenen Arbeiten zur
Erwachsenensozialisation dazu zählen (vgl. Griese 1979).*

Sozialisations- (nicht: Erziehungs-)Ziele können nicht auf das Indivi-

duum bezogen definiert werden (also: Autonomie, Identität, Reflexivität usw., so die Autoren), sondern nur auf die Sozialstruktur hin (also: Herrschaftsfreiheit, Chancengleichheit, Gerechtigkeit) – hier wird wiederum der Unterschied zwischen Pädagogik und Soziologie, zwischen Erziehung(sziel) und Sozialisation(sziel), auch zwischen Erwachsenenbildung und Erwachsenensozialisation deutlich.

Das von den Autoren eher favorisierte Konzept des „autonomen und mit sich identischen Handelnden", der über bestimmte Grundqualifikationen verfügt, kann sich nicht von dem Vorwurf freimachen, individualistisch-bildungsbürgerliche Interessen zu vertreten und legitimatorische Funktionen zu erfüllen, indem sozialstrukturelle Ungleichheit zu individuellen Defiziten umdefiniert werden, wodurch pädagogische, nicht politische Maßnahmen gerechtfertigt erscheinen.

3.3   Sozialwissenschaftlich-kulturtheoretische Ansätze

Die sozialwissenschaftlich-kulturtheoretische Konzeption zielt auf die Bedeutungen, welche dem Handeln, explizit oder implizit, quer durch die gesellschaftlichen Daseinsbereiche und Institutionen als Voraussetzungen und Intentionen, Halt und Sinn geben. Sie will wissen, wie und warum sich solche Ideen, Bedeutungen und Werte gebildet haben und bilden; welche symbolische Form und sachliche Logik ihnen eignet; welche Macht sie über das Handeln der einzelnen, über die Bildungsinstitutionen und über die gesellschaftliche Entwicklung ausüben. Sie will wissen, welche stummen oder ausdrücklichen Traditionen im Spiel sind, wer sie erhält und verbreitet, aber auch welche neuen Ideen und Bedeutungen im Bildungsgeschehen entstehen oder ins Spiel gebracht werden und von wem. Sie hat es mit jenen Bildern der Wirklichkeit zu tun, durch welche allein der Mensch seine Antriebe und Bedürfnisse mit den Tatsachen zu vermitteln vermag (vgl. Lipp/Tenbruck 1979). Die die Erwachsenenbildung konstituierenden überindividuellen sozialen Regeln lassen sich nun – so die Logik der folgenden Darstellung – bewußtseins-, handlungs- und strukturtheoretisch rekonstruieren. Kontinuität und Differenz zwischen der *wissenstheoretischen Sichtweise,* der *Deutungsmusterkonzeption* und dem *strukturalistischen Habitusansatz* lassen sich in doppelter Weise begründen, nämlich einerseits hinsichtlich des Abstraktionsgrades der Theorieansätze gegenüber unterrichtlicher Praxis und andererseits bezüglich des von diesen Ansätzen bestimmten Grades der Symbolisierung der Handlungsvollzüge der Erwachsenenbildung auf der Seite der Adressaten wie auf der der Kursleiter.

– Die wissenstheoretische Perspektive unternimmt den Versuch, Erwachsenenbildungsprozesse bewußtseinstheoretisch zu begreifen, d.h. Erwachsenenbildung wird als Transformationsprozeß verschiedener Wissensformen, als gewußte Struktur im Sinne der völligen Symbolisierung und Versprachlichung der ablaufenden Interaktionen gefaßt. Dieser Ansatz steht zu den Fragen der Didaktik und des Unterrichtsgeschehens der Erwachsenenbildung im Medium des „Alltagswissens" in einem relativ konkreten Bezug.

- Die Deutungsmusterkonzeption versteht sich demgegenüber als handlungstheoretische Rekonstruktion der Prozesse der deutenden Aneignung von Wirklichkeit. Die die Erwachsenenbildung regelnden Deutungsmuster sind unmittelbar auf Handlungsprobleme bezogen. Insofern geht es dieser Konzeption im Unterschied zur Wissenstheorie/Alltagstheorie um die Analyse der Handlungsdynamik, die Bewußtsein bewahrt und verändert.

- Dem strukturalistischen Habitusansatz liegt eine Vorstellung von sozialer Struktur zugrunde, die den objektiven Strukturgehalt der Erwachsenenbildung jenseits der für die wissens- und deutungsmustertheoretischen Sichtweisen konstituierenden Handlungsintentionen und Bewußtseinsformen ansiedelt. Die in der Erwachsenenbildung (re-)produzierten Habitusformen stellen somit gleichsam unbewußte, in einem geringen Grade symbolisierte soziale Regeln dar. Das strukturalistische Habituskonzept, das sich gegenüber dem konkreten Unterrichtsgeschehen der Erwachsenenbildung auf einem relativ hohen Abstraktionsniveau befindet, fragt nicht nur nach der Handlungslogik der Erwachsenenbildung, sondern auch nach ihrem Beitrag zur Reproduktion allgemeiner sozialer Strukturen. Weniger die Dynamik der Handlungsprozesse (Deutungsmuster) als die relative Stabilität der sozialen Strukturen der Erwachsenenbildung stehen im Mittelpunkt des Erkenntnisinteresses.

3.3.1 Wissenstheoretischer Ansatz

Theoriebildung unter dem wissenstheoretischen Aspekt will die spezifische Art und Weise der Gestaltung des Verhältnisses von lebensweltlichen Wirklichkeitsvollzügen und wissenschaftlichem Wissen in Prozessen der Erwachsenenbildung thematisieren. Das Grundproblem ist dabei, ob theoretisch-konzeptuell das *Alltagswissen* der Teilnehmer als *Anknüpfungspunkt* für die Konstitution von Lernprozessen verstanden wird oder ob das vorwissenschaftliche Erfahrungswissen über das Umgehen mit lebensweltlichen Sinnzusammenhängen als (mit-)*konstitutiv* für die pädagogisch-kommunikative Interaktion im Bildungsprozeß der Erwachsenenbildung betrachtet wird.

1. Im ersten Fall wird Alltagswissen zwar dem Vollzug pädagogischen Handelns zugerechnet, ihm werden aber keine *Wahrheits-, Angemessenheits- und Geltungsansprüche* zugebilligt. Man läßt sich auf seine internen Strukturen nicht ein und kann es folglich auch nicht „ernst" nehmen. Erwachsenenbildung mischt sich hier letztlich doch mit

einem aufgeklärten Besserwissen in die Lebenswelt und das Alltagswissen der „laienhaften" Adressaten ein. Die in Interaktionen des
Bildungsprozesses wirksamen und transformierten Wissensbestände und das mit diesen Transformationen einhergehende inter-
venierende kommunikative Handeln wird zumeist in den alltagsorientierten Konzepten der Erwachsenenbildung nicht zum Gegenstand der Reflexion gemacht. Das Alltagswissen – als kulturelle,
lebensweltliche Objektivation – wird somit als schlicht, mithin wegen
seiner situativen Bedingtheit als wissenschaftlich uninteressant erachtet, woran die Auffassung geknüpft wird, daß es auf einer nied-
rigen Stufe der Reflexion steht. Im Extremfall kann sich hinter
(alltags-)wissensorientierten Theorieansätzen lediglich eine neue
Art Taktik der Programm- und Lehrplanung verbergen. „Um die
Relevanz wissenschaftlichen Wissens zu retten, muß es Strukturen
des alltäglichen Lebens (und Wissens; d. Verf.) zumindest partiell
teilen." (Uhle 1980)

2. Demgegenüber geht es in anderen Ansätzen exakt um die Einsicht
   in die vorwissenschaftlich fungierenden Sinnstrukturen der Teilnehmer von Erwachsenenbildungsprozessen, um eine Einsicht in deren
   Zusammenhang von naturhaften, kulturellen wie sozialen Sinn-
   implikaten. Um das Problem der Wissensvermittlung in der Erwachsenenbildung analytisch präziser zu fassen, hat man hier einen
   Begriff von „Wissen" entwickelt und außerdem eine Vorstellung
   darüber, wie sich die verschiedenen Formen von Wissen mit dem
   Handeln der Subjekte verbinden (vgl. hierzu Seigies 1985).

„Jeder Unbefangene wird die Wissensvermittlung ohne sonderliche Zweifel für
eine der großen Aufgaben der Erwachsenenbildung halten und hier nur methodische und didaktische Probleme erwarten. Diese unbefangene Einstellung hat
auch eine historische Berechtigung. Am Anfang der Entwicklung zur modernen
Erwachsenenbildung galt die Wissensvermittlung als vorrangige Aufgabe, war
doch im 18. und 19. Jahrhundert Aufklärung nahezu identisch mit der Bekämp-
fung von Unwissenheit. Aber auch individuell wird diese unbefangene Einschätzung immer wieder in die Arbeitszusammenhänge der Erwachsenenbildung eingebracht, weil die meisten Personen, die als Lernende oder auch als
Lehrende neu in die Erwachsenenbildung eintreten, dort nach wie vor in erster
Linie Wissensvermittlung erwarten.
In der Theorie der Erwachsenenbildung wurde allerdings schon früh Skepsis
gegenüber dem unreflektierten Positivismus dieser Einstellung geltend
gemacht, und auch in der Praxis läßt sich die naive Rolle der Wissensvermittlung
nicht durchhalten. Die Fragen nach Wert, Ziel und Auswahl des Wissens, nach
den gesellschaftlichen Hintergründen und Bedingungen seiner Vermittlung,
nach den politischen Bedürfnissen und Interessen der Beteiligten und nach der
geschichtlichen Funktion der Erwachsenenbildung sind unabweisbar und können in bestimmten Phasen der Diskussion den ursprünglichen Sinn des Votums
für die Wissensvermittlung völlig verdunkeln.
Die grundlegende Schwierigkeit der Wissensvermittlung in der Erwachsenen-

bildung liegt offensichtlich darin, daß die Quelle oder letzte Instanz unseres Wissens heute die Wissenschaft ist. ... Da einerseits die Verwissenschaftlichung aller Lebensgebiete fortschreitet, andererseits einer intensiven, gründlichen Arbeit in der Erwachsenenbildung der Vorzug zu geben ist, stehen wir bei der Wissensvermittlung in der Erwachsenenbildung immer häufiger und stärker vor der Aufgabe, wissenschaftliche Erkenntnisse so an wissenschaftlich Ungeübte weiterzugeben, daß diese Erkenntnisse einsichtig werden."

Schulenberg 1975, S. 117

Die voreilig didaktisierenden alltagsorientierten Ansätze der Wissensvermittlung beuten das Alltagswissen aus, indem sie dieses als Einstieg für Lernprozesse nutzen. Allein dieses Nutzen ist ein Benutzen. Die Lernenden stellen ihr Alltagswissen zur Disposition und der Vermittlungsvorgang erscheint zunächst nur als eine Anreicherung dieses fraglos sicheren Wissens. Die Anreicherung läuft aber in vielen Fällen im Endeffekt auf eine Entwertung dieses fraglosen Wissens hinaus. Je weniger das alltägliche Wissen in organisierte Bildungsprozesse Eingang findet, dieses nur benutzt wird, um die List der Didaktik und Methodik in Ansatz bringen zu können, desto eher bleibt es abgespalten.

Wir können diesen Gedanken präziser ausführen, wenn wir uns klarmachen, daß Wissen nicht als parzellierte Information gespeichert werden kann. Wissen wird vom bewußten Subjekt im Rahmen eines kognitiven Modells gespeichert. Es hängt sozusagen wie Glaskugeln am Weihnachtsbaum, deren Reflexe ineinanderspiegeln. Die Fähigkeit, innerhalb dieses Modells neue Wissensgruppen bzw. Proportionen zusammenzusetzen, beruht auf der Fähigkeit der Reflexion. Sie ist bildlich gesprochen das Jonglieren mit Wissensbeständen in einem kognitiven Bewußtsein. Das kognitive Modell ist aber nicht nur lediglich Integrationsrahmen von Wissen, sondern ebenso und vorrangig Interpretation von Welt. Piaget (1973) hat gezeigt, wie sich solche Weltbilder in krisenhaften Prozessen entwickeln. Kognitive Modelle bleiben so lange stabil, als es dem Subjekt gelingt, auch heteronome Erfahrungen zu verarbeiten, und dies bedeutet, daß es dem Subjekt gelingen muß, das gesellschaftliche Wissen mit seinem lebensgeschichtlichen Wissen in Einklang zu bringen (vgl. Seigies 1985).

Dieses theoretische Problem wird in wissenstheoretischen Ansätzen ein Stück weit geklärt, indem man sich mit dem Begriff „Alltagswissen" beschäftigt, um auf diese Weise einsichtig zu machen, wie sich die in der Erwachsenenbildung ablaufende Vermittlung zwischen dem curricularisierten Wissen der „Inhalte" und dem alltäglichen Wissen der „Teilnehmererfahrung" vollzieht. Dabei wird zu bedenken gegeben, daß eine undifferenzierte Rede vom Alltagswissen Mißverständnisse hervorrufen kann, sofern nicht immer deutlich wird, daß es bei der Verwendung dieser Kategorie in erster Linie um die *Struktur dieses Wissensbestandes* geht und *weniger* um seine *möglichen Inhalte,* denn die inhaltlich höchst unterschiedlichen Wissensbestände, Vorstellungen und Bilder über unsere Lebenswelt machen nicht zuletzt den Unterschied sozialer Klassen und Gruppen und ihrer jeweiligen „Konstruktion der gesellschaftlichen Wirklichkeit" aus.

Das Alltagswissen in seinen sozialen Dimensionen wird nun aber nicht von unveränderbaren Regelsystemen und Gesetzmäßigkeiten durchzogen – im Gegenteil: Gerade am Beispiel kulturell überlieferter sprachlicher Muster, Topoi etc. kann man verdeutlichen, daß strukturelle Bedingungen, denen die menschliche Existenz und der „zuhandene Wissensvorrat" (Schütz 1971a) unterliegen und von denen sie bestimmt werden, diese Muster nicht schlicht determinieren, sondern mit den Existenzvollzügen im geschichtlichen Raum vermittelt sind und realitätskonstruierend zurückwirken. „Wir müssen ... lernen, den Alltag nicht als Restkategorie sogenannter einfacher Lebensvollzüge außerhalb vergesellschafteter Bereiche wie Wissenschaft, Politik und Technik zu betrachten. Alltag bezeichnet eine spezifische Ebene der sozialen Integration in komplexen Gesellschaften, kann aber nicht auf bestimmte Inhalte oder Lebensbereiche wie Familie oder Freizeit beschränkt werden." (Pieper 1979, S. 18)

Der wissenstheoretische Ansatz weist darauf hin, daß bei Absehung von inhaltlichen Gesichtspunkten wie Motiven, Interessen und Vorstellungen, die die Differenzen im Alltagswissen verschiedener sozialer Gruppen ausmachen, als zu bestimmendes Merkmal des Alltagswissens die spezifische Logik der Verwendung dieses Wissens zurückbleibe. Der „Alltag" kann als die übliche Form sozialen Handelns begriffen werden: Indem die Handelnden mit Interpretationen ihrer Umwelt umgehen, verändern oder erneuern sie zugleich die jeweils gültigen Interpretationen von möglichen Verhaltenserwartungen. So gesehen ist ‚Alltag' ein fortlaufender Kreislauf, in dem sich die Subjekte durch ihr soziales Handeln „entäußern". Dadurch definieren sie eine gesellschaftliche Wirklichkeit, die sich gegenüber den handelnden Subjekten „vergegenständlicht" und die dann wiederum von ihnen und besonders den nachfolgenden Generationen durch Sozialisation „angeeignet" werden muß. Insofern ist der *Alltag* eine spezifische *Form der Hervorbringung von Wissen und Konstitution sozialer Realität.*

Alltagswissen wird hier als die Form von Wissen betrachtet, die sich unmittelbar mit praktischem Handeln verbindet. Darum ist „Alltag" zugleich Ausgangspunkt und Bezugspunkt für jede Form von Wissen, und Alltagswissen ist dasjenige Wissen, über das sich die praktische Relevanz auch des systematischen Wissens herstellt.

„Wissen ist das Ergebnis von Denken und Beobachten; Beobachten ohne Konzepte ist jedoch wahrscheinlich unmöglich. Wir würden die Dinge ‚sehen', sie aber nicht entschlüsseln können.

Auf diese Weise erkennen wir, daß die Art von Wissen, die uns zur Verfügung steht, aufgrund des Weges, auf dem wir Wissen über uns selbst, andere Menschen und die Welt gewinnen, notwendigerweise unzuverlässig ist. Weder der Empirismus, noch der Rationalismus, noch die Kantsche Synthese, noch irgend ein anderer bekannter Ansatz kann zuverlässiges Wissen garantieren.

Was in der Sozialforschung erscheint, ist immer auch eine Form theoretischer Rekonstruktion. Ein Versuch, die Dinge so zu verstehen wie sie von den Teilnehmern selbst verstanden werden, würde in zweifacher Hinsicht mißlingen: zunächst kann ein Außenstehender Dinge nie so gut begreifen wie ein Insider; auf der anderen Seite ist auch das Wissen des Teilnehmers über seine bzw. ihre eigene Lebenssituation ungenau und unvollständig. Einige der Konzepte, auf denen jemand sein Verständnis der eigenen Gesellschaft aufbaut, dienen beispielsweise dazu, den Funktionsablauf dieser Gesellschaft zu verschleiern. Von daher ist die Verständnismöglichkeit der Sozialforschung in mancher Hinsicht ‚geringer' und in anderer Hinsicht ‚größer' als auf seiten der Teilnehmer.

Drittens sehen wir uns veranlaßt, ein kritisches Urteil über die Konzepte zu fällen, die in einem Argument oder einer Theorie benutzt werden. Hier liegt die Schlüsselunterscheidung möglicherweise in der zwischen theoretischen und empirischen (bzw. beobachtbaren) Konzepten. Diese Unterscheidung darf natürlich nicht als eine absolute verstanden werden, sondern als Erscheinung in so manchem theoretischen Gebäude."

Philipps 1987, S. 98/99

Der Alltag wird in diesem Theorieansatz als eine Dimension innerhalb aller Lebensbereiche begriffen. Alltag und Alltagswissen sind indes als Begriffe nur verstehbar, wenn man zugleich eine Vorstellung von „Nicht-Alltag" und „Nicht-Alltagswissen" (Recht, Wissenschaft, Kunst usw.) hat. Alltag und alltagsweltliche Praxis sind auch als Oppositionsbegriffe zu Wissenschaft zu betrachten. Das wissenschaftliche Wissen ist ein Sonderwissen nicht zuletzt deshalb, weil Erwerb, Verteilung und Produktion dieses Wissens durch besondere soziale Normen und Werte gesteuert werden, die lediglich für die soziale Gruppe der Wissenschaftler verbindlich sind. Darüber hinaus wird das wissenschaftliche Wissen nicht durch bloße Teilnahme an sozialen Interaktionsprozessen erworben und auch nicht wie das Alltagswissen als konkretes Handlungswissen eingesetzt. Vielmehr wird es im wissenschaftlichen Bezugsrahmen der jeweiligen Fachdisziplin erworben und ist deshalb von konkreten Handlungsvollzügen relativ unabhängig, in die es sich nicht unvermittelt einfügen läßt; deshalb ist *wissenschaftliches Wissen* von eher allgemeiner und formaler Art. Es stellt also einen vom Alltagshandeln abgetrennten Bereich mit einer eigenen Ordnung dar, der erst wieder auf dem Umweg über praktische Verwendungszwecke für den Alltag relevant wird (vgl. Riegel 1974).

Auf diesen Sachverhalt werden hier die Schwierigkeiten zurückgeführt, einen wissenschaftlichen Wissensvorrat in außerwissenschaftliche Handlungszusammenhänge zu integrieren. Denn die Ordnung der Wirklichkeit, die sich durch wissenschaftliche Wissensvorräte herstellen läßt, entspricht häufig keiner bereits vorfindlichen Handlungsrealität und Erfahrungsweise des Alltags. Der Wissenschaftler versucht, Zweck-Mittel-Beziehungen zu fassen, die den Standards korrekten Verfahrens und wissenschaftlicher Darstellung entsprechen. Der semantischen Schärfe der von ihm verwendeten Konstrukte kommt ein hoher Wert zu. Klarheit und Genauigkeit bilden ein praktischen Verständigungsinteressen vorgeordnetes Ideal. Dem Alltagswissen hingegen genügt häufig schon eine Analogie von Objekten, um alles mit allem zusammenhängend begreifen zu können. Es versucht, spezielle Erfahrungen auf die verschiedensten Gebiete zu übertragen, mit einer vagen Ähnlichkeit sich durchaus zufriedengebend. Mit anderen Worten: Am Detail und an der Präzision ist es von sich aus nicht zwingend interessiert. Alltagshandeln ist darauf gerichtet, in der „Unordnung" situativer Lebensvollzüge möglichst rasch generelle Orientierungen zu finden. Praktische Verständigungsinteressen motivieren das Streben nach umfassenden Deutungsschemata in Kommunikationssituationen. Die Verfahrensweisen wissenschaftlichen Wissens erlauben es hingegen selten, Komplexität von Sachverhalten des Alltags unmittelbar zu erschließen. Denn sie enthalten die Tendenz, das Verständnis einer Gesamtsituation dem Studium von Teilphänomenen unterzuordnen.

Das wissenschaftliche Sonderwissen wird in erster Linie als technologisches, anwendbares Leistungswissen an bestimmte Abnehmergruppen weitergegeben bzw. ihnen zur Verfügung gestellt. Über kommunikative Vermittlungsrollen und Kanäle institutionalisierter Form wie z.B. die Erwachsenenbildung gelangt es als Bildungswissen an den Laien bzw. an den Nicht-Wissenschaftler. Wissentheoretische Reflexionen über Erwachsenenbildung berücksichtigen, daß sozialwissenschaftliche Bildungsinhalte, die in die Curricula der Erwachsenenbildung eingehen, immer schon mit Deutungen von sozialen Sachverhalten behaftet sind und somit das *Bildungswissen* nie ein ausschließlich sachlich angemessenes, gleichsam *technisches Handlungswissen* zur Verfügung stellt, sondern stets auch ein mit umfassenderen Sinnentwürfen versehenes Reflexionswissen (vgl. hierzu etwa Dewe/Wosnitza 1981; Tietgens 1986; Schmitz 1984).

In der Perspektive des auf Alltagswissen und Wissenschaftswissen bezogenen Ansatzes wäre dann auch eine Theoriebildung über die Konfliktzonen von alltäglichem und wissenschaftlich-systematischem Wissen denkbar. Es dürfte dafür theoretisch wie praktisch von großem Interesse sein, wie die Teilnehmer die Erwachsenenbildungsinhalte und -interaktionsprozesse verarbeiten und welche Folgen diese „Verarbeitungen" für die Wahrnehmung der Handlungssituationen haben, also letztlich: Welche Verformungen die in Bildungsprozessen vorauszusetzenden Wissensstrukturen und -inhalte der Teilnehmer unter der Einwirkung systematischer und in anderen Lebenswelten erzeugter Wissensbestände annehmen. Andere Fragen an diesen Ansatz wären:

Unter welchen Lebensbedingungen und in welchen Formen der Erwachsenenbildung hat das Alltagswissen eine „Überlebenschance"? Was bedeutet seine sozialwissenschaftliche Erosion für die Lebensbewältigung der Betroffenen und für die Struktur und Entwicklung unserer Gesellschaft?

Die Betrachtung solcher Zusammenhänge impliziert im wissenstheoretischen Ansatz der Erwachsenenbildung die Analyse der Widerstandsfähigkeit und der Veränderungen sozialen Alltagswissens im Verlauf seiner Konfrontation mit sozialwissenschaftlichen Erkenntnissen, die in der Praxis der Erwachsenenbildung häufig lediglich als Folgeproblem der didaktischen Stoffreduktion ins Auge fielen. In diesem Ansatz sollen demgegenüber Bedingungen erhellt werden, unter denen soziales Alltagswissen gegenüber *sozialwissenschaftlicher „Aufklärung"* resistent bleibt, d.h. Bildungsprozesse mißlingen, oder unter denen es sich strukturell verändert. Für Vermittlungsprozesse zwischen Alltagswissen und wissenschaftlichem Wissen bedarf es hier einer kategorialen Klärung, wie sich wissenschaftliches Wissen an den Erfordernissen alltäglicher Interaktionen abschleifen muß, wenn es um die Erhaltung von sozialer Identität in konkreten Lebensvollzügen geht. Somit kann in der „Logik" dieses Ansatzes die Transformation von Wissensbeständen nicht als ein Transport von Dingen über „Kanäle" verstanden werden, sondern als eine Übersetzungsarbeit (vgl. Dewe 1987). D.h. es können nicht die alltäglichen Wissensbestände durch wissenschaftliche Erklärungen ersetzt werden, vielmehr kann dieses sozialwissenschaftliche Wissen praktisch nur folgenreich werden, wenn es von den Teilnehmern zu einer *Revision ihres alltäglichen Wissens* angenommen wird.

Im Bildungsprozeß kann folglich das wissenschaftliche „Sonderwissen" aus Recht, Technik, Philosophie, Arbeitswissenschaften etc., das in aufbereiteter, curricularisierter Form als Bildungswissen angeboten wird, im Verhältnis zum Alltagswissen keine vorab übergeordnete, „belehrende" Stellung beanspruchen. Die didaktischen Probleme – die selbstverständlich auch unter einer derartigen Theorieperspektive nicht unterschätzt werden dürfen (vgl. Kaiser 1985) – verlagern sich in den Bildungsprozeß selbst, d.h. sie entziehen sich einer bildungstechnologischen Steuerung und Planung des Bildungsgeschehens.

„Die moderne objektive Wissenschaft (hat) weitgehend ihre Lebensbedeutsamkeit eingebüßt ... aufgrund ihrer ... Unfähigkeit, die einzig wirkliche Welt, die subjektiv-relative Lebenswelt, zu ihrem Thema zu machen ... Tatsächlich hat es die fortgeschrittene moderne objektive Wissenschaft sogar vermocht, unsere subjektiv-relative Lebenswelt, in der auch jene Wissenschaft auf eigene Weise stattfindet, weitgehend unter dem Schleier einer vermeintlich objektiven Welt zu verbergen, so daß der Schein entstehen kann, als gehöre diese Verschleierung als Selbstverschleierung selbst zum Wesen der subjektiv-relativen Lebenswelt."

Boehm 1979, S. 29f

Der wissenstheoretische Ansatz zielt folglich auf die theoretische Klärung zentraler Probleme der Erwachsenenbildung: Was geschieht, wenn in erwachsenenpädagogischen Veranstaltungen Wissensbestände, die im Zusammenhang institutionalisierter Sozialforschung erzeugt worden sind, von Experten an Laien weitergegeben werden und bei diesen mit Alltagswissen zusammentreffen, das aus dem Erfahrungskontext ihrer Lebenswelt stammt und durch „naive" Orientierung strukturiert wird? Werden dabei vorwissenschaftliche Meinungen durch wissenschaftliche Erkenntnisse ersetzt oder erweist sich das Alltagswissen der Teilnehmer als resistent? Und: Wem ist mit der einen, wem ist mit der anderen Reaktion (mehr) geholfen? Ist die Entwertung der subjektiven Erfahrung durch empirische Forschung, die Substitution des Alltagswissens durch Wissenschaft und damit die Entmündigung des Laien durch den Experten der Preis, den die Individuen zahlen müssen, wenn sie die Handlungsprobleme, die sich ihnen in unserer Gesellschaft stellen, bewältigen wollen, oder ist das Alltagswissen dem wissenschaftlichen Wissen in der alltäglichen Praxis überlegen – oder ist das eine falsche Alternative?

Die *Leitfrage* lautet hier also: Was passiert in der Handlungssituation Erwachsenenbildung, wenn und insofern wissenschaftlich-systematisches Wissen (repräsentiert durch den Pädagogen, Teamer, Nebenamtliche, Dozenten usw.) auf das Alltagswissen, in alltäglichen Situationen tradiertes und bewährtes Wissen stößt (repräsentiert durch den Teilnehmer, Adressaten, Hörer usw.)?

Der wissenstheoretische Ansatz fragt folglich nach Erfolgsbedingungen und Erfolgskriterien von (sozial)wissenschaftsorientierten erwachsenenpädagogischen Interaktionen; insofern ist seine Theorieperspektive erziehungswissenschaftlich akzentuiert. Die hier interessierenden Bedingungen und Barrieren des Lernens von Erwachsenen liegen dem Selbstverständnis dieser Theorieperspektive nach jedoch nicht auf der Ebene individueller Fähigkeiten und Motive, deren Entwicklung mit Hilfe psychologisch fundierter unterrichtsmethodischer Strategien zu beeinflussen wäre, sie werden vielmehr lokalisiert in den sozialen Entstehungsbedingungen, Vermittlungsinstitutionen und Anwendungskontexten sowie den damit zusammenhängenden Binnenstrukturen der konkurrierenden Wissensformen selbst; insofern argumentiert dieser Ansatz zwar in pädagogischer Absicht, aber mit sozialwissenschaftlichen Mitteln.

„Der Typus der ‚alltagsweltlichen Theorie' ist . . . in zweifacher Weise zu bestimmen, hinsichtlich des Ortes der ‚Alltagswelt' und bezogen auf den Fundierungscharakter der ‚Alltagswelttheorie'.
Hierzu ist zunächst eine Klarstellung und eine Abgrenzung erforderlich. Vielfach ist im Zusammenhnag mit ‚alltagsweltlicher Theorie' vom ‚Common Sense', vom ‚gesunden Menschenverstand' die Rede, meist im negativen Sinne

als Zweifel an dessen Rationalität und Flexibilität, als Kritik an seinen Aufnah-
me- und Verarbeitungsqualitäten oder als Polemik gegen seine Borniertheit und
Klischeehaftigkeit. Hinter dieser Kritik steht zumeist die alte Trennung von
theoretischer und praktischer Philosophie, mit der der gesamte Bereich der ‚Vernunft‘ abgedeckt werden sollte und in der folgerichtig kein Platz für die Theorie
oder Philosophie der Alltagswelt war. In diesem Verständnis von ‚Vernunft‘
erscheint die Alltagswelttheorie als minderwertig oder schlichtweg als ‚irratio-
nal‘. Alle Aufklärungsvorstellungen, die alltagsweltliche durch philosophische
oder wissenschaftliche Theorien ‚ersetzen‘ zu wollen, beruhen nicht zum
geringsten Teil auf diesem Vorurteil. Eine solche Einschätzung ist als schwerwie-
gendes Mißverständnis anzusehen, denn die Entgegensetzung von beiden
Theoriebereichen, mit der die Aufwertung des einen und die Abwertung des
anderen verbunden wird, ist angesichts der Tatsache, daß professionelle Wissenschaft und Philosophie in lebensweltlichen Bezügen stattfinden und darauf
bezogen betrieben werden, andererseits die alltägliche Lebenspraxis nicht ohne
praktische Theorien und Philosophien durchgeführt werden kann, unhaltbar.
Eine Besinnung auf dieses Verhältnis und insbesondere auf die Funktion und
Bedeutsamkeit der alltagsweltlichen Theorieschicht erfolgte aber erst, als die
Grenzen des vernunftphilosophischen und des wissenschaftsgläubigen Theorieverständnisses sichtbar wurden.
Eine nüchterne und sachliche Betrachtung der Alltagswelt, ihrer Wissensbestände und Handlungsformen, läßt sich erst heute unternehmen, zumal die All-
tagswelt Gegenstand einer eigenen, expandierenden sozialwissenschaftlichen
Richtung geworden ist.“

J. Oelkers 1976, S. 82

Dieser Ansatz will jene Leerstellen konzeptuell füllen, die etwa die
Autoren, die den Alltag der Teilnehmer an Erwachsenenbildung ernst
zu nehmen behaupten (vgl. etwa Runkel 1976; von Werder 1980; Meyen
1981), kurzschlüssig zu überspringen versuchen, und zunächst einmal
die Interaktionen zwischen sozialem Alltagswissen und sozialwissen-
schaftlichem Wissen in organisierten Bildungsprozessen von Erwachsenen erhellen, statt sofort zu pädagogisch-praktischen Empfehlungen
überzugehen. Dabei gibt die wissenstheoretische Perspektive deutlich
ihre Einschätzung der Dignität der beiden Wissensformen bzw. Inter-
pretationsweisen zu erkennen: Wissenschaftliches und umgangs-
sprachliches Wissen sind hier nur zwei zwar strukturell verschiedene,
aber erkenntnislogisch gleichberechtigte Interpretationsformen von
Realität; insofern ist ihr Verhältnis angemessen als Theorie- und eben
nicht als Theorie-Praxis-Problem zu bestimmen (vgl. Böhme/v. Engelhardt 1979; Lenzen 1980; Thiersch 1986).

„Man könnte also, überspitzt formuliert, sagen, daß das Theorie-Praxis-Problem
aus der Sicht der Alltagsorientierung eigentlich ein Theorie-Theorie-Problem
ist, nämlich das der Dichotomie zwischen wissenschaftlichen und alltäglichen
Theorien über erzieherische Prozesse....
Eine praktische Dimension wohnt also der Alltagsorientierung nicht schon
immer inne, sondern muß allererst imputiert werden, und zwar als politische
und als pädagogische Praxis, denn weder fördern Alltagsanalysen eo ipso unter-

schiedliche Alltagstheorien verschiedener sozialer Klassen zutage, wenn danach nicht explizit gesucht wird, noch können pädagogische Handlungsregulative ... dem alltäglichen Handlungszusammenhang einfach entnommen werden, ... aber: *sie stecken in ihm und nirgend sonst.* Das bedeutet, daß eine Alltagsorientierung erziehungswissenschaftlicher Forschung sich nicht damit begnügen kann, entweder den Alltag zum Gegenstand zu machen oder eine alternative, alltagsorientierte Methodologie zu entwerfen oder das Normproblem im Rekurs auf den Alltag lösen zu wollen, sondern wenn sie sich – und wenn auch ‚nur' kritisch – zur Normfrage verhalten muß, bedarf sie des Rückgangs auf den Alltag und die normativen Orientierungen der darin erzieherisch Handelnden und sucht für diesen Rückgang eine dem Alltag adäquate Methode. Insofern steht sie in einer gegenüber den angesprochenen Wissenschaften herausgehobenen Position, wenn diese sich mit einem Aspekt der Alltagsorientierung begnügen können oder zu können glauben."

Lenzen 1980, S. 16

Im wissenstheoretischen Ansatz ist somit die Perspektive der Überschreitungen legitimierter Formen wissenschaftlicher Erkenntnis und Rede angelegt, um letztlich zu ‚Erfindungen' von neuen Darstellungsformen und Darstellungsweisen dessen zu gelangen, was bisher durch die allzu rationalistische Unterscheidung von Zulässigem und Unzulässigem der Wissenserfahrung in institutionellen Bildungsprozessen unberücksichtigt blieb. Es geht hier um die ‚Brechung' eines Privilegs, das die wissenschaftliche Erfahrungsdefinition vor allen anderen Erfahrungsweisen hervorhebt und das wissenschaftliche Wissen einzig mit wahrheitsgemäßer Geltung versieht. Erst durch eine Entriegelung der Sanktionen, die das wissenschaftliche Wissen schützen und umstellen, kann aus der Perspektive dieses Ansatzes wieder das Differente gegen das Einheitliche ins Recht gesetzt werden.

Zu betonen ist, daß ein wissenschaftlicher Wahrheitsanspruch, der nur noch paradigmaabhängig betrachtet wird (vgl. Kuhn 1972), schon auf die Relativität des institutionalisierten Anspruchs auf Wahrheit des wissenschaftlichen Wissens verweist. Ein Umstand der in den fortgeschrittenen Wissenschaftstheorien mittlerweile als Allgemeinplatz gehandelt wird (vgl. hierzu Kapitel 1). Je mehr aber wissenschaftliche Aussagen die Begrenztheit und Relativität ihres Geltungsanspruchs ausweisen, um so mehr tut sich eine eigentümliche Teilung oder Verschiebung im Bildungswissen der praktischen Erwachsenenbildung auf: Einerseits wird das Wissenschaftswissen immer pragmatischer, d.h. auf die bloße Effizienz (Qualifikationen) reduziert und andererseits hinterläßt der leergewordene Raum der alten Legitimations- und Begründungsfiguren im Wissen ein Potential von kreativen Umdeutungen, die das Verhältnis von Wissen und Wirklichkeit, von Begriff und Anschauung neu thematisieren lassen (vgl. Ahlheim 1986). Pointiert formuliert: Nach der Zerstörung des alten Wahrheitsmonopols im Wissenschaftswissen ist hier eine Zerstreuung und Verstreuung aller möglichen Wissensformen, Erkenntnisprinzipien usw. möglich, die die Vielfalt aller sozialen Lebensformen der Teilnehmer und ihren Wahrheiten eher gerecht werden als die Idee einer universalistischen oder ubiquitären Wahrheit des wissenschaftlichen Unterrichtsinhalts. Der Sinn dieser Entgrenzung wissenschaftlichen Wissens, wie er im wissenstheoretischen Ansatz angelegt ist, liegt aber nicht nur in der tendenziellen Delegitimation des Wissenschaftswissens, sondern letztlich tiefergehend in der prinzipiellen Zerstörung einer abendländischen Sehnsucht nach Einheit von Denken und Sein. Der wissenstheoretische Ansatz weist auf die Möglichkeiten eines Experimentierens mit Wissen nach dem „Niedergang der modernen Ideale" (Lyotard 1982). Hier stellt sozusagen die „Paralogie der Erfinder" (ebd.) im Wissen eine positive Entgrenzungsstrategie dar, mit der die Kraft des Denkens jenseits des geronnenen Begriffsinstrumentariums von Human- und Geisteswissenschaft erneut zur Entfaltung kommt. Es geht in diesem Ansatz nicht nur um den Angriff auf den heimlichen Szientismus im Wissenschaftswissen, also um eine Kritik am „positivistisch halbierten Rationalismus" (Habermas 1967), sondern vielmehr geht es um die vielen auf spezifische Lebenszusammenhänge bezogenen Wahrheiten des erkennenden Bewußtseins der Teilnehmer selbst.

Die Leitfrage nach der Vermittlung von wissenschaftsorientierten Informationsstrukturen und situationsbezogenen Strukturen des Alltagswissens in organisierten Bildungsprozessen mit Erwachsenen scheint zunächst Entgegengesetztes derart zu betreffen, daß in der Regel entweder das Alltagswissen von Teilnehmern lediglich als Anknüpfungspunkt für die Konstitution von Lernprozessen verstanden wird; oder aber vorwissenschaftliches Erfahrungs- und Wissenspotential als eigentliches Regulativ betrachtet wird, nach dem die Bildungsprozesse ablaufen. Die Intention dieser Theorieperspektive ist es nun, die gegenseitige Konstitution der beiden Wissenstypen im subjektiven Aneignungsprozeß gesellschaftlicher und kontextueller Erfahrung, die sich in naiven „Verhaltenstheorien" (Lauken 1974) niederschlägt, als Programmatik einer Wissensvermittlung argumentatorisch zu entwickeln, die Einseitigkeiten und Reduktionen in der bisherigen (Alltags-)Diskussion (Lenzen 1980; Forneck 1984; Thiersch 1986) vermeidet. So will die wissenstheoretische Perspektive das Problem der Wissensvermittlung nicht auf ein „nur" didaktisches, sozusagen lerntechnisches Problem reduzieren.

Der Herausarbeitung der internen Logiken von alltäglichem Wissen einerseits und wissenschaftlichem Wissen andererseits, der Formen ihrer Durchdringung im individuellen Wissenshaushalt wie auch der Problematik der Degeneration von alltäglichem Orientierungswissen durch das Eindringen wissenschaftlicher Erklärungen, aber auch der aus der individuellen Verankerung in interessenhaltigen Positionen resultierenden Resistenz von alltäglichem Wissen gegenüber dem Aufklärungsanspruch wissenschaftlichen Wissens wird in diesem Ansatz als zentral erachtet für die Theoriediskussion in der Erwachsenenbildung. Die im wissenstheoretischen Ansatz in Tradition der Husserlschen doxa/epistime-Diskussion entfaltete Thematik der Transformationsprozesse zwischen wissenschaftlichem Wissen und Alltagswissen dürfte in Zukunft auch der historischen Erwachsenenbildungsforschung Anstöße geben; wir denken dabei etwa an die Neuinterpretation der von Herrigel (1919) eröffneten Diskussion der Weimarer Erwachsenenbildung, die mit seinem aus der Kulturkritik resultierenden Plädoyer für eine „Naivität" des Volkes eingeleitet wurde und in deren Verlauf W. Flitner seine „Laienbildung" (1921) geschrieben hat – eine Diskussion in den geisteswissenschaftlichen Kategorien der klassischen deutschen Philosophie, die die im wissenstheoretischen Ansatz aufgearbeitete Problematik ein Stück weit vorwegnimmt.

Hans Thiersch
Kommentar zur wissenstheoretischen Konzeption in der Erwachsenenbildung

Die zentrale These dieser Theorieposition ist: Alltagswissen darf nicht als vorläufiges Wissen nur zum Einstieg, zur Motivation in Wissenschaftswissen als höherem Wissen benutzt werden; Alltagswissen und Wissenschaftswissen sind zwei Formen gesellschaftlicher Wirklichkeitskonstruktion, zwei Formen gesellschaftlichen Wissens. Wie sie zueinander in Beziehung gesetzt werden, ist die nicht individual- oder motivationspsychologische, sondern sozial-strukturelle Frage an Bildung und Erwachsenenbildung; ihre Aufgabe ist es, Alltagswissen nicht einfach durch wissenschaftliche Erklärungen zu ersetzen, sondern mit Hilfe wissenschaftlichen Wissens Teilnehmer von einer Revision ihres alltäglichen Wissens zu überzeugen.

Diese These scheint mir plausibel, ausbaufähig und in der Zielbestimmung für die Theorieentwicklung der Erwachsenenbildung weiterführend; in ihrer Plausibilität aber ist sie fast etwas zu glatt; so ist es sinnvoll, sie konkretisierend zu präzisieren.

Die Behauptung, daß Alltagswissen und Wissenschaftswissen gleichberechtigte Wissensformen seien, wird – so scheint mir – in ihrer ganzen Tragweite erst deutlich, wenn man sie im Kontext der gegenwärtigen allgemeinen Diskussion zur Bedeutung von Wissenschaftlichkeit sieht, wenn man sie beschreibt zwischen den derzeit mächtigen Positionen der Skylla des etablierten Wissenschaftsanspruchs und der Charybdis der zunehmend leidenschaftlicheren Wissenschaftsfeindlichkeit.

Es war eine der Grundmaximen unserer modernen Gesellschaftsentwicklung, daß Probleme geklärt und produktiv gelöst werden können, wenn es gelingt, die situationsbezogenen, beliebig willkürlichen und komplexen Aussagen des Alltagswissens tendenziell zu ersetzen durch ein Wissenschaftswissen, das z.b. den Anforderungen der Verallgemeinerungs-

fähigkeit, der Prüfbarkeit und der Wiederholbarkeit gerecht wird. Dieses Wissenschaftskonzept bestimmte den Ausbau unserer neuzeitlich abendländischen Wissenschaftstruktur, die Verwissenschaftlichung unserer Gesellschaft.

Dieser Prozeß aber entfaltet sich – im Lauf der Entwicklung – stufenweise in der allmählichen Differenzierung von Disziplinen, die sich auf unterschiedliche Dimensionen der Wirklichkeit beziehen. Nachdem im vorigen Jahrhundert theologisch, philosophisch und pragmatisch orientierte Traditionen der Gesellschafts- und Alltagsinterpretation verblaßten, wurden auch diese Probleme Gegenstand von Wissenschaft; daß das etablierte einheitlich positivistische Wissenschaftskonzept dem nicht genügen konnte, zeigte sich rasch: Mit den Postulaten der Meß-und Zählbarkeit, der beobachtenden Distanz und – vor allem – der strikten Trennung von Sach- und Wertaussagen erschien die Wirklichkeit gesellschaftlichen und individuellen Lebens auf einen ‚falschen‘, weil zu engen Leisten geschlagen; um dies zu unterlaufen, wurde das gleichsam differentielle Konzept einer hermeneutischen Wissenschaft entworfen, das versucht, die Eigenart des Lebens (im Zusammenhang von Leben, Erleben und Bedeutung) mit Postulaten einer aufklärenden und verallgemeinerten Erklärung zu verbinden; es bewährte und realisierte sich in der sich ausbreitenden sozialwissenschaftlichen und psychologischen Lebenskultur unseres Zeitalters des Verstehens.

Diese Expansion einer Wissenschaftskultur aber macht die hier in Rede stehende Frage nach dem Widerspruch von Wissenschaftswissen und Alltagswissen erneut aktuell; auch verstehende Wissenschaft nämlich muß – um der Wissenschaftlichkeit ihrer Aussagen willen – Fragestellungen präzisieren, Probleme selektieren, Logik und Konsistenz in ihrem Untersuchungsbereich unterstellen und so die komplexe Lebensfülle des gegebenen Alltags auf wissenschaftliche Lösungs- und Unterrichtsstrategien reduzieren, – abgesehen davon, daß auch die verstehenden Wissenschaften an der Fatalität eines Wissenschaftsbetriebs partizipieren, der durch seine abgehobene Sondersprache und den Expertenstatus Tätigkeiten und Erfahrungen von Nicht-Wissenschaftlern einschüchtert und entwertet. Diese Einsicht in die Gefährlichkeit von Wissenschaft und Wissenschaftskultur erweist sich als ein Moment der zunehmenden Kritik an einer Modernität der Institutionalisierung, Organisation und Technologie, die undialektisch die Ziele der Aufklärung und Bildung verzerrt und verfehlt.

Solche kritischen Einsichten in Wissenschaft und Wissenschaftsbetrieb verführen – auf der einen Seite – zu einer Skepsis, die den Wahrheitsanspruch von Wissenschaft auflöst („man mag es halten wie man will, alles ist möglich"), auf der anderen Seite aber dazu, daß – im Gegenzug – Irrationalität, Betroffenheit und Authentizität im eigenen Erleben und – nicht zuletzt – Traditionen des Alltagswissens als Alternative zum Wissenschaftswissen praktiziert werden.

In dieser Situation beharrt die hier zu kommentierende Konzeption verständlicherweise darauf, daß Alltagswissen und das in Programmplanung und Unterrichtspläne der Erwachsenenbildung eingeflossene Wissenschaftswissen als gleichwichtige Formen des Wissens zu sehen sind; daß Alltagswissen also auf Wissenschaftswissen ebenso angewiesen ist wie Wissenschaftswissen auf Alltagswissen.

Alltagswissen als spezifische Form von Wissen, muß – so die These dieses Ansatzes – als ambivalent verstanden werden; Alltagswissen verbindet in seiner pragmatischen Orientierung – die im Alltag anfallenden Aufgaben müssen erledigt werden – die Betroffenheit des eigenen Gefordertseins mit der Kurzsichtigkeit eines Handlungsinteresses, das Verläßlichkeit, Sicherheit und Erfolg in der Situation anstrebt. Die unvermeidliche, legitime und notwendige Pragmatik des Alltagslebens aber ist unter drei Aspekten prekär: Sie verdrängt die Fragen nach den Hintergründen und der Bedingtheit des Alltagsarrangements ebenso wie sie Fragen nach alternativen Möglichkeiten tabuisiert: Man muß sich unter den gegebenen Umständen arrangieren. Und: Unser Alltagswissen ist in der gegebenen Verwissenschaftlichung unserer Gesellschaft geprägt auch durch vielfältiges Wissenschaftswissen; im Alltag aber bildet sich ein Umgang mit Wissenschaftswissen aus, der die spezifische Eigentümlichkeit dieses Wissens, seine Entstehung ebenso wie seine Grenzen, unterschlägt. – Alltagswissen also darf nicht für sich selbst genommen werden, – die in seinem Pragmatismus angelegte Verführung dazu, es zu mystifizieren, muß abgewehrt werden, wenn die emanzipativen Chancen im Alltag – die Unmittelbarkeit des Betroffenseins und die Herausforderung durch die vielfältigen, offen komplexen Aufgaben – genutzt werden sollen dazu, daß im gegebenen Alltag das Konzept eines gelingenderen Alltags (vgl. hierzu Thiersch 1986) möglich wird; dazu ist es notwendig, die Gefährlichkeit der Struktur des Alltagswissens ebenso wie die in ihm angelegten Tabuisierungen und Verdrängungen zu destruieren und die in das Alltagswissen eingeschmolzenen Wissenschaftsbestände transparent zu machen. – Dieses Konzept von Dialektik des Alltags (des „Konkreten" bei Kosik 1967) ist – so wird von ethnomethodologischer Seite, wie letztlich auch im Rahmen der hier zu kommentierenden Konzeption, eingewandt – gefährlich; bietet es doch den Vorwand dazu, die traditionelle Hierarchisierung von Wissenschaftswissen und Alltagswissen wieder einzuführen. Angesichts der Geschichte der Erziehung ebenso wie der Erwachsenenbildung – mit ihren Traditionen der wohlmeinenden Manipulation derer, die auf die Vermittlung von Wissen und Lebenserfahrung angewiesen sind – kann dieser Einwand gar nicht ernst genug genommen werden; er darf aber nur dazu führen, die Arbeit im Alltagswissen als gemeinsame (Bildungs-)Arbeit zu verstehen, die geprägt sein muß von Selbstzweifel und Angst derer, die über Wissenschaftswissen verfügen; fatal wäre es, wenn die Dialektik des Alltags als Spanne von Gegebenem und Aufgegebenem im Alltag geleugnet würde und damit nicht nur der Alltag verklärt, sondern die notwendige erwachsenenpädagogische Aufklärungsarbeit im Alltagswissen unmöglich würde.

Wenn Wissenschaftswissen im Bildungsgeschehen mit Erwachsenen aber der Aufklärung des Alltags helfen soll, müssen auch Forderungen an Wissenschaft und den Wissenschaftsbetrieb eingelöst werden. Wissenschaftswissen ist – wie Alltagswissen, nur gleichsam auf der anderen Seite – in sich prekär; die in ihm steckende Kraft der verläßlich prüfbaren Aufklärung und der Kommunikation über solche Aufklärung kann nur zum Tragen kommen, wenn Wissenschaft sich ihrer eigenen Möglichkeiten und Grenzen reflexiv bewußt ist und sich mit ihren Möglichkeiten und Grenzen vermittelt mit Alltagswissen; es ist vielleicht sinnvoll, hier noch einmal daran zu erinnern, daß solche selbstkritische Reflexivität auch für hermeneutisch verstehendes Wissenschaftswissen gilt, daß – pointiert formuliert – die Diskussion des Unterschiedes zwischen positivistischem und hermeneutischem Wissenschaftswissen die Frage der spezifischen Nützlichkeit und Begrenztheit von Wissenschaftswissen noch nicht erledigt. Das Postulat eines solchen Wissenschaftsverständnisses und einer solchen Wissenschafts- und Unterrichtspraxis ist mühsam zu realisieren; es verlangt vom Wissenschaftler wie vom praktisch arbeitenden Pädagogen die schwierige Vermittlung einer Logik der Forschung mit ihren Eigenansprüchen und der Logik des Alltagswissens mit seinen spezifischen Strukturen. Es bedeutet vor allem auch den Verzicht auf jene Gewißheiten, die besonders für den Wissenschaftler im Wissenschaftsbetrieb so komfortabel sind: Das Wissen um seinen besonderen Status, die Sicherheit in einer Fachsprache, die Geborgenheit in einem methodisch gesicherten Zugriff. Wie schwer es ist, mit der Ausstattung eines Wissenschaftswissens sich auf Alltagswissen einzulassen, machen nicht nur Schwierigkeiten in der Erwachsenenbildung und in der Beratung deutlich, sondern auch – zur Zeit ja vielfältig diskutiert – die so strapaziösen Kooperationsprobleme zwischen sogenannten ehrenamtlichen Laien und Professionellen.

3.3.2 Die deutungsmustertheoretische Perspektive

Gegenüber dem eher kognitiv-kontemplativen Charakter des dargestellten wissenstheoretischen Ansatzes hebt das Konzept der Deutungsmuster im handlungstheoretischen Sinn auf das produktive Deutungspotential ab, das in einer engen Beziehung zu Handlungsentwürfen und -intentionen der Teilnehmer steht. Deutungsmuster stellen im wesentlichen eine Strukturkategorie dar, beziehen sich auf das in einem Selbst- und Weltbild zugrunde liegende Muster.

Ferner steht der Terminus Deutungsmuster in einem spezifischen Verhältnis zum Begriff der Erfahrung (vgl. Alheit/Wollenberg 1982; Brock u. a. 1978). Während einige Alltagstheoretiker die Möglichkeit der individuellen Erfahrung für relativ irrelevant halten und dementsprechend stärker den kollektiven Erfahrungsschatz betonen, der in Gestalt von versprachlichten Bildern – Topoi – zum Ausdruck kommt (vgl. Radtke 1983), versucht das Konzept der Deutungsmuster mit Rekurs auf pragmatische Handlungstheorien die Frage zu klären, unter welchen sozialen Bedingungen Deutungsmuster in der Lage und/oder gezwungen sind, Erfahrungen zu verarbeiten, die zu einer mehr oder weniger differenzierten Veränderung der bisher bewährten Interpretationen und gültigen Problemlösungsmuster im lebenspraktischen Handlungszusammenhang führen. Dieser Ansatz geht davon aus, daß nicht nur die jeweils subjektiv realisierte ‚Definition der sozialen Situation' die soziale Wirklichkeit konstituiert, sondern zugleich die objektiven Strukturen von Bedeutungsmöglichkeiten. Andererseits bilden Deutungsmuster und objektive sozioökonomische Strukturen im gesellschaftlichen Handeln zwei relativ eigenständige Wirklichkeitsbereiche, die jedoch in einem Bedingungszusammenhang stehen, und zwar in der Weise, daß die besonderen Verhältnisse in einem Bereich Existenzbedingungen in dem anderen Bereich sind und aufgrund dessen spezifische Wirksamkeit haben. Folglich wendet sich das Konzept der Deutungsmuster gegen den Versuch, den Gehalt und die Entwicklung von Deutungsmustern als bloßen Reflex sozialstruktureller Differenzierungsvorgänge zu betrachten und entlarvt eine derartige Vorgehensweise als letztlich vulgärmarxistische Strategie (vgl. Werner 1979).

In der Erwachsenenbildungsdebatte versteht sich das Konzept Deutungsmuster als kritisches Korrektiv der verhaltenstheoretisch orientierten, aber auch der subjektivistisch verkürzten interaktionistischen Theoriekonzepte (vgl. Dewe 1984). Im Rahmen der seit Mitte der 70er Jahre lauter gewordenen Kritik an dem konventionellen Methodologieverständnis in Erziehungs- und Sozialwissenschaften und den damit verbundenen, an den Naturwissenschaften orientierten Methodenidealen verschaffte sich die empirische Analyse und Rekonstruktion der Struktur sozialer Deutungsmuster zusehends Gehör. Das Konzept Deutungsmuster enthält somit im Zuge seiner weiteren theoretischen und empirischen Ausarbeitung offenbar Ansätze, um zahlreiche bildungstheoretische Themen neu zu fassen. Es schließt beispielsweise Vorstellungen über Prozesse kulturellen und sozialen (Wert-)Wandels, über die ideologischen und normativen Strukturen sozialer Ungleichheit ebenso wie Überlegungen zu den Bedingungen der Möglichkeit der Bildung und Behauptung einer autonomen, mit sich selbst identischen Subjektivität ein. Begriffen wie dem der Bildung, der Aufklärung und dem der praktischen (Handlungs-)Rationalität gibt es eine weitergehende Bedeutung.

„Eingestandenermaßen ist das Wort Deutungsmuster keine schöne Sprachschöpfung. Aber es verbindet zwei Elemente, die im deutschen Denken – sofern es gegenüber dem Denken im allgemeinen etwas Eigentümliches darstellt – nicht so recht zusammenpassen wollen. Gleichgültig ob man das dem Englischen entlehnte Wort Muster (pattern) oder das im Deutschen geläufigere

Wort Modell, Max Weber sprach von Deutungsschemata, verwendet, es drückt eine Verknüpfung, einen Zusammenhang, eine Struktur von zusammenpassenden Elementen oder Gedanken aus. Deutungen oder gar freie Assoziationen gelten als etwas Ephemeres, sie mögen die Realität hier und dort treffen, können aber keinen Anspruch auf Wahrheit erheben, sofern diese – wie im deutschen Denken so leichtfertig unterstellt – auf Objektivität spekuliert. Wie sollen Deutungen sich also zu einem Muster oder allgemeiner gesprochen zu einem konsistenten Zusammenhang verdichten können, der im Augenblick des Handelns, seines Realitätsbezuges, Gewißheit verlangt und diese doch nur vorübergehend geltend machen kann?"

Thommsen 1982, S. 147

Soziale Erfahrungen sind das materiale Substrat von Deutungsmustern (vgl. Dybowski/Thommsen 1976). Allerdings ist dieser Sachverhalt von einigen „Deutungsmuster-Theoretikern" verkannt worden (vgl. Kejcz u.a. 1979). Auch dort, wo sich die Deutungsmuster gegenüber dem Erfahrungsgehalt verselbständigt haben, müssen sie sich stets der impliziten sozialen Erfahrung versichern. Die Rückbindung an soziale Erfahrungen sichert die Anschaulichkeit sowie die sozialen Evidenzen, die umgangssprachlich artikuliert werden und als solche in die soziale Interaktion einfließen. Soziale Erfahrungen sind von sinnlicher Wahrnehmung insofern zu unterscheiden, als soziale Erfahrungen immer schon Interpretationen und Deutungen repräsentieren, während die sinnliche Wahrnehmung gleichsam das Zwischenglied in der Subjekt-Objekt-Beziehung darstellt (vgl. Thommsen 1982a; Ahlheim 1983). Soziale Erfahrung und Deutungsmuster sind wesentlich geprägt durch den konkreten sozialen Zusammenhang, in dem sie entstehen und zirkulieren und damit Antwort geben auf die spezifischen Handlungsprobleme eines konkreten sozialen Kontextes.

Aber Erfahrungen machen und diese deuten, heißt nicht, sich zu der in den Erfahrungen repräsentierten Realität in eine bloß betrachtende Beziehung zu setzen, sondern zu erkennen, auf welche Weise Erfahrungen die eigenen Bedürfnisse und Interessen prägen, die Handlungsspielräume erweitern oder beschränken, die bisher als bewährt geltenden Realitätsdeutungen revidieren (vgl. Negt 1972; siehe hierzu auch Arnold 1985). Wenn es richtig ist, daß soziale Deutungsmuster Einstellungen und Verhaltensweisen orientieren, dann vor allem in den Bereichen, in denen Einstellungs- und Handlungsspielräume gegeben sind, wie etwa (noch) im Freizeitverhalten, aber auch in Weiterbildungsaktivitäten. Dort, wo die Interaktion durch formalistische Modelle und Sprachcodes stark reglementiert ist, ist auch der Effekt von Deutungsmustern geringer (am Arbeitsplatz, wie aber auch etwa beim Skatspielen), d.h. daß mit zunehmender Formalisierung oder auch Institutionalisierung von Interaktionen (subjektiv wie objektiv) die Wirkweise von Deutungsmustern (Deutung, Problemidentifizierung, Problemlösung, Reinterpretation der Deutungsregeln, Aufklärung von Deutungsmustern) eingeschränkt wird; sie verlieren ihre produktive Funktion und verkommen in der Folge zum Stereotyp, zum verdinglichten Problemlösungsmuster (Dreitze 1962). *Erst* wenn soziale Deutungsmuster ihre prinzipielle Entwicklungsoffenheit und Erfahrungsoffenheit einbüßen und sich zu Stereotypen und Klischees verwandeln, stimmt die Rede von der „Dummheit der Deutungsmuster" (vgl. Brammerts 1976; Kejcz u.a. 1979/1980).

„Kulturelle Deutungsmuster interpretieren nicht nur das Verhältnis der Menschen zu Gesellschaft und äußerer Natur, sie umfassen auch deren Beziehung zur eigenen, inneren Natur. Ihre nomisch-stabilisierende Funktion besteht demnach zunächst in der intersubjektiv verbindlichen Zuweisung von kognitiven und normativen Verhaltens- und Einstellungsorientierungen, die die Menschen ihrer sozialen Identität versichern und vor Identitätsverlust schützen. Teilweise ermöglichen sie auch die Integration von Grenzsituationen des menschlichen Lebens, die Einordnung der Träume, der Sexualität und des Todes in einen sinnhaften Zusammenhang. Geprägt von kulturellen Traditionen entstehen die Deutungsmuster als Antworten auf konkrete Probleme in sozialen Handlungssituationen, von denen sie sich dann aber unter gewissen Voraussetzungen ablösen können. Ihre Analyse verweist einerseits auf die objektiven Bedingungen, die spezifische Probleme erst hervorbringen, andererseits auf die Vorstellungsraster der Subjekte, die sich solchen Problemen konfrontiert sehen, sowie auf den Traditionszusammenhang weltauslegender Deutungen und Mythen selbst. Das ist zunächst nur eine Umschreibung des folgenden Allgemeinplatzes: Menschen treten nie unvoreingenommen an Probleme heran, sie sind vielmehr immer bereits ausgerüstet mit Interpretationsvorlagen, die tradierten Mustern, Typisierungen und Lösungsroutinen entstammen. Die Vermittlung zwischen dem objektiven und dem subjektiven Konstitutionsprozeß geschieht durch Tradierung der kulturellen Muster ebenso wie durch deren Aktualisierung, Veränderung oder Umgehung im sozialen Handeln. ... Weder Bedürfnisse noch Deutungen sind einfach abzugreifen, sie beziehen sich vielmehr potentiell auf die Gesamtheit des gesellschaftlichen Lebenszusammenhangs. Daher muß eine Analyse kultureller Deutungsmuster die intersubjektiv verbindliche Interpretation der Bedürfnisse sowie die affektive und kognitive Verarbeitung des Verhältnisses der Menschen zur Natur und zur Gesellschaft zu erfassen versuchen. Die Legitimierung durch kulturelle Interpretationssysteme verläuft über die Verbreitung und Systematisierung von Wissen sowie über das selektive Anbieten von Erklärungen. Andererseits interpretieren tradierte Muster als scheinbar kosmisch-ewige Gegebenheiten auch die Bedürfnisse und Interessen der Beherrschten. Ein kulturelles Deutungsmuster besteht somit nicht aus losen und zufälligen Verknüpfungen von Meinungen zu partikularen Problemen, sondern – ähnlich den Mythen, wissenschaftlichen Hypothesensystemen oder religiösen Dogmatiken – es stellt einen Argumentekorpus bereit, der intern nach allgemeinen Konsistenzregeln strukturiert ist. Damit ist zugleich ein nicht formalistisch verkürzter Regelbegriff unterstellt. Deutungsmuster haben eine eigene Logik, eigene Kriterien der Vernünftigkeit und Gültigkeit, denen ein systematisches Urteil über Abweichung korreliert. Die Konsistenzregeln bestimmen Vereinbarkeit oder Unvereinbarkeit der Elemente und bilden damit den harten Kern, die *eigentliche*

Struktur des Deutungsmusters. Mit innerer Logik wird die Tatsache umschrieben, daß das Muster einen Satz von quasi-generativen Regeln enthält, die bestimmte typische Lösungsmodelle, Einstellungen, Vorgehensweisen erzeugen und damit auch weitgehend die Art der Probleme, die überhaupt ins Blickfeld geraten, bestimmen. Deutungsmuster werden im Unterschied zu Pierre Bourdieus Habitus-Konzept als generative Grammatik der Handlungsmuster – als historisch veränderbare, offene, ständig bewegliche Systeme verstanden, die zwar Handlungen und Einstellungen der Subjekte strukturieren, selbst aber neben generativen insbesondere auch assimilatorische Eigenschaften haben.“

Honegger 1978. S. 25-27

Der Deutungsmusteransatz in der Erwachsenenbildung stützt sich auf theoretische Überlegungen, die bei allen sonstigen Differenzen die gemeinsame Grundüberzeugung teilen, daß die biographische Konstitution des Bewußtseins bei Erwachsenen als Prozeß der je individuellen Übernahme und sinnhaften Auslegung von kollektiv geteilten und subkulturell tradierten biographischen Handlungsentwürfen und Interpretationszusammenhängen gedacht werden kann, die sich deutend auf die objektiven Arbeitsbedingungen und Handlungschancen etwa auf dem Arbeitsmarkt, im Betrieb sowie auf die private Lebenspraxis beziehen und das darauf bezogene Handeln der Individuen anleiten. Solche Bewertungskriterien, Argumentationszusammenhänge, Artikulationsformen und Interpretationsmuster sind nicht lediglich präzise Widerspiegelungen der Wirklichkeit, sondern sie enthalten ebenso ‚Entwürfe‘ alternativer Ordnungen und müssen in ihrer Funktion, Verhaltenserwartungen und Interessen darzustellen und die Handlungsfähigkeit der Subjekte zu garantieren, ihre ‚Brauchbarkeit‘ angesichts objektiver Handlungsprobleme und Problemvorgaben stets aufs neue unter Beweis stellen.

Sie stellen kein Konglomerat isolierter Einstellungen, Meinungen oder Vorstellungen zu einem partikularen Informations- oder Handlungsproblem dar, sondern sie lassen sich als (Tiefen-)Strukturen des Bewußtseins denken, deren einzelne Elemente sich nach spezifischen Regeln der Konsistenz zu einem Ganzen zusammenfügen. Als solche Argumentations- und Interpretationsmuster erzeugen sie selbst stattdessen die je isoliert abfragbaren Einstellungen und Vorstellungsgehalte bezüglich der verschiedenen Lebensbereiche. Ein Teil dieser sozialen Deutungen und Argumentationszusammenhänge liegt durchaus an der „Oberfläche“ des Bewußtseins und ist den Interaktionsbeteiligten bekannt bzw. ohne große Anstrengungen aufdeckbar; andere dagegen sind als „Tiefenstrukturen“ in das Bewußtsein eingelassen und weisen einen wesentlich höheren Allgemeinheitsgrad auf als die ersteren. Solche Ebenen der Interpretationen und Deutungen bilden zusammengenommen eine Struktur, die man sich als ‚geologische Tektonik‘ denken kann: „Es gibt Schichten, deren Überlagerung gut erklärt werden kann, weil es sich um Sedimente üblicher Erfahrungen von Menschen dieser sozialen Herkunft handelt; aber es gibt auch Verwerfungen, die auf besondere Ereignisse verweisen, die dieses Individuum betroffen haben und ihm bestimmte Erfahrungen verwehrt oder andere im Übermaß vermittelt haben." (Krappmann 1976, S. 84) In diesem Sinne kann man sagen, daß Deutungsmuster Resultate der Verarbeitung von Realität sowie eine eigenständige Ebene der Realität *zugleich* darstellen (vgl. Neuendorff 1980).

Einer solchen Sichtweise liegt die Vorstellung zugrunde, daß jegliches Handeln durch Symbolsysteme vermittelt und artikuliert ist. „Um dasselbe mit einer anderen Sprache zu sagen: Was das menschliche Handeln von einer bloßen Verkettung physischer Bewegungen unterscheidet, ist die Tatsache, daß es ein regelgeleitetes Verhalten darstellt. Ein Verständnis davon, was die Geste des Armhebens bedeutet, impliziert die Fähigkeit, diese Geste von einem Code, das heißt von der Gesamtheit öffentlicher Konventionen her zu interpretieren; erst aufgrund dieser Konventionen besagt diese Geste, daß einer grüßt, für etwas stimmt, sich für eine Aufgabe meldet usw." (Ricoeur 1978, S. 235f).

Es geht mithin in der (Weiter-)Bildungssituation mit intentional handelnden Subjekten zuvörderst um die Aufdeckung der sprachlich kommunizierbaren Regeln, denen das instrumentelle ebenso wie das kommunikative Handeln folgt. Dabei bemißt sich die Geltung der Regel im Falle des instrumentellen Handelns am Handlungserfolg, im Falle des kommunikativen Handelns dagegen an der Legitimität interpersonaler Beziehungen (vgl. Schlutz 1984).

Obwohl sich Deutungsmuster immer auf ‚objektive Handlungsprobleme' beziehen, bilden sie dennoch ihr eigenes System von Regeln aus, welches die Interpretation sozialer Sachverhalte steuert sowie das Handeln der Individuen sinnhaft strukturiert. Voraussetzung dafür, Verhalten als regelgeleitet zu begreifen, ist zunächst, daß prinzipiell ein anderer in der Lage sein muß, die von der handelnden Person befolgte Regel zu entdecken: Niemand kann einer Regel privatim folgen.

Dies schließt ebenso die Möglichkeit des Bewertens und Kritisierens des Regelgebrauchs durch andere Personen ein. Dabei ist der hier verwendete Regelbegriff selbstverständlich von seiner naturwissenschaftlichen Version zu unterscheiden: Nicht die Rückführung empirischer Regelmäßigkeiten auf abstrakte kausale Determinationsverhältnisse ist hier gemeint, sondern die Tatsache, daß es ein ‚Prinzip' geben muß, dem der Handelnde praktisch folgt. Die Existenz einer solchen ‚Handlungsmaxime' muß dem Handelnden nicht immer bewußt sein, statt dessen reicht es aus, daß der Handelnde unter implizitem Rückgriff auf die Handlungsregel Urteile über die Angemessenheit bzw. Unangemessenheit eines konkreten Handelns abgeben kann.

Eine zentrale Implikation der symbolischen Vermitteltheit des Handelns ist die Tatsache, daß zukünftiges Verhalten antizipierbar wird:

189

„Sinnvolles Handeln ist symbolisch: es verweist auf gewisse andere Handlungen in dem Sinne, daß es den Handelnden *verpflichtet,* in Zukunft eine bestimmte Handlungsweise einer anderen vorzuziehen." (Winch 1974, S. 66; Hervorheb. im Orig.) Die Kenntnis der Handlungsregel ermöglicht es mithin, Prognosen über das zukünftige Verhalten aufzustellen und bildungstheoretisch nach Möglichkeiten der Erweiterung subjektiver Handlungskompetenzen zu suchen. Allerdings ist soziales Handeln nicht *ausschließlich* regelgeleitet: So prägen ebenfalls unbewußte Motivierungen und routinisierte Gewohnheiten das Handeln, obwohl solche Determinanten selbst wiederum prinzipiell reflexionsfähig sind bzw. erst der Interpretation bedürfen, um handlungsleitend wirken zu können. Neben dem Verpflichtungscharakter ist ebenso der *generative* Charakter einer Regel hervorzuheben: Ebenso wie die Anwendung der grammatikalischen Regeln das Individuum in die Lage versetzt, nie gehörte Sätze zu sprechen, so erlaubt die Explikation eines Sinnzusammenhangs auf dem Wege der Anwendung der Konsistenzregel eines Deutungsmusters die Produktion bislang unbekannter Deutungen konkreter Sachverhalte und neuartiger Handlungsanforderungen (vgl. Oevermann 1985).

Letzteres verweist auf das Prozeßhafte und Produktive des Deutens von Realität: „Durch Deutungen werden Ereignisse, Situationen oder Informationen strukturiert und verarbeitet, werden Handlungsprobleme erkannt und in Form von Handlungsstrategien gelöst." (Härtel/ Matthiesen/Neuendorff 1985, S. 16) Dabei greift das Handlungssubjekt nicht auf jeweils aktuell erzeugte Deutungen zurück, sondern bedient sich der vorfindlichen situationsübergreifenden und kollektiv geteilten Deutungsmuster, die den Handelnden gruppen- und kulturspezifisch unterschieden als objektive Tatsache gegenübertreten. In diesem Zusammenhang ist entscheidend, daß Deutungsmuster, soweit sie sich im Bewußtsein eines Subjekts niedergeschlagen haben, bereits *individuelle Konkretionen kollektiver Deutungsmuster* darstellen, deren je individuelle Sedimentierung von lebensgeschichtlichen Erfahrungen und Komponenten der aktuellen Lebens- und Arbeitssituationen mitbestimmt wird.

Die zentrale Funktion von Deutungsmustern für das einzelne Handlungssubjekt liegt in deren Beitrag zur Aufrechterhaltung von Handlungsfähigkeit angesichts der prinzipiellen Offenheit und Deutungsbedürftigkeit von Handlungssituationen. Dabei interpretieren die Subjekte nicht lediglich die ‚objektiven' Handlungsanforderungen und Problemvorgaben mittels ihrer Deutungsmuster, sondern ebenso die innerpsychischen Triebenergien, psychischen Dispositionen und Bedürfnisse sowie die gesellschaftliche Interessenlage selbst. Die ‚objektiven Interessen', wie sie sich aus der Stellung im gesellschaftlichen System sozialer Ungleichheit ergeben, setzen sich nicht unvermittelt in das Bewußtsein der Akteure fort, sondern erst über den Umweg ihrer Interpretation und Bewertung im Lichte vorherrschender Ideologien und Argumentationsmuster können sie das Handeln der Individuen prägen (Dewe/Ferchhoff 1984).

Der enge Bezug zur Aufrechterhaltung der Handlungsfähigkeit des Subjekts begünstigt unter den Bedingungen der Gleichförmigkeit von Erfahrungen die Herausbildung stereotyper Deutungen, Routinen und Rezepte.

Allerdings sind Deutungsmuster als „Weltinterpretationen mit generativem Status" (Oevermann 1973) dennoch prinzipiell wandlungsfähig: Sollte sich angesichts neuartiger Handlungsprobleme herausstellen, daß das verfestigte Deutungsmuster seiner handlungsanleitenden Funktion nicht länger nachkommen kann, so kommt es zu einer Umstrukturierung. Die jeweilige innere Struktur eines Deutungsmusters wird als vorläufiges Resultat der historisch vorgängigen deutenden Auseinandersetzung mit realen Handlungsproblemen mithin erst dann zur Disposition gestellt, wenn unter Handlungszwang eine sinnvolle Orientierung des Verhaltens nicht mehr möglich ist und/oder zwischen den einzelnen Elementen des Deutungsmusters Inkonsistenzen aufbrechen. Der auf eine solche Situation in der Regel folgende Differenzierungsprozeß des Deutungsmusters durch das Handlungssubjekt ist nicht umstandslos gleichzusetzen mit einer Erhöhung seines Grades der Aufgeklärtheit. Denn eine nicht unwahrscheinliche Möglichkeit der Restrukturierung besteht in der Verfeinerung von Rechtfertigungsstrategien. Die Rechtfertigung der Interessenposition des Handelnden und/oder von gesellschaftlichen Kollektiven gelingt allerdings nur so lange, wie die Kontrahenten die jeweils eingeführten Kriterien der Begründung akzeptieren. Dies bedeutet u.a., daß eine intersubjektive Verständigung über die Geltung beanspruchenden Kriterien der Vernünftigkeit erfolgen muß. Es liegt auf der Hand, daß unter Bedingungen gesellschaftlicher Ungleichheit die eigenen Interessendurchsetzungschancen und Sektionspotentiale sowie diejenigen der Gegenseite ebenfalls deutungsbedürftig sind, in die Argumentationsfiguren Eingang finden und auf diese Weise u.U. Neuinterpretationen der eigenen Ansprüche und Interessen bei sozialen Kollektiven und einzelnen auslösen können (vgl. Dewe/Scherr 1987).

Ein wesentliches Movens für die Umstrukturierungsbereitschaft kollektiv geteilter alltagsweltlicher Deutungsmuster auf seiten der Handlungssubjekte dürften gesellschaftliche Interessenauseinandersetzungen sein. Die Notwendigkeit für konfligierende soziale Gruppen, ihren Herrschaftsanspruch wechselseitig zu legitimieren, begünstigt Prozesse der fortlaufenden Differenzierung und Verfeinerung von Begründungsmustern und Legitimationsfiguren. Dies schließt ein, daß die Reichweite der Geltung sozialer Deutungsmuster in diachroner wie synchroner Perspektive variiert. Ebenso wie sich Weltinterpretationen und Alltagsdeutungen im Verlauf der historischen Entwicklung verändern, so stehen sich in einer gegebenen zeitlichen Situation unterschiedliche und in differenzierten (Klassen-)Gesellschaften in der Regel sogar konfligierende Deutungsmuster gegenüber, die vor jeweils verschiedenen sozialen Gruppen/Klassen und Institutionen getragen und tradiert werden. Allerdings bestehen diese konträren Deutungsprobleme wohl niemals gänzlich isoliert voneinander; statt dessen ist von vielfältigen wechselseitigen Durchdringungen auszugehen. Ein Beispiel hierfür ist etwa der Leistungsbegriff: Bestandteile des Leistungskonzepts, wie es im herrschenden Deutungsmuster zum Ausdruck kommt, lassen sich – wenn auch in spezifischer Legierung mit anderen Wissensbestandteilen, etwa der verschiedenen Jugendkulturen oder aber der Arbeiterkultur – auch etwa im je konkreten Bewußtsein wiederfinden. In dieser Form ist es dann nicht mehr ein Prinzip, in dem eine Kausalitätsbeziehung zwischen individueller Leistung und gesellschaftlichem Aufstieg thematisiert wird, sondern ein Symbol für die soziale Identität (sub-)kultureller Gruppen.

Sollen nun die auf Arbeit, Beruf und private Lebenspraxis bezogenen Argumentationsfiguren und Interpretationsmuster und speziell deren biographische Konstitution bei den Teilnehmern von Erwachsenenbildungsveranstaltungen bildungsrelevant erweitert werden, dann ist eben der hiermit angedeutete Sachverhalt in Rechnung zu stellen, daß solche in sozialen Traditionen aufbewahrten Deutungsstrukturen sich zumindest ursprünglich auf kollektiv geteilte Erfahrungen sowie gemeinsam zu bewältigende Handlungsprobleme beziehen und nur von diesem Verweisungszusammenhang her verständlich gemacht und entschlüsselt werden können. Im Kontext dieser Problemstellung ist es daher erforderlich, das Verhältnis von soziokulturellen Lebenswelten, wie sie etwa innerhalb der Arbeiter(sub)kultur oder aber in den vielfältigen Jugendkulturen anzutreffen sind, und den hiervon zu unterscheidenden arbeitsbezogenen Deutungsmustern, die in diesen Lebenswelten tradiert werden, forschungspraktisch in der Zukunft zu klären (vgl. hierzu die Ansätze von Härtel/Matthiesen/Neuendorff 1985).

Deutung als Erkenntnisvorgang ist sowohl der lebensweltlichen Erfahrung wie der wissenschaftlichen immanent. Die Kategorie der Deutung wird etwa von Adorno (1972) ausdrücklich als eine Kategorie der Erkenntnis verstanden, worauf Thomssen (1981) hinweist: „(Adorno; d. Verf.) ignoriert damit die vom herrschenden Wissenschaftsbetrieb gesetzte Trennungslinie zwischen wissenschaftlichem und außerwissenschaftlichem Erkennen, nicht um der Willkür Tor und Tür zu öffnen, sondern um sich nicht den Zugang zum Gegenstand der Erkenntnis durch wissenschaftliche Konventionen einengen zu lassen. Gerade indem Adorno wiederholt gegen die durch methodologische Vorkehrungen ritualisierte wissenschaftliche Erkenntnis den Begriff der lebendigen Erfahrung setzt, wird deutlich, daß für Adorno zwischen der vorwissenschaftlichen, an alltäglichen Erfahrungen orientierten

Erkenntnis und der wissenschaftlichen Erkenntnis keine prinzipielle epistemische Differenz besteht." (Thomssen 1981, S. 199; vgl. Adorno 1972, S. 355 f)

So ist darauf hinzuweisen, daß die schon erwähnte Entstrukturierung eines Deutungsmusters durch ein Überangebot an Informationen und Wissen letztlich dadurch erfolgt, weil dem wissenschaftlichen Faktenwissen in seiner Linearität im Akt der Verbreitung im Unterricht keine Sinnauslegung beiseite gestellt wird, aber die Informationsverbindungen, die der Verhaltensorientierung und Handlungsanleitung der gesellschaftlichen Subjekte dienen (sollen), ein Element der Deutung bzw. Projektion enthalten (müssen). Die Deutung hat nämlich immer eine ganzheitliche Tendenz; sie erschließt Zusammenhänge über einzelne Gegebenheiten und bloß Vorfindliches hinweg. Deutung ist stets das „Verständnis des Doppelsinns" (Ricoeur 1978), das „Begreifen" der objektiven (wissenschaftlich konstatierbaren) Faktizität wie auch der stets subjektiv (mit-)konstituierten „Geschichte" und Entwicklungsdynamik eines sozialen Sachverhalts. Mit der deutenden Entschlüsselung des sozialen Sinngehalts von lebenspraktischem Wissen folgt der deutungsmustertheoretische Ansatz einem mäeutischen Modell pädagogischen Handelns, welches in Analogie zur therapeutischen Dyade der psychoanalytischen Situation eine unverzerrte Kommunikation insoweit ermöglichen würde, als manifester und latenter Sinn und Bedeutungsgehalt zunehmend zur Deckung gebracht würden.

Nach diesem Ansatz besteht die Aufgabe des Erwachsenenpädagogen darin, den latenten Sinngehalt in sprachlichen Handlungen zu entschlüsseln und diesen den Adressaten per Explikation gewissermaßen zur Diskussion zu stellen, um so die im Handeln der Adressaten intuitiv realisierten Operationen und Prinzipien zu bewahren und sie zugleich auf eine höhere Stufe der Symbolorganisation zu bringen.

Pädagogisches Handeln bemüht sich folglich um die („verbesserte", also: aufgeklärte) Explikation dessen, was der lernende Erwachsene in seiner Alltagspraxis mehr oder weniger fehlerhaft immer schon weiß. In der Perspektive des Deutungsmusteransatzes wären Lernprozesse in der Erwachsenenbildung also nicht unter Effizienzproblemen zu diskutieren, sondern unter Deutungsproblemen, was meint, daß in einem derartigen Begriff bereits kategorial die Spannung angelegt ist zwischen subjektiv sinnhaftem, intentionalem Handeln, den handlungsanleitenden Deutungsschemata der Teilnehmer, welche immer auf eine Form der Aufrechterhaltung der eigenen Identität unter den Bedingungen einer zunehmenden Pluralisierung von Lebenswelten und dem damit verbundenen zunehmenden Verlust von gesellschaftlich vorgegebenen homogenen, die eigene Persönlichkeit integrierenden „Lebensplänen" gerichtet sind (vgl. Kade 1983), und den gesellschaftlichen Anforderungen, die sich im Medium von besonderen Wissensbeständen thematisieren. So ist für Prozesse der Erwachsenenbildung eine Doppelstruktur anzunehmen: Die tragende Struktur lebenspraktischen Erfahrens und die „künstliche" Struktur theoretischer Reduktionen. Bildungsprozesse sind unter diesen Voraussetzungen zu verstehen als Aufklärung und Differenzierung der alltäglichen handlungsanleitenden Deutungsmuster, Bildung schließlich als Synthese von Elementen verschiedener Orientierungsformen und anderer nicht-kognitiver Elemente ganzheitlicher Erfahrung, die einen sinnhaften und identitätsstiftenden Daseinsentwurf ermöglicht (vgl. auch Gottschalch 1986).

Da Lernen hier stets als „Bewahren" und „Dazulernen" verstanden werden muß und die (Weiter-)Entwicklung des Erfahrungsschatzes davon abhängt, ob gemachte Erfahrungen in ihrer Kontinuität denjenigen verändern, der sie erlebt, wobei ja diese möglichen Veränderungen ihrerseits die Qualität zukünftiger Erfahrungen bestimmen, darf es als eine Aufgabe der Erwachsenenpädagogen angesehen werden, zu entschlüsseln, in welche Richtung eine Erfahrung zielt.

„Es ist eine weithin anerkannte Beobachtung, daß der Mensch im Umgang mit der Welt (z.B. beim Lernen) auswählt, und zwar weniger biologisch-instinktiv als subjektiv aus lebensgeschichtlicher Erfahrung. Bei der Analyse dieses Zusammenhangs kann der Begriff Deutungsmuster hilfreich vermitteln. Es ist aber im Grunde eine Metapher. Diese Metapher umschreibt eine Fülle verschiedener psychischer Vorgänge und Phänomene, wie Erfahrungen, Erwartungen, Vorstellungen, Urteile, Wünsche, Eingeprägtes, Einsichten, Meinungen, die das Wahrnehmen und Deuten von Situationen und größeren Lebenszusammenhängen prägen und damit Lernen und Handeln vorbestimmen. Es mag gegenwärtig nützlich sein, diese psychisch-subjektiven Bedingungen der Erwachsenenbildung durch eine solche einprägsame Metapher wieder stärker ins Bewußtsein und zur Geltung zu bringen. Das darf aber nicht als Ersatz für differenziertere Einsichten und genauere, wenn auch mühselige Untersuchungen dienen. Schlimm wird es, wenn man aus dieser Metapher eindimensionale psychische Entitäten macht: Auswahlraster, die jeder Mensch definitiv *hat* und die man nur festzustellen braucht, um seinen Lernprozeß in den Griff zu bekommen. Der Begriff dient dann als das, was er angeblich beschreibt: Das Deutungsmuster ‚Deutungsmuster' wird zum Auswahlraster, das vor der Überflutung durch widersprüchliche Erfahrungen und komplizierte wissenschaftliche Einsichten schützt."

Schulenberg 1982, S. 160

Die Deutungsmuster-Konzeption stellt den Versuch dar, unter impliziter Einbeziehung erwachsenenpädagogischer Darlegungen zu Problemen der Unterrichtsforschung bzw. der Lehr-/Lern-Forschung, den Zusammenhang zwischen sozialen Deutungsmustern und Bildungsprozessen im Erwachsenenalltag in einem *bildungstheoretischen* Problemzugriff deutlich zu machen (vgl. Wiedenmann 1985). Wichtig erscheint uns, daß hier der Zusammenhang zwischen Mikro- und Makrostruktur erwachsenenpädagogischer Prozesse, zwischen Bildung, subjektiver Lebenserfahrung und Handeln deutlich gemacht wird. Die programmatische Annahme ist dabei, daß in dem Moment, in dem sich Unvereinbarkeitsprobleme bzw. Inkonsistenzen zwischen Deutungsmustern und objektiven Handlungsproblemen ergeben, diese Inkonsistenzen für die handelnden Subjekte bearbeitbar sind etwa durch erwachsenengerechte Lernvorgänge.

Diese Theorieperspektive insistiert daher auf einer Interdependenz bzw. wechselseitigen Abhängigkeit und Zirkularität zwischen Deutungsmustern und objektiven Gegebenheiten des sozialen Handelns (vgl. hierzu Oevermanns „Spiralmodell der historisch-genetischen Analyse": Oevermann 1973) und gewinnt somit den argumentativen Boden für die Einbeziehung einer bildungstheoretischen Argumentation, wobei Bildung das Medium der Vermittlung von gelebter Tradition, subjektiver Erfahrung, gesellschaftlichen Strukturen sowie Handlungsabsichten, Deutungsmustern und ihrer Aufklärung abgibt. Gleichzeitig gewinnt diese Theorieperspektive den theoretisch und praktischen Freiraum, Deutungsmuster als dynamisch-veränderbar zu erkennen und sie somit nicht reduktionistisch aufzufassen im Sinne von Vorurteil, Klischee, Stereotyp, „falschem Bewußtsein".

Wichtig sind folglich die erwachsenenpädagogischen Implikationen des Konzepts: Der Prozeß der Aufklärung und Differenzierung der Deutungsmuster von lernenden Erwachsenen wird kategorial beschrieben, wobei darauf insistiert wird, daß die handelnden Subjekte ihre Deutungsmuster nur angesichts konkreter Handlungssituationen verändern können, es also ein universell anwendbares, vorgegebenes „Rezept" zur Lösung von Inkonsistenzproblemen – und folglich ein universelles Lern- und Unterrichtsrezept für die Erwachsenenbildung – nicht geben kann. Pädagogisches Handeln besteht aus der Sicht dieser Theorieperspektive folglich weniger in dem Unterfangen, subjektive Deutungen bezüglich bestimmter lebenspraktischer oder beruflicher Handlungsprobleme durch die Vorgabe alternativer Erklärungsansätze gleichsam didaktisch zu rationalisieren, sondern wohl eher darin, lebens- und berufspraktische Erfahrungen sowie die Bedingungen ihrer Möglichkeit transparent zu machen, über die die Individuen in ihren subjektiven Deutungen latent und intuitiv bereits verfügen – im Sinne eines Prozesses der Aufklärung und Ausdifferenzierung von zentralen Annahmen und Interpretationen eines Deutungsmusters auf der je individuellen Ebene des Bewußtseins lernender Teilnehmer. Soziale Deutungsmuster bilden nämlich – so die Annahme – nie ein vollständig geschlossenes, in sich widerspruchsfreies System von Wirklichkeitsinterpretationen. Jeder Versuch, eine aufgedeckte Inkonsistenz in subjektiven Deutungen aufzulösen, erzeugt neue Inkonsistenzen. Doch jede Auflösung einer Inkonsistenz erweitert das Reflexionsniveau eines Deutungsmusters. Hier kommt das sokratische „mäeutische" Verfahren zur Geltung. Was die Deutungsmusterkonzeption für die Erwachsenenbildung von heute entwickelt, hat offensichtlich philosophische Tradition! Hier bemißt sich der Erfolg von Veranstaltungen der Erwachsenenbildung danach, ob es gelungen ist, den Teilnehmern dabei zu helfen, sich ihrer Problemdeutungen bewußt zu werden und diese – ausgehend von deren Inkonsistenzen und Ungereimtheiten – so weiterzuentwickeln, vor allem so zu differenzieren, daß die lernenden Erwachsenen befähigt werden, mit jenen Krisen ihres Selbst- und Weltverständnisses und den damit verbundenen Handlungsproblemen fertigzuwerden, die sie zur Teilnahme an Erwachsenenbildung motiviert haben. Weil eben diese Beseitigung bestehender Ungereimtheiten und Inkonsistenzen von Deutungsmustern zur Entstehung neuer Inkonsistenzen führt, sind derartige Bildungsprozesse im Prinzip nie abgeschlossen, werden vielmehr in ihrem Verlauf Bedingung und Motive für ihre Fortsetzung erzeugt. Weil zudem die betreffenden Bildungsveranstaltungen sich notwendig auf die gruppenspezifisch und individuell verschiedenen, deshalb nicht genau vorhersehbaren Deutungen ihrer Teilnehmer beziehen (müssen), können sie auch nicht vollständig vorher geplant, sondern müssen in der Regel weitgehend simultan gestaltet werden.

Sylvia Kade
Kommentar zur deutungsmustertheoretischen Perspektive in der Erwachsenenbildung

Von den Autoren wird die pädagogische Situation aus dem Deutungsmusterkonzept entwickelt, dessen gemeinsamer Bezugspunkt das „thematische Universum" (Freire) der Deutungsmuster bildet, die tendenziell unendlich auslegungsfähig und im Schnittpunkt von objektivem und subjektivem Sinn angesiedelt sind. Aus dieser Sicht geht es nicht primär um die Interaktion zwischen Lehrenden und Lernenden noch um den Gegenstand des Lernprozesses, denn im Deutungsmuster ist beides aufeinander verwiesen, indem dessen objektiver Sinn erst noch subjektiv realisiert werden muß. Entsprechend ist m.E. nicht so sehr die Suche nach „generativen Themen" problematisch, als vielmehr die Suche nach einem angemessenen Weg zum „fremden Bewußtsein", damit dieses sich nicht vorzeitig verschließt. Denn der Gebrauch von Deutungsmustern, worauf die Autoren zu Recht hingewiesen haben, eröffnet nicht nur einen Weg zur Wirklichkeit, sondern enthält auch die Möglichkeit, Lernen zu verhindern. Entsprechend sollen hier zentrale Thesen der Autoren erörtert werden, die auf Möglichkeiten und Grenzen des Deutungsmusterkonzepts verweisen.
Die erste These bezieht sich auf das Handlungsproblem: Deutungsmuster beziehen sich „auf kollektiv geteilte Erfahrungen sowie auf gemeinsam zu bewältigende Handlungsprobleme". Deutungsmuster basieren durchweg auf der Teilnahme an einer kollektiven Lebensform, die ein selbstverständliches Handeln erlaubt. Weil die Angehörigen einer Lebenswelt in die je geltenden Sinnbezüge „hineingewachsen" sind, sind diese auch nicht ohne

weiteres kognitiv auflösbar und einer kritischen Aufklärung zugänglich. Die bereits erworbenen Deutungsmuster haben sich innerhalb eines Milieus bewährt und darum als Regel verfestigt, was als sozial akzeptabel gelten kann und was nicht. Das Kontextwissen über die soziale Akzeptanz von Handlungen und Wissen fehlt aber genau jenen, die nur ein Wissen „über" die andere Lebenswelt besitzen, das sie nicht in unmittelbarer Teilhabe erworben haben. In der Erwachsenenbildung ist es folglich eher die Ausnahme denn die Regel, daß Lehrende und Lernende auf eine gemeinsam geteilte Lebensform verweisen können. Mißverständnisse resultieren so häufig auf inkompatiblen Lesarten, die den Ungleichzeitigkeiten der Erfahrung und einer anderen Lebensform entsprungen sind. Wirkt so einerseits das Handlungsproblem vermittelt über die Vergangenheit auf den Lernprozeß ein, so ist andererseits auch die Zukunft des Erwachsenen nicht mehr ganz offen. Wer an einer Bildungsveranstaltung für Erwachsene teilnimmt, verfügt über eine für Handlungseingriffe nicht mehr offene Vergangenheit, eine aktuell problematisch gewordene Gegenwart und eine nicht völlig offene Zukunft. Die Auslegungsfähigkeit von Vergangenheit und Zukunft ist aber auch objektiv und nicht nur biographisch eingeschränkt. Denn die ,Nichtinterpretierbarkeit' von Lebensformen und Normen entstammt nicht allein einem Mangel an Aufklärung und eingeschränkten Interpretationskapazitäten, sondern findet nur allzuoft eine Entsprechung in der Unabänderlichkeit von kollektiven Lebensbedingungen. Der objektiv vorgegebene Handlungsradius grenzt die Reichweite individueller Handlungsmöglichkeiten ein, die als Freiheitsspielraum noch offen und damit auslegungsfähig sind. Entsprechend muß der Lernprozeß seinen Ausgang von einem aktuellen Handlungsproblem nehmen, das realistische Lösungsmöglichkeiten in der Gegenwart enthält. Damit bleiben aber auch der Deutungsmustertheorie per se Weltzugänge verschlossen, die nicht innerhalb der Reichweite alltagsweltlicher Erfahrung zugänglich sind. Die handlungsorientierende Kraft von Deutungsmustern bewährt sich in Alltagssituationen und läßt sich nur schwer mit systemischen oder historischen Bedeutungszusammenhängen vermitteln, die infolge höherer Reichweite außerhalb des individuellen Handlungsradius liegen.

In anderer Hinsicht ist der Deutungsmusteransatz durch subjektive Widerstände beschränkt, indem die übergroße Nähe eines aktuellen Handlungsproblems nur allzuoft Lernen verhindert. Wenn der Handlungsdruck zu groß ist, wird eine Aufklärung über die aktuelle Situation als identitätsbedrohend erlebt und abgewehrt. Entsprechend können Deutungsmuster nun auch im Sinne einer Defensivstrategie mißbraucht werden, sobald diese nicht mehr der Alltagsbewältigung dienen, sondern hieran festgehalten wird, um das Handlungsproblem als solches zu leugnen. Es ist den Autoren zu folgen, wenn sie auf die Starrheit von Deutungsmustern verweisen, die der restriktiven Eindeutigkeit einer Lebenswelt entsprechen. Die zweite These der Autoren bezieht sich auf das sogenannte Konsistenz-

197

problem: Eine Umstrukturierung von Deutungsmustern erfolgt dann, „wenn unter Handlungszwang eine sinnvolle Orientierung des Verhaltens nicht mehr möglich ist und/oder zwischen einzelnen Elementen des Deutungsmusters Inkonsistenzen aufbrechen".

Wissensbestände und Deutungsmuster werden aufbewahrt und erinnert, weil sie sich in vergangenen Situationen bewährt haben. Erst wenn deren Orientierungsfunktion fragwürdig geworden ist, sowie Denken und Handeln oder einzelne Wissensbestände untereinander in Widerspruch geraten sind, wird eine Umorientierung erforderlich. Bei Dewe u.a. wird tendenziell davon ausgegangen, daß quasi automatisch Inkonsistenzen korrigiert werden. Inkonsistenzen sind hingegen nur eine notwendige, wenn auch keine hinreichende Bedingung der Möglichkeit, daß Lernen stattfinden kann. Eine absolute Konsistenzforderung ist dem Alltagsbewußtsein eher fremd. Solange die Handlungsfähigkeit aufrechterhalten werden kann, ist die Orientierung weniger eine Frage der logischen Vereinbarkeit von Deutungsmustern noch eine von Denken und Handeln. Denn rechtfertigungsbedürftig werden Widersprüche erst dann, wenn diese bewußt aufeinander bezogen werden. Folglich können in unterschiedlichen Handlungsbereichen situativ aufgespaltete Wissensbestände nebeneinander existieren, ohne daß deren Widersprüchlichkeit realisiert werden müßte. Typisch ist im Alltag eher das fragmentarische Bewußtsein, denn gerade die geringe Reichweite des Alltagshandelns verringert die Notwendigkeit, Widersprüche aufzulösen. Im Unterschied zu unbewußt verfestigten Inhalten, die nicht mehr bewußtseinsfähig sind, bleiben die situativ bedingten Widersprüche jedoch prinzipiell für das Bewußtsein zugänglich. Ob Widersprüche jedoch aufgelöst werden oder nicht, hängt wesentlich, aber nicht nur, von deren Bewußtwerdung ab. Denn entgegen dem horizontalen Nebeneinander von widersprüchlichen Deutungsmustern sind die einer vertikalen Aufspaltung geschuldeten verdrängten Inhalte nicht mehr einer kognitiven Beeinflussung zugänglich, gleichwohl aber oft wider eigenes Wollen handlungsleitend.

In der erwachsenenpädagogischen Situation kann freilich kaum überprüft werden, ob Absichten und Handlungsfolgen übereinstimmen. Der überschüssige latente Sinn von nicht mehr in kollektiven Bedeutungszusammenhängen verankerten Deutungsmustern tritt immer dann zutage, wenn diese subjektiv nicht mehr begründungsfähig, gleichwohl aber handlungsleitend sind. Gerade weil in der erwachsenenpädagogischen Situation prinzipiell von der Vernünftigkeit der lernenden Erwachsenen ausgegangen werden muß, wird auch die Begründungsfähigkeit aller Äußerungen und Handlungen bis auf weiteres unterstellt. Es kann also etwa nicht wie in der therapeutischen Situation darum gehen, Widersprüche kritiklos hinzunehmen. Entsprechend ist die wechselseitige Stellungnahme erwartbar, sobald Widersprüche sichtbar werden.

Die dritte These setzt sich mit dem Explikationsproblem auseinander: Pädagogisches Handeln ist um die erweiterte Explikation dessen bemüht,

„was der lernende Erwachsene in seiner Alltagspraxis mehr oder weniger fehlerhaft immer schon weiß". Nach Dewe u.a. wird das zunächst bloß virtuell kompetente Individuum in der Bildungssituation ernst genommen. Die jeweilige(n) Regel(n) des immer schon regelgeleiteten Handelns von Erwachsenen muß/müssen entsprechend bewußt werden, um auch auf andere Situationen übertragbar zu sein und das „know how" in ein „know that" zu transformieren. Auch in diesem Fall stellt sich das Explikationsproblem, denn der Lehrende verfügt nicht über den gleichen Erfahrungshintergrund wie der Lernende, der sein Wissen anderswo erworben hat. Entsprechend kann die stellvertretende Deutung des latenten Sinns durch den Lehrenden eher eingeschränkt als eine Realität von Bedeutungsmöglichkeiten expliziert werden, daß nämlich dies und das der Fall sein könnte. Im Unterschied hierzu gründet der Lernprozeß in der primären Sozialisation in einer gemeinsam geteilten Lebenswelt mit dem zu Sozialisierenden. Das dem Kind intentional Unterstellte ist jedoch nicht nur erfahrungsnäher, sondern auch normativ, zielt ab auf das, was sein sollte. Im Unterschied zum Kind vermag der Erwachsene von vornherein Bedeutungsmöglichkeiten zu verwerfen und über die Geltung von explizierten Deutungen zu entscheiden. Folglich muß nun auch der Lehrende Stellung nehmen, sofern der erhobene Geltungsanspruch in Frage gestellt ist. Ein herrschaftsfreier Dialog unter Gleichen kann jedoch immer nur Ziel und Resultat von Lernprozessen sein, nicht aber deren Ausgangspunkt. Gleichwohl muß in der pädagogischen Situation zunächst kontrafaktisch unterstellt werden, daß das Individuum bereits für seine Äußerungen verantwortlich ist. Zugleich ist sein Tun in der handlungsentlasteten Situation im Fall eines Scheiterns folgenlos. Eben der ‚Als-ob-Charakter' einer vollständig reziproken Kommunikation in der erwachsenenpädagogischen Situation ist konstitutiv für die Möglichkeit seiner Realisierung.

3.3.3 Die strukturalistische Bildungstheorie des Habitus

Betonen die wissens- und deutungsmustertheoretischen Sichtweisen den symbolischen Gehalt der die Erwachsenenbildung orientierenden sozialen Regeln, also Bewußtsein, Wissensform, Deutungsmuster, Sprache usw., als die die sozialen Handlungsprozesse der Erwachsenenbildung und ihre Dynamik konstituierenden kulturellen Konfigurationen, so geht es dem strukturalistischen Habituskonzept um die Rekonstruktion des objektiven Strukturgehalts der Erwachsenenbildung jenseits von Bewußtsein und Handlungsintentionen.

Es muß zunächst gesagt werden, daß mehr noch als bei der wissenstheoretischen Sichtweise und der Deutungsmusterkonzeption die Diskussion der strukturalistischen Fassung des Habitusbegriffs auf einer Ebene des wissenschaftlichen Diskurses stattfindet, die nicht *unmittelbar* übertragbar ist auf die Behandlung der Besonderheiten von Theorie und Praxis der Erwachsenenbildung. Sie bezieht sich demgegenüber in erster Linie auf ein Problem, das grundlagentheoretische Fragen der (bildungs-)soziologischen Analyse berührt. Ausgehend von der Kritik des Objektivismus und Reduktionismus verhaltenstheoretischer und bildungsökonomischer Analysen von Bildungsprozessen, kann das Habitustheorem als wichtiges Element einer kultursoziologischen (Bildungs-)Forschung verstanden werden.

Tatsächlich hat der Habitusbegriff in seiner spezifisch strukturalistischen Version noch wenig Eingang gefunden in die Debatten der theoretischen Begründung von Erwachsenenbildung – im Gegensatz zur wissenstheoretischen und am Deutungsmusteransatz orientierten Sichtweise. In jüngster Zeit allerdings mehren sich die Versuche, ihn fruchtbar zu machen für eine grundlegende, funktions- und strukturtheoretische Argumentationen verbindende Bestimmung von Bildung (vor allem das von E. Liebau u.a. herausgegebene Heft 3, 1985 der Neuen Sammlung; auch Krais 1983; Burkart 1984; Ästhetik und Kommunikation Heft 61/62, 1986; Frank 1984).

Es wäre aber unsinnig und würde von einem mechanistischen Verständnis von Soziologie zeugen, wenn man die relativ abstrakten Aussagen der Habitusdiskussion auf die spezifischen und eigensinnigen Probleme der Erwachsenenbildung direkt übertragen bzw. die charakteristischen Eigenschaften der Handlungsstruktur der Erwachsenenbildung einfach aus diesen Aussagen ableiten würde. Dennoch wollen wir vermuten, daß die Konzeption des Habitus gerade unter der Perspektive der Kritik an Wissenstheorie und Deutungsmusteransatz in der Lage sein könnte, *grundlegende* Bedingungen von Erwachsenenbildung theoretisch aufzuklären, ohne dem Anspruch zu verfallen, die Handlungsabläufe en detail erfassen zu können.

Wie im Zusammenhang mit der sozialisationstheoretischen Begründung von Erwachsenenbildung oben dargelegt, haben strukturalistische Denkweisen und Argumentationsformen in den letzten Jahren verstärkte Resonanz in der Erziehungswissenschaft gefunden – als Autoren seien Piaget, Kohlberg, Chomsky und Oevermann erwähnt. Bezeichnenderweise werden diese Sichtweisen insbesondere von jener Richtung innerhalb der Bildungstheorie aufgegriffen, die wieder theoretisch Anschluß sucht an die durch die realistische Wende der Pädagogik verschüttete geisteswissenschaftlich-hermeneutische Tradition.

Es lassen sich eine Reihe verschiedener Motive für die Einführung der strukturalistischen Denkweise und besonders ihres Habitusbegriffs anführen; wir wollen in unserem Zusammenhang zwei zentrale herausgreifen:

– Die oben beschriebene wissenstheoretische Sichtweise der Erwachsenenbildung läßt sich dahingehend kritisieren, daß sie die Handlungsstruktur der Erwachsenenbildung kognitivistisch und bewußtseinstheoretisch verengt begreift, d.h. die Handlungsformen auf die Transformation verschiedener Wissenstypen reduziert.

– Der Deutungsmusterkonzeption kann der Vorwurf nicht erspart
  werden, sie würde den Handlungsbegriff interaktionstheoretisch
  verkürzt gebrauchen in der Weise, daß die Handlungsstruktur
  reduziert wird auf definierte Handlungssituationen, auf die Deutungsmuster relativ unmittelbar reagieren.

Auf dem Hintergrund dieser Kritik soll der strukturalistische Habitusbegriff eingeführt werden als Versuch, den bewußtseins-und interaktionstheoretischen Reduktionen zu entgehen und einen Handlungsbegriff zu entwickeln, der soziales Handeln jenseits von Bewußtsein, Definition und Situation der Handlung versteht. Die Frage für die Erwachsenenbildungstheorie lautet also: Wie lassen sich die Handlungsstrukturen der Erwachsenenbildung *jenseits* des Bewußtseins und der
Intentionen der Akteure erfassen, was ist die *objektive* Sinnstruktur der
von Subjekten getragenen Erwachsenenbildung?

Der strukturalistische Habitusbegriff wird vor allem in den Schriften
des französischen Kultursoziologen Pierre Bourdieu entfaltet, auf die
im folgenden zurückgegriffen werden soll. Erwähnt sei in diesem
Zusammenhang, daß der englische Bildungssoziologe B. Bernstein,
bekannt geworden durch seine Untersuchungen über den schichtspe-
zifischen Sprachgebrauch, mit seinem Begriff des die Verwendung von
Sprachstrategien regelnden Codes ein dem Habitusbegriff ähnliches
theoretisches Instrumentarium entwickelt hat. Es ist allerdings fraglich, den Ansatz Bourdieus – dies gilt auch für Bernstein – der Theorie
des Strukturalismus zu subsumieren. Bourdieu geht über die (formale)
Bestimmung hinaus, nach der die Struktur eines sozialen Gebildes
bereits begriffen sei, wenn die formale Ordnung der Relationen zwischen den einzelnen Elementen der Struktur erfaßt ist. Eine Struktur
verstehen heißt vor allem, die *Strukturiertheit* gesellschaftlicher Phänomene, ihre Genese und ihre Reproduktion zu explizieren. Deshalb
ließe sich hier eher von einem *genetischen* Strukturalismus sprechen,
der sich absetzt vom klassischen Strukturalismus in der Ausprägung
des französischen Anthropologen Levi-Strauss. Seine Theorie wird als
objektivistische Sichtweise kritisiert, die die Struktur sozialer Fakten in
der Objektivität von Naturprozessen begründet sieht. Demgegenüber
betont Bourdieu, daß gesellschaftliche Strukturen nicht ohne die
(historische) Tätigkeit von Subjekten gedacht werden können, also die
handlungstheoretische, sich an subjektiven Akten orientierende Perspektive nicht unter den Tisch fallen darf.

Andererseits grenzt sich Bourdieu auch ab gegenüber dem Subjektivismus einer bloß handlungstheoretischen Argumentation, die die Handlungsstruktur reduziert auf den dem Bewußtsein und den Absichten
der Akteure verfügbaren, subjektiven Sinngehalt der Handlung. Es gilt,
die objektive Sinnstruktur, die sich gegenüber dem Wollen der Individuen verselbständigen kann, zu rekonstruieren. Jedes Individuum ist
Produzent und Reproduzent dieser Sinnstruktur, ob es das weiß oder

nicht, ob es das will oder nicht, weil das, was es tut, mehr Sinn aufweist, als es weiß. „Wer die Naivität subjektivistischer Handlungstheorien überwinden will, (verfällt, d.V.) fast unausweichlich in die kaum weniger naiven mechanistischen Vorstellungen einer Theorie ..., die ... die ... Subjekte als ununterscheidbare, den Gesetzen eines quasi-mechanistischen Gleichgewichts unterworfene Elementarteilchen auffaßt." (Bourdieu 1981, S. 169)

Individuum und Gesellschaft stehen in einem dialektischen Verhältnis zueinander, beide sind nicht gegeneinander reduzierbar, da es weder subjektlose soziale Verhältnisse noch nicht-vergesellschaftete Akteure gibt. „Freilich impliziert die Verwerfung der mechanistischen Theorien keineswegs, daß nun, wieder einmal der eingespielten Alternative zwischen Objektivismus und Subjektivismus anheimfallend, einem schöpferischen freien Willen das Wort geredet wird." (Bourdieu 1979, S. 169) Mit dem Begriff der Struktur wendet sich Bourdieu gegen den Subjektivismus (des symbolischen Interaktionismus), mit dem Praxisbegriff gegen den Objektivismus (des Strukturalismus). Eine Theorie, die gleichsam zwischen strukturalistischer und interaktionistischer Sichtweise angesiedelt ist, benötigt einen Begriff, der zwischen Gesellschaft und Individuum, zwischen Struktur und Praxis vermittelt: der Habitus. Der Habitus besteht aus einem System von Wahrnehmungs-, Denk- und Handlungsschemata, das einerseits von gesellschaftlichen Verhältnissen strukturiert wird, andererseits das konkrete Handeln strukturiert. Das heißt, das Verhalten wird nicht unmittelbar von sozialen Strukturen determiniert, noch läßt es sich direkt ableiten aus konkreten Handlungssituationen. Gegen die behavioristische Soziologie gerichtet, wird konstatiert, „daß jede und zumal jede Erkenntnis von sozialer Welt einen spezifische Denk- und Ausdrucksschemata ins Werk setzenden Konstruktionsakt darstellt und daß zwischen sozialer Lage und Praxisformen oder Vorstellungen sich die strukturierende Tätigkeit von Akteuren schiebt, diese also keineswegs nur reflexhaft auf Stimuli reagieren, vielmehr auf Appelle wie Drohungen einer Welt antworten, deren Sinn sie selbst mitgeschaffen haben" (Bourdieu 1984, S. 729). Die Vorstellung vom Habitus beruht also auf der grundlegenden, die Annahmen des Behaviorismus verwerfenden Einsicht, daß jedes soziale Handeln regelgeleitet ist, also Regeln folgt und nicht bloßes Nachahmen darstellt. Jede Regel ist normativ und jede Norm beruht auf einer verallgemeinerbaren Regel. Man kann sich diese Erkenntnis vergegenwärtigen, wenn man bedenkt, daß jemand, der die Grammatik als Regelsystem von Sprechhandlungen beherrscht, in der Lage ist, Sätze zu bilden, die er vorher noch nie gehört hat, also auch nicht nachahmen kann (Sprache wird hier als Form von sozialer Handlung begriffen). Nach Bernstein besteht „der Prozeß der kulturellen Produktion ... wesentlich in der Kontrolle der Auswahl und der Institutionalisierung dieser zugrundeliegenden Regeln, die Formen der Erfahrung der Welt, ihrer Interpretationen und des Sprechens über sie erzeugen" (Bernstein 1977, S. 31).

Der Habitus ist ein Regelsystem, das die für einen Handelnden oder für eine Gruppe von Handelnden charakteristischen kulturellen Konfigurationen von Denk-, Handlungs- und Klassifizierungsmustern bezeichnet. Damit ist eine kulturtheoretische Sichtweise angezeigt, die kulturelle Gebilde zwischen Struktur und Praxis verortet. Kultur ist nicht bloß Epiphänomen oder Verdoppelung von sozialen Strukturen und gleichfalls nicht Abbild konkreter Handlungspraxen. Gesellschaftliche Strukturen wirken auf die Aktionen der Menschen nur mittels kultureller Filter, ebenso wie subjektive Handlungen nur durch kulturelle Konfigurationen eine objektive soziale Strukturiertheit erfahren.

„Wenn er (der Anthropologe; d.V.) es sich auch verbietet, der Vorstellung, die die Subjekte von ihrer Situation haben, Glauben zu schenken und die falschen Erläuterungen ihres Verhaltens beim Worte zu nehmen, nimmt er nichtsdestoweniger diese Vorstellung und diese Rationalisierungen doch ernst genug, um zu versuchen, deren wahre Begründung zu entdecken, indem er sich nicht eher zufriedengibt, als bis es gelingt, die der ersten Anschauung unmittelbar gegebene mit der durch wissenschaftliche Konstruktion mühsam erworbenen Wahrheit in Einklang zu bringen. Die anthropologische Wissenschaft verlohnte nicht die Mühe einer einzigen Arbeitsstunde, stellte sie sich nicht die Aufgabe, den Subjekten den Sinn ihres Verhaltens wieder verfügbar zu machen. Sie tut dies, indem sie dem Anschein ihres unnachgiebigen Widerstands entgegen den erlebten Sinn des Verhaltens und die Wahrheit der objektiven Bedingungen, die dieses Verhalten möglich und wahrscheinlich machen, in ihrer Einheit erschließt. Wenn man dem Studium der Relationen zwischen objektiven Beziehungen das Studium der Relationen zwischen den Individuen und jenen Beziehungen opfert oder die Frage der Beziehung zwischen diesen beiden Beziehungstypen ignoriert, verfällt man in einen Strukturrealismus. Da ein solcher Realismus der Struktur an die Stelle eines Realismus des Elementes tritt, hypostasiert er die objektiven Beziehungssysteme, als bildeten diese bereits außerhalb der Geschichte des Individuums sowie der Geschichte der Gruppe bestehende Totalitäten. Es bedeutet keinen Rückfall in die Naivitäten eines „Subjektivismus" oder „Personalismus", wenn man daran erinnert, daß die objektiven Beziehungen letztlich nur mittels des *Systems der Dispositionen* ihrer Träger existieren und sich realiter nur durch das Produkt der Verinnerlichung objektiver Bedingungen realisieren. Zwischen dem System objektiver Regelmäßigkeit und dem System der direkt wahrnehmbaren Verhaltensformen vollzieht sich stets eine Vermittlung. Diese Vermittlung leistet der Habitus. . . . In diesem Sinne verstanden, d.h. als System der organischen oder mentalen Dispositionen und der unbewußten Denk-, Wahrnehmungs- und Handlungsschemata, bedingt der Habitus die Erzeugung all jener Gedanken, Wahrnehmungen und Handlungen, die der so wohlbegründeten Illusion als Schöpfung von unvorhersehbarer Neuartigkeit und spontaner Improvisation erscheinen, wenngleich sie beobachtbaren Regelmäßigkeiten entsprechen; er selbst nämlich wurde durch und innerhalb von Bedingungen erzeugt, die durch eben diese Regelmäßigkeiten bestimmt sind." Bourdieu 1974, S. 39f

---

Habitusformen sind Systeme dauerhafter Dispositionen, sie sind durch grundlegende gesellschaftliche Verhältnisse strukturierte Strukturen und zugleich Praxisformen strukturierende Strukturen. Mit anderen Worten: der Habitus, der wie eine Handlungs-, Wahrnehmungs- und Denkmatrix funktioniert, hat generativen Charakter, er erzeugt Handlungsstrategien, die es ermöglichen, neuartige, noch nicht erfahrene Handlungssituationen zu bewältigen.

Bourdieu spricht von einer dialektischen Beziehung zwischen den objektiven sozialen Strukturen, den strukturierten und strukturierenden Habitusformen. Der generative Status des Habitus bezeugt, daß die sozialen Beziehungen nicht Beziehungen eines Individuums zu einem anderen Individuum sind, sondern eine objektive Struktur der Beziehungen zwischen den Individuen bilden.

In der Tradition der Soziologie des Franzosen Durkheim, die einen gewissen Primat des Sozialen gegenüber dem Individuellen behauptet und individuelle Phänomene aus gesellschaftlichen zu erklären versucht und nicht umgekehrt, wird dem Habitus als gruppenspezifische Handlungsorientierung ein kollektiver Charakter zugesprochen, der über den individuellen Sinnhorizont hinausreicht. Soziale Handlungsstrukturen als Subjekt und Objekt zugleich theoretisch begreifend, beschreibt der Habitusbegriff das einigende Prinzip, das die besonderen Lebensäußerungen, Gefühlsweisen usw. des Menschen mit seinem kulturellen Lebenszusammenhang verbindet. Habitusformen lassen sich in der Regel nur in ihrer klassen- oder gruppenspezifischen Ausprägung ausmachen, d.h. die Angehörigen einer Klasse oder Gruppe haben zumeist gleiche oder ähnliche kulturelle Dispositionen.

Das soziale Individuum als Akteur und Opfer der Praxis zugleich – diese Paradoxie ließe sich verstehen, wenn man von der Annahme ausgeht, daß hinter den je spezifischen Praxisformen und Haltungen der Handelnden regulative, relativ stabile und dauerhafte kulturelle Prinzipien liegen, die das Handeln regulieren und strukturieren. Der Habitus enthält in sich die Lösung des Paradoxons vom objektiven Sinn der Handlung ohne subjektive Absicht. „Ihre besondere Wirksamkeit verdanken die Schemata des Habitus, Urformen der Klassifikation, dem Faktum, daß sie jenseits des Bewußtseins wie des diskursiven Denkens, folglich außerhalb absichtlicher Kontrolle und Prüfung agieren." (Bourdieu 1984, S. 727)

Der Habitus als Klassifikationsmuster und Handlungsgrammatik wirkt unbewußt, er verkörpert ein soziales Unbewußtes und entwickelt eine regulierende Kraft jenseits von Bewußtsein und Intention. Bourdieu betont, daß „die Subjekte im eigentlichen Sinne nicht wissen, was sie tun, weil das, was sie tun, mehr Sinn aufweist, als sie wissen. Der Habitus stellt die universalisierende Entwicklung dar, kraft derer die Handlungen ohne ausdrücklichen Grund und ohne bedeutende Absicht eines einzelnen Handlungssubjekts gleichwohl ‚sinnhaft', ‚vernünftig' sind und objektiv übereinstimmen." (Bourdieu 1979, S. 179) Wenn die soziale Handlungsstruktur nicht zu verstehen ist allein durch den Rekurs auf die bewußte Handlungsabsicht oder auf die gelebte Erfahrung, hat die Soziologie die Aufgabe, das Unbewußtsein des generativen Regelsystems zu rekonstruieren, also bewußt zu machen.

Dies bedeutet nun nicht, daß die habituellen Dispositionen ein System universeller Formen und Kategorien darstellen, sondern es handelt sich um *„inkorporierte Schemata,* die im Verlauf der kollektiven Geschichte ausgebildet und vom Individuum in seiner je eigenen Geschichte *erworben,* sowohl *in praxi wie für die Praxis* funktionieren" (Bourdieu 1984, S. 729).

Das „Unbewußte" drückt aus, daß der Habitus zur zweiten Natur geworden ist, d.h. die Geschichte, die die Konstitutionsbedingung des Habitus abgibt, dem Vergessen anheimgefallen bzw. scheinbar zur Natur geworden ist. In Wahrheit ist der Habitus inkorporierte, d.h. verinnerlichte Geschichte, verinnerlichte Gesellschaft, ist die Verinnerlichung des Veräußerlichten (der Gesellschaft) und die Veräußerlichung (Vergesellschaftung) des Verinnerlichten. Nach Bourdieu „ließe sich der Habitus als ein System verinnerlichter Muster definieren, die es erlauben, alle typischen Gedanken, Wahrnehmungen und Handlungen einer Kultur zu erzeugen" (Bourdieu 1974, S. 143).

Die Menschen tragen ihre Geschichte, ihre geschichtlichen und gegenwärtigen Erfahrungen und sozialen Positionen in Gestalt der Habitusformen mit sich herum. Die vergangenen Erfahrungen – so erkannte bereits Durkheim – wirken stärker auf die Menschen als die aktuellen, da sie zahlreicher und zum Teil unbewußt sind. „Der Habitus, dieses Produkt der Geschichte, erzeugt entsprechend den von der Geschichte hervorgebrachten Schemata individuelle und kollektive Praxisformen – folglich Geschichte." (Bourdieu 1979, S. 182)

Wenn die Menschen Geschichte machen, aber nicht mit Bewußtsein, ist der Habitus auf einer impliziten und latenten Ebene der Praxisformen angesiedelt. Soziale Erkenntnis kann ihren manifesten Gehalt explizieren, wenn sie die soziale Genese des Habitus rekonstruiert. Damit wendet sich die strukturalistische Habituskonzeption gegen jede Art von bewußtseinstheoretischer Perspektive, wie sie dem Deutungsmusteransatz und auch den wissenstheoretischen Annahmen zugrunde liegt. Habitusformen sind insofern von Deutungsmustern und Wissensformen abzugrenzen, als es sich bei ihnen gerade nicht um gewußte Strukturen handelt, die dem Bewußtsein und den Absichten der Handelnden verfügbar sind. Die Kulturtheorie des Habitus unterliegt dementsprechend auch nicht kulturalistischen Verkürzungen, die unvermeidlich sind, wenn Handlungsregeln auf subjektive Sinndefinitionen reduziert werden. Im Gegenteil geht es hier um den Versuch, die objektive, gegenüber den subjektiven Bedeutungsdimensionen verselbständigte Sinnstruktur von Handlung zu erfassen.

Dies bedeutet nun nicht, den Habitus jenseits von Geschichte und Handeln überhaupt anzusiedeln, sondern es bleibt festzuhalten, daß sich die kulturellen Dispositionen durch Sozialisationsprozesse, also durch Handlungszusammenhänge in entwicklungsrelevanten Situationen bilden. Hier ließe sich eine plausible Verknüpfung der Habitusvorstellung mit der Sozialisationstheorie, insbesondere in ihrer strukturalistischen Fassung, herstellen. In erster Linie erwirbt das Individuum den Habitus in der Familie. Bourdieu nennt den Habitus auch das verinnerlichte ‚kulturelle Kapital', um auszudrücken, daß der Besitzer kulturellen Kapitals in der Lage ist, sich kulturelle Güter wie Schulbildung zum Beispiel anzueignen, ähnlich den Besitzern materiellen Kapitals in bezug auf Wirtschaftsgüter. Wobei das kulturelle Kapital weniger die Inhalte von Kultur festlegt, als die Art und Weise, *wie* mit Kultur umgegangen wird, wie gedacht, gefühlt, gehandelt, klassifiziert usw. wird. Man muß sich von der Illusion freimachen, daß Habitusformen, die dieses „wie" regeln, das originelle Produkt des Individuums seien. In Wahrheit sind sie das Ergebnis von überindividuellen Faktoren wie langdauernden Traditionen, Erziehungs- und Sozialisationskonventionen, subkulturellen Milieus, klassenspezifischen Lagen usw.

Die kulturellen Konfigurationen des Habitus sind aber nicht ein bloßer Abklatsch der sozialen Verhältnisse, sie können ihre handlungsregulierende Macht nur gewinnen, weil sie relativ autonom sind gegenüber diesen Verhältnissen und eine eigene Logik besitzen, die sich von der der Gesellschaft unterscheidet. Gewiß existiert der Habitus nicht jenseits sozialer Strukturen, aber er wird von diesen auch nicht völlig determiniert. Die Handlungszwänge, die er produziert, haben um so größere Macht über die Individuen, je weniger sie diesen bewußt sind. Die interessante Ähnlichkeit dieser Annahmen mit denen der Psychoanalyse kann hier nicht diskutiert werden.

Im folgenden soll der Versuch unternommen werden, den Habitusbegriff für die Theorie der Erwachsenenbildung fruchtbar zu machen, wobei dieser Begriff einerseits mehr darstellt als ein heuristisches Instrument der Analyse, andererseits aber auch nicht überstrapaziert werden sollte in dem Sinne, daß er ein neues Paradigma begründen könnte. Es geht um die Frage, wie die in der Erwachsenenbildung ablaufenden Handlungsstrukturen auch in ihren nicht-gewußten Dimensionen erfaßt werden können. Was geschieht in der Erwachsenenbildung jenseits von Deutungsmustern und Wissensformen? Wie stark und durch was ist der Teilnehmer von Erwachsenenbildung geprägt, mit welchen sozialen Regeln verarbeitet er das ihm inhaltlich Angebotene? Wie stark wird die Aneignung von Bildungsinhalten determiniert durch die vor und in der Erwachsenenbildung erworbene Art und Weise, wie Bildung eingeschätzt, bewertet, klassifiziert usw. wird. Wie lassen sich die Handlungszwänge in der Erwachsenenbildung rekonstruieren? Wie kann die objektive, latente Sinnstruktur der

Erwachsenenbildung theoretisch begriffen werden?

Der Habitusbegriff bietet eine brauchbare Grundlage zur Beantwortung dieser Fragen. Das Individuum – so bereits Piaget – erlernt nicht konkrete Handlungen, sondern relativ abstrakte Regeln, die in besonderen Handlungssituationen angewandt werden. Diese Regeln, die Habitusformen, werden als Programm gelernt, d.h. als allgemeiner Plan, als Schema der Herstellung konkreter Verhaltensweisen. Lernen ist nicht Nachahmung, sondern aktive Kreativität und Strukturbildung, d.h. durch Interaktionsformen bildet der Mensch die Strukturen des Habitus und wendet sie in bestimmten Situationen an. Insofern ist es berechtigt, den Begriff des Habitus mit dem der Bildung gleichzusetzen (vgl. Bourdieu 1974, S. 41). Bourdieu greift hier zurück auf den Kunsthistoriker Panofsky.„Indem Panofsky darüber hinaus den von der Schule eingeschärften Bildungsbestand mit dem scholastischen Begriff des Habitus bezeichnet, macht er deutlich, daß die Bildung weder ein gemeinsamer Code noch ein allgemeines Repertoire von Antworten auf gemeinsame Probleme, noch gar eine Anzahl einzelner und vereinzelter Denkschemata, sondern eher ein Zusammenspiel bereits im voraus assimilierter Grundmuster ist." (Bourdieu 1974, S. 143)

Sozialisation und Pädagogik machen aus dem „wilden" Menschen den habituierten, der gesellschaftliche Strukturen verinnerlicht hat. Wenn Bildung im weiteren Sinne als Aneignung von Kultur verstanden wird, liegt es nahe, anzunehmen, daß die Habitusbildung bereits sehr stark durch Prozesse der primären Sozialisation in der Familie geprägt wird. Die Tatsache, daß die Einrichtungen der (Erwachsenen-)Bildung starken Selektionscharakter aufweisen, d.h. die sozialen Gruppen einen höchst unterschiedlichen Gebrauch oder Nichtgebrauch von diesen Institutionen machen, läßt sich – so Bourdieu – damit erklären, daß bereits die Familienerziehung den Habitus produziert, der für den Besuch oder die Ablehnung der Schulen die kulturelle Voraussetzung schafft. Mit anderen Worten: Benutzer von Bildungseinrichtungen bringen ein in ihrem jeweiligen Milieu tradiertes kulturelles Erbe mit, in diesem Falle eine bestimmte Einstellung zur Bildung, die die unterschiedlichen Erfolgschancen beim Bildungsbesuch determiniert. Wer den Habitus einer Hochschätzung von Bildung besitzt, weil er aus einer Tradition stammt, die sozialen Aufstieg durch Bildung ermöglicht, wird die (Weiter-)Bildung erfolgreicher absolvieren als jemand mit einer negativen Einstellung zur Bildung, die daher rührt, daß er einem Lebenszusammenhang entstammt, in dem Bildung für die soziale Plazierung eine relativ geringe Rolle spielt.

Das Wichtigste, was im Bildungssystem gelernt wird, ist der bildungskulturelle Habitus: die gebildete Einstellung zur Kultur und zur Bildung. Wer die Disposition zu ihr von zu Hause mitbringt, kann ein erfolgreicher Absolvent sein, wer nicht, bleibt in der Regel vor den Toren der Bildungsinstitutionen oder scheitert in ihnen. Bourdieu stellt fest, daß „das Bildungswesen die herrschende Kultur mindestens ebenso stark mittels der verlangten Einstellung zur Bildung wie durch seine Inhalte zementiert" (Bourdieu/Passeron 1971, S. 124).

Gewiß muß betont werden, daß diese Einsicht in erster Linie für das von Bourdieu untersuchte französische Erziehungswesen der 60er Jahre mit seiner Betonung der Sprache, der Eloquenz, der bürgerlichen Kultur etc. gilt. Dennoch kann mit Einschränkungen behauptet werden, daß auch das deutsche Bildungssystem den (bildungskulturellen) Habitus produziert und bestätigt, indem es die außerhalb des Bildungswesens in der Familie entstandenen kulturellen Dispositionen tradiert. Es kann den Habitus als die Fähigkeit, sich kulturelle Güter anzueignen, nur schaffen, wenn es an die vorschulischen Dispositionen des Individuums anknüpft, die ja die schulischen Karrieren weitgehend prägen. Die Erwachsenenbildung hat nicht die Macht, diesen Funktionszusammenhang der Tradierung kultureller Habitusformen durch die Schule aufzubrechen oder auch nur tiefergehend zu korrigieren. Im Gegenteil läßt sich der tatsächliche Effekt der Erwachsenenbildung entgegen anders lautenden Absichten dahingehend beschreiben, daß sie in der Regel diesen Zusammenhang verstärkt und nur in Ausnahmefällen abschwächen kann. Mit anderen Worten: die Erwachsenenbildung produziert nicht, aber bestätigt und vertieft den bildungskulturellen Habitus und damit indirekt natürlich auch den sozialen (Klassen-)Habitus, also die kulturellen Handlungsdispositionen, die allein durch die soziale (Klassen-)Lage begründet sind.

Diese letzteren sind im Schulsystem mit seiner traditionellen Gliederung in Haupt-, Real- und Oberschule, die ja durch die Bildungsreformen nicht grundlegend beseitigt worden ist, insofern latent vorhanden, als in der Regel den einzelnen Schultypen bestimmte soziale Schichten zuzuordnen sind.

In der Erwachsenenbildung – der Idee nach eine einheitliche, ungegliederte Bildungsinstitution für das „ganze Volk" (Volkshochschule) – scheint der soziale Habitus zugunsten des bildungskulturellen zu verschwinden. Das heißt, die Erwachsenenbildung produziert noch mehr als die Schule aufgrund dieser Idee die Vorstellung, allein die Bildung entscheide über die Wahrnehmung von Lebenschancen aller Art.

Die empirischen Untersuchungen über das Verhältnis von sozialer Lage und Weiterbildung überbetonen demgemäß auch die Korrelation zwischen dem Bildungsstand und dem Grad der Teilnahme/Nichtteilnahme an der Erwachsenenbildung und vernachlässigen die die Bildungsleistung insgesamt determinierende Wirkung der sozialen Lage (vgl. Schulenberg u.a. 1979). Die Erwachsenenbildung verdichtet den bereits vom Schulsystem gewebten Schleier, daß beide die sozialen (Klassen-)Verhältnisse nicht grundlegend korrigieren, sondern reproduzieren.

Die Ideologie des relativ autonomen (Erwachsenen-)Bildungswesens

besteht nun darin, die Illusion zu verbreiten, als wenn das Bildungswesen *allein* den Habitus produzieren würde, gleichsam ohne Bezug auf
primäre Sozialisationsprozesse. „Dadurch, daß das Bildungssystem
eine Kultur und die gebildete Einstellung zur Kultur einübt und bestätigt, sorgt es für die Weitervererbung des kulturellen Kapitals und erfüllt
gleichzeitig mit seiner sozialen Funktion der Reproduktion der Klassenbeziehungen seine ideologische Funktion der Verschleierung dieser
Reproduktionsfunktion, indem es die Illusion der absoluten Autonomie hervorbringt." (Bourdieu/Passeron 1971, S. 215)
Das (Erwachsenen-)Bildungssystem hat also eine doppelte Funktion,
die es nur aufgrund seiner *relativen* Autonomie gegenüber der Gesellschaft erfüllen kann: indem es das vorschulische kulturelle Kapital, die
in der Familie erzeugten Habitusformen tradiert, reproduziert es Klassenbeziehungen. Die Klasse von Individuen, die von Haus aus wenig
kulturelles Kapital mitbekommt, wird wenig Erfolg beim Absolvieren
der (Erwachsenen-)Bildung haben und dementsprechend niedrig pla-
zierte Berufe erlangen. Zum anderen verschleiern die (Erwachsenen-)
Bildungsinstitutionen diese Funktion, indem sie so tun, als ob sie als
einzige und absolut unabhängig von gesellschaftlichen Verhältnissen
und Klassenstrukturen Habitusformen produzieren würden. Diese
Funktionsverschleierung können sie nur erfüllen, weil sie als relativ
autonome Organisationen eigene (pädagogische) Strukturen mit einer
eigenen Logik entwickelt haben.
Für den Absolventen von (Erwachsenen-)Bildung bedeutet dieser
Sachverhalt, daß sein soziales Schicksal, das er in die Bildungsprozesse
einbringt, durch diese in ein individuelles und ein Bildungsschicksal
umgedeutet wird.

„Nur eine adäquate Theorie des *Habitus* als Ort der Verinnerlichung der äußeren
Ansprüche und der Veräußerlichung der inneren Ansprüche kann die sozialen
Bedingungen erhellen, aufgrund derer das Bildungswesen die von allen seinen
ideologischen Funktionen am besten getarnte Funktion der Legitimierung der
Sozialordnung erfüllen kann. Das traditionelle Bildungssystem verbreitet
erfolgreich die Illusion, der gebildete *Habitus* sei ausschließlich das Ergebnis seiner Lehrtätigkeit und sei damit von allen sozialen Determinanten unabhängig,
während er im Extremfall nur einen *Klassenhabitus,* der außerhalb des Bildungswesens entstanden ist und die Grundlage alles schulischen Lernens bildet,
benutzt und sanktioniert. Es trägt deshalb entscheidend zur Perpetuierung
der Struktur der Klassenbeziehungen bei und legitimiert sie, indem es verbirgt,
daß die von ihm produzierten Bildungshierarchien soziale Hierarchien reproduzieren."

Bourdieu/Passeron 1971, S. 22f

Der in der Erwachsenenbildung oft genug beklagte Sachverhalt, nach
dem Teilnehmer, die in ihren Weiterbildungsaktivitäten am erfolgreich-
sten sind, das höchste Bildungsniveau aufweisen, während diejenigen

mit wenig Bildungserfahrung Erwachsenenbildungskurse überhaupt nicht oder mit geringem Erfolg besuchen, verdeutlicht, daß der Habitus das Weiterbildungsverhalten in starkem Maße reguliert. Entscheidend für dieses Verhalten ist nicht die bloße *Kenntnis* der Weiterbildungsmöglichkeiten. Die Veränderung oder Vermehrung der Informationen über die Erwachsenenbildung verändert das Verhalten nur unwesentlich. Wichtiger in diesem Zusammenhang ist die *Erkenntnis,* das Erkennen von Sinn und Zweck der Erwachsenenbildung. Am wichtigsten allerdings ist die *Anerkenntnis:* Wer die Erwachsenenbildung nicht nur kennt und erkennt, sondern auch und vor allem anerkennt, wer also eine gebildete Einstellung zur Erwachsenenbildung besitzt, ist bereit und in der Lage, sich weiterbilden zu lassen – möglicherweise erfolgreich. Mehr als die Struktur der Wissensformen und der Deutungsmuster entscheidet die des Habitus über Teilnahme und Nichtteilnahme, über Erfolg und Mißerfolg in der Erwachsenenbildung.

Die Teilnehmer von Erwachsenenbildung sind erwachsene Menschen, die in stärkerem Maße als Kinder und Jugendliche über stabile und dauerhafte Dispositionen des Habitus verfügen, mit denen sie die Bildungsangebote verarbeiten. Erwachsenenbildung läßt sich als Transformationsprozeß von Wissensformen und Deutungsmustern begreifen, deren interne Struktur kann durch Bildung differenziert und aufgeklärt werden. Habitusformen lassen sich dagegen durch Erwachsenenbildung in ihrer Kernstruktur kaum verändern. Sie sind derart stark verinnerlicht, mit der ganzen Person, dem ganzen Körper, mit den kognitiven, moralischen und ästhetischen Verhaltensweisen verwachsen, daß ihre Veränderung einen fundamentalen Bruch mit der sozialen Lage voraussetzen würde. Der Habitus prägt die Persönlichkeit in einem Maße, daß seine Gestalt selbst in solchen scheinbaren Nebensächlichkeiten wie Gesten, Körperhaltung, Kleidung, Geschmacksvorstellungen usw. zum Ausdruck kommt.

Es ist daher in nur geringem Maße ein Problem der Motivation, ob und wie sich Individuen oder Gruppen Maßnahmen der Erwachsenenbildung unterziehen. Die Rede von der – fehlenden oder vorhandenen – Motivation und der Notwendigkeit ihrer Bearbeitung durch Bildungswerbung, Motivationskurse und dergleichen, nährt den Verdacht, daß sich hier Vorstellungen der Manipulation von Menschen in Theorie und Praxis der Erwachsenenbildung einschleichen.

Ebenso verfehlt scheint die Annahme, die Art und Weise wie Erwachsene Bildung verarbeiten, sei vor allem abhängig von der Verfassung des Bewußtseins der Beteiligten. Die Schwierigkeiten, die eine Person der Erwachsenenbildung hat, seien – so die fragwürdige Unterstellung – in der „Falschheit" oder Borniertheit des Bewußtseins begründet. Im Gegenteil kann der Widerstand gegen Erwachsenenbildung als rational begründet angesehen werden, insofern er konstituiert wird durch die als Handlungsdruck funktionierenden kulturellen Dispositionen, die sich auf die Einschätzung des Wertes der Bildung für individuelle Handlungsstrategien beziehen.

Das Erwachsenenbildungssystem soll unter der Perspektive des Habitustheorems in seiner Bedeutung für die Strukturierung der Transmissionskanäle kultureller Dispositionen gesehen werden. Seine Handlungsstrukturen lassen sich nicht bloß als Ausdrucksformen der sozialstrukturellen Zwänge gesellschaftlicher Makroprozesse oder der subjektiv-psychischen Repräsentanzen begreifen, sondern stellen Formen von „symbolischer Gewalt" (Bourdieu) dar, die als relativ verselbständigte, objektive kulturelle Gebilde hinter dem Rücken der subjektiven Intentionalität der Individuen Macht über deren Verhalten ausüben.

Der Habitus bezeichnet einen eigenständigen Bereich sozialer Realität, der nicht reduzierbar ist auf normfreie soziale Strukturen, noch auf Bewußtseinszustände. Er ist zwar zeitlich veränderbar, unterliegt aber nicht unmittelbar dem raschen sozialen Wandel, sondern verfügt über ein hohes Maß an Konstanz und Eigengewicht. Auch wenn die Subjekte als Träger des Habitus wechseln, kann dieser in seiner Grundstruktur identisch bleiben, was die Voraussetzung dafür ist, daß er tradiert werden kann.

Der Habitus als überindividuelles soziales Gebilde muß aber zugleich durch individuelles, besonderes Handeln reproduziert werden. Er existiert nicht jenseits des konkreten Verhaltens, sondern er kann seine handlungsregulierende Kraft nur durch dieses hindurch entfalten.

Für die Erwachsenenbildung bedeutet das: Wer einen Kurs an der Volkshochschule besucht, bringt einen bestimmten Habitus mit, der sein Verhalten beim Lernen orientiert, ohne daß ihm dies bewußt zu sein braucht. Die Disposition und die Einstellung zur Bildung werden strukturiert durch

- die individuellen und kollektiven Erfahrungen, die der Teilnehmer mit (Erwachsenen-)Bildung im Laufe seines Lebens gemacht hat;
- das für seine soziale (Klassen-)Lage typische Bild vom Wert der Bildung, das er durch die Prozesse der Sozialisation von den Eltern geerbt hat;
- die objektive Funktion, die (Erwachsenen-)Bildung in der Reproduktion der Lebensweise des Teilnehmers spielt.

Der Habitus ist hier die soziale Verinnerlichung von subjektiver Erfahrung, kulturellem Erbe und objektiver Funktion der (Erwachsenen-)Bildung zu einer „inneren Form" und einer dauerhaften Disposition bezüglich (Erwachsenen-)Bildung.

Das verinnerlichte Regelsystem ist aber nicht nur eine strukturierte, sondern auch eine strukturierende Struktur. Das heißt, die Struktur des Habitus reproduziert sich nur durch ihre Anwendung in der konkreten Handlungspraxis der Erwachsenenbildung, also durch die Entäußerung der inneren Form. Die gebildete Einstellung zur Erwachsenenbildung äußert sich in bestimmten Handlungsweisen in der Erwachsenenbildung. Dadurch aber strukturiert der Habitus sowohl diese Handlungsformen als auch indirekt die den Habitus konstituierenden allgemeinen sozialen Strukturen. Die Erwachsenenbildung ist demnach nicht bloß Derivat der Gesellschaft, sondern sie (re-)produziert soziale Strukturen, indem sie Habitusformen schafft.

In der Erwachsenenbildung treffen zwei Habitusformen aufeinander, diejenigen, die in den Teilnehmern verkörpert sind und diejenigen, die die Erwachsenenbildung selber produziert. Mit anderen Worten: die Genese der Handlungslogik von Erwachsenenbildung liegt sowohl in den gesellschaftlichen Strukturen als auch in den Situationen der Erwachsenenbildung.

Unabhängig von den Bildungsinhalten läßt sich an der Art und Weise, wie diese bearbeitet werden, folgendes ablesen: die Erwachsenenbildung kann als sich in den Interaktionsformen von Bildung abspielender Prozeß der Transformation des *sozialen* Habitus in einen *gebildeten* Habitus verstanden werden. Gleichsam am Beginn der Erwachsenenbildung steht der soziale Habitus, den der Teilnehmer in die Bildungsmaßnahme einbringt und an den diese anknüpft. Dieser soziale Habitus ist in seiner Struktur ambivalent; einerseits enthält er der Logik von Bildung adäquate Dispositionen, andererseits drückt sich seine Form in seinem sozialen Gehalt, in seiner strukturellen Verankerung in der sozialen (Klassen-)Lage aus. Dies ist den Teilnehmern in der Regel nicht bewußt, bezeichnet aber die objektive Sinnstruktur des Habitus. Durch Weiterbildungsmaßnahmen wird die bildungsangemessene Seite des Habitus gegenüber seiner sozialen Dimension gestärkt. Je mehr die Erwachsenenbildung sich zu einem eigenen System entwickelt, desto mehr wird der *soziale* Habitus überlagert durch die gebildete Einstellung als Handlungsorientierung des Bildungsgeschehens. Es herrscht die Vorstellung, als ob sich die Interaktionen in der Erwachsenenbildung allein am *bildungskulturellen* Habitus orientieren, während der Einfluß der im sozialen Schicksal wurzelnden Dispositionen prinzipiell verleugnet wird. Erfolg oder Mißerfolg beim Lernvorgang wird allein vom Verhalten im Bildungsprozeß abhängig gemacht. Die relative Autonomie der Erwachsenenbildung produziert notwendigerweise die Illusion eines Bildungshabitus, wonach die Handlungsstrukturen der Erwachsenenbildung in der Erwachsenenbildung selber gründen.

Die Folge davon ist die Individualisierung des Habitus: Gelingen oder Mißlingen der Erwachsenenbildung wird dem Individuum und seinen Fähigkeiten, Motivationen, Bewußtseinsvorstellungen etc. angelastet, bzw. es macht sich selber dafür verantwortlich. Es wird suggeriert, daß der Teilnehmer sein Bildungsschicksal selbst bestimmt, während sein Verhalten in der Erwachsenenbildung in Wahrheit dem sozialen Habitus folgt.

Nun ist diese Vorstellung des Bildungshabitus Illusion oder Ideologie, denn sie enthält die Idee, daß die Individuen ihre sozialen (Bildungs-)

Verhältnisse mit Bewußtsein und freiem Willen regeln, wodurch der Zusammenhang mit deren *sozialen* Konstitutionsbedingungen verleugnet wird – was in der Erwachsenenbildung üblicherweise geschieht. Aufgabe einer soziologisch aufgeklärten Erwachsenenbildung wäre, den Zusammenhang von sozialem Habitus und Bildungshabitus offenzulegen und die Idee der auf das Individuum bezogenen Bildung als subjektive Seite der Kultur in den sozialen (Klassen-)Verhältnissen zu begründen. Es geht also um eine Erwachsenenbildung, die weder das Soziale auflöst, noch sich selbst in das Soziale auflöst, also sich als bloße Reproduktion des Sozialen versteht, sondern die den Habitus, an den sie anknüpft und den sie nicht abschaffen kann, ein Stück weit bewußt macht.

Für die *Theorie* der Erwachsenenbildung eröffnet die mit dem Habitusbegriff verbundene Sichtweise die Möglichkeit, mit der Struktur auch die Funktion der Erwachsenenbildung zu erfassen. Die objektive Sinnstruktur – der Habitus – ist die Verinnerlichung der sozialen Funktion von Erwachsenenbildung. Die zur Reproduktion der Sozialstruktur beitragende Funktion der Erwachsenenbildung ist zugleich mittels des Habitus regulatives Prinzip der Handlungen im Bildungsprozeß.

Für die *Praxis* der Erwachsenenbildung bedeutet das Habitustheorem: es gilt seitens der Teilnehmer und der Lehrenden eine theoretische Sensibilität zu entwickeln, mit deren Hilfe die hinter den konkreten Handlungen in der Erwachsenenbildung liegenden Handlungszwänge in Form von relativ stabilen und dauerhaften Dispositionen und Einstellungen gegenüber der Bildung aufgedeckt werden können.

Beate Krais
Kommentar zur strukturalistischen Bildungstheorie des Habitus

In den Humanwissenschaften der Bundesrepublik hat Bourdieus Habitus-Konzept bislang vor allem in die Bildungstheorie Eingang gefunden und ist in den letzten Jahren insbesondere in theoretischen Ansätzen zur Hochschulbildung ausgearbeitet worden, wo es das Identitäts-Konzept ablöst (vgl. dazu Portele/Huber 1981 und Klüver 1983). Bildungstheoretische Ansätze, die sich auf das Habitus-Konzept stützen, knüpfen unmittelbar an Bourdieus Argumentation einer Verfestigung des in der frühen, familialen Sozialisation erworbenen Habitus durch die Institutionen des Bildungssystems an; in dieser Form nehmen auch die Autoren dieses Bandes das Habitus-Konzept auf. Sie beziehen sich dabei insbesondere auf die mit der Transformation des „primären", sozialen Habitus in einen Bildungshabitus verbundenen Prozesse gesellschaftlicher Mystifizierung, die den Zusammenhang von sozialer Lage, individuellem Handeln und individuellem Schicksal durch die Vermittlung der „Illusion der Chancengleichheit" zusätzlich verschleiert. Autoren, die den Habitus-Begriff im Kontext der Sozialisation in der Hochschule und im Beruf verwenden, geht es in erster Linie um die Aus-

prägung eines besonderen akademischen und fachspezifischen Habitus, der in seinem Kern auf das berufliche Handeln bezogen, wenn auch nicht darauf beschränkt ist.

In der Tat scheint man mit einem Konzept wie dem Habitus, der, ähnlich wie die Grammatik in der linguistischen Theorie, als System von Erzeugungsregeln für Wahrnehmung, Urteilen, Handeln gedacht wird, einem integrativen Konzept des gesellschaftlichen Subjekts näherzukommen als mit dem Identitätskonzept, das mit seiner Betonung der interpersonellen Interaktion den Fallstricken des Subjektivismus nicht ganz entgehen kann. Es hat sich auch bereits gezeigt, daß das Konzept des Habitus für empirische Arbeiten zur Hochschulsozialisation durchaus fruchtbar gemacht werden kann (vgl. hierzu Krameyer 1984; Liebau 1982). Es gibt jedoch eine Reihe von Einwänden gegen das Habitus-Konzept, wie es von Bourdieu vorgeschlagen und verwendet wird, mit denen sich besonders eine Bildungstheorie auseinanderzusetzen hat, die sich auf dieses Konzept stützt. An dieser Stelle sollen nur zwei zentrale Punkte der Kritik an Bourdieus Habitus-Begriff vorgetragen werden (einige weitere Punkte finden sich bei Liebau 1983); sie beziehen sich auf die Annahme der Stabilität des Habitus und auf die Vorstellung, die im Habitus festgeschriebenen Handlungsorientierungen seien im wesentlichen nicht bewußt.

Entscheidend für die Ausprägung des Habitus sind die frühen Phasen der Sozialisation, also vor allem die Sozialisation in der Familie. Der Komplex an Handlungsregeln, der sich als Produkt der zu diesem Zeitpunkt gegebenen objektiven Chancenstrukturen des jeweiligen Individuums bzw. seiner Klasse in diesen frühen Phasen ausbildet, ist grundlegend für die Verarbeitung späterer Erfahrungen und damit für alle möglichen Transformationen, Anpassungen usw. des Habitus. Wesentliche Änderungen der einmal im Subjekt verankerten Dispositionen gibt es nicht, der Habitus bleibt stabil.

Nun gibt es seit längerem in der Psychologie eine Diskussion, in der die Annahme, Persönlichkeits-Eigenschaften ("traits", "psychische Strukturen" oder "innere Dispositionen") seien stabil, einer kritischen Revision unterzogen wird. Interaktionistische Konzepte in der Persönlichkeitstheorie verwenden zwar, im Rückgriff auf die klassische Formulierung bei Lewin, dem Habitus durchaus ähnliche Denkfiguren der Interaktion von Person und Umwelt, gehen jedoch, im Unterschied zu Bourdieu, von einer im Lebensverlauf und in unterschiedlichen Situationen größeren Veränderbarkeit der "Persönlichkeit" aus. Einer der zentralen Einwände gegen die "Trait"-Psychologie, der von den Interaktionisten vorgetragen wird, lautet, daß diese die – in vielen Untersuchungen empirisch nachgewiesenen – Veränderungen des menschlichen Verhaltens in Abhängigkeit von "Umwelt"-Veränderungen nicht erklären kann. Der gleiche Einwand läßt sich auch gegen das Habitus-Konzept anführen, das ja Stabilität des Habitus auch unter veränderten gesellschaftlichen Verhältnissen behauptet und damit wohl nur einen Teil der Realität trifft. Für das pädagogische

Handeln und damit für eine Bildungstheorie ist es aber von eminenter Bedeutung, gerade die Veränderbarkeit der Person bzw. des Habitus als handlungsstrukturierender und - erzeugender Struktur systematisch zu berücksichtigen. Die Defizite, die das Habitus-Konzept in diesem Punkt aufweist, erweisen sich daher besonders für die Bildungstheorie als problematisch.

Der zweite Punkt der Kritik am Habitus-Konzept, auf den hier eingegangen werden soll, gilt der Vorstellung, die „innere Logik" der Praxis würde den Subjekten nicht bewußt. Auch dies ist zweifellos über weite Bereiche des Handelns der Fall, wie die Desillusionierung über das eigene Handeln, die „lehrsamen Schocks" (vgl. Honneth 1984, S. 159) zeigen, die Bourdieu dem Leser seiner Untersuchungen vermittelt. Gleichwohl gibt es immer auch eine Ebene der Selbstreflexivität, der Rechenschaft über das eigene Handeln und über das eigene Urteilsvermögen, auf der die Praxis der Subjekte, deren implizite Zwecksetzungen und „innere Logik" zumindest partiell ins Bewußtsein gehoben wird. Diese Selbstreflexivität der Subjekte muß man wohl grundsätzlich als eine von mehreren Ebenen oder Schichten der Praxis unterstellen, wobei denkbar ist, daß die mehr oder weniger entwickelte individuelle Fähigkeit der Selbstreflexion ihrerseits charakteristisch ist für die klassenspezifisch unterschiedlichen Habitusformen.

Bourdieus Vorstellung von Habitus, die ausdrücklich auf die Ebene des Nicht-Bewußten zielt, verfehlt hier einen zentralen Aspekt der Praxis der Subjekte: ihren Umgang mit sich selbst. Darauf verweist auch Liebau, wenn er schreibt: „Der Umgang der Subjekte mit sich selbst, ihre Subjektivität und Erfahrung, ihre Wünsche, Bedürfnisse und Ängste, ihre Psychodynamik im Sinne der Psychoanalyse, ist bisher nicht hinreichend in die Theorie hineinformuliert. ... Um es schlicht zu formulieren: Der Habitus ist bislang als Kategorie primär von der Gesellschaft ... her formuliert und nicht vom Subjekt." (Liebau 1983, S. 27f)

Die Selbstreflexivität des Subjekts ist jedoch ein Aspekt der Praxis, an dem vor allem die Erwachsenenbildung ansetzt. Erwachsenenbildung umfaßt zwar ein äußerst heterogenes Feld an Bildungsinstitutionen, Bildungsprozessen und Bildungsinteressen, die kritische Reflexion der Praxis der Subjekte ist jedoch zweifellos – man denke etwa an die gewerkschaftliche Bildungsarbeit, an bestimmte Veranstaltungen der Kirchen u.ä. – ein Bereich, der in der Erwachsenenbildung seinen festen Platz hat. Lebenskrisen, Praxen, die sich als defizitär erweisen, die Unhaltbarkeit „habituell" gewordener Vorurteile angesichts einer ihnen zuwiderlaufenden Realität – all dies vermag Erschütterungen auszulösen, die bei den Individuen tiefgreifende Umstrukturierungen des Habitus bewirken. In der Anleitung dieses Prozesses der Selbstreflexion und der Umstrukturierung – also nicht, wie bisher überwiegend argumentiert, in der Verfestigung des Habitus – läge dann eine zentrale Aufgabe der Erwachsenenbildung, eine Aufgabe im übrigen, die den aufklärerischen Absichten Bourdieus voll und ganz entspräche. Die Revision des Habitus-Konzepts dergestalt, daß das Verhältnis von nicht bewußten individuellen Handlungsorientierungen und Selbstreflexivität der Subjekte erklärt würde, bleibt als Aufgabe der Bildungstheorie.

3.4 Zusammenfassung

Die hier behandelten Theorieperspektiven stellen sich die Aufgabe einer sozialwissenschaftlichen Analyse von Prozessen der Erwachsenenbildung, indem sie diese als einen spezifischen Typus sozialen Handelns und Wissens untersuchen, der keineswegs losgelöst ist von sozialstrukturellen Kontexten und subjektiven Bedingungen der Beteiligten, sich aber auch nicht reduzieren läßt auf den einen oder anderen Aspekt des Interaktionsproblems im Bildungsgeschehen.

So gesehen mag der Ausgangspunkt auf den ersten Blick trivial erscheinen, setzt er doch etwas Selbstverständliches voraus, nämlich die bereits von der geisteswissenschaftlichen Sichtweise postulierte Einsicht, daß Bildungsprozesse wie jede andere Form sozialen Handelns immer Ergebnis eines Wechselspiels zwischen der Subjektivität der Handelnden und der Objektivität ihrer sozialen gesellschaftlichen Umwelt sind. Daß diese trivial klingenden Voraussetzungen, wenn sie in der wissenschaftlichen Betrachtung erwachsenenpädagogischer Interaktion eingelöst werden sollen, durchaus nicht mehr selbstverständlich sind, wird offenkundig, wenn man sich die historischen Verläufe und den gegenwärtigen Stand wissenschaftlicher Analysen der Erwachsenenbildung vor Augen führt. Die scheinbar unauflösbare Entgegenstellung von Individuum und Gesellschaft hat sich dort, wo über Erwachsenenbildung als einem spezifischen Typus pädagogischen Handelns wissenschaftlich nachgedacht wurde, geradezu beispielhaft fortgesetzt und zu weitreichenden theoretischen Aporien geführt.

Seit sich die Reflexion über Erwachsenenbildung von geisteswissenschaftlich inspirierten kulturzentristischen Formen und Motiven der Lebenshilfe abgelöst hat, wurden konträre erfahrungswissenschaftliche Argumentationsstrukturen adaptiert, die sich auf die Analyse verhaltens- und persönlichkeitsbezogener Muster von Lernvorgängen und den Möglichkeiten ihrer didaktischen Manipulation spezialisierten oder aber deren Erkenntnisinteresse auf die sozialen und systemischen Strukturen gerichtet ist, woraus ein Bedarf an Erwachsenenbildung abgeleitet wird und – vermittelt über die Qualifikationsstruktur – deren Lernziele begründet werden sollen.

Abgesehen von jeder Kritik, die an den Details und an den teilweise unangemessenen Verfahren der Adaption solcher Theorieansätze angebracht werden kann, weisen beide Argumentationsstrukturen ein zentrales Defizit auf, das sie trotz ihrer psychologischen bzw. strukturtheoretischen Konträrpositionen gemeinsam haben: Essentiell besitzen beide theoretischen Ansätze keinen Begriff vom Subjekt des Erwachse-

nen, dessen Wissen und Handeln sie erklären wollen. Aus lernpsycholo-
gischer bzw. verhaltenstheoretischer Sicht ist dieser Erwachsene eine
artifizielle Summe von Einstellungen, Motivationen, Verhaltensweisen
und kognitiven Schemata; aus bildungsökonomischer bzw. systemtheoretischer Sicht ist er Epiphänomen der Produktivkraftentwicklung
der systemischen Strukturen und der legitimatorischen Mechanismen
sozialer Herrschaft. Der Erwachsene als Identität mit biographischem
Schicksal und in einer sozialen Umwelt mit Geschichte lebend bleibt
den Kategorien dieser Ansätze weitgehend verschlossen.

Aufgrund einer verengten wissenschaftsrationalistischen Auffassung
neigt man in system- und verhaltenstheoretischen Ansätzen der
Erwachsenenbildung dazu, die Umwandlung einer vorprädikativen
ersten Natur in eine prädikative zweite Natur als den Kern jener
Bestimmungen zu betrachten, nach der die Erwachsenenbildung die
Aufgabe hat, subjektive Motive zu überformen. Diese hier abstrakt und
zu extrem gekennzeichnete Bestimmung von Erwachsenenbildung als
einer belehrenden Instanz kann hinterfragt werden. Auswege aus
dieser theoretischen Aporie werden von den dargestellten sozialisa-
tions- und kulturtheoretischen Ansätzen aus unternommen, die
gemeinsam haben, daß sie ihren Ausgangspunkt bei Grundannahmen
der Geisteswissenschaften und der neueren verstehenden Soziologie
nehmen und von dort her nach den Konstitutionsbedingungen des Subjekts fragen.

Der Theorieansatz der in diesem Kapitel dargestellten Sichtweisen
führt zu der Frage nach der Erwachsenensozialisation, zu der sich
ein inzwischen breit gefächertes Muster von Forschungsfragen und
theoretischen Interessen herausgebildet hat. Der andere von der geisteswissenschaftlichen Theorieperspektive vorbereitete Argumenta-
tionsstrang ist nicht nur (aber doch mit Schwergewicht) im kulturtheoretischen Feld verankert und auf die Frage konzentriert, wie soziales
Handeln über Wissen und Sprache, über Deutungsmuster und Habitus-
strukturen der handelnden Subjekte gesteuert wird bzw. wie aus Handlungsproblemen die sozialen Regeln, mit denen die Subjekte der Realität begegnen, geprägt werden. Diese Frage führt bei den sozialwissenschaftlich-kulturtheoretischen Ansätzen weiter zu der nach der Genese
und den internen Strukturen dieser kulturellen Konfigurationen. Für
die Konstitution eines Begriffs des Subjekts haben aber beide Sichtweisen weitreichende Konsequenzen, die den pädagogischen Umgang mit
Erwachsenen betreffen. Die Frage nach dem durch Sozialisation erworbenen Regelsystem, das das Handeln der Subjekte orientiert, muß an-
erkennen, daß die in einer Gesellschaft relevant werdenden Wissensbestände, Habitusformen und sozialisatorischen Interaktionen nicht
bloß einen objektiven Aspekt haben, sondern jedwedes Handeln angesichts eines bestimmten Handlungsproblems aus einem subjektiven
Repertoire an Symbolen und Regeln bestimmt wird, über das der ein-

zelne Akteur verfügt und das nicht notwendigerweise dem Repertoire entspricht, das andere Teilnehmer in Bildungsveranstaltungen oder offiziöse Instanzen der Wissenserzeugung (Wissenschaft, Rechtssystem, Religion etc.) für dieses Handlungsproblem besitzen bzw. bereithalten. Unterschiede zwischen sozialisations- und kulturtheoretisch zu bestimmenden Regeln lassen sich nicht nach dem Kriterium von ‚wahr‘ oder ‚falsch‘ bestimmen.

Immer dann, wenn Handlungsregeln und Symbole mit deutenden Aspekten behaftet sind, stellt sich die Frage nach der Sinnadäquanz von praktischen Entscheidungen und nicht lediglich die nach der Zweck-Mittel-Orientiertheit eines bestimmten Handelns oder Bildungsverhaltens. Diese ist aber nur beantwortbar, wenn die einzelne vom Subjekt für ein bestimmtes Handlungsproblem herangezogene Regel im Zusammenhang des weiteren subjektiven Wissensbestandes und dessen Argumentationsstrukturen beurteilt wird. Denn die Frage nach dem subjektiven Sinn einer Handlung stellt sich zunächst innerhalb dieser Argumentationsstrukturen, mit deren ‚Logik‘ sie vereinbar sein muß.

Die Sinnhaftigkeit subjektiven Handelns vorauszusetzen, heißt aber auch anzuerkennen, daß Deutungsmuster, Habitusformen und Wissensbestände in mehr oder weniger konsistenter Weise als geschlossene Regelsysteme subjekt relevante Ausschnitte der sozialen Realität und auch die eigene Identität interpretieren. Oder umgekehrt: aus sozialisationstheoretischer Perspektive bedeutet dies, daß Identität sich erst entfalten und bewahren kann mit Hilfe solcher Regelsysteme, die dem Subjekt eine gewisse Gewähr dafür liefern, daß eine Handlung mit anderen in der jeweiligen sozialen Situation geforderten Handlungen sowie mit biographisch früher stattgefundenen oder später möglichen Handlungen vereinbar und kognitiv wie psychisch verträglich ist. Subjektive Deutungen und Entscheidungen besitzen daher stets eine interne Rationalität und folgen Gültigkeitskriterien, die zwar nicht notwendigerweise mit anderen praktisch Handelnden geteilt werden müssen und die auch nicht mit denen offiziöser Instanzen der Wissenserzeugung und -verbreitung (Universitäten, Schulen, VHS etc.) übereinstimmen müssen, die aber auch nicht umstandslos in Zweifel gezogen oder abgelehnt werden können, ohne daß damit zugleich identitätssichernde Bestandteile der Wahrnehmungsstrukturen des Lernenden betroffen werden.

Erwachsenenbildung als ein spezifischer Typus sozialen Handelns erscheint in kultur- und sozialisationstheoretischer Perspektive weder als ein triviales Problem noch lassen sich ihre Interaktionsverläufe kritiklos nach den subjektleeren lernpsychologischen bzw. verhaltenstheoretischen und bildungsökonomischen bzw. systemtheoretischen Schemata begreifen. Allerdings bringen diese Perspektiven eine stark erhöhte Komplexität in die Analyse des Gegenstandes, die zukünftig nur über weitergehende theoretische Arbeiten eingeholt werden kann. Praktisch enthält die sozialisations- und kulturtheoretische Perspektive auch eine im eigentlichen Sinne politische und damit moralische Grundentscheidung, die die Subjekthaftigkeit und grundsätzlich mögliche Kompetenz des Erwachsenen voraussetzt.

Wendet man die kultur- und sozialisationstheoretischen Ansätze auf die Praxis der Erwachsenenbildung an, so kann die Schlußfolgerung gezogen werden, der erwachsenenpädagogische Prozeß sei notwendigerweise immer eine Transformation von subjektiven Sinnstrukturen, was gleichzusetzen wäre mit Prozessen der Veränderung von Identitäten und den sie konstituierenden Deutungen des eigenen Selbst und der es umgebenden sozialen Wirklichkeit. Würde man Erwachsenenbildung in ihrer sozialisatorischen Funktion allein so sehen, gäbe es keinen wesentlichen Unterschied mehr zwischen ihr und Prozessen von Therapie, deren Ziel es ist, die subjektiven Interpretationsschemata, über die die Klienten ihr Verhalten im Verfahren der Selbstwahrnehmung steuern, zu reorganisieren. Derartige tiefgreifende Transformationen von Deutungsmustern und Habitusformen innerhalb der Erwachsenensozialisation sind zwar nicht selten (man denke an Resozialisierung, die den Charakter von Identitätsbrüchen oder Bekehrungen haben), und sie werden zunehmend auch von pädagogischen Interventionen betreut; sie stellen aber dennoch Grenzfälle von Erwachsenenbildung dar.

Der Normalfall von Erwachsenenbildung betrifft jedoch jene eher an der Oberfläche liegenden pragmatischen Regeln und Routinen, die der Lösung lebenspraktisch bzw. berufspraktisch und zumeist nicht reflektierend zu bewältigender Handlungsprobleme dienen. Gerade aber für ein wissenschaftliches Verständnis dieser laufend im Alltag und teilweise unterstützt durch Erwachsenenbildung stattfindenden Transformationen sind die sozialisations- und kulturtheoretischen Konzepte in weitreichendem Maße praxiserhellend. Denn die stärker manifesten und bewußten Schichten des Handlungswissens der Teilnehmer sind eingebunden in Systeme handlungsgenerierender Regeln, die die subjektiven Rationalitätskriterien und die Konsistenz der situativ abverlangten Handlungsregeln bewahren bzw. die den Handlungen nachfolgende Begründungsleistungen herstellen. Das heißt individuelle Aneignungsprozesse von Handlungswissen, wie sie zum Beispiel bei der Vermittlung technisch-instrumenteller Qualifikationen oder für die Lösungen neuer lebenspraktischer Probleme (Erziehung, Rechtsprobleme usw.) laufend verlangt werden, geschehen *nicht* nach *einem universellen Muster,* das für *alle* Teilnehmer in der Erwachsenenbildung gleichermaßen gilt und nur durch unterschiedliche Motivationsstrukturen different gemacht wird. Handlungsregeln und die von Symbolen getragenen begrifflichen Bestimmungen sozialer Wirklichkeit werden subjektiv nur angeeignet nach Maßgabe der jeweils biographisch und

aus dem Erfahrungshaushalt der sozialen Bezugsgruppen entstandenen Deutungsmuster und Habitusformen. Innerhalb dieser Relevanz-
strukturen erfährt neues Handlungswissen seine Gewichtung, nach der
es kognitiv verarbeitet bzw., wenn es sich nicht einordnen läßt, zurück-
gewiesen wird. Führt man diesen Gedanken weiter, so zeigt sich, daß die
Rekonstruktion sozialisations- und kulturtheoretisch begründeter
Analysen der Erwachsenenbildung geeignet ist, ein sozialwissenschaftlich gewendetes Verständnis sonst so diffuser Begriffe wie ‚Motivation‘,
Lernen oder Bildung zu unterstützen, das nicht nur präziser, sondern
auch für die Kritik der Praxis und damit für eine andere Praxis von
Erwachsenenbildung tauglich wäre.

Literatur

Adorno, T.W.: Theorie der Halbbildung, in: Der Monat, H. 11 (1959)

Adorno, T.W.: Der Positivismusstreit in der deutschen Soziologie, Darmstadt 1972

Adorno, T.W./Horkheimer, M.: Dialektik in der Aufklärung, Amsterdam 1947

Ästhetik und Kommunikation, H. 61/62 (1986)

Ahlheim, K.: Kontroverse ohne Ende, der Erfahrungsansatz in der Erwachsenenbildung, in: Literatur- und Forschungsreport Weiterbildung, H. 12 (1983)

Ahlheim, K.: Die unreflektierte Wende, in: Widersprüche, H. 2 (1985)

Ahlheim, K.: Kulturarbeit und neue Techniken, Bad Heilbrunn 1986

Alheit, P.: Lebensweltorientierung - Symptom einer Krise in der Weiterbildung? in: Schlutz (Hg.) 1983

Alheit, P./Wollenberg, J.: Der Erfahrungsansatz in der Erwachsenenbildung, in: Nuissl 1982

Allert, T.: Legitimation und gesellschaftliche Deutungsmuster, in: Ebbinghausen (Hg.): Bürgerlicher Staat und politische Legitimation, Frankfurt/Main 1976

Almeroth, H./Löwe, H.: Zur Lernfähigkeit im Erwachsenenalter, in: Schulenberg 1979

Altvater, E./Huisken, F.: Programmatische Aspekte einer politischen Ökonomie des Ausbildungssektors, in: Altvater, E./Huisken, F. (Hg.): Materialien zur politischen Ökonomie des Ausbildungssektors, Erlangen 1971

Amthauer, R.: Psycho-physische Voraussetzungen zur Förderung größerer Aufnahme- und Lernmöglichkeiten, in: Arlt, F. (Hg.): Materialien zu bildungs- und gesellschaftspolitischen Fragen, Folge 31, Ausbildung der Ausbilder, Köln 1970

Apel, K.O.: Communication and the Foundations of Humanities, in: Acta Sociologica, Vol. 15 (1972)

Apel, K.O.: Types of Social Science in the Light of Human Interests of Knowledge, in: Social Research, Vol. 44 (1977)

Aries, P.: Die Geschichte der Kindheit, München 1975

Arnold, R.: Deutungsmuster und pädagogisches Handeln in der Erwachsenenbildung, Bad Heilbrunn 1985

Arnold, R./Kaltschmid, J. (Hg.): Erwachsenensozialisation und Erwachsenenbildung, Frankfurt/Main 1986

Axmacher, D.: Erwachsenenbildung im Kapitalismus, Frankfurt/Main 1974

Axmacher, D.: Politische Ökonomie des Ausbildungssektors. Schicksal und Erbe einer Theorie, in: Widersprüche, H. 10 (1984)

Axmacher, D.: Studier-Arbeit und Hochschulkultur in der Krise, in: Widersprüche, H. 15 (1985)

Axmacher, D. u.a.: Beiträge zur sozialwissenschaftlichen Begründung von Bildungstheorie, Osnabrück 1982

Axmacher, D. u.a.: Bildungssoziologie zwischen Wissenschaft, Politik und Alltag, Osnabrück 1983

Baacke, D.: Schwierigkeiten mit der Kultur, in: Bertelsmann Briefe, H. 94 (1978)

221

Baacke, D.: Kulturelle Bildung in Kulturentwicklungsplanung und Kulturentwicklungsforschung, in: Beinke u.a. (Hg.): Zukunftsaufgabe Weiterbildung, Bonn 1980

Baacke, D./Schulze, T. (Hg.): Aus Geschichten lernen, München 1979

Baethge, M.: Empirische Qualifikationsforschung und Weiterbildung, in: Siebert, H. (Hg.) 1979b

Baethge, M.: Materielle Produktion, gesellschaftliche Arbeitsteilung und die Institutionalisierung von Bildung, in: Baethge/Nevermann (Hg.): Crganisation, Recht und Ökonomie des Bildungswesens, Bd. 5, Enzyklopädie Erziehungswissenschaft, Stuttgart 1984

Baethge, M./Schuhmann, M.: Weiterbildung und die Verfassung gesellschaftlicher Arbeit, in: Neue Sammlung, H. 2 (1973)

Ballauff, T.: Erwachsenenbildung – eine pädagogische Interpretation ihres Namens, in: Pöggeler/Wolterhoff 1981

Baltes, T./Eckensberger, L. (Hg.): Entwicklungspsychologie der Lebensspanne, Stuttgart 1979

Baumann, W./Schlutz, E./Senzky, K./Tietgens, H.: Einführung für Kursleiter an Volkshochschulen, Frankfurt/Main 1976

Beck, U.: Jenseits von Stand und Klasse? in: Kreckel 1983

Beck, U./Lau, C.: Die Verwendungstauglichkeit sozialwissenschaftlicher Theorien, in: Beck, U. (Hg.): Soziologie und Praxis, in: Soziale Welt, Sonderband 1 (1982)

Becker, H. S.: Persönlichkeitsveränderung im Erwachsenenalter, in: Griese 1979

Becker, H. u.a.: Wissenschaftliche Perspektiven zur Erwachsenenbildung, Braunschweig 1982

Becker, H. S./Strauss, A.: Karriere, Persönlichkeit und sekundäre Sozialisation, in: Luckmann/Sprondel (Hg.): Berufssoziologie, Köln 1972

Beer, W.: Frieden, Ökologie, Gerechtigkeit. Selbstorganisierte Lernprojekte in der Friedens- und Ökologiebewegung, Opladen 1983

Bell, D.: Die Zukunft der westlichen Welt, Frankfurt/Main 1976

Berdahl, R. u.a.: Klassen und Kultur, Frankfurt/Main 1982

Berger, P.: Einladung zur Soziologie, München 1971

Berger, P./Luckmann, T.: Die gesellschaftliche Konstruktion der Wirklichkeit, Frankfurt/Main 1969

Berger, P. u.a.: Das Unbehagen in der Modernität, Frankfurt/Main 1975

Berger, P./Berger, B.: Wir und die Gesellschaft, Reinbek 1976

Bergmann, K./Frank, G.: Kritik an Dirk Axmachers Buch „Erwachsener_bildung im Kapitalismus", in: Ästhetik und Kommunikation, H. 18 (1974)

Bergmann, K./Frank, G.: Bildungsarbeit mit Erwachsenen, Reinbek 1977

Bernstein, B.: Soziale Struktur, Sozialisation und Sprachverhalten, Amsterdam 1970

Bernstein, B.: Studien zur sprachlichen Sozialisation, Düsseldorf 1972

Bernstein, B.: Beiträge zu einer Theorie des pädagogischen Prozesses, Frankfurt/ Main 1977

Blaug, M.: Where Are We Now in the Economics of Education, in: Economics of Education Review, Vol. 4, No. 1 (1985)

Boehm, R.: Husserls drei Thesen über die Lebenswelt, in: Ströker, E. (Hg.): Lebenswelt und Wissenschaft in der Philosophie Husserls, Frankfurt/Main 1979

Boehme, G.: Systematisches Lernen und individuelle Bildung, in: Hess. Blätter f. Volksbildung, H. 2 (1980)

Boehme, G.: Der Grenzfall. Bemerkungen zum Verhältnis von Theorie und Praxis in der Erwachsenenbildung, in: Hess. Blätter f. Volksbildung, H. 4 (1981)

Boehme, G./v. Engelhardt, M.: Entfremdete Wissenschaft, Frankfurt/Main 1979

Bonß, W./Hartmann, H.: Konstruierte Gesellschaft, rationale Deutung, in: dies. (Hg.): Entzauberte Wissenschaft, Soziale Welt, Sonderband 3, (1985)

Borinski, F.: Der Weg zum Mitbürger, Düsseldorf 1954

Bourdieu, P.: Klassenschicksal, individuelles Handeln und das Gesetz der Wahrscheinlichkeit, in: Bourdieu, P. u. a. 1981

Bourdieu, P.: Zur Soziologie der symbolischen Formen, Frankfurt/Main 1974

Bourdieu, P.: Entwurf einer Theorie der Praxis, Frankfurt/Main 1979

Bourdieu, P.: Le sens pratique, Paris 1980

Bourdieu, P.: Ökonomisches Kapitel, kulturelles Kapitel, soziales Kapitel, in: Kreckel 1983

Bourdieu, P.: Die feinen Unterschiede, Frankfurt/Main 1984

Bourdieu, P./Passeron, J.: Die Illusion der Chancengleichheit, Stuttgart 1971

Bourdieu, P./Passeron, J.: Grundlagen einer Theorie der symbolischen Gewalt, Frankfurt/Main 1973

Bourdieu, P. u.a.: Titel und Stelle, Frankfurt/Main 1981

Brake, M.: Soziologie der jugendlichen Subkulturen, Frankfurt/Main 1981

Brammerts, H. u.a.: Lernen in der Gewerkschaft, Frankfurt/Main 1976

Brand, K.W. u.a.: Aufbruch in eine andere Gesellschaft, Frankfurt/Main 1983

Brandenburg, A.G.: Der Lernerfolg im Erwachsenenalter, Göttingen 1974

Brater, M.: Die Aufgaben beruflicher Weiterbildung – Zur Konzeption einer subjektorientierten Weiterbildung, in: Weymann 1980

Bredenkamp, K./Bredenkamp, J.: Was ist Lernen? in: Weinert u.a. 1974

Breloer, G. u.a.: Teilnehmerorientierung und Selbststeuerung in der Erwachsenenbildung, Braunschweig 1980

Brim, O.G.: Sozialisation im Lebenslauf, in: Brim, O.G./Wheeler, S.: Erwachsenensozialisation, Stuttgart 1974

Brim, O.G.: Erwachsenensozialisation, in: Griese 1979

Brocher, T.: Gruppendynamik und Erwachsenenbildung, Braunschweig 1967

Brock, A. u. a. (Hg.): Arbeiterbildung – Soziologische Phantasie in Theorie, Kritik und Praxis, Reinbek 1978

Brödel, R.: Vorbereitende Überlegungen in einer Theorie sozialökonomischer Erwachsenenbildung, in: Literatur- und Forschungsreport Weiterbildung, H. 12 (1983)

Brumlik, M.: Symbolischer Interaktionismus, in: Lenzen/Mollenhauer 1983

Brunkhorst, H.: Kritische Erziehungswissenschaft und kritische Theorie, in: Zeitschrift für Sozialisationsforschung und Erziehungssoziologie, H. 1 (1983)

Bude, H.: Rekonstruktion von Lebenskonstruktionen, in: Kohli/Robert 1984

Bühler, C. u.a.: Der menschliche Lebenslauf als psychologisches Problem, Göttinger 1959

Bund-Länder-Kommission für Bildungsplanung, Musisch-kulturelle Bildung, Stuttgart 1977

Burkart, G.: Die Zukunft von Bildung: Meritokratisierung oder Herrschaftssicherung durch Bildungskapital, in: Österreichische Zeitschrift für Soziologie, H. 3 (1984)

Caesar, B.: Autorität in der Familie, Reinbek 1972

Chomsky, N.: Sprache und Geist, Frankfurt/Main 1970

Clarke, J. u.a.: Jugendkultur als Widerstand, Frankfurt/Main 1979

Claude, A.: Sozialarbeit und Erwachsenenbildung, in: Eggers/Steinbacher (Hg.): Soziologie der Erwachsenenbildung, Stuttgart 1977

Clement, W./Edding, F. (Hg.): Recurrent education und berufliche Flexibilitätsforschung, Berlin 1979

Cohen, A.: Kriminelle Jugend, Reinbek 1961

Collins, H.M.: Die Soziologie des wissenschaftlichen Wissens, in: Bonß/Hartmann (Hg.): Entzauberte Wissenschaft, Soziale Welt, Sonderband 3 (1985)

Combe, A./Petzold, H.J.: Bildungsökonomie, Köln 1977

Correll, W.: Lernen und Verhalten, Frankfurt 1971

Curtius, E.R.: Europäische Literatur und lateinisches Mittelalter, Bern 1948

Dahm, G. u.a. (Hg.): Wörterbuch der Weiterbildung, München 1980

Dahm, G. u.a. (Hg.): Werkstatt Weiterbildung 2, Kultur, Freizeit, Kreativität, München 1982

Dahrendorf, R.: Homo Sociologicus, Opladen 1953

Deutscher Ausschuß für das Erziehungs- und Bildungswesen (Hg.): Zur Situation und Aufgabe der deutschen Erwachsenenbildung, Stuttgart 1966

Deutscher Bildungsrat: Strukturplan für das Bildungswesen, Stuttgart 1970

Deutscher Bildungsrat: Die Bildungskommission – Entwicklungen im Bildungswesen, Bericht 1975, Bonn 1975

Dewe, B.: Perspektiven in der Erwachsenenbildung unter dem Aspekt von Lebenspraxis und Wissenschaft, in: Hess. Blätter f. Volksbildung, H. 4 (1980)

Dewe, B.: Zur Wissenssoziologie institutionalisierter Bildungsprozesse, in: Axmacher u.a. 1982

Dewe, B.: Zur Soziologie pädagogischen Wissens, in: Axmacher u.a. 1983

Dewe, B.: Kultursoziologische Bildungsforschung, in: Zeitschrift für Sozialisationsforschung und Erziehungssoziologie, H. 2 (1984)

Dewe, B.: Wissensverwendung in Weiterbildungsprozessen, Baden-Baden 1987

Dewe, B./Scherr, A.: Deutungsmuster als Schlüsselkategorie einer kultursoziologisch reflektierten Theorie sozialen Handelns, Ms. Landau 1987

Dewe, B./Ferchhoff, W.: Deutungsmuster, in: Kerber, H./Schmieder, A. (Hg.): Handbuch Soziologie, Reinbek 1984

Dewe, B./Wosnitza, G.: Lebenswelt und Erwachsenenbildung, in: Literatur Rundschau, H. 5/6 (1981)

Dewe, B./Ferchhoff, W./Sünker H.: Alltagstheorien, in: Eyferth u.a. (Hg), Handbuch der Sozialpädagogik, Neuwied 1984

Dewe, B./Otto, H.U.: Professionalisierung, in: Eyferth u.a. (Hg.), Handbuch der Sozialpädagogik, Neuwied 1984

Dietrich, R.: Konzepte der pädagogischen Handlungskompetenz, in: ders. (Hg.): Pädagogische Handlungskompetenz, Paderborn 1983

Dikau, J.: Die Entwicklung der Erwachsenenbildung und ihrer Tradition im Zusammenhang mit der deutschen Nachkriegsgeschichte, in: Theorie und Praxis der Erwachsenenbildung, H. 3 (1974)

Dilthey, W.: Über die Möglichkeit einer allgemeingültigen pädagogischen Wissenschaft, in: Nicolin 1969

Dilthey, W.: Gesammelte Schriften, Bd. V und VII, Göttingen 1970

Döbert, R. u.a. (Hg.): Entwicklung des Ich, Königstein/Ts. 1980

Doerry, G.: Wissenschaftstheoretische Überlegungen zur Theorie der Erwachsenenbildung, Mitschrift eines Vortrages, 1973

Dräger, H.: Die Gesellschaft zur Verbreitung von Volksbildung, Stuttgart 1975

Dreitzel, H.P.: Selbstbild und Gesellschaft, in: Europäisches Archiv für Soziologie, H. 3 (1962)

Dreitzel, H.P.: Die gesellschaftlichen Leiden und die Leiden an der Gesellschaft, Stuttgart 1968

Dubiel, H.: Die Aufhebung des Überbaus. Zur Interpretation der Kultur in der Kritischen Theorie, in: Bonß/Honneth (Hg.): Sozialforschung als Kritik, Frankfurt/Main 1982

Durkheim, E.: Erziehung und Soziologie, Düsseldorf 1972

Dybowski-Johannson, G.: Die Interessenvertretung durch den Betriebsrat, Frankfurt/Main 1980

Dybowski, G./Thomssen, W.: Praxis und Weiterbildung, MS, Berlin 1976

Edding, F.: Verwirklichung des lebenslangen Lernens, in: Picht, G./Edding, F. u.a.: Leitlinien der Erwachsenenbildung, Braunschweig 1972

Edding, F.: Die ökonomische Dimension im Bildungsbereich, in: Neue Sammlung, H. 6 (1980)

Eggers, Ph.: Systemtheoretische Aspekte der Erwachsenenbildung, in: Eggerrs, Ph./Steinbacher, F. (Hg.): Soziologie der Erwachsenenbildung, Handbuch der Erwachsenenbildung, Band 6, Stuttgart, Berlin, Köln, Mainz 1977

Erdberg, R.: Betrachtungen zur alten und neuen Richtung im freien Volksbildungswesen, in: Feidel-Mertz 1968

Erikson, E.: Identität und Lebenszyklus, Frankfurt/Main 1966

Faulstich, P.: Arbeitsorientierte Erwachsenenbildung, Frankfurt/Main 1981

Feidel-Mertz, H. (Hg.): Zur Geschichte der Arbeiterbildung, Bad Heilbrunn 1968

Feidel-Mertz, H. (Hg.): Erwachsenenbildung seit 1945, Köln 1975

Feig, R.: Motivationsstrukturen in der Erwachsenenbildung, Bern und Stuttgart 1972

Flitner, W.: Laienbildung, Berlin 1921

Flitner, W.: Allgemeine Pädagogik, Frankfurt/Main 1980

Flitner, W.: Erwachsenenbildung, Paderborn 1982

Forneck, H.J.: Alltagsbewußtsein und Erwachsenenbildung. Zur Relevanz von Alltagstheorien, Frankfurt/Main 1982

Forneck, H.J.: Zur Rezeption von alltagsweltlich-orientierten Theorien in der Erwachsenenbildung, in: Literatur- und Forschungsreport Weiterbildung, H. 14 (1984)

Frank, G.: Zur sozialisationstheoretischen Begründung von Erwachsenenbildung, in: Axmacher u.a. 1982

Frank, G.: Kulturalistische Wende in der Bildungssoziologie? in: Axmacher u.a. 1983

Frank, G.: Zur sozialisations- und kulturtheoretischen Begründung von Erwachsenenbildung, Diss. Osnabrück 1984

Freud, S.: Traumdeutung, Frankfurt/Main 1961

Freud, S.: Das Ich und das Es, Frankfurt/Main 1981

Frommer, H.: Lernen mit Erwachsenen, in: Lehren und Lernen, H. 6 (1982)

Fuchs, A./Schnieders, H. (Hg.): Soziale Kulturarbeit, Weinheim 1982

Gadamer, H.G.: Wahrheit und Methode, Tübingen 1960

Gebauer, G.: Der Einzelne und sein gesellschaftliches Wissen, Berlin 1981

Geißler, K.H./Ebner, H.G.: Interaktionsstrukturen in der Erwachsenenbildung, in: Schmitz/Tietgens 1984

Geißler, K.H./Kade, J.: Die Bildung Erwachsener, München 1982

Geißler, R.: Zur Brauchbarkeit der Sozialisationstheorie von Parsons für die Analyse von Erwachsenensozialisation, in: Nave-Herz 1981

Gerl, H.: Analyse von Lernsituationen in der Erwachsenenbildung, in: Siebert, H./Gerl, H.: Lehr- und Lernverhalten bei Erwachsenen, Braunschweig 1975

Gerl, H.: Zum Stand der erwachsenenpädagogischen Theoriebildung, in: Bildung und Erziehung, H. 1 (1976)

Gerl, H.: Interaktionsforschung: Soziale Interaktion in Lerngruppen Erwachsener, in: Siebert 1979

Gerl, H.: Lernsituation und symbolische Interaktion, in: Weymann 1980

Geulen, D.: Das vergesellschaftete Subjekt. Zur Grundlegung der Sozialisationstheorie, Frankfurt/Main 1977

Giddens, A.: Interpretative Soziologie, Frankfurt/Main 1984

Gindt, R.: Das soziale Handeln als Grundkategorie erfahrungswissenschaftlicher Soziologie, Tübingen 1967

Glaser, H.: Erwachsenenbildung und kommunale Kulturpolitik, in: Schmitz/Tietgens 1984

Glaser, H./Stahl, K.: Bürgerrecht Kultur, Frankfurt/Main 1984

Goffman, E.: Das Individuum im öffentlichen Austausch, Frankfurt/Main 1974

Goldthorpe, A. u. a.: Der wohlhabender Arbeiter in England, München 1971

Gottschalch, W.: Andragologie in den Niederlanden, in: Neue Praxis, H. 1 (1987)

Greverus, I.: Kultur und Alltagswelt, München 1978

Griese, H.M.: Anthropologie und Sozialisationstheorie, Weinheim 1976a

Griese, H.M.: Erwachsenensozialisation, München 1976b

Griese, H.M.: Erwachsenensozialisationsforschung, in: Siebert 1979b

Griese, H.M. (Hg.): Sozialisation im Erwachsenenalter, Weinheim 1979

Groothoff, H.H.: Die Frage nach der Möglichkeit und nach der Aufgabe einer pädagogischen Theorie der Erwachsenenbildung, in: Ritters 1968

Groothoff, H.H. (Hg.): Wilhelm Dilthey – Schriften zur Pädagogik, Paderborn 1971

Groothoff, H.H.: Lernen von Erwachsenen, in: Groothoff, H.H./Wirth, I.: Erwachsenenbildung und Industriegesellschaft, Paderborn 1976

Groskurth, P. (Hg.): Arbeit und Persönlichkeit, Reinbek 1979

Habermas, J.: Zur Logik der Sozialwissenschaften, in: Philos. Rundschau, H. 5 (1967)

Habermas, J.: Erkenntnis und Interesse, Frankfurt/Main 1968

Habermas, J.: Thesen zur Theorie der Sozialisation, in: Habermas, Arbeit, Erkenntnis, Fortschritt, Amsterdam 1970

Habermas, J.: Legitimationsprobleme im Spätkapitalismus, Frankfurt/Main 1973

Habermas, J.: Können komplexe Gesellschaften eine vernünftige Identität ausbilden? In: Habermas, J./Henrich, D.: Zwei Reden, Frankfurt/Main 1974

Habermas, J.: Die Moderne – ein unvollendetes Projekt, in: Kleine politische Schriften, Frankfurt/Main 1981a

Habermas, J.: Theorie des kommunikativen Handelns, Frankfurt/Main 1981b

Habermas, J.: Diskursethik – Notizen zu einem Begründungsprogramm, in: ders.: Moralbewußtsein und kommunikatives Handeln, Frankfurt/Main 1983

Habermas, J. u.a.: Student und Politik, Neuwied 1961

Hack, L.: Subjektivität im Alltagsleben, Frankfurt/Main 1977

Hack, L. u.a.: Klassenlage und Interessenorientierung, in: Zeitschrift für Soziologie, H. 1 (1972)

Hack, L. u.a.: Leistung und Herrschaft, Frankfurt/Main 1979

Härtel, v./Matthiesen, v./Neuendorff, H.: Kontrastierende Fallanalysen zum Wandel von arbeitsbezogenen Deutungsmustern und Lebensentwürfen in einer Stahlstadt, MS Dortmund 1985

Hartmann, H.: Die Sozialisation von Erwachsenen als soziales und soziologisches Problem, in: Brim, O.G./Wheeler, S.: Erwachsenensozialisation, Stuttgart 1974

Hasselhorn, M.: Wirkungsvoller Lernen und Arbeiten, Heidelberg 1973

Hebdige, D.: Subkultur – Die Bedeutung von Stil, in: Diederichsen u.a.: Schocker, Reinbek 1983

Heckhausen, H.: Einflußfaktoren der Motiventwicklung, in: Weinert, F.E. u.a.: Funk-Kolleg Pädagogische Psychologie, Band 1, Frankfurt 1974a

Heckhausen, H.: Motive und ihre Entstehung, in: Weinert, F. u.a.: Funk-Kolleg Pädagogische Psychologie, Band 1, Frankfurt/Main 1974b

Heemskerk, J. J.: Aspekte und Ergebnisse zum Lernen im Erwachsenenalter, in: Schulenberg 1979

Hegelheimer, A. (Hg.): Texte zur Bildungsökonomie, Frankfurt/Main, Berlin, Wien 1974

Heinz, W.R.: Berufliche Sozialisation, in: Hurrelmann/Ulich 1980

Henningsen, J.: Die Neue Richtung in der Weimarer Zeit, Stuttgart 1960

Herlyn, I./Vogel, U.: Der Beitrag interaktionistischer sozialisationstheoretischer Ansätze zur Erklärung von Erwachsenensozialisation, in: Nave-Herz 1981

Herrigel, H.: Ergebnis und Naivität und das Problem der Volksbildung, in: Die Neue Rundschau, Bd. 2 (1919)

Herrmann, U.: Die Pädagogik Wilhelm Diltheys, Göttingen 1971

Herrmann, U.: Zur Systematik und Vielfalt erziehungswissenschaftlicher Theorien, in: Lenzen, D. (Hg.): Jahrbuch für Erziehungswissenschaft, Stuttgart 1982

Herrmann, U. u.a.: Überflüssige oder verkannte Disziplin? in: 18. Beiheft der Zeitschrift für Pädagogik, (1983)

Heydorn, H. J.: Zum Bildungsproblem in der gegenwärtigen Situation, in: Heydorn u.a. (Hg.): Zum Bildungsbegriff der Gegenwart, Frankfurt/Main 1967

Heydorn, H. J.: Überleben durch Bildung, in: Hoffmann 1974

Hochheimer, W.: Zur Tiefenpsychologie des pädagogischen Feldes, in: Deutsche Schule, H. 51 (1959)

Hoffmann, H.: Kultur für alle, Frankfurt/Main 1981

Hoffmann, H. (Hg.): Perspektiven kommender Kulturpolitik, Frankfurt/Main 1974

Hoffmann-Axthelm, D.: Kultur und so weiter, in: Ästhetik und Kommunikation, H. 35 (1979)

Hoggart, R.: The Uses of Literacy, London 1958

Holzapfel, G.: Erfahrungsorientiertes Lernen mit Erwachsenen, München 1982

Honegger, C. (Hg.): Die Hexen der Neuzeit. Studien zur Sozialgeschichte eines kulturellen Deutungsmusters, Frankfurt/Main 1978

Honneth, A.: Die zerrissene Welt der symbolischen Formen, in: Kölner Zeitschrift für Soziologie, (1984), S. 147ff

Hopf, W.: Bildung und die Reproduktion der Sozialstruktur, in: Baethge/Nevermann 1984

Hornstein, W.: Die Bedeutung erziehungswissenschaftlicher Forschung für die Praxis sozialer Arbeit, in: Neue Praxis, H. 6 (1985)

Huber, L.: Sozialisation in der Hochschule, in: Hurrelmann/Ulich 1980
Huge, W.: Weiterbildung in der Bundesrepublik. Historische Entwicklung, gesellschaftliche Funktionen und Emanzipationschancen im quartären Bildungssektor, Münster 1984
Huge, W.: Gesellschaftliche Strukturentwicklung und materialistische Bildungssoziologie – wissenschaftssoziologische und wissenschaftstheoretische Überlegungen zur „Politischen Ökonomie des Ausbildungssektors", in: mehrwert 27, (1986)
Hurrelmann, K. (Hg.): Sozialisation und Lebenslauf, Reinbek 1976
Hurrelmann, K./Ulich, D. (Hg.): Handbuch der Sozialisationsforschung, Weinheim 1980
Husen, T.: Schule in der Leistungsgesellschaft, Braunschweig 1980
Husserl, E.: Erfahrung und Urteil, Den Haag 1964
Husserl, E.: Die Krisis der europäischen Wissenschaften und die transzendentale Phänomenologie, Den Haag 1976
Janossy, F.: Das Ende des Wirtschaftswunders, Frankfurt/Main 1966
Jensen, S.: Einleitung, in: Parsons, T.: Zur Theorie sozialer Systeme, Opladen 1976
Joas, H.: Rollen- und Interaktionstheorien in der Sozialisationsforschung, in: Hurrelmann/Ulich 1980
Jüchter, H.T.: Programmierte Erwachsenenbildung, Braunschweig 1970
Kade, J.: Zur erneuerten Erörterung des Bildungsbegriffs in der Erwachsenenbildung, in: Literatur- und Forschungsreport Weiterbildung, H. 12 (1983)
Kade, S.: Methoden des Fremdverstehens, Bad Heilbrunn 1983
Kaiser, A.: Sinn und Situation, Bad Heilbrunn 1985
Kaiser, A.: Alltagswende in der Pädagogik, in: Pädagogische Rundschau, (1981), S. 111-122
Karl, C.: Motivationsforschung, in: Siebert 1979b
Karl, C./Siebert, H.: Theoriebildung in der Erwachsenenbildung, in: Literatur- und Forschungsreport, H. 8ff (1981)
Kern, H./Schumann, M.: Industriearbeit und Arbeiterbewußtsein, Frankfurt/Main 1970
Kern, H./Schumann, M.: Das Ende der Arbeitsteilung? München 1984
Keupp, H.: Abweichung und Alltagsroutine, Hamburg 1976
Keycz, Y. u.a.: Lernen an Erfahrungen, Bonn 1979
Keycz, Y. u.a.: Bildungsurlaubsversuchs- und - entwicklungsprogramm, 8. Bd., Heidelberg 1979/80
Kidd, J.: Wie Erwachsene lernen, Braunschweig 1979
Klafki, W.: Erziehungswissenschaft als kritisch-konstruktive Theorie, in: Zeitschrift für Pädagogik, (1971), S. 351ff
Klages, H./Kmieciak, P.: (Hg.): Wertwandel und gesellschaftlicher Wandel, Frankfurt/Main 1979
Klaus, G.: Kultureller Materialismus, in: Argument, H. 139 (1983)
Klein E./Weick, E.: Anmerkungen zur Diskussion einer Theorie der Erwachsenenbildung, in: Knoll, J. (Hg.): Lebenslanges Lernen, Hamburg 1974
Kluckhohn, C./Kelly, P.: Das Konzept der Kultur, in: König/Schmalfuss (Hg.): Kulturanthropologie, Düsseldorf 1972
Klüver, J.: Universität und Wissenschaftssystem, Frankfurt/Main 1983
Knödler-Bunte, E.: Kultur als Politikersatz, in: päd extra Sozialarbeit, H. 8 (1979)

Knödler-Bunte, E.: Wider die Kurzatmigkeit sozialdemokratischer Kulturpolitik, in: Neue Gesellschaft, H. 1 (1985)

Knörzer, W.: Lernmotivation, Weinheim und Basel 1976

Knoll, J.: Außerschulische Pädagogik als Wissenschaft von der Erwachsenenbildung, in: Ritters 1968

Knopf, D.: Psychosoziale Funktionen der Erwachsenenbildung, in: Schmitz/Tietgens 1984

Knopf, D. u.a.: Alltagsorientierung in der Bildungsarbeit mit Erwachsenen, Bensheim 1978

Knorr-Cetina, K.: Soziale und wissenschaftliche Methode oder: Wie halten wir es mit der Unterscheidung zwischen Natur- und Sozialwissenschaften? in: Bonß/Hartmann (Hg.): Entzauberte Wissenschaft, Soziale Welt, Sonderband 3, 1985

Kocka, J.: Arbeiterkultur als Forschungsthema, in: Geschichte und Gesellschaft, H. 1 (1979)

Kohlberg, L.: Eine Neuinterpretation der Zusammenhänge zwischen der Moralentwicklung in der Kindheit und im Erwachsenenalter, in: Döbert u.a. 1980

Kohli, M. (Hg.): Soziologie des Lebenslaufs, Neuwied 1978

Kohli, M.: Erwachsenensozialisation, in: Eyferth, H./Otto U./Thiersch, H. (Hg.): Handbuch der Sozialarbeit/Sozialpädagogik, Neuwied 1984

Kohli, M.: Erwachsenensozialisation, in: Schmitz/Tietgens 1984

Kohli, M./Robert, G. (Hg.): Biographie und soziale Wirklichkeit, Stuttgart 1984

Kokemohr, R.: Kann die Alltagswende der Erziehungswissenschaft zur Bearbeitung didaktischer Legitimationsprobleme beitragen? in: Lenzen, D. (Hg.): Jahrbuch für Erziehungswissenschaft, Band 4, Stuttgart 1982

Kosik, K.: Dialektik des Konkreten, Frankfurt/Main 1967

Krais, B.: Bildung als Kapital, in: Kreckel 1983

Krameyer, A.: Dem Habitus auf der Spur. Ergebnisse einer Befragung von Chemieprofessoren, in: Zeitschrift für Hochschuldidaktik und Hochschulforschung, H. 4 (1984)

Krappmann, L.: Soziologische Dimension der Identität, Stuttgart 1969

Krappmann, L.: Neuere Rollenkonzepte als Erklärungsmöglichkeit für Sozialisationsprozesse, in: betrifft: erziehung. Familienerziehung, Sozialschicht und Schulerfolg, Weinheim 1971

Krappmann, L.: Typisches im Individuellen, MS, Berlin 1976

Kreckel, R.: Soziale Ungleichheit, in: Soziale Welt, Sonderband 2 (1983)

Kreppner, K.: Sozialisation in der Familie, in: Hurrelmann/Ulich 1980

Kürzdörfer, K. (Hg.): Grundpositionen und Perspektiven in der Erwachsenenbildung, Bad Heilbrunn 1981

Kürzdörfer, K.: Psychologische Aspekte der Erwachsenenbildung – Neuere Forschungsergebnisse und Akzente, in: Kürzdörfer 1981

Kuhlenkamp, D./Schütze, H.G. (Hg.): Kosten und Finanzierung der beruflichen und nichtberuflichen Weiterbildung, Frankfurt/Main 1982

Kuhn, T.S.: Postskript – 1969. Zur Analyse der Struktur wissenschaftlicher Revolutionen, in: Weingart (Hg.): Wissenschaftssoziologie, Frankfurt/Main 1972

Laack, F.: Das Zwischenspiel freier Erwachsenenbildung, Bad Heilbrunn 1984

Lasch, C.: Das Zeitalter des Narzißmus, München 1980

Lauken, U.: Naive Verhaltenstheorie, Stuttgart 1974

Lempert, W./Thomssen, W.: Berufliche Erfahrung und gesellschaftliches Bewußtsein, Stuttgart 1974

229

Literatur

Lenhardt, G.: Berufliche Weiterbildung und Arbeitsteilung in der Industrieproduktion, Frankfurt/Main 1974
Lenhardt, G.: Weiterbildung und gesellschaftlicher Fortschritt, in: Weymann 1980
Lenzen, D. (Hg.): Pädagogik und Alltag, Stuttgart 1980
Lenzen, D./Mollenhauer, K. (Hg.): Theorien und Grundbegriffe der Erziehung und Bildung, Enzyklopädie Erziehungswissenschaft, Band 1, Stuttgart 1983
Leon, A.: Psychologie der Erwachsenenbildung, Stuttgart 1977
Lepsius, M.R.: Gesellschaftsanalyse und Sinngebungszwang, in: Albrecht, G. u.a. (Hg.): Soziologie – Sprache, Bezug zur Praxis, Verhältnis zu anderen Wissenschaften, Opladen 1973
Leschinsky, A./Röder, P.: Schule im historischen Prozeß, Frankfurt/Main 1983
Levi-Strauss, C.: Strukturale Anthropologie, Frankfurt/Main 1971
Levi-Strauss, C.: Mythos und Bedeutung, Frankfurt/Main 1980
Lewin, K.: Feldtheorie in den Sozialwissenschaften, Bern 1963
Liebau, E.: Der Habitus der Ökonomen. Über Arbeitgebererwartungen an Hochschulabsolventen der Wirtschaftswissenschaften. Arbeitspapiere des Wissenschaftlichen Zentrums für Berufs- und Hochschulforschung, H. 12, Kassel 1982
Liebau, E.: Bildung im Studium. Bedeutung der Habitus-Theorie für die Hochschulsozialisationsforschung, in: Zeitschrift für Hochschuldidaktik und Hochschulforschung, H. 1 (1983)
Liebau, E.: Nachdenken über Routine, Geschmack und das Selbstverständliche mit P. Bourdieu, in: Neue Sammlung, H. 3 (1984)
Liebau, E. u.a. (Hg.): Bourdieu und die Bildungstheorie, in: Neue Sammlung, H. 3 (1985)
Lipp, W.: Kulturtypen, kulturelle Symbole, Handlungswelt – Zur Polyvalenz von Kultur, in: Kölner Zeitschrift für Soziologie, (1979), S. 450ff
Lipp, W./Tenbruck, F.: Zum Neubeginn der Kultursoziologie, in: Kölner Zeitschrift für Soziologie, 1979, S. 393ff
Litt, T.: Führen oder Wachsenlassen, Stuttgart 1967
Litt, T.: Das Wesen des pädagogischen Denkens, in: Nicolin 1969
Loch, W.: Phänomenologische Pädagogik, in: Lenzen/Mollenhauer 1983
Löwe, H.: Einführung in die Lernpsychologie des Erwachsenenalters, Berlin 1970
Löwe, H.: Einführung in die Lernpsychologie des Erwachsenenalters, Berlin 1974a
Löwe, H.: Zum Problem der Lernfähigkeit im Erwachsenenalter, in: Knoll, J.H. (Hg.): Lebenslanges Lernen, Hamburg 1974b
Löwe, H.: Lernfähigkeit und Qualifizierung bei Erwachsenen, in: Hacker, W. (Hg.): Optimierung von kognitiven Arbeitsanforderungen, Bern, Stuttgart, Wien 1980
Löwe, H./Almeroth, H.: Untersuchungen zur intellektuellen Lernfähigkeit im Erwachsenenalter, in: Probleme und Ergebnisse der Psychologie, H. 53 (1975)
London, J./Wenkert, R.: Obstacles to blue-collar participatoin in adult education, in: Shostak, A.B./Gomberg, W. (ed.): Blue collar world, Eaglewood Cliffes, N.J., 1964
Luckmann, T.: Philosophie, Sozialwissenschaft und Alltagsleben, in: Soziale Welt, 1973; wiederabgedruckt in: Soziale Welt: Lebenswelt und Gesellschaft, Paderborn 1980
Lühr, V./Schuller, A.: Legitimation und Sinn, Braunschweig 1977

Luhmann, N.: Zweckbegriff und Systemrationalität, Tübingen 1968

Luhmann, N.: Moderne Systemtheorie als Form gesamtgesellschaftlicher Analyse, in: Habermas, J./Luhmann, N.: Theorie der Gesellschaft oder Sozialtechnologie, Frankfurt/Main 1971

Luhmann, N.: Soziale Systeme – Grundriß einer allgemeinen Theorie, Frankfurt/Main 1984

Luhmann, N./Schorr, K.-E.: Reflexionsprobleme im Erziehungssystem, Stuttgart 1979

Luhmann, N./Schorr, K.-E.: Zwischen Technologie und Selbstreferenz, Frankfurt/Main 1982

Lyotard, J.: Das postmoderne Wissen, Berlin 1982

Maas, U.: Eine historische Anmerkung zur Kulturdiskussion und ein Hinweis auf den kulturanalytischen Ansatz des CCCS, in: Held, J. (Hg.): Kulturtheorie und Kunstgeschichte, Köln 1981

Mader, W.: Wie kommt Erwachsenenbildung zu ihrer Wissenschaft? MS, Münster 1975

Mader, W.: Alltagswissen, Diagnose, Deutung, in: Zeitschrift für Pädagogik, 1976, S. 699ff

Mader, W.: Teilnehmerorientierung, in: Dahm u.a. 1980

Mader, W. (Hg.): Theorien zur Erwachsenenbildung. Beiträge zum Prinzip der Teilnehmerorientierung, Bremen 1981a

Mader, W.: Zur psychologischen Bestimmung von Teilnehmerorientierung in der Weiterbildung, in: Mader (Hg.) 1981a

Mader, W.: Psychologische Phantasie in der Erwachsenenbildung, (1981b), in: Pöggeler/Wolterhoff 1981

Mader, W.: Didaktik als Handlungshermeneutik, in: (1982a), Becker u. a. 1982

Mader, W.: Zielgruppenorientierung und Teilnehmergewinnung, (1982b), in: Nuissl 1982

Mader, W.: Paradigmatische Ansätze in der Erwachsenenbildung, in: Schmitz/Tietgens 1984

Mader, W./Weymann, A.: Erwachsenenbildung. Theoretische und empirische Studien zu einer handlungstheoretischen Didaktik, Bad Heilbrunn 1975

Mader, W./Weymann A.: Zielgruppenentwicklung, Teilnehmerorientierung und Adressatenforschung, in: Siebert (Hg.) 1979b

Mahnkopf, B.: Das kulturtheoretische Defizit industriesoziologischer Forschung, in: Probleme des Klassenkampfs, H. 46 (1982)

Mannheim, K.: Die Gegenwartsaufgaben der Soziologie, Tübingen 1932

Mannheim, K.: Wissenssoziologie, Neuwied 1970

Markert, W.: Erwachsenenbildung als Ideologie, München 1973

Marcuse, H.: Über den affirmativen Charakter der Kultur, in: Kultur und Gesellschaft, Bd. 1, Frankfurt/Main 1965

Mead, G. H.: Geist, Identität und Gesellschaft, Frankfurt/Main 1968

Mertens, D.: Schlüsselqualifikationen, in: Siebert 1977

Merton, R. K.: Sozialstruktur und Anomie, in: Sack/König 1968

Meueler, E.: Erwachsene lernen, Stuttgart 1980

Meyen, D.: Wissen zwischen differierenden Denksystemen. Aufbau eines Grundmodells zur Wissenschaftsdidaktik der Erwachsenenbildung, Diss. Eichstätt 1981

Miller, W.B.: Die Kultur der Unterschicht als ein Entstehungsmilieu für Bandendelinquenz, in: Sack/König 1968

Mittelstrass, J.: Wissenschaft als Lebensform, Frankfurt 1982

Mollenhauer, K.: Einleitung, in: Tietgens 1981

Morstain, B./Smart, J.: A motivational typology of adult learners, in: The journal of higher education, Vol. 6 (1977)

Nave-Herz, R. (Hg.): Erwachsenensozialisation. Ausgewählte Theorien und empirische Analysen, Weinheim 1981

Negt, O.: Soziologische Phantasie und exemplarisches Lernen, Frankfurt/Main 1968

Negt, O.: Marxismus und Arbeiterbildung, in: Brock u. a. 1978

Negt, O.: Lebendige Arbeit, enteignete Zeit, Frankfurt/Main, New York 1984

Negt, O./Kluge, A.: Öffentlichkeit und Erfahrung, Frankfurt/Main 1972

Negt, O./Kluge, A.: Geschichte und Eigensinn, Frankfurt/Main 1981

Neuendorff, H.: Der Deutungsmusteransatz zur Rekonstruktion der Strukturen des Arbeiterbewußtseins, in: Braun, K.H. u.a. (Hg.): Kapitalistische Krise, Arbeiterbewußtsein, Persönlichkeitsentwicklung, Köln 1980

Neuendorff, H./Sabel, Ch.: Zur relativen Autonomie der Deutungsmuster, in: Bolte, K.A. (Hg.): Materialien aus der soziologischen Forschung, Verhandlungen des 18. Deutschen Soziologentages, München 1978

Nicolin, F. (Hg.): Pädagogik als Wissenschaft, Darmstadt 1969

Niessen, M.: Zur Grundlegung der Pädagogik als Handlungswissenschaft, in: Zeitschrift für Pädagogik, H. 3 (1979)

Nohl, H.: Die pädagogische Bewegung in Deutschland und ihre Theorie, Frankfurt/Main 1949

Nuissl, E. (Hg.): Taschenbuch der Erwachsenenbildung, Baltmannsweiler 1982

Oelkers, J.: Die Vermittlung zwischen Theorie und Praxis in der Pädagogik, München 1976

Oelkers, J./Schulz, T. (Hg.): Pädagogisches Handeln und Kultur, Bad Heilbrunn 1984

Oerter, R. (Hg.): Entwicklung als lebenslanger Prozeß, Hamburg 1978

Oevermann, U.: Sprache und soziale Herkunft, Frankfurt/Main 1972

Oevermann, U.: Zur Analyse der Struktur von sozialen Deutungsmustern, MS, Berlin 1973

Oevermann, U.: Vorschläge zur künftigen Forschungspolitik des Max-Planck-Instituts, MS, Berlin 1974

Oevermann, U.: Programmatische Überlegungen zu einer Theorie der Bildungsprozesse und zur Strategie der Sozialisationsforschung, in: Hurrelmann 1976

Oevermann, U.: Probleme der Professionalisierung in der berufsmäßigen Anwendung sozialwissenschaftlicher Kompetenz, MS, Frankfurt/Main 1978

Oevermann, U.: Sozialisationstheorie. Ansätze zu einer soziologischen Sozialisationstheorie und ihre Konsequenzen für die allgemeine soziologische Analyse, in: Kölner Zeitschrift für Soziologie, Sonderheft 21, (1979)

Oevermann, U.: Hermeneutische Methodologie und die Logik professionalisierten Handelns, MS, Bremen 1980

Oevermann, U.: Professionalisierung der Pädagogik-Professionalisierbarkeit pädagogischen Handelns, MS, Bremen 1981

Oevermann, U.: Hermeneutische Sinnrekonstruktion: als Therapie und Pädagogik mißverstanden oder das notorische Strukturdefizit pädagogischer Wissenschaft, in: Garz/Kraimer (Hg.): Brauchen wir andere Forschungsmethoden? Frankfurt/Main 1983

Oevermann U.: Die Romantik in ihrer Rationalisierungsbedeutsamkeit innerhalb des Prozesses der Entfaltung der Moderne und als Vorform aktueller Deutungsmuster, MS, Frankfurt/Main 1985

Oevermann, U. u. a.: Beobachtungen zur Struktur der sozialisatorischen Interaktion, (1976a) in: Auwärter u.a. (Hg.): Seminar: Kommunikation, Interaktion, Identität, Frankfurt/Main 1976

Oevermann, U. u. a.: Theorie der zwei Kulturen und Bedingungen von Klassenbewußtsein, MS, Berlin 1976b

Oevermann, U. u. a.: Die Methodologie einer „objektiven Hermeneutik" und ihre allgemeine forschungslogische Bedeutung in den Sozialwissenschaften, in: Soefner, H. G. (Hg.): Interpretative Verfahren in den Sozial- und Textwissenschaften, Stuttgart 1979

Offe, C.: Bildungssystem, Beschäftigungssystem und Bildungspolitik, in: Roth, H. (Hg.): Bildungsforschung, Stuttgart 1975

Offe, C./Gransow, V.: Politische Kultur und sozialdemokratische Regierungspolitik, in: Argument, H. 128 (1981)

Olbrich, J.: Erwachsenenbildung als soziales System – Zum Problem einer Theorie der Erwachsenenbildung, in: Theorie und Praxis der Erwachsenenbildung, H. 3 (1973)

Olbrich, J. (Hg.): Legitimationsprobleme in der Erwachsenenbildung, Stuttgart 1980

Olbrich, J.: Aspekte einer funktional-strukturellen Theorie der Erwachsenenbildung, in: Pöggeler/Wolterhoff 1981

Olechowski, R.: Psychologie des Erwachsenen, in: Zdarzil, H./Olechowski, R.: Anthropologie und Psychologie des Erwachsenen, Stuttgart 1976

Olivet, J.: Psychologie und soziologische Grundlagen des Lehrens und Lernens in der Erwachsenenbildung, in: Berufsbildung, H. 4 (1980)

Olk, T./Müller, S./Otto, V.: Sozialarbeitspolitik in der Kommune, in: Neue Praxis, Sonderheft 6, (1981)

Opaschowski, H.: Einführung in die freizeitkulturelle Breitenarbeit, Bad Heilbrunn 1979

Opp, K.-D.: Verhaltenstheoretische Soziologie, Hamburg 1972

Otto, V. u.a. (Hg.): Realismus und Reflexion. Beiträge zur Erwachsenenbildung, München 1982

Pankoke, E.: Wertwandel und soziokulturelles Lernen, in: Klages/Kmieciak 1979

Panofsky, E.: Sinn und Deutung in der bildenden Kunst, Köln 1975

Parsons, T.: Sozialstruktur und Persönlichkeit, Frankfurt/Main 1968

Parsons, T.: Die Schulklasse als soziales System, in: Funk-Kolleg Pädagogische Psychologie, Bd. 1, Frankfurt/Main 1973

Parsons, T.: Gesellschaften. Evolutionäre und komparative Perspektiven, Frankfurt/Main 1975

Parsons, T. u.a.: Family, socialization and interaction Process, Glencoe 1955

Peirce, Ch.S.: Schriften I. Zur Entstehung des Pragmatismus. Mit einer Einführung von K.-O. Apel, Frankfurt/Main 1967

Philipps, J.: Theorie, Praxis und lebensweltliche Überzeugungen, in: Dewe, B./ Frank, G.: Verkannte Geister der Erwachsenenbildung, Elverdissen 1987

Piaget, J.: Psychologie der Intelligenz, Olten 1971

Piaget, J.: Strukturalismus, Olten 1973

Picht, G.: Die deutsche Bildungskatastrophe, Freiburg i. Br. 1964

Picht, G.: Erwachsenenbildung – Die große Bildungsaufgabe der Zukunft, in: Picht, G./Edding, F. u.a.: Leitlinien der Erwachsenenbildung, Braunschweig 1972

Pieper, M.: Erwachsenenalter und Lebenslauf, München 1978

Pieper, R.: Wissensformen und Rechtfertigungsstrategien, in: Soziale Welt, H. 2 (1979)

Plessner, H.: Die Stufen des Organischen und der Mensch, Berlin 1975

Pöggeler, F.: Erwachsenenbildung als Abenteuer und Wagnis, in: Pöggeler, u.a. (Hg.): Im Dienste der Erwachsenenbildung, Osnabrück 1961

Pöggeler, F.: Geschichte der Erwachsenenbildung. Handbuch der Erwachsenenbildung, Bd. 5, Stuttgart 1975

Pöggeler, F./Wolterhoff, B.: Neue Theorien der Erwachsenenbildung. Handbuch der Erwachsenenbildung, Bd. 8, Stuttgart 1981

Popitz, H. u.a.: Das Gesellschaftsbild des Arbeiters, Tübingen 1957

Portele, G./Huber, L.: Entwicklung des akademischen Habitus, in: Sommerkorn, I. (Hg.): Identität und Hochschule. Blickpunkt Hochschuldidaktik 64, Hamburg 1981

Pröpper, S. u.a.: Zur Situation der Weiterbildung in der BRD, D.I.P. Information Nr. 5, Münster 1973

Raapke, H.: Funktionen einer Theorie der Erwachsenenbildung, in: Zeitschrift für Pädagogik, H. 5 (1970)

Radtke, F.O.: Pädagogische Konventionen. Zur Topik eines Berufsstandes, Weinheim 1983

Ravetz, J.: Scientific Knowledge and its Social Problems, London 1971

Recum, H. v.: Bildungsökonomie im Wandel, Braunschweig 1978

Recum, H. v.: Internationale Tendenzen der Weiterbildung, Frankfurt/Main 1979

Ricoeur, P.: Rückfrage und Reduktion der Idealitäten in Husserls „Krisis" und Marx',,Deutscher Ideologie", in: Waldenfels u.a. (Hg.): Phänomenologie und Marxismus, Bd. 3, Frankfurt/Main 1978

Riegel, K.: Die öffentliche Legitimation der Wissenschaft, Stuttgart 1974

Riese, H. u.a.: Bildung für den Beruf, Braunschweig 1969

Riese, H.: Ökonomische Überlegungen zur Erwachsenenbildung, in: Riese 1969

Riesman, D. u.a.: Die einsame Masse, Reinbek 1958

Ritters, C. (Hg.): Theorien der Erwachsenenbildung, Weinheim 1968

Röhrs, H. (Hg.): Erziehungswissenschaft und Erziehungswirklichkeit, Frankfurt/Main 1967

Ropohl, U.: Neue Kulturpraxis – Gegenstrategien zum herrschenden Kulturbetrieb, in: Neue Praxis, H. 1 (1980)

Rosenmayr, L. (Hg.): Die menschlichen Lebensalter, München 1978

Rosenstock-Huessy, E.: Die Akademie der Arbeit, in Feidel-Mertz 1968

Rosenstock-Huessy E./Trotha, C. D. v.: Das Arbeitslager, in: Bergmann/Frank 1977

Roth, H.: Die realistische Wendung in der Pädagogischen Forschung, in: Neue Sammlung, H. 6 (1962)

Roth, H.: Begabung und Lernen, Stuttgart 1968

Runkel, W.: Alltagswissen und Erwachsenenbildung, Braunschweig 1976

Sack, F.: Die Idee der Subkultur, in: Kölner Zeitschrift für Soziologie, (1971), S. 261ff

Sack, F./König, R. (Hg.): Kriminalsoziologie, Frankfurt/Main 1968

Sauter, E.: Erwachsenenbildung in Relation zum Arbeitsmarkt, in: Schmitz/ Tietgens 1984

Scheibe, W.: Die reformpädagogische Bewegung, Weinheim 1971

Scheibe, W.: Erwachsenenbildung/Weiterbildung auf dem Weg zur Wissenschaftlichkeit, in: Zeitschrift für Pädagogik, H. 29 (1983)

Scheler, M.: Die Wissensformen und die Gesellschaft, Bern 1980

Schelsky, H.: Die Arbeit tun die anderen, Opladen 1975

Schleicher, R.: Die Intelligenzleistung Erwachsener in Abhängigkeit vom Niveau der beruflichen Tätigkeit, in: Probleme und Ergebnisse der Psychologie, H. 44 (1973)

Schlutz, E. (Hg.): Die Hinwendung zum Teilnehmer – Signal einer reflexiven Wende in der Erwachsenenbildung? Bremen 1982

Schlutz, E. (Hg.): Erwachsenenbildung zwischen Schule und sozialer Arbeit, Bad Heilbrunn 1983

Schlutz, E.: Sprache, Bildung und Verständigung, Bad Heilbrunn 1984

Schlutz, E./Siebert, H. (Hg.): Erwachsenenbildung zwischen Sozialpolitik und sozialen Bewegungen, Hannover 1982

Schlutz, E./Siebert, H. (Hg.): Zur Identität der Wissenschaft der Erwachsenenbildung, Bremen 1984

Schmitz, E.: Was kommt nach der Bildungsökonomie? in: Zeitschrift für Pädagogik, H. 5 (1973)

Schmitz, E.: Zur Begründung von Weiterbildung als einer „recurrent education", in: Neue Sammlung, Sonderheft 7, (1975)

Schmitz, E.: Leistung und Loyalität, Berufliche Weiterbildung und Personalpolitik in Industrieunternehmen, Stuttgart 1978

Schmitz, E.: Erwachsenenbildung, Arbeitsteilung und soziale Verteilung von Wissen, in: Raschert (Hg.): Jahrbuch der Erziehungswissenschaft, H. 3 (1979)

Schmitz, E.: Erwachsenenbildung, Wissenschaft und Lebenshilfe, in: betrifft: erziehung, H. 5 (1980)

Schmitz, E.: Erziehungswissenschaft. Zur wissenschaftssoziologischen Analyse eines Forschungsfeldes, in: Zeitschrift für Sozialisationsforschung und Erziehungssoziologie, H. 1 (1981)

Schmitz, E.: Antizipatorische Sozialisation – Bildungsinteresse und Statusübergänge, in: Becker u.a. 1982

Schmitz, E.: Zur Struktur therapeutischen, beratenden und erwachsenenpädagogischen Handelns, in: Schlutz 1983

Schmitz, E.: Erwachsenenbildung als lebensweltbezogener Erkenntnisprozeß, in: Schmitz/Tietgens 1984

Schmitz, E./Tietgens, H. (Hg.): Erwachsenenbildung, Bd. 11, Enzyklopädie Erziehungswissenschaft, Stuttgart 1984

Schneider, W.: Zum Verhältnis von Lebenswelt, Alltagsbewältigung und Lernsituation, in: Rupprecht/Sitzmann (Hg.): Erwachsenenbildung als Wissenschaft, Bd. 7, Weltenburg, 1979

Schöfthaler, T.: Kultur in der Zwickmühle, in: Argument, H. 139 (1983)

Schröder, A.: Professionalisierungsprobleme im Bildungssystem, MS, 1976

Schütz, A.: Wissenschaftliche Interpretation und Alltagsverständnis menschlichen Handelns, in: Schütz, A.: Gesammelte Aufsätze, Bd. 1, Den Haag 1971a

Schütz, A.: Begriffs- und Theoriebildung in den Sozialwissenschaften, in: Schütz, A.: Gesammelte Aufsätze, Bd. 1, Den Haag 1971a

Schütz, A.: Das Problem der Relevanz, Frankfurt/Main 1971b

Schütz, A.: Der sinnhafte Aufbau der sozialen Welt, Frankfurt/Main 1974

Schütz, A./Luckmann, T.: Strukturen der Lebenswelt, 2 Bde., Frankfurt/Main 1979 und 1984

Schütze, Y.: Psychoanalytische Theorien in der Sozialisationsforschung, in: Hurrelmann/Ulich 1980

Schulenberg, W. u. a.: Transformationsprobleme der Weiterbildung, Braunschweig 1975

Schulenburg, W.: Probleme der Wissensvermittlung in der Erwachsenenbildung, in: ders. u. a. 1975

Schulenberg, W. (Hg.): Erwachsenenbildung, Darmstadt 1979

Schulenberg, W.: Bildungsappell und Rollenkonflikt, in: Schulenberg 1979

Schulenberg, W.: Wissenschaftliche Arbeit und akademische Interessen. Zur Entwicklung in der Erwachsenenbildung, in: Otto u.a. 1982

Schulenberg, W. u.a.: Soziale Lage und Weiterbildung, Braunschweig 1979

Schweizer, G.: Veränderte Qualifikationsanforderungen des ökonomischen Systems in ihrer Relevanz für gesellschaftlich organisierte Bildungsprozesse – Zur Struktur und historischen Entwicklung des Weiterbildungsbereichs, Köln 1979

Scitovsky, T.: Psychologie des Wohlstands, Frankfurt/Main, New York 1977

Seigies, R.: Die Possessionalisierung von Wissen in Lehr-Lern-Interaktionen, in: Kokemohr/Marotzki (Hg.): Interaktionsanalysen in pädagogischer Absicht, Frankfurt/Main 1985

Sennett, R.: Verfall und Ende des öffentlichen Lebens, Frankfurt/Main 1983

Senzky, K.: Systemorientierung der Erwachsenenbildung, Stuttgart 1977

Senzky, K.: Erwachsenenpädagogische Theorien, in: Pöggeler/Wolterhoff 1981

Shorter, E.: Die Geburt der modernen Familie, Reinbek 1977

Siebert, H.: Curricula für die Erwachsenenbildung, Braunschweig 1974

Siebert, H.: Positionen zum Aufgabenverständnis der Erwachsenenbildung, in: Landesverband der Volkshochschulen Niedersachsens (Hg.): Theoriepositionen der Erwachsenenbildung, Hannover 1975a

Siebert, H.: Probleme, Ergebnisse und Konsequenzen einer empirischen Untersuchung, (1975b), in: Siebert, H./Gerl, H.: Lehr- und Lernverhalten bei Erwachsenen, Braunschweig 1975

Siebert, H. (Hg.): Begründungen gegenwärtiger Erwachsenenbildung, Braunschweig 1977

Siebert, H.: Wissenschaft und Erfahrungswissen der Erwachsenenbildung, Paderborn 1979a

Siebert, H. (Hg.): Taschenbuch der Weiterbildungsforschung, Baltmannsweiler 1979b

Siebert, H.: Curriculum – Entstehung und Bedeutung eines pädagogischen Schlüsselbegriffs, in: Erwachsenenbildung in Österreich, H. 2 (1982)

Siebert, H.: Erwachsenenbildung als Bildungshilfe, Bad Heilbrunn 1983

Siebert, H.: Paradigmen der Erwachsenenbildung, in: Zeitschrift für Pädagogik, H. 5 (1985)

Siebert, H./Dahms, W./Karl, C.: Lernen und Lernprobleme in der Erwachsenenbildung, Paderborn 1982

Siebert, H./Gerl, H.: Lehr- und Lernverhalten bei Erwachsenen, Braunschweig 1975

Siebert, H./Michelsen, G.: Vorbemerkungen zu einer Theorie ökologischer Erwachsenenbildung, Hannover 1983

236

Skowronek, H.: Lernen und Lernfähigkeit, München 1972

Skowronek, H.: Theorien des Erwachsenen und ihre Konsequenz für die Theorien der Erwachsenenbildung – Psychologische Beiträge, in: Rupprecht, H./Sitzmann, G.: Erwachsenenbildung als Wissenschaft, Weltenburger Akademie 1977

Skowronek, H.: Lernpsychologische Forschung zum Erwachsenenalter, in: Siebert (Hg.) 1979b

Skowronek, H.: Psychologie des Erwachsenenlernens, in: Schmitz/Tietgens 1984

Soeffner, H.-G.: Alltagsverstand und Wissenschaft. Anmerkungen zu einem alltäglichen Mißverständnis von Wissenschaft, in: Zedler/Moser (Hg.): Aspekte qualitativer Sozialforschung, Opladen 1983

Sommer, M.: Der Alltagsbegriff in der Phänomenologie und seine gegenwärtige Rezeption in den Sozialwissenschaften, in: Lenzen 1980

Sozialistische Studiengruppen, Gewerkschaftliche Bildungsarbeit und Deutungsmuster, in: Beiträge zum wissenschaftlichen Sozialismus, H. 25 (1979)

Straumann, P.R.: Neue Konzepte der Bildungsplanung, Reinbek 1974

Strauss, A.: Spiegel und Masken, Frankfurt/Main 1968

Strzelewicz, W.: Demokratisierung und Erwachsenenbildung, Braunschweig 1973

Strzelewicz, W.: Die Erwachsenenbildung als Gegenstand der soziologischen Forschung, in: Eggers, Ph./Steinbacher, F. (Hg.): Soziologie der Erwachsenenbildung. Handbuch der Erwachsenenbildung, Bd. 6, Stuttgart, Berlin, Köln, Mainz 1977

Tenbruck, F.H.: Die Aufgaben der Kultursoziologie, in: Kölner Zeitschrift für Soziologie, 1979, S. 399ff

Thiersch, H.: Alltagshandeln und Sozialpädagogik, in: Neue Praxis, H. 1 (1978)

Thiersch, H.: Geisteswissenschaftliche Pädagogik, in: Lenzen/Mollenhauer (Hg.) 1983

Thiersch, H.: Akademisierung der Sozialpädagogik/Sozialarbeit – eine uneingelöste Hoffnung? in: Neue Praxis, H. 6 (1985)

Thiersch, H.: Erfahrung der Wirklichkeit, München, 1986

Thomas, W.I.: Person und Sozialverhalten, Neuwied, 1965

Thompson, E.: Das Elend der Theorie, Frankfurt/Main, 1980a

Thompson, E.: Plebejische Kultur und moralische Ökonomie, Frankfurt/Main 1980b

Thomssen, W.: Einige Aspekte der Analyse von Deutungsmustern, MS, Kassel 1977

Thomssen, W.: Deutungsmuster – eine Kategorie der Analyse von gesellschaftlichem Bewußtsein, in: Weymann 1980

Thomssen, W.: Verarbeitung von beruflichen und betrieblichen Erfahrungen, MS, Berlin 1981

Thomssen, W.: Deutungsmuster und soziale Realität, in: Becker u. a. 1982

Thomssen, W.: Die Konstitution des Klassenbewußtseins, in: Kölner Zeitschrift für Soziologie, Sonderheft 24 (1982a)

Thurn, H.P.: Soziologie der Kultur, Stuttgart, 1976

Tietgens, H.: Ansätze zu einem Baukastensystem, Braunschweig 1974

Tietgens, H.: Einleitung in die Erwachsenenbildung, Darmstadt 1979

Tietgens, H.: Warum kommen wenig Industriearbeiter in die VHS? in: Schulenberg 1979

Tietgens, H. (Hg.): Sozialpolitische Aspekte der Weiterbildung, Braunschweig 1981a

Tietgens, H.: Die Erwachsenenbildung, München 1981b

Tietgens, H.: Erwachsenenbildung als Suchbewegung, Bad Heilbrunn 1986

Tietgens, H./Weinberg, J.: Erwachsene im Feld des Lehrens und Lerners, Braunschweig 1971

Turner, R. H.: Rollenübernahme: Prozeß versus Konformität (1962), in: Auwärter u. a.: Kommunikation, Interaktion, Identität, Frankfurt/Main 1976

Tylor, E.B.: Die Culturwissenschaft, in: Schmitz, C.A. (Hg.): Kultur, Frankfurt/Main 1963

Uhle, R.: Grundlinien einer Rekonstruktion hermeneutisch-praktischer Pädagogik, in: Zeitschrift für Pädagogik, H. 1 (1980)

Uhle, R.: Hermeneutische Interpretation als Rekonstruktionsmethode von Alltagswissen, in: Lenzen 1980

Vath, R.: Professionalisierung in der Erwachsenenbildung, in: Schmitz/Tietgens 1984

Verres-Muckel, M.: Lernprobleme Erwachsener, Stuttgart 1974

Vester, M.: Was dem Bürger sein Goethe, ist dem Arbeiter seine Solidarität, in: Ästhetik und Kommunikation, H. 24 (1976)

Wagenschein, M.: Verstehen lehren, Weinheim 1965

Weber, M.: Die Objektivität sozialwissenschaftlicher Erkenntnis, in: Weber: Soziologie, Universalgeschichtliche Analysen, Politik, Stuttgart 1973

Weber, M.: Gesammelte Aufsätze zur Wissenschaftslehre, Tübingen 1972

Weinert, F.E./Graumann, C.F./Heckhausen, H./Hofer, M. u.a.: Funk-Kolleg Pädagogische Psychologie, 2 Bände, Frankfurt/Main 1974

Weingart, P.: Verwissenschaftlichung und Reflexivität der Praxis als Strukturprinzipien von Lernprozessen – zur Begründung der Notwendigkeit von Weiterbildung, in: Neue Sammlung, Sonderheft 7, 1975

Weingart, P.: Wissensproduktion und Bildungsnachfrage, in: Weingart: Wissensproduktion und soziale Struktur, Frankfurt/Main 1976

Weiss, J.: Kultur als soziale Lebenswelt, in: Soziologische Revue, 1981, S. 370ff

Weniger, E.: Theorie und Praxis in der Erziehung, in: Weniger, E.: Ausgewählte Schriften zur geisteswissenschaftlichen Pädagogik, Weinheim 1975

Werder, L. v.: Alltägliche Erwachsenenbildung, Weinheim 1980

Werner, H.: Arbeiterbildung und gesellschaftliches Bewußtsein, Köln 1979

Weymann, A.: Lernen und Sprache, Hannover 1977

Weymann, A. (Hg.): Handbuch für die Soziologie der Weiterbildung, Neuwied 1980

Whitley, R.: Cognitive and Social Institutionalization of Scientific Specialities and Research Areas, in: Whitley, R. (Hg.): Social Processes of Scientific Development, London 1974

Widmaier, (Hg.): Begabung und Bildungschancen, Frankfurt/Main 1967

Widmer, K.: Pädagogik im Dilemma zwischen Theorie und Praxis, in: Zeitschrift für erziehungs- und sozialwissenschaftliche Forschung, H. 1 (1985)

Wiedenmann, P. M.: Deutungsmusteranalyse, in: Jüttemann, D. (Hg.): Qualitative Forschung in der Psychologie, Weinheim 1985

Wilhelmer, B.: Lernen als Handlung, Köln 1979

Williams, R.: Gesellschaftstheorie als Begriffsgeschichte. Studien zur historischen Semantik von Kultur, München 1972

Williams, R.: Innovationen – Über den Prozeßcharakter von Literatur und Kultur, Frankfurt/Main 1977

Willis, P.: Spaß am Widerstand, Frankfurt/Main 1979

Willis, P.: Profane Culture, Frankfurt/Main 1981

Winch, P.: Die Idee der Sozialwissenschaft und ihr Verhältnis zur Philosophie, Frankfurt/Main 1974

Wirth, I. (Hg.): Handwörterbuch der Erwachsenenbildung, Paderborn 1976

Wittgenstein, L.: Philosophische Untersuchungen, Frankfurt/Main 1971

Wolterhoff, B.: Erwachsenenbildung in der Kritik, Königstein/Ts. 1979

Zinnecker, J. (Hg.): Der heimliche Lehrplan, Weinheim 1975

Sachregister

Personenregister

Adorno, Th. 192 f
Ahlheim, K. 179, 186
Alheit, P. 184
Altvater, E. 63, 74
Arnold, R. 186
Axmacher, D. 63, 73, 75 ff

Baethge, M. 62
Ballauff, T. 132 ff
Becker, H. S. 156
Berger, P. 155, 168
Bernstein, B. 201 ff
Boehm, R. 176
Boehme, G. 166, 178
Bourdieu, P. 201 ff
Brim, O. G. 150 ff
Brocher, T. 108 f
Brock, A. 184
Brödel, R. 41, 94
Brunkhorst, H. 122, 135

Chomsky, N. 160, 200
Corell, W. 101, 104 f

Dahm, G. 37, 42
Dewe, B. 175 f, 185, 191
Dikau, J. 66
Dilthey, W. 43, 121 ff, 134, 137 ff
Döbert, R. 146, 168
Doerry, G. 30
Dräger, H. 128
Durkheim, E. 204

Edding, F. 62, 66, 70 f
Eggers, Ph. 63, 81 f, 85
Erdberg, R. 130
Erikson, E. 161 f

Faulstich, P. 94
Feig, R. 96
Ferchhoff, W. 191
Flitner, W. 21, 121, 126 ff, 181
Forneck, H. J. 180
Frank, G. 140, 200
Freud, S. 147 f, 160

Gadamer, H. G. 125
Geißler, K. H. 41, 155
Gerl, H. 96, 108 f, 111, 155
Goffman, E. 153
Griese, H. M. 140, 166 ff
Groothoff, H. H. 39, 95, 126, 137 ff

Habermas, J. 31, 48, 125, 147 ff, 157,
    168, 180
Hartmann, H. 155
Hasselhorn, M. 97, 114
Hegelheimer, A. 66
Hennigsen, J. 43
Herrigel, H. 181
Herrmann, U. 8, 47, 126
Heydorn, H. J. 57 f
Honnegger, C. 188
Honneth, A. 215
Hornstein, W. 7 f
Huge, W. 63, 78, 94
Huisken, F. 63, 74
Hurrelmann, K. 140
Husserl, E. 126

Jüchter, H. T. 104, 113

Kade, J. 41, 166, 193
Kade, S. 196 ff
Kaiser, A. 48, 176
Kern, H. 75, 80
Keyez, Y. 186 f
Kidd, J. 95 ff, 144
Klafki, W. 125
Klein, E. 39 f
Knoll, J. 38 f
Kohlberg, L. 147, 160 ff, 200
Kohli, M. 140, 157, 168
Krais, B. 200, 213 ff
Krappmann, L. 152 ff, 168, 189
Kürzdörfer, K. 11, 96, 115 ff
Kuhn, T. S. 15, 179

Laack, F. 128
Lenhardt, G. 62, 66
Lenzen, D. 48, 178 ff

245

Jörg Knoll

Kurs- und Seminar-
methoden

Ein Arbeitsbuch zur Gestaltung von
Kursen und Seminaren, Arbeits- und
Gesprächskreisen
192 Seiten, kt.
ISBN 3–19–006990–5

Dieses Handbuch für Praktiker löst
jedes Methodenproblem. Jörg Knoll
zeigt auf, daß für die optimale Metho-
denwahl nicht allein der Lerninhalt
und das Thema bestimmend sind,
sondern: die gesamte Lehr-/Lern-
situation, d. h. die Persönlichkeit des/
der Leiters/in, die Zusammensetzung
der Lerngruppe wie auch die institutionellen Bedingungen sind zu berücksichtigen. Einzelne Methoden
werden nicht abstrakt beschrieben,
sondern – an konkreten Fallbeispie-
len aufgehängt – beweisen sie ihre
situationsgerechte Wirksamkeit.
Checklisten am Ende jedes Beispiels
helfen bei der Unterrichtsplanung.

Wilfried Voigt

Berufliche Weiterbildung

Eine Einführung
200 Seiten, kt.
ISBN 3–19–006972–7

Die berufliche Weiterbildung ist ein
bisher wenig erforschter Bereich,
obwohl sie in den letzten 15 Jahren
erheblich an Bedeutung, auch politischer gewonnen hat. Dieses Buch
faßt erstmals alle Fragen, Probleme
und Forschungsergebnisse zusammen. Behandelte Themen sind z. B.:
Träger und Einrichtungen der beruflichen Weiterbildung – Verrechtli-
chungsprobleme – staatliche Arbeits-
marktpolitik – Arbeitslosigkeit als
„besondere" Sozialisationssituation –
Theoriediskussion und Forschungsergebnisse – Didaktische Ansätze.
Zu jedem Kapitel werden ausgewählte Literaturhinweise angegeben.

Jürgen Hüther/
Roswitha Terlinden (Hg.)

Neue Medien in der
Erwachsenenbildung

Handbuch für Praktiker
272 Seiten, fester Band
ISBN 3–19–006978–6

Im Bereich der Erwachsenenbildung
mangelt es nicht an offiziellen Verlaut-
barungen und Empfehlungen zur
medientechnologischen Entwicklung.
Aber bisher fehlte ein umfassendes
Handbuch für Praktiker, das informiert
über technologische Neuerungen –
informiert über didaktische Möglichkeiten – beurteilen und bewerten hilft,
was Zukunft für die Lehr-/Lernpraxis
hat und was nicht. Diese Lücke
schließt dieses Buch. Zusätzliche
Besonderheiten: Tabellarische Über-
sicht – Kurzglossar zu gängigsten
Begriffen – Kommentierte Vorschläge
für eine Handbibliothek – Adressen.

hueber

Max Hueber Verlag · Max-Hueber-Straße 4 · 8045 Ismaning

Grundkurs Rhetorik

Horst Schuh/Wolfgang Watzke

Erfolgreich Reden und Argumentieren

180 Seiten, ISBN 3-19-001815-4

Das Buch vermittelt anschaulich
das rhetorische Grundwissen:

► **Aufbau einer Rede**
► **Argumentationspläne**
► **Konfliktregelung**
► **Diskussion u. ä.**

»Erfolgreiches Reden
und Argumentieren«
geht ausführlich auf die
verschiedenen Diskus-
sionstechniken ein, wo-
bei geschickt aufgezeigt
wird, wie unterschiedlich
die Situationen sein können
aus der Sicht des Zuhörers, des Diskussionsleiters. Dabei wird
in einem eigenen Kapitel die Bedeutung der Körpersprache
berücksichtigt.

Das Buch ist so aufgebaut, daß es sich als unterrichtsbeglei-
tendes wie auch als Arbeitsbuch zum Selbststudium eignet.

Hueber-Holzmann Verlag
Max-Hueber-Straße 4 · D-8045 Ismaning/München